岭南文化书系

韶文化研究丛书

韶关历代寺院碑记研究

莫昌龙　何　露　编著

暨南大学出版社
JINAN UNIVERSITY PRESS
中国·广州

图书在版编目（CIP）数据

韶关历代寺院碑记研究/莫昌龙，何露编著. —广州：暨南大学出版社，2014. 12
（岭南文化书系·韶文化研究丛书）
ISBN 978 - 7 - 5668 - 1310 - 7

Ⅰ. ①韶…　Ⅱ. ①莫…②何…　Ⅲ. ①寺院—碑文—研究—韶关市
Ⅳ. ①K877. 424

中国版本图书馆 CIP 数据核字(2014)第 302472 号

出版发行：暨南大学出版社

地　　址：中国广州暨南大学
电　　话：总编室（8620）85221601
营销部（8620）85225284　85228291　85228292（邮购）
传　　真：（8620）85221583（办公室）　85223774（营销部）
邮　　编：510630
网　　址：http：//www. jnupress. com　http：//press. jnu. edu. cn

排　　版：广州市天河星辰文化发展部照排中心
印　　刷：韶关市新华宏达印务有限公司

开　　本：787mm×1092mm　1/16
印　　张：22. 75
字　　数：538 千
版　　次：2014 年 12 月第 1 版
印　　次：2014 年 12 月第 1 次

定　　价：68. 00 元

总　序

一

韶关历史悠久，文化底蕴深厚，源远流长，为岭南开发较早的地区之一。宋代乐史撰《太平寰宇记》所引《郡国志》言：“韶州科斗劳水间有韶石，两石相对，大小略均，有似双阙……昔舜帝游此石，奏韶乐，因以名之。”其实，“韶”字来源于“舜帝南巡奏韶乐”的千古美妙传说早在隋唐时期就已流传。隋开皇九年（589 年），韶州以“韶”为州名，千百年来始终未改。此后，在中华大地上以“韶”命名的古城韶州成为岭南著名州府。迄今为止，韶关是唯一以“韶”命名的历史文化名城。

马坝人的发现证明了早在十多万年前，人类的祖先就在韶关这块古老的土地上繁衍生息。石峡文化遗址的发掘又告诉人们，在四五千年前，这片区域已经与长江流域在经济文化方面有了密切的联系，及至秦破百越、收岭南，韶州成为岭南最早归属中央政权管辖和开发的地区之一。汉晋以降，珠玑先民持续南迁至珠江三角洲，衍成广府民系和广府文化。可以说，韶文化是岭南文化早期的一个主要源头。唐代著名文学家皇甫湜在为韶州作《韶阳楼记》时写道：“岭南属州以百数，韶州为大。”韶关作为广东北大门及粤北历史文化中心，自古就发挥了传输中原文化、弘扬岭南文化的先进作用。

韶关自古为岭南重镇，又是人杰地灵之都、山川灵秀之域。唐初，禅宗南派创始人六祖惠能在韶州弘法近四十年，述成了第一部中国化的佛家经典《六祖坛经》，形成了著名的禅宗文化。南北朝时期以勇猛刚烈著称的风烈将军侯安都，唐开元盛世名相、以风度名扬天下的张九龄，学深刚毅、文采拔萃、以风采而著名的北宋政治家余靖，明代抗倭名将陈璘，清代著名思想家廖燕等，都是受韶文化滋养的土生土长的韶州人杰。唐代大文豪韩愈，北宋文学家苏东坡，南宋诗人杨万里、著名理学家朱熹、名臣文天祥，明代才子解缙、著名学者丘睿、理学家陈白沙、科学家徐光启、军事家袁崇焕，清代著名诗人王士祯、

朱彝尊，以及民国时期革命先行者孙中山，新中国创建者毛泽东、朱德、陈毅等一大批名人都在韶关留下了千古流芳的诗文和历史足迹。在中华世纪坛上铭刻的一百多位对中国历史文化产生深刻影响的人中有两位外国人，其中有一位是被誉为“中西文化交流第一人”的意大利传教士利玛窦，他也曾经于明代在韶关活动六年，对西学东渐和东学西传作出了不可磨灭的贡献。

从古代相传“舜帝南巡奏韶乐”到岭南名州、历史文化名城，韶关经过代代相传，已经形成了岭南文化中不可或缺的重要组成部分——韶文化。因此，我们说，韶文化是指分布在粤北地区的、受历代行政区划和自然环境影响孕育滋生的一种有着较为突出特征的史志阶段的区域文化。简言之，韶关本土的历史文化就是韶文化。韶文化的核心是以“韶”为主的包容、和谐、善美的传统精神，其文化结构的主要元素是舜韶乐文化、客家文化、南禅宗佛教文化、历史名人文化、瑶族文化、矿冶文化、山区生态文化、红色革命文化等，在文化形态上既表现了与岭南文化的同一性，又表现出自然与人文各方面的多元性和独特性。正是由于以上在地域特征、自然生态、族源构成等方面显示出的诸多特殊性，以“韶”为主题的韶文化才得以确立，并在数千年的历史中不断融合发展。

二

韶文化是岭南文化中一个主要的文化类型。这个文化类型的特色在以石峡文化为代表的萌芽阶段已初现端倪，在秦代南越国及两汉以后步入发展阶段，曲江（又称曲红，因曲红岗得名）、始兴郡皆为当时岭南最重要的中心城市之一，特别是此地最富特色的以丹霞红岩为主的自然生态风光逐渐被人们发现，而且由于舜帝南巡，在岭南地区奏韶乐的历史传说，原名“曲红岗”的丹霞地貌被赋予“至美”、“至善”的韶乐精神，并命名为“韶石”：“隋平陈，为韶州，以韶石为名。”（唐初梁载言《十道志》）至此，以“韶”为核心的优美的自然环境和善美和合的韶乐人文精神在粤北地区被有机地结合起来，韶乐、韶石、韶州成为这一地区最响亮的文化符号。基于地方行政区划和自然环境特殊性而形成的区域文化——韶文化，在保留了岭南文化一般特征的同时，逐渐在粤北展现出自己独特的文化结构、文化形态特征，主要表现在：

——舜帝韶乐文化。它不仅是韶关得名之源，而且有历史上一大批古建筑作为载体，以及隋唐以来历代史志和名人歌赋作为文献记录。韶乐的和谐善美精神在韶关地区的传播至少有千余年，是韶文化

的精神内核，是统领其他文化要素的主导部分，也是区别于其他区域文化的重要地方特色。之所以把粤北地区的文化称为“韶文化”，其主要原因正在于此。

——汉族移民文化、粤北客家文化、瑶族文化、疍民文化构成了韶文化的民族民系主体。特别是持续南迁的珠玑巷移民构成了日后广府民系的主体，对岭南和东南亚的开发影响深远。

——发源于韶关的南禅宗佛教文化及其他宗教文化构成了韶文化精神层面的重要补充。南禅宗文化使佛教比较彻底地中国化，影响超出岭南，波及全国甚至全世界。

——历史上，粤北古道交通文化和名人文化突出。粤北是中原文化和岭南文化之间的主要通道、海上丝绸之路的陆上重要节点，而惠能、张九龄、余靖等都是岭南人杰，影响广泛。

——历史悠久的矿冶文化。韶关采矿历史久远、规模巨大，是世界上最早运用“淋铜法（湿法炼铜）”来大规模生产胆铜的地方。矿冶业延续至今，是韶关的重要经济命脉，也是韶关突出的城市文化特色和韶文化的突出特征。

——山区生态文化。地域居民秉承“天地同和”精神，在历史长河中与自然和谐相处，生态环境基本保持良好，是韶文化特色的显现，也是今后韶关发展的最重要的资源之一。

——以毛泽东、朱德、陈毅等人及抗战时期的广东省委在韶关的革命活动为代表的红色革命文化。此外，孙中山以韶关为根据地二次誓师北伐，抗战初期广东省省会北迁韶关等也都是宝贵的历史财富。

上述文化结构、文化特征是韶文化的主要内涵，也是我们开展韶文化研究的主要方向。

三

重视韶文化的研究、传承与弘扬，对岭南文化的传播与发展具有非常重要的意义。深入细致地挖掘和研究韶文化，可以有力地推动粤北历史文化研究的发展，推动地方人文历史与环境的良性互动，丰富人民群众的精神文化生活，深化岭南文化的固有内涵，促进岭南文化繁荣发展，为广东建设文化强省、韶关建设区域文化中心提供理论依据和文化支撑。有鉴于此，韶关市和韶关学院于 2009 年 11 月正式联合成立了韶文化研究院，现已拥有专职、兼职研究人员 40 多人，特聘文化顾问 10 人。研究院成立以来，在韶关学院和韶关市委宣传部、韶关市社会科学界联合会的领导与支持下，积极开展地方文化历史研究与传播工作，先后获准设立广东省张九龄研究中心、广东省韶文化研究基地。2012 年 7 月，经广东省委宣传部和广东省社会科学院发文，研究院升格为广东地方特色文化（韶文化）研究基地，成为全省首批九大特色文化研究基地之一。

本丛书即是该基地的初期研究成果。丛书的规模暂不限定，计划先用三年时间陆续推出几批著作。目前选题以历史文化为主，专注于与韶关有关的人、事和物，今后将逐渐扩大研究范围。

感谢韶关学院的党政领导和韶关市委宣传部、韶关市社会科学界联合会对本丛书立项、研究撰写和出版发行的支持与资助。特别感谢本丛书的各位作者，正是由于他们的辛勤劳动和无私奉献，本丛书得以付梓面世。暨南大学出版社对本丛书的出版发行给予了帮助，在此一并感谢。

是为序。

韶关市韶文化研究院

韶关学院韶文化研究院

广东地方特色文化（韶文化）研究基地

2014 年 10 月

目 录

一 营建记事类

二　事件记述类

三　买赐封禁记事类

四　人物碑传类

五　其他记述类

绪　论

在地面立石，作为永久性纪念物或标记，称为碑。其上镌刻文字，即为碑刻。碑刻，是含有文字内容的石刻。对碑刻的研究，是宋代以来以证经补史为目的的金石学的主要研究范畴之一，“欲考历代种族之区别，疆城之开拓，社会之习尚，文化之变迁，宗教之流传，均宜取资金石以佐证”[①]，故碑刻集历史、文学、书法、镌刻于一体，承载着深厚的文化价值。自第一座中国化佛寺意义上的寺院——白马寺出现后，寺院作为佛教弘法、接受布施和举办各种佛事活动的组织机构与建筑载体，出于“善事刊刻流芳”、“以垂永久”的目的，寺院镌立、保存了各种不同作用和功能的碑刻。我们今天见到的历代各地各个寺院或原碑已佚而以拓本录文流传后世，或湮没日久续有出土，或得到悉心呵护屹立至今的碑刻，类型丰富，题材广泛，从各个不同方面，记载和反映了佛教文化东传至中国后的发展历程，涉及当时当地社会生活的各个方面，是一种重要的、“以文字形式镌刻在石质载体上的有保存价值的历史活动记录”石刻档案，故而寺院碑刻，对于研究佛教文化发展历史及与其相关的社会生活等问题有着独特的文化意义和文化价值。

一、寺院源流及韶关地区历代寺院概况

寺院源于印度。

印度的寺院，原有两种：一种叫作僧伽蓝摩，本意为丛林。《大智度论》卷三说：“多比丘一处和合，是名僧伽。譬如大树丛聚，是名为林。”僧聚处得名丛林，故寺院又别称为丛林。一种叫作阿兰若，意为空闲处，就是在村外空隙的地方，或独自一人，或二三人共造小房为居住、清静修道之所。或不造房屋，只止息在大树之下，也可以叫作阿兰若处。阿兰若，简称为兰若，后亦称寺院为兰若。

一般认为，佛教是从东汉永平十年（67 年）正式传入中国。据梁释慧皎《高僧传》卷一记载，汉明帝派遣郎中蔡愔、博士弟子秦景等十八人去西域访求佛法。蔡愔等于西域遇摄摩腾，并得佛像经卷，用

① 陆和九：《中国金石学》，北京图书馆出版社 2003 年版。

白马驮着共还洛阳。明帝特立精舍给他居住，称作白马寺，这是中国第一座佛寺意义上的建筑。由于寺院被认为是佛陀传入中国、教化世人的办事管理机构，系皇帝直接接引并侍服于宫廷的，故称为“佛寺”，代表敬信佛陀教化，顺理即化的庄严地方。东汉永平十年所建的白马寺，相传由鸿胪寺改建而成。又因中国的佛寺建筑多是宅院式布局，故称为“寺院”。

作为佛教弘法和举办各种佛事活动的场所，寺院对佛教的发展和传播有着十分重要的作用。应该说，一个地方佛教寺院数量的多少以及寺院特别是重点寺院的兴衰历史，与这个地方佛教文化的发达与否有着紧密的联系。

历史上，韶关地区是佛教，尤其是禅宗弘法和传播的重要策源地和据点，故潘必昌《重建万寿寺记》云：“韶之梵宇（寺院）独多他郡。”

据记载，六朝时期岭南地区由广州至岭北的交通要道上建有佛寺37所，主要集中在广州和始兴郡（即韶州）两地，其中广州19所，始兴郡11所[①]。东晋义熙年间（405—418年）始兴郡曲江县有天竺僧建灵鹫寺，清同治《韶州府志》卷二十六引南朝宋王韶之《始兴记》记述：“灵鹫山（寺），台殿壮丽，面象巧妙。岭海佛寺此为最也。”灵鹫寺是粤北最早和岭南最大、最著名的早期佛寺之一。南朝宋时，有罽宾国（今克什米尔）僧求那跋摩从阇婆国（今印尼爪哇岛）随商船抵达广州，后北上住灵鹫寺传法。梁武帝初年，天竺僧智药三藏浮海到广州，后溯北江而上，在曲江先后建宝林寺、月华寺和檀特寺。宝林寺即今南华禅寺的前身，后禅宗六祖惠能在宝林寺弘法37年。期间，六祖惠能除改建、扩建宝林寺外，又“建兰若十三所”。

惠能之后，在其著名弟子神会的号召下，开展了一次全国性的破北宗、树南宗的运动，惠能声望空前高涨，其所倡导的顿悟法门，也确定了在禅宗中的正统地位，南宗禅遂得到广泛传播。惠能以后，其著名的三大弟子神会、怀让、行思，对南禅各有承续，神会所创南禅荷泽宗势力仅次于北方。在唐末五代北方政权急剧更替，历届王朝都发布取缔或限制佛教的诏书，后周世宗柴荣还下令废佛的背景下，荷泽宗与神秀的北宗先后衰落。而南方的南岳怀让、青原行思两支法系却乘时勃兴，唐末五代时先后在我国广大地区发展成五个较大的支派，即青原行思系的沩仰宗、临济宗；南岳怀让系的云门宗、法眼宗、曹洞宗，被称作“一花五叶”。至两宋则只有云门和临济二宗并盛，

---

① 蒋祖缘、方志钦：《简明广东史》，广东人民出版社1993年版，第103页。

其中临济宗又分为黄龙、杨岐二支。由是，南禅号称五家七宗，达于大盛。是故柳宗元《曹溪第六祖赐谥大鉴禅师碑》说天下“凡言禅皆本曹溪”，南华寺因此成为南禅“祖庭”。

韶关的云门寺是云门宗的祖庭。五代南汉刘氏崇信佛教，大肆圈地以建佛寺、佛塔，赐寺田，南禅祖庭所在的韶州，禅宗势力更是极盛。宋余靖《乐昌县宝林禅院记》称“故曲江名山秀水，膏田沃野，率归于浮屠氏”。五代后唐同光元年（923 年），时年 60 岁的惠能再传弟子文偃回到韶州，领众创云门山（寺）。据陈守中《大汉韶州云门山大觉禅寺大慈云匡圣弘明大师碑铭并序》记载，寺院建成后，“抠衣者，岁溢千人；拥锡者，云罗四表”。南汉高祖刘龑还亲幸韶州听文偃说禅，先后赐额云门寺“光泰禅院”、“证真禅院”，并两次诏迎文偃入宫讲经；后周显德二年（955 年）南汉刘晟又赐改云门寺为“大觉禅寺”，沿用至今。

韶关是沩仰宗发祥地之一。沩仰宗开山祖师之一慧寂“俗姓叶，韶州怀化（或云浈昌）人也”①。慧寂在仰山近二十年，授徒传法，徒众有 500 ~ 700 人。晚年回到韶州东平山（正觉寺）居住弘法。“咸通中，知宗大师慧寂，再肃僧仪，恢复兹地（东平山）。四方来学，缁褐千人。”② 唐中和三年（883 年）“于韶州东平山示灭”③，后迁塔仰山。

经宋一代，韶州佛教之盛，达到顶点。据余靖康定元年（1040 年）《韶州善化院记》记载，当时“韶州生齿登黄籍也，三万一千户，削发隶祠曹者，三千七百名，建刹为精舍者，四百余区”，就是说，在编户中不到十户就有僧职一名，不足一百户就有寺院一区。

其后，历元明清，韶关各地大小寺院或有重建，或重新创制，出现了别传寺等著名禅林。

清初康熙元年（1662 年），仁化县丹霞山主李永茂、李充茂兄弟舍山让澹归和尚建成别传寺。寺成后又礼请澹归之师曹洞宗的广州海云寺天然昰和尚住持，不久即崛起于禅宗丛林，曾与曹溪南华寺、乳源云门寺鼎足而立，极盛时曾住僧“千众”。

至民国，大大小小的寺院遍布韶关城乡，清末民初韶州城甚至有“有街就有庙，无处不无寺”的说法。

---

① 静、筠二禅师著，孙昌武、衣川贤次、西口芳男点校：《祖堂集》卷十八《仰山和尚》，中华书局 2007 年版，第 803 页。

② 余靖：《韶州重建东平山正觉寺记》。

③ 道元著，朱俊红点校：《景德传灯录》卷十一《袁州仰山慧寂禅师》，海南出版社 2011 年版，第 280 页。

二、韶关历代寺院碑记类型及其研究意义

自东晋义熙年间（405—418 年）“有天竺僧建灵鹫寺”确史记载起至民国一千多年来，韶关地区大大小小的寺院多有树碑志记，或“溯其肇造之源，纪其兴衰之事”①，或“愿以此施者受者著名贞石，用以彰往开来”②，或“援据年谱行状以书兹石”③，或“将创施田地土名坵数，租粮多少，均刻勒石，以垂永远”④，或“豁免杂派差徭，竖碑镌文，永垂不朽”⑤，或“勒石永禁”⑥。这些碑刻或散见于各种文献，或流传至今，或续有出土，其中不乏名人志记。其内容广泛、真实，不失为研究韶关地区佛教史、地方史的重要实物资料。

韶关地区历代寺院碑刻类型丰富。整理、检索各种相关文献录文以及田野调查实物资料，按照寺院碑刻题材内容、功能作用等划分，大概可以归纳出佛教经典、圣谕文告、规约制度、护法功德、名家题咏、纪颂祖师高僧、记述肇造兴衰以及刊载寺产田土等八大类。

佛教经典类，即刊刻佛教重要经籍，如金刚经、坛经等，主要起保存佛经、宣扬佛法的作用。这类碑刻，在韶关各寺院不见有留存，但南华寺等重点寺院今有复刻或新刻。

圣谕文告类，即刊刻历代皇帝褒扬佛法、敕赠法物的圣旨敕书及官府蠲免、封禁的文告。前者如南华寺存唐武则天敕书一道、元护寺免差敕一道等，但未见有刻碑记载，今存明宪宗成化二十一年（1485 年）《御制〈六祖坛经法宝〉序》碑；后者则多有存碑，或见有录文，如明正德五年（1515 年）《南华禅寺分豁纪事碑》、清康熙三年（1664 年）《云门寺蠲免大差碑记》、乾隆三十一年（1766 年）《奉旨严禁侵牟寺产碑记》、光绪十三年（1887 年）《曲江县令立禁碑》等。

规约制度类，即刊刻住山规约戒律以及盛事大典等，前者如南华寺万历四十一年（1613 年）刊刻憨山和尚撰《曹溪宝林禅堂十方常住清规》，丹霞山别传寺勒石澹归和尚撰《山门三禁》、《客堂三禁》及天然昰和尚撰《同住训略》等；后者如南华寺顺治八年（1651 年）刻碑《两藩盛典》以记两藩延请融六和尚于羊城长寿禅林演讲《楞严经》，靖南王赐赠融六紫衣等盛事。

---

① 刘应期：《重建报恩光孝寺记》。

② 释德清：《修建华严道场千日长期碑记铭》。

③ 钱谦益：《憨山大师塔铭》。

④ 《云门寺田地山场碑记》。

⑤ 《保昌县准详藩宪比例另立畸零僧户碑文》。

⑥ 《奉旨严禁侵牟寺产碑记》。

护法功德类，主要记载褒扬布施、兴修义举功德等事。这类碑刻往往与“记述肇造兴衰”类碑刻结合在一起，大概有两种形式。一种是在以序的形式概略记述营建修葺始末后，再列功德芳名，如康熙十一年（1672 年）《（西华寺）重修佛殿碑记》；一种就是芳名碑，专以刊载募施芳名数额等，如南华寺万历二年（1574 年）《重建敕御经楼碑记》、万历二十四年（1596 年）《众信舍财买田记》。

名家题咏类，即刊刻名家名人游记诗文题名等。如宋余靖《同游泐溪石室记》、苏轼《南华寺》，《见六祖真相》，文天祥《望南华寺》，明袁崇焕《游南华参六祖》等。

纪颂祖师高僧类，即人物碑传。这类碑刻主要以碑记、碑铭、塔铭、塔记、书记行状等形式，纪颂祖师、高僧、著名长老的生平事迹和道行功德。这类碑刻，清叶昌炽《语石》（卷四）给出了明确的定义：“一曰塔铭。释氏之葬，起塔而系以铭，犹世法之有墓志也。然不尽埋于土中，或建碑，或树幢。其纳诸圹者，或用横石，修一之，广倍之，或方径不逾尺，其通称为功德塔。”① 唐代文豪王维、柳宗元、刘禹锡曾先后为六祖惠能撰写碑传，现存有云门寺云门宗开宗祖师文偃的《大汉韶州云门山光泰禅院故匡真大师实性碑并序》、《大汉韶州云门山大觉禅寺大慈云匡圣弘明大师碑铭并序》。塔铭见有宋余靖撰《韶州光运寺重修证真照寂大师塔铭》、明钱谦益撰《憨山大师塔铭》等；塔记见有元云从龙撰《古衲和尚舍利塔记》等；书记行状见有宋苏轼撰《书南华长老重辩逸事》、明《叙南华禅寺七十九代住持虚中观意禅师行状记》等。

记述肇造兴衰类，多为寺院建筑营建纪事，记述寺院沿革及营建始末等。韶关地区这类碑刻题材最为广泛，在文献录文和实物中也最为常见，如宋皇祐元年（1049 年）余靖撰《韶州重建东平山正觉寺记》，明成化十六年（1480 年）《重修锦石岩记》、万历四十五年（1617 年）《重修南宗六祖大鉴禅师宝塔碑记》，清康熙二十年（1681 年）《延祥寺重修大殿佛像碑记》、嘉庆十九年（1814 年）《重修锦石岩佛像记》等。

刊载寺产田土类，即寺院将所施所买所属土地财产情况勒石立碑，公之于众，免遭侵犯和流失。如《云门寺田地山场碑记》、《圆通庵常住碑》、《（丹霞山）买置田土碑文》等。

我们对韶关历代寺院碑刻的整理研究，其范围为纪事纪人类碑刻，即所谓“碑记”。从记述肇造兴衰类、圣谕文告类、纪颂祖师高

---

① 叶昌炽：《语石》（卷四），中华书局 1994 年版，第 264 页。

僧类、护法功德类、刊载寺产田土类等几类中按其内容、题材重新划分出营建记事类、买赐封禁记事类、事件记述类以及人物碑传类等四种碑记类型。共计收入159通，其中营建记事类碑记73通、事件记述类10通、买赐封禁记事类36通、其他记类28通、人物碑传类21通。综观所收碑记，表现出镌立时间、空间相对集中和文人志记的特点。

从碑记本身的题材内容来看，主要集中在对营建的记述上，记载寺院或其中某一建筑创建、重建、移建、扩建、修葺等有关情况，“以图不朽”。而寺院营建碑记数量大，说明在一定时期、一定地域佛教活动的活跃，佛教文化的发达。

从碑记所属寺院来看，主要集中在历史上为禅宗重要道场且其法门相承不断，传灯至今的著名寺院，如南禅宗祖庭南华寺、云门宗祖庭云门寺、曹洞宗后期重要道场别传寺等。这些寺院历史悠久，规模较大，历代营建较多而传承不坠，又修有寺志，故而其碑记录文在文献中保存较多，碑记实物流存情况也较好。

从碑记所属地域来看，虽然韶关所辖各行政县、区均有分布，但主要还是集中在韶关市区（曲江县，今曲江区）、乳源县、仁化县等地。究其原因，一方面南华寺、云门寺、别传寺（锦石岩）等重点寺院碑记占了很大比例，另一方面也反映了重点寺院对当地文化传统的趋向有较大影响。其余如翁源、乐昌也有较多碑记流存。

从碑记撰立时间来看，主要集中在宋、明、清三个历史阶段。其中原因，固然有宋以前年代久远，寺院湮没，碑记实物及其录文文献保存不易、流失较多，而明清距今时间不长，碑记实物及其录文文献保存较多的因素，但主要还是反映了在这三个历史阶段中，政治环境和文化环境有利于佛教较好和较快发展。

就碑记撰文来看，撰记之人多为科举出身、带有官方背景的官员或与寺院有某种因缘关系的名人等，最低限度亦会由“郡庠生”撰写，表现出文人志记与儒释互用的属性和特色。

虽然，以研究者个人之力，所能搜辑和调查研究的碑记只是韶关历代镌立碑记的一小部分，但作为一种“刻辞当时所立，可信不疑”[1]的真实史料，韶关历代寺院碑记实有其重要的研究意义。

其一，碑记反映了中国佛教史上部分重大事件对韶关寺院的影响。从余靖《韶州重建东平山正觉寺记》中“会昌之世，例蒙摈毁”的记述可知，唐武宗会昌灭佛，按照当时毁拆天下凡房屋不到二百间、没有敕额的一切寺院、兰若、佛堂等的敕令，韶州大小寺院中可能除

① 赵明诚：《金石录·序》，中华书局1991年影印版，第2页。

得“中兴寺”、“法泉寺”敕额的宝林寺（南华寺）之外，其余均未能逃过“会昌法难”；而从陈锭《金凤寺重建佛殿记》中“迨我朝制令淫祠不载祀典者，毁之，而佛教存焉……并凡天下省、郡、州邑咸立寺，以为祝圣之所”的记述中可以看出，明朝的“淫祠之禁”实际并未涉及当地寺院的毁禁。

其二，碑记反映了韶关寺院对当地历代各级官府官员的依存关系。不论是寺院的营建活动，还是蠲免相关租赋差役，寺院的背后均有各级官府官员在支持，如寺院的营建募施，各级官员或“捐俸”，或“疏劝”，甚或“首缘”，进而“可其请记，镌石以永其传”；而蠲免租赋差役一节，各级官府官员则“照准”后，又理所当然地“为颁恩俯准竖碑，以彰浩荡之仁，以垂万世永赖”。

其三，碑记是韶关寺院和当地佛教文化兴废盛衰的发展轨迹的缩影，讲述了寺院兴废全系于嗣法者的原因。大部分碑记追溯了寺院肇造历史沿革及部分建筑的兴废情况，总结了寺院兴废在于嗣法者的贤愚，即所谓“贤者兴，愚者废”，从不同角度展现了韶关佛教文化的历史发展状况。通过对这些碑记的综合研究，应该可以为韶关佛教文化发展历史勾勒出一个较为清晰的轮廓。

其四，碑记为韶关历代社会生活的研究提供了多方面的真实材料，可“证史传之阙谬，考经籍之得失”。碑记记述了韶关地方史上发生的一些历史事件，官方对佛教的一些政策，一些官府机构和官员当时的身份，普通布施信众的身份、职业及其收入来源甚或民情风俗等情况，刊载了寺院所属田土、房产及其来源情况，提供了寺院沿革、法系传承等足资考证的佛门史料等。

三、碑记反映的相关问题探讨

（一）寺院兴衰主要原因是嗣法者的因素

释氏认为佛法犹如明灯，能照破世界之冥暗，而法门相承不断，恰如灯火之相续不灭，故佛教尤其是禅宗多将传法称为传灯。北宋道原于景德年间所编的禅宗史，即取“灯火相续”与“照破黑暗”而称为《景德传灯录》。其后，历代禅宗史传亦多援引其例而续作各种“灯录”，如宋代之《天圣广灯录》、《联灯会要》、《建中靖国续灯录》、《嘉泰普灯录》、《五灯会元》，明代之《五灯严统》、《续传灯录》、《继灯录》、《禅灯世谱》，清代之《五灯全书》、《续灯正统》、《锦江禅灯》、《黔南会灯录》、《续灯存稿》等。然法灯相续，其“兴

衰有数而所关且巨”[1]，种让山谓：“禅的正否与兴衰，全维系于嗣法，不专是法灯持续的问题。”[2] 就是说，作为传灯道场的寺院的兴衰，与嗣法者（僧）之贤愚有直接关系，贤者兴，愚者废，自古亦然。碑记所载南华寺的兴衰沿革足可为证。

“（六）祖之入灭，为先天二年八月三日，住持宝林，共三十六年。此三十六年间，中宗改寺名为中兴，及赐摩纳宝钵于前，武后又于万岁通天元年赐水精钵盂、摩纳袈裟等于后。睿宗神龙三年改称法泉，敕韶州刺史重加严饰，并赐祖新州旧宅为国恩寺。山门鼎盛绝后空前，乃曹溪之黄金时代也。”[3] 历五代南汉两宋，由于当道者留心禅门，每“于名山佥选宿德，俾其举扬宗旨，招来学徒”[4]。故祖庭依然得以千灯继照，光遍河沙。至明“万历间，南华殿宇……犹具丛林气象，而寺僧则习于下流，无复僧相”[5]。六祖道场竟至于“开张铺店，屠沽淫赌”，“僧俗倒置，秽污丛杂，殿宇之倾颓，山门之破败，无复清净之观，大坏极弊至有不忍言者”。[6] 遂有憨山德清之中兴祖庭。至民国二十二年（1933 年）而寺僧之堕落，一如憨山未至南华之时。据虚云和尚云：“圣地道场，变作修罗恶境，祖庭成牧畜之所，大殿为屠宰之场，方丈作驻兵之营，僧寮化烟霞之窟，菩提路列肉林酒肆，袈裟角现舞扇歌衫，罪秽弥纶，无恶不作。”[7] 赖虚云十载经营，南华寺遂得以重兴。海内选佛名场、千年宝刹南华寺的兴衰沿革，充分说明了寺院兴衰“全维系于嗣法”，“于乎贤者兴、愚者废”[8] 的道理！故余靖谓：“向非睿哲当天，英材接迹，讲求世务，余力佛乘，曷能恢复宗风，以续先轨者哉！”[9] 缘由于此，有名僧才有名寺，庶几不谬！

（二）名僧代出造就了韶关众多名寺

梁释慧皎在论及其《高僧传》选僧标准时，谓：“前代所撰，多曰名僧。然名者，本实之宾也。若实行潜光，则高而不名；寡德适时，

---

① ［日］种让山：《禅的传灯·禅学讲话·前编》大法轮书局 1948 年版，第 7 页。

② 刘应期：《重建报恩光孝寺记》。

③ 巨赞法师：《参礼祖庭记》，http：//read. goodweb. cn/news/news_view. asp? newsid = 55908。

④ 余靖：《韶州曹溪宝林山南华禅寺重修法堂记》。

⑤ 释德清：《中兴曹溪禅堂香灯记》。

⑥ 释德清：《中兴曹溪禅堂香灯记》。

⑦ 虚云：《重兴曹溪六祖道场记》。

⑧ 冯浩：《锦石岩砌禅关记》。

⑨ 余靖：《韶州曹溪宝林山南华禅寺重修法堂记》。

则名而不高。名而不高，本非所纪；高而不名，则备今录。”[1] 此论可谓高明。僧人当以有德隐逸者为高僧，寡德适时者则为名僧。载入历代《僧传》、《灯录》及史志之僧人自可谓高僧、名僧，为有名宗匠、一代禅宿。韶关境内留下了许多名僧、大师的足迹。这些名僧，或在境内开宗立派，举扬一家宗风，如中国禅宗的实际创立者六祖惠能、云门宗文偃、沩仰宗慧寂等，就是青原行思、南岳怀让、荷泽神会以及石头希迁等闻名遐迩的禅宗大师都是在六祖门下悟得禅法，得到印可，然后才到外地去举扬一家宗风。五代南汉时，据宋张天锡《双峰广悟禅师塔铭》，除云门文偃外，“建封（灵树）之知圣，双峰之广悟，光运之征誓，灵鹫之景泰”，均为一代名僧。据不完整统计，历代主要的《僧传》、《灯录》中记载其事迹或语录的在韶关境内寺院弘法或韶关籍在外地寺院弘法（如洞山晓聪、招提朗、黄龙宝觉心、云岩新等）的历代高僧、名僧有80余人。

除上述名列《僧传》、《灯录》的历代高僧、名僧外，碑记所载历代诸僧，“寻既坠之绪于遗言，续如缦之脉于欲绝”[2]，“而以身任缔构之责”，振起一处法席，举扬一时佛法，亦不失为一时名僧。正如陈锭《金凤寺重建佛殿记》所论：“若能不坠宗教，鼎新古刹”，亦当为“释中之名也”。此类名僧，见诸宋代余靖所撰碑记中的即有南华普遂、宝缘，正觉得彬，月华惠琳，白云子祥等；元代则有云从龙《古衲和尚舍利塔记》中的南华古衲；明代当以憨山为首，其余在诸碑记所见有南华慧淳、清洁、道宣、实行，云门法传等；清代当数丹霞天然昰、澹归等。

与名僧代出相联系，韶关境内历代寺院遍布，名寺古刹众多。据同治十二年（1873年）《韶州府志》、道光四年（1824年）《直隶南雄州志》的不完全记载，从东晋到清同治时期，境内大小寺院299所（含韶州府辖曲江、乐昌、仁化、乳源、翁源、英德共173所，南雄州辖保昌、始兴共126所，新丰县未计入；英德今属清远辖）。在为数众多的寺院中，有三所是禅宗的开山祖庭（含沩仰宗仰山慧寂三处转法轮之一的东平山正觉寺），其余多是禅宗的重要道场，如月华寺、大梵寺、灵树寺、双峰寺、别传寺等，在禅宗发展史上占有举足轻重的地位。由此，韶关实为禅宗文化之奥区，堪称名副其实的南禅圣地。

---

[1] 释慧皎著，汤用彤校注，汤一玄整理：《高僧传 · 自序》，中华书局1992年版，第525页。

[2] 黄琏：《重修六祖说法堂记》。

一　营建记事类

灵鹫山（寺）

（东晋义熙年间，约405—418年，存考）

清同治《韶州府志》卷二十六《古迹略》："灵鹫山寺，在（曲江）县北六里[①]。东晋义熙年间天竺僧建。"灵鹫山寺是有记载的粤北最早和岭南最大最著名的早期佛寺之一。南宋王象之《舆地纪胜》卷九十"灵鹫山"条引南朝刘宋王韶之《始兴记》的记载曰："灵鹫山（寺），台殿壮丽，面象巧妙。岭海佛寺此为最也。"南朝刘宋时，罽宾国（今克什米尔）僧求那跋摩曾从阇婆国（今印尼爪哇岛），随商船抵广州，后北上途经始兴郡住灵鹫寺传法年余[②]，后入建康（今南京）。

⊙注

①清康熙《韶州府志》卷七《名胜志》："灵鹫山，郡东北四里。旧多虎，一名虎市。晋义熙中有天竺僧居而虎绝。房融（唐代河南洛阳人，生卒年不详，武后时为县令、刺史，官至宰相，亦是佛经翻译家）谪官过此有诗。"按：此处所记距县（郡）城里数与同治《韶州府志》相关记载稍有差异。又据南宋王象之《舆地纪胜》卷九十"越王山"条："在州北六里，高六丈，州牧初至皆祷词焉。"所记"越王山"距城方位、里数乃至形势均与灵鹫山几同，疑越王山即灵鹫山。《广东舆图》：越王山"俗呼白虎山"，白虎山其旧名疑即"虎市"。为什么"州牧初至（越王山）皆祷词焉"？这是因为南汉后主"刘铱之墓在焉"，《十国春秋》亦云刘铱"归葬于韶州之越王山"。清同治《韶州府志》卷二十六《古迹略》："南汉刘铱墓在县北狮子冈，即今白虎寺越王山也。"由此，又或此白虎寺即建于灵鹫寺旧基矣。

②梁慧皎所撰《高僧传》（《高僧传合集》，上海人民出版社1991年版）卷第三《宋京师祇洹寺求那跋摩》记载，求那跋摩路过始兴郡（今韶关），停留了一年多。始兴郡城附近有座虎市山，山势孤耸直立，峰岭高绝，求那跋摩因其形状很像耆阇山，就将虎市山改名为灵鹫山。求那跋摩在山寺之外，修建了一间禅室，离寺院有几里地，鸣磬的声音传不过来，但每到鸣磬时，求那跋摩就已经到了。有时冒雨而来，却不见身上淋湿；有时踏着泥泞而来，也不见鞋脏。对此，众人莫不肃然起敬。寺院里有座宝月殿，求那跋摩在殿的北墙上，用手画了一幅罗汉像，还画了定光儒童布发的形象。像画成之后，每天晚上都会放出光明，很长时间

求那跋摩像

才熄灭。始兴太守蔡茂之对求那跋摩非常敬仰，蔡茂之将死之时，求那跋摩去看望他，为他讲说佛法，安慰他。后来蔡家的人梦见蔡茂之在佛寺中与众僧人讲经说法，这是由求那跋摩教化示导的力量所产生的影响。虎市山上有很多老虎，自从求那跋摩来山上居住后，无论白天还是晚上，在山上往来，都不时会遇到老虎，求那跋摩用锡杖按着老虎的头，拨弄几下，老虎也不发怒。从此人们在山上行走，再也没有发生老虎伤人的事，山上的居民因感德而皈依佛教者，十有七八。一次，求那跋摩在禅室中坐禅，好几天没有出门，寺僧派了一个小沙弥前去看望。小沙弥看到一只白狮子沿着柱子向上爬，空中生满了青莲花，因此惊恐地大喊大叫，人们听到喊声跑来驱赶狮子，却什么也没有看到。

对求那跋摩在始兴郡灵鹫寺的活动的描述，为我们今天研究灵鹫寺保存了一些史料：第一，灵鹫寺所处地势环境："始兴（郡）有虎市山，仪形耸孤，峰岭高绝，跋摩谓其彷佛耆阇，乃改名灵鹫。"描述了灵鹫寺所在的虎市山的山形山势。"此山本多虎灾。自跋摩居之，昼行夜往，或时值虎，以杖按头，弄之而去。于是山旅水宾去来无梗。"则说明虎市山或灵鹫寺所处位置是当时的陆路交通要道，且靠近通航的河边。第二，灵鹫寺的部分建筑布局："于山寺之外别立禅室。室去寺数里，磬音不闻。每至鸣椎，跋摩已至。或冒雨不沾，或履泥不湿，时众道俗莫不肃然增敬。寺有宝月殿，跋摩于殿北壁手自画作罗云像及定光儒童布发之形，像成之后，每夕放光。""跋摩尝于别室入禅，累日不出。寺僧遣沙弥往候之，见一白师子缘柱而上，亘空弥漫生青莲华。沙弥惊恐大呼，往逐师子，豁无所见。"其中的"禅室"、"宝月殿"、"别室"等，应是灵鹫寺整体建筑布局的一部分，而"一白师子缘柱而上"的描述，又说明所谓"别室"有立柱，表明其建筑形制有一定的高度和比较大的空间。据宋张天锡《双峰广悟师塔铭》："时刘氏拓图岭，尤韶关历代名寺名僧辑考尚西教，如建封之知圣，云门之匡真，光运之征誓，灵鹫之景泰，皆当时之所钦重，而师实居其一。"似在南汉时期灵鹫寺依然存在（或间经多次重建改建），且香火盛于其时，不失为当时名蓝。其后灵鹫山寺沿革，史志缺载，或从南汉后即衰落湮没。

考

韶关地区是佛教东传在岭南早期弘法和传播的重要据点。据文献记载，六朝时期岭南地区由广州至岭北的交通要道上兴建有佛寺37所，主要集中在广州和始兴郡（即后韶州）两地，其中广州19所，始兴郡11所①。

王韶之（380—435年），字休泰，南朝刘宋史学家。据《宋书》记载，其曾祖王廙为晋骠骑将军，祖父王羡之为镇军掾，父亲王伟之为郎中令，好史籍，博涉多闻。王韶之家贫好学，曾"三日绝粮而执卷不辍"。其父任乌程令时，他随父至县，便对经史子集博涉多闻，根据父亲抄录和撰写的资料，加以整理和补充，撰写了《晋安帝阳秋》。后历任参军、著作佐郎、尚书祠部郎、通直郎，领西省事，掌

① 蒋祖缘、方志钦：《简明广东史》，广州：广东人民出版社1993年版，第103页。

管皇帝的诏诰。后转中书侍郎、黄门侍郎，领著作郎，皇帝的一切诏书，皆由他拟定。刘裕代晋建宋，加其为骁骑将军，黄门之职如故，复掌刘宋诏书。宋少帝即位，王韶之迁侍中。景平元年（423 年）出任吴兴太守。元嘉十年（433 年），征为祠部尚书。元嘉十二年（435 年），复出任吴兴太守，同年卒于官。

王韶之著有文集二十四卷，《孝传》三卷，已佚。宋七庙歌辞，皆其所作。《汉学堂丛书》存《晋安帝记》一卷，《说郛》存《太清记》一卷、《南雍记》一卷、《始兴记》一卷、《神镜记》一卷，《全宋文》存其《咏雪离合》、《为晋恭帝禅诏》等文七篇。王韶之终生没到过韶关，然其所搜辑而成的《始兴记》，却被认为是今韶关市第一本地方志，可惜已散佚。

求那跋摩，汉语译为功德铠，古印度僧人、译经师，刹帝利种姓，他们家族世代为王，管辖罽宾国。其祖父呵梨跋陀，又称狮子贤，因为人刚强、正直而受到排挤。其父伽阿难，又称众喜，潜身匿迹，隐居于山泽。求那跋摩 14 岁时，便才华出众，聪慧大度，仁爱广博，崇德务善。求那跋摩 20 岁时出家、受戒，精通九部经，博晓四《阿含经》，诵经百万余言，对律部有深入的研究，妙入修禅的要道、禅法的要义，当时的人们都称求那跋摩为“三藏法师”。后求那跋摩来到师（狮）子国，观察风俗，弘扬教化，许多识真佛教的人都说求那跋摩已得初果（声闻乘中第一预流果）。求那跋摩又来到阇婆国，其国人都从求那跋摩受戒。时南朝刘宋僧人慧观、慧聪等，于元嘉元年（424 年）九月，当面启奏宋文帝，请求迎请求那跋摩，文帝立即下令，由交州刺史派大船去接求那跋摩。慧观等人又派沙门法长、道冲、道俊等人前往阇婆国祈请跋摩，并写信给求那跋摩和阇婆国王，请务必使求那跋摩来宋境，传布佛教。实际上，在这之前，求那跋摩就已搭乘商人竺难提的船到一个小国去，巧遇顺风，将船吹到了广州，所以求那跋摩在遗文中说“业行风所吹，遂至于宋境”，说的就是这件事。宋文帝知道求那跋摩已经到了广州，遂令地方官资送求那跋摩进京。

韶州曹溪[1]宝林山南华禅寺重修法堂记

（康定二年辛巳，1041 年，佚）

余　靖

孟子曰：圣人者，百世之师也。盖至圣之道，高深广博，百世而下，遗烈犹存。贤者袭其规模，学者窥其户牖。此其所以日钻岁仰，归之无穷者也。然而道之大者，必久而后隆；事之美者，不一而能具。

昔者六祖大鉴禅师[2]初传信器[3]，归隐海峤，混迹弋猎[4]，艰难备尝。及其建梵宫，登师座，敷陈真觉，开导人天，其亦勤矣。灭度[5]以来，四百余载，虽千灯继照，光遍河沙，而布金遗址，筌蹄[6]寂寞。向非睿哲当天，英材接迹，讲求世务，余力佛乘，曷能恢复宗风，以续先轨者哉！

天禧四年，前转运使、起居舍人陈绛上言：“曹溪演法之地，四方瞻仰，岁入至丰，僧徒至众。主者不能均济（齐），率多侵牟。乞于名山佥选宿德，俾其举扬宗旨，招来学徒。”制诏曰：“可”。于是，南阳赐紫僧普遂[7]首膺是命。庄献皇太后、今皇帝亲遣中贵人诣山，迎致信衣禁闱瞻礼，遂师得于便座召对。移刻，陛辞之日，赐号“智度禅师”，赐以藏经、供器、金帛等。当时恩顾，莫与为比。归作衣楼、藏殿，以示光宠。余亦未遑开缉也。

遂师即示中旨，付荆湖南路博访高僧。今长老缘师[8]，自南岳云台山再当是选。绍光正念，宣扬了义，居者蒙润，来者如归。乃击钟而谋曰：“嗣其业者，为之子也；诲于人者，为之师也。子之克劭，然后起家；师之不严，何以尊道？此世教之所以壮堂构也。日明月暗，墙壅户通，因分别以见尘缘，视顽虚而识空性。此梵刹之所以崇堂宇也。”

由是蓄羡余，广购募，穷山跨谷以求栋干。殚能极艺，以召匠硕。协定星之期，观大壮之象。材得以呈其美，工得以四其巧。计广以席，度深以筵。外像祇陀之居，中施狮子之座。寻声至者，圜立于前，如渴饮河，满腹而去。

嗟乎！圣不世出，故微言易绝。昔仲尼生于邹鲁，去世未久，而杨、墨、申、韩各就其术为异同之论以戕贼。教化所赖，荀、孟大儒开陈仁义，然后君臣上下大伦以笃。夫子之道，不绝如线，况其远

者乎？

如来生于西域万里之外，寂灭千岁，教乃东被。而语皆重译，书不同文，故翻经著论得以纷纶其说。昏愚迷妄，贪着福报，沦家耗国，弃实趋权，亦赖诸祖以实际理地密相付嘱，然后知佛不外求，见于自性，造恶修善，俱同妄作。所以遣空破有，不陷邪观者，宗乘维持之力也。不然者，天下嗷嗷，奔走有为之果何能已乎？

初，大鉴以诸佛大法眼藏传清源（青原）思[9]，思传石头迁[10]。如是展（辗）转相传，至今长老缘师为十世矣。

佛教之来中国也，达摩[11]最后。诸祖出世，各分宗派，而曹溪之胄最众。乃知道在乎要，不在乎先后矣（也）。

缘师，兴元南郑人。本府出家，受具得大乘之要于汉东祚师，遂振锡至于南岳。郡将、邦伯悉饮其名，乃于唐兴、南台、云盖“三启”，禅师称为岳中之冠。及被朝旨，乃克归绍本统，而肯其基构。六祖之道，由是中兴矣。前所谓必久而隆、不一而具者，有待而然也。缘师状其事，请辞鋈石以图不朽。且予里闬[12]所托，故于辞为备云。

康定二年十二月日记

⊙注

南华寺曹溪门
（左摄于 1920 年，右摄于 2012 年）

①曹溪：源出韶州城南大宝山。其水流向东北，再折向西南，流经南华山，与溽溪小水相合，汇入北江。南华山，又名宝林山，在马坝镇一带，蜿蜒二百余里。相传梁天监初年，天竺智药禅师途经曹溪，盛赞此地峰峦奇秀，饮水香美，与西天宝林山无异。天监三年（504年），在山麓建筑寺宇，遂取名宝林。后来，惠能终生在此传法，又称为六祖道场。惠能死后，元和十年（815 年），唐宪宗颁诏赐谥“大鉴禅师”。北宋初，太宗赐名南华禅寺。从此，寺名沿用至今。

②六祖大鉴禅师：惠能（638—713年），又作慧能，俗姓卢，唐代新州（今广东新兴县）夏卢村人。契嵩《传法正宗记》曰：“（惠能）少孤，及长，采薪供母。一日闻客读经，至‘应无所住而生其心’，问曰：‘此法得于何人?’客曰：‘此名《金刚经》，得于黄梅忍大师。’”惠能由此而慕道，遂辞母北行，于唐高宗咸亨三年（672年）到达湖北黄梅寺参谒禅宗五祖弘忍大师学法。据《六祖法宝坛经》记载，惠能被安排在碓房舂米，称“卢行者”。后因法偈“菩提本无树，明镜亦非台。本来无一物，何处惹尘埃”被弘忍首肯，遂为惠能密说《金刚经》，又把世代相传的衣钵交给他，正式传他为禅宗六祖，赐法号曰“惠能”。

惠能得到传法衣钵，遵照五祖的嘱咐即刻动身返回广东。惠能到岭南后，曾在四会、怀集避难于猎人队中几年。唐高宗仪凤元年（676 年）始公开露面，据传，这年的正月初八，惠能来到广州法性寺（今光孝寺）。一天，风扬起寺庙的旗幡，两个和尚在争论到底是“风动”还是“幡动”。惠能说：“既非风动，亦非幡动，仁者心动耳。”惠能的说法，令众僧大为惊叹，引起了印宗法师的注意，要收惠能为徒。至惠能出示传法衣钵时，印宗反拜惠能为师。不久，印宗法师为惠能落发剃度，又召集高僧名师为惠能举行了隆重的授戒仪式。次年春，惠能离开法性寺，北上宝林寺正式开山传法。此后，六祖惠能在宝林寺开宗说法长达37年之久。其间，韶州刺史韦璩也常邀他到韶州城里的大梵寺讲经。惠能在大梵寺的讲经说法，后被其弟子法海汇编为《六祖大师法宝坛经》。

惠能经过大梵寺说法后，名声渐著，并得到朝廷的诏请（以疾辞）和敕赐。但惠能终其一生只偏处南方，其开创的南禅——禅宗南宗顿教的影响这时也仅限于南方，因而只是被称为“一方人物”或“弘化一方”，就是说惠能被奉为六祖只在南方被普遍认同。与惠能不同，始终与惠能争夺禅宗六祖的神秀则因接受武则天的召见，被拜为“两京（长安、洛阳）法主”，后又受到中宗、睿宗礼遇，号称“三帝国师”，其所创北宗也盛行一时。不过盛极一时的北宗由于未能得到五祖“顿门”嫡传和传宗“法衣”，始终未能将全国的禅众统一起来。惠能去世后，由于安史之乱，两京寺院破坏严重，北宗受到沉重打击。在惠能著名弟子神会（668—760年）的号召下，掀起了一场全国性的破北宗、树南宗的运动，惠能声望空前高涨，其所倡导的顿悟法门，也得到广泛传播，遂开始奠定南禅在禅宗中的正统地位。于是，“凡言禅皆本曹溪”，曲江宝林寺（即后南华寺）亦被公认为禅宗“祖庭”。至惠能去世百余年后的元和十年（815年）唐宪宗追谥惠能为“大鉴禅师”，赐供奉六祖真身之塔曰“灵照塔”。唐代大文豪王维、柳宗元、刘禹锡曾先后撰有《六祖能禅师碑铭》、《曹溪第六祖赐谥大鉴禅师碑记》、《大唐曹溪第六祖大鉴禅师第二碑》。

惠能以后，其著名的三大弟子神会、怀让、行思，对南禅各有承续，神会所创南禅荷泽宗势力仅次于北方。唐末五代由于北方政权急剧更替，历代王朝都发布取缔或限制佛教的诏书，在后周世宗柴荣还下令废佛的背景下，荷泽宗与神秀的北宗先后衰落。而在南方的南岳怀让、青原行思两支法系却乘时勃兴，唐末五代时先后在我国广大地区发展成五个较大的支派，即青原行思系的沩仰宗、临济宗；南岳怀让系的云门宗、法眼宗、曹洞宗，被称作“一花五叶”。至两宋时则只有云门和临济二宗并盛，其中临济宗又分为黄龙、杨歧二支。由是，南禅号称五家七宗，达于大盛。

③信器：指五祖弘忍密付惠能的传法袈裟。敦煌本《坛经》曰：“（五祖）便传（惠能）顿教及衣，以为六代祖。将衣为信，禀（为六）代，代相传法，以心传心，当令自悟。”

④混迹弋猎：传唐高宗乾封二年（667年），得法南行的惠能至曹溪，结识村人刘志略，与之结义为兄弟，白天一起为人佣工，晚上听志略姑母无尽藏尼读《涅槃经》，六祖为无尽藏析《涅槃经》义，受到她的敬慕，无尽藏乃遍召乡中耆德，称颂其道，曹叔良等竞来瞻礼，于是众人捐资募建新寺，咸亨四年（673年）始成，遂延请惠能居之，其时正应智药三藏“吾去后一百七十年，有无上法宝于此地弘化。有学者如林”之预言（自梁天监三年至唐咸亨四年整一百七十年）。惠能在宝林寺住了九个多月，又被恶人寻逐，乃远遁四会、怀集，在两地隐居于猎人队中四年（673—676年）（《景德传灯录》、《传法正宗记》皆云四年，《曹溪大师别传》作五年）。

⑤灭度：佛教语。灭，“四谛”之一

的灭谛，是说消除痛苦，就消除了人的一切欲望，达到彼岸的最高境界，即灭烦恼，度苦海，为“涅槃”的旧译，后译为“圆寂”，指僧人死亡。唐白居易《唐抚州景云寺石塔碑铭》：“佛灭度后，薝卜香衰，醍醐味漓。”

⑥筌蹄：南朝士大夫贵族讲经说法时手执的麈尾之类。而从魏晋时期壁画和石刻浮雕看到的形象，筌蹄是一种用藤或草编成的高型坐具，形似束腰长鼓（见北魏龙门莲花洞）。后又引申为佛说法时的坐具。

⑦普遂：为云门下三世，上承洞山守初—广济同禅师的法系。北宋真宗天禧四年（1020 年），韶州转运使陈绛上奏，建议从全国名山选任名师入住南华禅寺，使其“举扬宗旨，招徕学徒”，得到批准。仁宗即位不久，南阳赐紫僧普遂应选，受诏入京，赐号智度，并赐以藏经、供器、金帛等物。

⑧长老缘师：普遂之后，经湖南按察使的推荐，敕任先后住持唐兴、南台、云盖三寺的云门宗僧宝缘禅师到曹溪担任住持，宝缘得赐袈裟，并赐号“慈济大师”。宝缘禅师属云门下三世，上承香林澄远—智门光祚的法系。他主持南华禅寺达十二年，其间，他扩建寺院，重建法堂，并整顿寺规，乃至“教门崇建，规制鼎新，可谓祖堂中兴矣”。《五灯会元》卷十五载有语录一则。北宋惟白《建中靖国续灯录》卷五记载他有弟子 14 人，其中有传录者 10 人。参见余靖《韶州南华寺慈济大师寿塔铭》。

⑨清源（青原）思：即行思（673—740 年），吉州安城（今安福县）刘氏子，六祖惠能大弟子，位居首座。《景德传灯录》卷五载：“惠能谓行思曰：‘衣即留镇山门，汝当分化一方，毋令断绝。’”行思遵从师嘱，回到家乡，住庐陵青原山安隐寺（后北宋崇宁三年，徽宗敕赐安隐寺“净居寺”），传扬顿悟禅法，遂成南禅青原一系，唐僖宗谥为“弘济禅师”，塔曰“归真”。其后出云门、曹洞、法眼三大宗支。参见注②。

⑩石头迁：即石头希迁（700—790 年），俗姓陈，广东端州高要（今肇庆市）人，少年出家，直造曹溪，在惠能门下做沙弥，惠能认为其“当绍吾真法”。惠能圆寂后，希迁奔青原，做了行思的弟子。行思圆寂后，希迁住衡山南寺，在寺东一块大石上结庵，人称“石头和尚”。希迁得法弟子 21 人，各为一方宗主，形成青原法系日益发展壮大的局面。希迁之后，经三传而有曹洞宗，五传有云门宗，七传而有法眼宗。希迁所著《参同契》一文，提倡悟道需根据学人的根器利钝，分别进行顿修或渐修。长庆（821—824 年）中谥“无际大师”。

⑪达摩：全称菩提达摩（？—536 年，一说 528 年，又称菩提达磨），意译为觉法。自称佛传禅宗第二十八祖，为中国禅宗的始祖，故中国的禅宗又称达摩宗，达摩则被尊称为“东土第一代祖师”、“达摩祖师”。达摩与宝志禅师、傅大士合称梁代三大士，其于南朝梁武帝时航海到达广州。梁武帝信佛，达摩至南朝都城建业会梁武帝，面谈不契，遂一苇渡江，北上北魏都城洛阳。后卓锡嵩山少林寺，面壁九年，传衣钵于慧可。后出禹门游化终身，东魏天平三年（536 年）卒于洛滨，葬熊耳山。

⑫里闬：指里门，代指乡里。

考

本记辑自余靖《武溪集》卷七《寺记》，四库全书本。镌刻形制不详。

据文末所记，本文写于康定二年（1041 年）十二月。按，此年十一月丙寅，改元庆历。余靖当时服丧乡居，未闻此事，故年号仍旧。

撰者余靖（1000—1064 年），原名希古，字安道，广东曲江（今韶关市区）人。先世本居福建光泽县，五代之际，曾祖避乱迁于韶州。

据黄志辉《武溪集校笺》（天津人民出版社 2000 年版），余靖幼受舅黄仲通师训，启蒙于乡前辈王式，以文学称乡里。后又徒步西游，寻师千里，志学十年，历代史记、杂家小说、阴阳律历，外暨浮屠、老子之书，无所不通。天圣二年（1024 年）举进士，初授赣县尉，改宣州司理参军。天圣八年（1030 年），试书判拔萃，迁将作监丞、知新建县。三年任满，入为秘书丞。预刊前史之阙文，参修当时之大典，帖职集贤校理。顷以越职言事，论救范仲淹，责监筠州、泰州酒税。宝元二年（1039 年）六月，徙知英州。尚未逾岭，即闻母丧。遂素冠持服，乡居终制。庆历三年（1043 年）三月至五年（1045 年）五月，历兼右正言、知制诰、同判太常礼院、同修起居注、权同判吏部流内铨、判国子监、判史馆修撰，授侍读学士、龙图阁学士。不久，以谗毁，与范仲淹、欧阳修等同以“朋党”斥逐，出知吉州。庆历六年（1046 年）七月，以将作少监分司南京。负谤闲居，郁郁六年。皇祐元年（1049 年），授左神武大将军、雅州刺史、寿州钤辖，以父老辞不就。三年（1051 年）八月，改知虔州。未几丁父忧，再度解职服丧。皇祐四年（1052 年）四五月间，广源州侬智高反宋，入据邕州，沿郁江东下，连破九州，进围广州。余靖于当年六月二十日，初命知潭州。后五日，道改桂州。次年，余靖与狄青、孙沔会师宾州，夜袭昆仑关，一战收复邕州。狄、孙回京之后，余靖留任桂州，累加给事中、工部侍郎、户部侍郎，拜集贤学士。嘉祐元年（1056 年）至四年（1059 年），历知潭州与青州，授吏部侍郎。五年（1060 年）八月，交趾犯邕州，自青州召余靖为广西体量安抚使、知钦州。六年（1061 年）五月，以尚书左丞知广州，兼管内劝农市舶使、提点银铜场公事，充广南东路都钤辖，兼本路经略安抚使。

嘉祐八年（1063 年）四月，英宗嗣位。治平元年（1064 年），授工部尚书，累封始兴郡开国公，加柱国。同年上半年，广州三年任满，朝京师赴任，以疾薨于金陵。天子恻然，辍视朝一日。赠刑部尚书，谥曰“襄”。次年七月，返葬曲江县龙归乡成家山之原。

余靖一生立朝清正，忠义有素。虽在兵间，手不释卷。文理足以绥众，武备足以折冲。道德文章，蔚为风范。学行治功，集于一身。他的诗文得以异代相感，历久长存，以迄于今，有《武溪集》行世。

韶州开元寺新建浴室记

(庆历六年丙戌，1046年，佚)

余　靖

释氏之为道也，兼济于人，不待乎达；独善之乐，不专于穷，以悲、智为修者也。悲之为言，“仁”之端也。能与众多作大饶益，去大患难，获大安稳；视物之累如身之忧，建功而不祈赏，益善而不祈报，此悲者之为也。智之为言，“介”之徒也。守静默，舍欣厌，居市朝而非显，宅山林而非晦；身同梦幻，性等空虚，离五蕴①，超三有②，此智者之为也。

韶于岭外为望州，卢祖印心之域。故寺最众，僧最多。然郛郭之居，初无众浴。开元寺者，精蓝之甲也。比丘延吉以头陀苦行劝募，依信量力出货，聿图胜果。乃于寺东南之外壝，相善地，市𡠺材，购梓人，售陶工，积勤营构，用成温室。八桂僧道夔勾稽其簿，矢谟于康定，落成于庆历之某年。五日为期，一具汤沐。熏修者得以涓洁，尘垢者得以涤荡。至者欣欣，真兼济之事也。

先是，州跨二江，通以浮梁。夏潦暴怒，岁苦漂泆。人用艰涉，户烦科督。吉师居河之湄，极力纠率。伐材以横大航，冶铁以络连锁，新而维之，众获其便。方舫并辔，如履康庄，积霖涨波，不能冲啮。非悲智所乐，何以及此？

月华琳禅师，丛林之宗工也。以书来抵庐陵，谒词为志。吉师，曹溪人，姓侯氏。十六受具，遍游名山，禅学通悟，琳师称之。今受众请，为住持主云。

庆历六年六月日记

⊙注

①五蕴：“蕴”译自梵语，旧译阴或众，意思是积聚。《般若波罗蜜多心经》：“观自在菩萨，行深般若波罗蜜多时，照见‘五蕴’皆空，度一切苦厄。”五蕴即色蕴、受蕴、想蕴、行蕴、识蕴。色蕴即物质的积聚；受蕴即领取纳受之意；想蕴即心于所知境执取形象；行蕴，“行”是造作之义；识蕴，心、意、识总称为心，也称为识蕴。

②三有：《菩萨善戒经并大智度论》云：“三有者，谓欲界色界无色界。六道众生，各随所作善恶之业，即感善恶之报，因果不亡，故名为有。”

考

本记辑自余靖《武溪集》卷七《寺记》，乃余靖应月华禅师以书抵庐陵所请，写于庆历六年（1046 年）六月，时余靖在江西吉州贬所。

吉师，即延吉，韶州开元寺住持。琳师，即惠琳，韶州月华山西堂禅师，与余靖交游甚厚（参见余靖《韶州月华禅师寿塔记并铭》、《韶州月华山花界寺传法住持记》）。八桂僧道夔，生平里籍不详。

韶州重建东平山正觉寺记

（皇祐元年己丑，1049 年，佚）

余 靖

诗人之咏曰："鸢飞戾天，鱼跃于渊。"盖言上下至也。翔极于高，潜极于深，则性之适矣。山林之士，岂不乐夫旷远哉！

仰山慧寂（据仰山密印寺图）

湘之南，峡之北[①]，山莽连属，而韶居其交，东平为其望山，富乎高深者也。剪荆构宇，靡详厥初。旧传《韦宙[②]大夫碑》云："刘总[③]尚书出家于此，赐号'大觉'"，较其年名、地域，乃与本传不同。会昌之世，例蒙摈毁[④]。咸通中，知宗大师慧寂再肃僧仪，恢复兹地，四方来学，缁褐千人。寂师[⑤]前住仰山，时号"小释伽"者是也。门人道圆扣阍奏牍，以东平胜地，知宗名流，兴复灵境，愿颁敕额。乾符二年，锡名"弘祖禅院"，改赐"澄虚太（大）师"，并紫方袍以宠之。及其委蜕，谥曰"智通"（?），塔曰"妙光"。刘主[⑥]因之，尝割曲江之丰乐、乳源、龙归三乡[⑦]民租，以赡堂众。

国家题期五纬，敷佑四海，出日入月，罔不率服。野无屯师，里无暴征，吏良政清，人用休息。故摄心奉佛者，沛然有余力矣。然而作大饶益，兴大功利，建造崇立，显扬佛事，苟非戒行涓洁，众所钦瞩者，其成之固亦难矣。

开宝中，刺史潘公怀裕尝择名德，而绩用弗成。至道中，火禁弗严，郁攸为患，尺椽寸瓦，煨烬无余。本寺徒弟，徙厥基而新之。咸平元年，敕赐"正觉寺"额，然纲领不振，膏腴之土侵牟者大半矣。天圣初，州命礼僧绍登恢隆祖席，缉复未完而顺寂焉。提点刑狱林公升酷好禅学，遂请今禅师得彬开堂续灯，景祐五年也。彬师，化州石龙人。儿童戏玩，即好经梵之声。少年游方，遍参尊宿。得法要于庐山罗汉院祖印大师，侍执巾瓶十有八载。屡赍山仪中闱进贡，朝士称其机捷。既受众请居山也，到山食讫，即召田客具畚插。寻知宗故基，断茆结庵，以闻于州，符报从之。明年，尽复嚚人侵地，籍所余以募梓人、旅人，伐材埏埴，不烦而备。

噫！佛氏之制闳矣。像有鸱屋（尾），堂有猊座，人不以为忲；画楹而居，击钟而食，人不以为侈；天为兜率，山为补陀，人不以为诞。施者惟恐不得丰其用，匠者惟恐不能肆其巧。金仙之权，何其盛哉！

先是，山去民居三十里，指四峰以为境：东名“灵隐”，南曰“大雄”，西号“月轮”，北为“狮子”。且知宗尝聚学徒千余，故其制度得以闳肆，穷毫溢楮所不能既。若乃禅机祖学，缁素所推；名木奇树，方俗所异，非关兴构，阙而不录，第志岁月而已。

皇祐元年四月日记

⊙注

①峡之北：可能是指广东“三峡”。清屈大均《广东新语》卷三《山语》“三峡”条谓：“自英德至清远有三峡。一曰中宿，一曰大庙，一曰浈阳。大庙介二峡之间尤险陿……然其险盖与蜀异。蜀三峡（长江三峡）其险在滩，粤三峡其险在峡。自皋石山而下，危峦峻巘，为铁步障，为玉屏，凡数百里不断。”

②韦宙：曾任岭南节度使，咸通中卒，《新唐书》有传。

③刘总：累迁至检校司空，加同中书门下平章事。后落发为僧，唐穆宗赐号“大觉”。新、旧《唐书》有传。

④会昌之世，例蒙摈毁：指“唐武宗灭佛”。自唐朝立国以来，历代君主都给予佛教极高礼遇和大力提倡。至中叶以还，佛教势力日益膨胀，加上很多人为了逃避赋役，出家为僧，导致僧人越来越多。这种状况至唐武宗时成为当时社会上的一大问题，逐渐威胁到了唐朝中央统治。唐武宗即位后，便开始筹划灭佛。会昌二年（842 年），武宗令天下僧尼中犯罪和不能持戒者尽皆还俗，行咒术、妖术等者同禁，私人财产全部“充入两税徭役”。会昌四年（844 年）七月，武宗敕令毁拆天下凡房屋不满二百间、没有敕额的一切寺院、兰若、佛堂等，命其僧尼全部还俗。会昌五年（845 年）三月，武宗敕令不许天下寺院建置庄园，又令勘检所有寺院及其所属僧尼、奴婢、财产之数。四月，下敕灭佛，规定西京长安只能保留 4 座寺庙，每寺留僧 10 人，东京洛阳留 2 寺，其余节度使的治州共 34 州留 1 寺，其他刺史所在州不得留寺。除此之外的寺庙全部摧毁，僧尼皆令还俗，所有废寺铜铸的佛像、钟磬全部销熔铸钱，铁铸的交本州销铸为农具。八月，“天下所拆寺四千六百余所，还俗僧尼二十六万五百人，收充两税户；拆招提、兰若四万余所，收膏腴上田数千万顷，收奴婢为两税户十五万人”（《旧唐书》卷十八《武宗本纪》）。会昌六年（846 年），武宗逝世，宣宗即位后即废止了灭佛政策。这一事件使佛教在中国受到严重打击，史称“唐武宗灭佛”或“武宗灭佛”。因唐武宗年号为“会昌”，故佛教徒又称之为“会昌法难”，将它与之前的北魏太武帝灭佛、北周武帝灭佛和后来的后周世宗灭佛并称为“三武一宗”。

⑤寂师：即仰山慧寂（815—891 年），俗姓叶，韶州怀化人。九岁时，慧寂禅师背着父母投广州和安寺，从不语通禅师出家，稍长正式落发。后又参沩

山灵祐禅师，有“小释迦”之号。慧寂承其师灵祐而集大成，于江西宜春仰山道场宣扬宗风，世称“沩仰”宗。法眼宗的宗主文益禅师在《宗门十规论》中，将沩仰宗风概括为“方圆默契”四字。

⑥刘主：即南汉国主。南汉（917—971年）是五代十国时期的地方政权之一，位于现广东、广西两省及越南北部。唐朝末年，刘谦任封州（现广东封开）刺史，拥兵过万，战舰百余。刘谦死后，刘隐继承父职。907年，刘隐受后梁封为彭郡王，909年改封为南平王，次年又改封为南海王。刘隐死后，其弟刘龑袭封南海王。刘龑凭借父兄在岭南的基业，于后梁贞明三年（917年）在番禺（今广州）称帝，称兴王府，国号“大越”。次年，刘龑以汉朝刘氏后裔的身份改国号为“大汉”，史称南汉。971年为北宋所灭，历五主，共六十七年。此处未具指系南汉哪一帝。

⑦曲江之丰乐、乳源、龙归三乡：丰乐，余靖《善化院记》曰：“乡曰丰乐，里曰长容。北出州治三十里而遥，有院曰善化，唐朝旧额也。”考其方位、里程，应即今桂头一带。龙归，大致即今武江区龙归镇范围；乳源，南宋乾道三年（1167年）划曲江西境乳源乡四里，崇信乡八里，乐昌南境新兴（依化）乡三里，共三乡十五里设置乳源县，隶属广南东路韶州。

考

本记辑自余靖《武溪集》卷七《寺记》，四库全书本。镌刻形制不详。

据文末所记，本文写于皇祐元年（1049年）四月，时余靖乡居韶州。

光绪《曲江县志》载，正觉寺，在县境东平山，唐释慧寂建。宋至道年间（995—997年）烧毁，不久复建。咸平元年（998年）敕赐“正觉寺”。另据各媒体报道，近年在乳源瑶族自治县发现了正觉寺遗址（《韶关日报》B2，2011年9月17日）。发现者称，正觉寺，俗称“东华寺”，在今（洛阳镇）白竹东坪村北的庙墩山下。其主要依据为，“宋丞相余靖在《韶州重建东平山正觉寺记》中记述：‘湘之南，峡之北，山莽连属，而韶居其交，东平为其望山。’这里说的‘湘之南’，是指湘粤交界处的南岭之南，东平山北与南岭群山相连，北接湖南宜章；‘峡之北’指的是东平山，位于今‘广东乳源大峡谷’北面。《正觉寺记》又说：‘刘主因之。尝割曲江之丰乐、乳源、龙归三乡民租，以赡堂众。’唐王朝灭亡后，韶州地处刘氏建立的南汉国统治之下，南汉皇室用以供养正觉寺的‘丰乐、乳源、龙归’三乡，当时属曲江县辖，是分布在东平山周边的乡村”。此论证过程有误。其一，正如上注①，余靖所记“峡之北”不应是今之“广东大峡谷”，这条峡谷在宋以后的历史文献中皆无记载，更谈不上以之来确定宋时区域的南北方位，而唐宋文献中岭南称之为“峡”的，又在粤北区域的多为“浈阳峡”等，这与《广东新语》所载广东“三峡”为同一处所，可见作为界定粤北区域地理方位的所谓“峡”，是指英德至清远间的“三峡”，而不是今之所谓“广东大峡谷”。其二，“南汉皇室用以供养正觉寺的‘丰乐、乳源、龙归’三乡，当时属曲江县辖，是分布在东平山周边的乡村”。此论大致成立，却忽视了考究其分布方位。丰乐，余靖《善化院记》曰：“乡曰丰乐，里曰长容。北出州治三十里而遥，有院曰善化，唐朝旧额也。”考其方位、里程，参照同治《韶州府志》卷二十六《古迹略·寺观》载，善化院，在曲江县长桂都——丰乐应即今桂头一带。乳源乡大致指今侯公渡一带，龙归即指今龙归一带，两地皆靠近韶关市区，因此正觉寺绝不会跑到距离比较遥远的今洛阳镇方向去。其三，余靖记中有“东平为其望山，富乎高深者也”，又曰：“山去民居三十里，指四峰以为境：东名‘灵隐’，南曰‘大雄’，西号‘月轮’，北为‘狮子’。”其所明确提到的周边环境与今乳源洛阳镇所谓“正觉寺”遗址所处相对平缓的地势不符。

开元寺重塑佛像记

（熙宁七年甲寅，1074 年，佚）

李 骙

佛法之来久矣。稽诸典故，则无所载传，索其鼻祖，盖出于极西穷荒之国，其语言、衣服、器用、饮食，大率与中夏不相侔。逮永平之世，符秘梦于显宗，是时华人始知有佛。故通都大邑、商市农井，苟有生聚，必建招提。大则镕金铁以模其像，小则□缣素以绘其形，或堂或殿，崇敬奉之。观其发根芽于汉魏，栽培于晋宋齐梁，枝叶于隋唐五季，迄今延蔓梗莽，蔽翳于千百年之间。作者不起，孰为芟夷。大抵种裔繁昌、教法恢诞有国家者，给而佞之。其故何哉？大要牖愚冥而狴犴也。五筦[①]之南，韶为望郡。治城之西，渡江五里有佛祠曰“开元”[②]，介于武溪之右，唐季复更名为“大梵”。昔曹溪六祖得心要于黄梅，言旋乔木之邦，尝寓居是寺，讲顿教以悟群迷[③]。于今西偏遗址在焉。熙宁二年乙酉五月仲夏，天灾流行，洪水为害，涨入郛郭，冲荡民居，浩浩横流，势不可御，怀界刹几及浃旬。鸱殿之内，化作泥阬，金仙之尊，土木流溃。寺僧景琎睹兹坏相，疾首痛心。一日聚众议曰：“我曹荷佛庇庥恩逾父母，盍各同怀戮力，博求信响之家，重塑大觉真身，朝夕得以瞻仰，不亦善乎？”琎师乃软言诱化，郡城拔萃坊[④]谭宽同其室徐氏谋曰：“我等生逢盛旦，岁记幸充，若不作因云何得果？”于是倾胠箧之赀，购匠工之巧，再造释迦住世睟容一铺，金碧庄严，增倍前制。工讫，盛集缁徒，开陈法会，营斋饭众以赞其成，一费泉布二十万。噫！佛之示权也，神而莫测，破贪爱而荡群有，挈皋福以罔诸迷，使违五教而徇三归，竭货赀而无靳吝，退藏妙用之为，大类霸者之谲。宜乎！好辩者谓其教盛过于杨墨，岂空言哉。琎师劝募功就，状其实，丐文以镵石，将图不朽。仆迫于监临，辞多罅漏，直书经画始末，庸塞来请。

时熙宁七年甲寅岁二月十日记

⊙注

①五筦：亦作“五管”，指今岭南地区，古以广、桂、容、邕、安南府皆隶广府都督统摄，谓之五府节度使，名岭南五管。《元史》卷二百〇九《列传第九

十六》“安南”条下曰：“唐始分岭南为东、西二道，置节度，立五筦，安南隶焉。”

②开元：即开元寺，据同治《韶州府志·舆地志·寺观》载，唐开元二年（714年）有僧宗锡在韶州城建开元寺。此说有误，应是唐高宗显庆五年（660年）始建开元寺才合理，因为惠能于唐高宗仪凤二年（677年）春，离开法性寺（今广州光孝寺），北上到宝林寺正式开山传法。此后在宝林寺，六祖惠能驻锡长达36年之久。如是开元二年（714年）才建开元寺［或原寺不叫“开元寺”，到开元二年（714年）才改称“开元寺”］，那么惠能直到死也不会有机会在开元寺说法。开元寺不久又更名为大梵寺。

③讲顿教以悟群迷：惠能到宝林寺开宗说法不久，韶州刺史韦璩即慕名到曹溪参礼，并邀六祖到大梵寺说法讲经。《六祖大师法宝坛经》记载说：“时大师（六祖）至宝林（南华寺），韶州韦刺史（韦璩）与官僚入山（宝林山），请师出，于城中大梵寺开坛说法，僧尼道俗一千余人。”六祖为韦璩们“说摩诃般若波罗蜜法，使汝等各得智慧”。说法完毕，“师（六祖）复曰：‘今于大梵寺，说此顿教，普愿法界众生，言下见性成佛’”。“时韦使君与官僚道俗，闻师所说，无不省悟。一时作礼，皆欢喜哉，何期岭南有佛出世。”大梵寺说法，通过韦璩一干官宦及普罗信众的口耳宣扬，六祖惠能及曹溪禅门而南北闻名。

④拔萃坊：在今韶关市区小岛建国路余相巷一带。

考

本记辑自清同治《韶州府志》卷二十六《古迹略·寺观》。原碑不存，镌刻形制不详。

清《钦定续通志》卷一百六十八《金石略·二》曰：“《开元寺重塑佛像记》，（宋）李骙撰，邝强书。正书熙宁七年。”

重新祖塔记

（绍兴三十二年壬午，1162 年，佚）

奉　宁

六祖大鉴禅师宝塔①，创于唐先天年间。元和中，宪宗赐额曰“元和灵照之塔”。皇宋开宝初，王师平南海刘氏，残兵作梗，遂为煨烬。寻有制兴修，功未竟。会太宗即位，留心禅门，诏遣郎中李颂、司徒张公前来措置，重新建造。工毕，上奉御笔赐额曰“太平兴国之塔”。至绍兴二十四年甲戌岁十月十五日，复罹回禄②之变。奉宁庚辰春，准敕差住持当山，于壬午岁三月丁酉朔十五日辛亥，募缘鸠工鼎新建造。奉宁忝继祖芳，谨次其实，所将功德，上祝当今皇帝圣寿无疆，圣文睿武，扫荡妖氛，恢复故基，廓清天宇，万邦道泰，四海升平；文武官僚增崇禄位，风调雨顺，稼穑丰登。

⊙注

灵照塔

①六祖大鉴禅师宝塔：《六祖大师法宝坛经》付嘱品第十曰：“师于太极元年壬子，延和七月，命门人，往新州国恩寺建塔（塔龛）。仍令促工。次年夏末落成。七月一日，集徒众曰：‘吾至八月，欲离世间。’……大师先天二年癸丑岁，八月初三日，于国恩寺斋罢，谓诸徒众曰：‘汝等各依位坐，吾与汝别……’”在交代完衣法等事宜后，“端坐至三更，忽谓门人曰：‘吾行矣。奄然迁化’”。惠能坐化后，门人即移其肉身至惠能早先“催令早了”的塔龛封存。时围绕其肉身归所，“广韶新三郡官僚，洎门人僧俗，争迎真身，莫决所之”。“乃焚香祷曰：‘香烟指处，师所归焉。’时，香烟直贯曹溪。十一月十三日，迁神龛并所传衣钵而回（曹溪）。”到次年（开元二年）七月二十七日（或记为“次年七月二十五日出龛”），才从曹溪龛中将惠能的肉身取出。出龛后，惠能“端形不散，如入禅定”，“弟子方辩，以香泥上之”。又“全身胶漆”塑成真身，再以“铁叶漆布，固护师颈入塔”，此塔即“六祖大鉴禅师宝塔”，亦是后来存放六祖真身的著名的“灵照塔”。据相关文献记载，塔应初建于唐开元二年七月（714 年），而不是此记中所述“先天年间”，唐宪宗元和二年（807 年）赐塔为“元和灵照之塔”，宋太祖开宝元年（968 年）毁于兵火，后于宋太平兴国元年（976 年）重建，改赐塔为“太平兴国之塔”，宋绍兴二十四年（1154 年）塔复毁，八年后由住持僧奉宁再次重建，明

成化十三年（1477 年）灵照木塔始被改建为八角五层砖塔（参见后《鼎建六祖大师塔记》），是今南华寺唯一从未挪动过位置的古建筑。

②回禄：相传为火神之名，引申指火灾。《左传·昭公十八年》：“郊人助祝史除于国北，禳火于玄冥，回禄。”杜预注曰：“回禄，火神。”

考

本记辑自清康熙《重修曹溪通志》卷四，原碑不存。撰者南华寺住持奉宁，僧传、灯录中均无载，唯南华寺存奉宁募铸铜钟一口，铭曰：“敕著韶州曹溪宝林山南华禅寺住持，嗣祖赐紫正觉了悟大师奉宁，谨募十方善男信女资财，铸造大钟，永镇祖席。以此殊勋仰祝今上皇帝圣寿无疆，十方舍财檀信，增延寿福者。皇宋乾道三年岁次丁亥。”

锦石岩砌禅关记

（成化七年辛卯，1471 年，存）

冯　浩

锦石岩[①]，仁化之胜境也。邑之南二十里，有奇石萃然峙于溪涯之左。其命名之故，景物之奇，既述于右先君子矣。迩者，新作石门于其路间。耆老谭伦、刘以宽辈咸欲记之，因来谒予。

予观斯岩，下视百丈，路沿山腹，曲折崎岖，比及千里始臻舟岸。劂中一祈处，视他险独最。周王之马迹不能到，谢公之屐齿[②]不能及者。斫石作梯，以为登途。右以上木为门，仅容一夫。遭时之晦，草寇之兴，善良徙此，祸患莫及。庚寅之春，住持僧清行暨诸耆老，谋而新之。予与邑宰及诸僚友许之，遂鸠工任事。不于垣，不取材，就其上砻其石而营之。由西而南之小径克通后山，塞之。落成于是年夏四月。门高十尺，厚去其二，阔其高之。上可架楼。上凡五百余费，白金十两。官是邑者，悉助以俸，士庶莫不乐施以相助焉。门成之日，瞻之峨峨，隐映山谷。登者歌，休者诵，风静云收，溪峰献状，极于万类，靡不在怀，岂不增岩之胜乎！于乎贤者兴、愚者废，事之大小皆然。兴为可嘉，废为可戒。斯门之废而复兴之，且新制焉，是不可以不记。

成化七年夏四月记

⊙注

①锦石岩：嘉靖《仁化县志》卷一《山川》曰："锦石岩在县南十七里，岩下为锦石溪……其径弯环直上千余级，夹道松杉，高凌霄汉。石壁石五色间生，铺锦绮，多如梅花之形，四时变态。"自唐五代至宋，时僧伽憩此，并无营构。相传南（北）宋政和间，有僧法云，见兹山奇怖，叹曰：'半生在梦里，过了今日，始觉清虚。'乃聚众建庵。锦岩之名始著。进士曲江邓嘉猷记，又有淳熙中蒙天民求雨应验记。明景泰三年（1452年），住持净寿法师率徒众莲石为阶，断石为栏，平危叠险，装修佛像、建庵。成化元年（1465 年）建殿堂房舍 28 间，在岩外路边建佛殿、僧房 50 多间。成化三年，曲江朱道祚砌石栏；成化六年（1470 年），乡民刘以宽砌石栏，教谕冯浩记；成化十六年住持僧净寿募缘重建，知府王宾记；嘉靖十九年（1540 年），知府符锡建集仙亭，于岩下建厅宇三间，于岩前匾曰：紫府清都。仁阳一方之胜境也，登览者多晋题附录于后。

②周王之马迹、谢公之屐齿：周王即周穆王，《左传》云："昔穆王欲肆其

心，周行天下，将皆必有车辙马迹焉。”《汲冢竹书》有《周王游行》（《穆天子传》）五卷。谢公即南朝刘宋曾任永嘉（今浙江温州）太守、临川内史的谢灵运。他极喜欢游山玩水，所到之处，题咏甚多，是我国山水诗的鼻祖。他曾发明了一种新型的登山木屐，前后两道屐齿都是活动的，可以取下来；上山时去掉前齿，下山时去掉后齿。崎岖山路，如履平地，后人称之为“谢公屐”。唐李白《梦游天姥吟留别》有“脚著谢公屐，身登青云梯”句。

考

本记辑自雍正本《丹霞山志》卷八，原碑不存。

撰者冯浩，嘉靖《仁化县志》卷三《历宦》曰：“冯浩，南海人，儒学教谕。”

鼎造六祖大师塔记

（成化十三年丁酉，1477 年，存）

道　深

鼎选六祖大师塔记

六祖大师实行，载《法宝坛经》与《传灯录》，见诸典籍，炳然如星日而耀古辉今。按，师名惠能，岭南新州人。其父卢姓，其母李氏。诞其于贞观戊戌。既长，二十有四往黄梅印证，遂受达摩□□□□□□龙朔辛酉。以仪凤丙子，方削发于广之法性光孝。出世利生三十七载，中宗赐之磨衲宝钵。其得法者四十三员，□□□□叵知其数。已而春秋七十有六示寂，立塔于韶阳宝林之曹溪南华，肃宗尝迎衣钵于内。宪宗谥其号“大鉴”，题其□□□“灵照”。宋太宗加号“真空”，塔曰：“太平兴国。”仁宗亦迎衣钵于宫掖，加号“普觉”。神宗加号“圆明”。宋□宗加号“广照禅师”。自□□□丑入灭，历宋及元，达我圣朝大明一统之天顺甲申，与明年成化改元乙酉，凡七百六年也。其塔久□□□落，然尤兴替关时，而幸喜得其人。是以昨岁癸未住持荣美，首座宗晓偕黔国公[1]，追封昭靖王之冢嗣、太傅定远忠敬王沐公晟，所治云南之□□□□以大师之行迹，连昔伽叶亲传释迦之袈裟，非金非铁之钵来贡。钦蒙御览，甚悦，可其躬募诸缘，复修彼塔。则由是京之列刹，皆得争迎其衣钵供养，国王、大臣、国师、掌教、僧录[2]、两街善世[3]、众官并诸士夫、老稚巨细群机，皆得□□称赞，瞻礼而顶戴欤。其将请还，钦依旧贯鼎造原塔，砖砌龛室，妥安大师之真身、衣钵。而欲层檐面各燃灯□□昏衢，庶几乎金碧棱层而观邦邑者也。预命述记，以俟功完刻石，以示不泯焉。洪惟国家富有，四海八荒膺服，则犹恒思至治，以弘吾教，以辅唐虞之化，而斯塔指日嵯峨，阴翊皇图永固，于万年保宁民物，于千载则必不负旌崇矣。然大师前塔之碑文，屡有磨尚书王维、刺史柳宗元、刘禹锡之著作[4]，顾愚后进粗言，此复新岁月之概，奚敢并先进之宏辞。

制授承旨讲经兼赐宝藏圆融显密大宗□播阳道深撰

资善大夫、工部尚书、前翰林侍书太常少□□陵赵荣书

奉天翊卫推诚宣力武臣特进光禄大夫柱国太保□□□□南□继宗篆

成化十三年岁次丁酉冬十一月二十一日立石

⊙注

①黔国公：明永乐六年（1408 年），明开国大将、黔宁王沐英次子沐晟以平安南功封黔国公，卒赠定远王。此应指黔国公第三代沐琮，字廷芳，成化元年（1465 年）袭爵，三年就镇，弘治九年（1496 年）卒，赠太师，谥武僖。

②僧录：僧官。自佛教东传，历朝历代为管理全国佛教事务基本都有设置专门的官吏和机构。自汉至西晋，寺院、僧尼不多，译事和法事尚属初创，其时佛教事务一般由接待宾客朝觐的大鸿胪寺掌管。东晋十六国时，佛教有较大发展。北方一些国家开始设置僧官。其中后秦设立僧方（即僧正）、悦众、僧录等，掌管秦地僧尼事务。这是中国佛教有官方管理机构和设置僧官的开始。北魏文成帝时，对佛教管理机构和僧官制度作过一次调整。中央改监福曹为昭玄曹、道义统为沙门统，又称昭玄统，其下设都维那等；在诸州、镇、郡，设维那、上座、寺主等，分别掌管中央、地方以及各寺庙僧务。东魏、西魏以及北齐、北周均设置相应的机构和僧官。北齐沿袭北魏制度，并有所发展。掌管佛教的总机构称昭玄寺，列为朝廷诸卿寺之一。各寺置大统、僧统各一人，都维那三人，又有功曹、主簿等辅助人员。管理诸州、郡、县沙门事务。在昭玄寺之外，北齐鸿胪寺所属典寺设有僧祇部丞一人，执掌佛教事务。北周僧官制度有较大的改革，中央置有春官卿，春官属员有典命一人，主管沙门、道士之法；又在宗正卿下别置司寂上士、中士，专管沙门之事。在南朝，僧官设置基本沿袭后秦制度，唯在名称、人数方面略有变化、增减。宋、齐、梁、陈四代统管全国僧尼事务的最高僧官均称僧正或僧主。只管某一寺院事务的为法主或寺主，由皇帝敕授。隋文帝仿北齐僧官制度，中央立昭玄寺，置昭玄大统（一称大沙门统、国统）、昭玄统、昭玄都等僧官，州置统都、沙门都、断事、僧正等，分别管理全国和地方僧尼事务，对外国僧侣还设有外国僧主。在有学问的僧侣中设“五众”（即讲大论、讲论、讲律、涅槃、十地等五种）制度，五众设有众主，由朝廷任命，但这个制度至文帝末年即告终止。开皇十二年（592 年），又特置鸿胪寺崇元署令、丞，掌管佛教事务。炀帝即位，郡、县佛寺，改为道场，置监、丞进行管理。唐代初建，僧官制度一承隋制。天下僧尼隶鸿胪寺（一度改称司宾寺）。高宗以后，屡有改易。武则天延载元年（694 年），令天下僧尼转隶礼部祠部。祠部设郎中、员外郎各一人，主事、令史、书令史多人。寺有定数，每寺立三纲（上座、寺主、都维那各一人），以德行知识高者充任。凡试轻度僧，由祠部给牒。僧人簿籍，三年一造。天宝六载（747 年）至德二载（757 年），置祠部使，典领佛教事务。贞元四年（788 年），复置左右街大功德使、东都功德使、修功德使，管理僧尼簿籍及役使。元和二年（807 年），又于左右街功德使下设僧录司，置僧录等职，例由僧人充任，掌全国寺院、僧尼簿籍以及僧

官补授等事。会昌二年（842 年）至六年一度以僧尼隶礼部主客，但基本上仍沿行以两街功德使掌管佛教事务的体制。州、县之佛教政令，通常由州功曹、司功曹掌管。此外，各州皆置有僧正一职，具体掌管一州僧务。宋辽金元僧官制度基本沿用唐制。明代僧官始设于明太祖时期。其时在南京天界寺设立善世院司掌佛教，又置统领、副统领、赞教、纪化等，负责全国重要寺庙住持的任免。洪武十五年（1382 年），又重新组建中央和地方僧官组织。中央设僧录司，有左右善世（正六品）、左右阐教（从六品）、左右讲经（正八品）、左右觉义（从八品）各二人，由礼部任命，掌管天下僧务。府设僧纲司，有都纲（从九品）、副都纲各一人；州设僧正司，有僧一人；县设僧会司，有僧会一人，归僧录司统辖，分掌地方僧务。有关全国佛教之政令，则大体循前代之旧，总领于礼部祠祭司郎官。清代僧官制度，几乎完全承袭明制。所有中央和地方的佛教管理机构以及各级僧官的名称、人数、品秩、职事等都和明代基本相同，佛教事务之政令，也由礼部祠祭清吏司郎官执掌。

③两街善世：即左右街大功德使、左右善世，僧官。参见“僧录”条。

④尚书王维、刺史柳宗元、刘禹锡之著作：参见王维《能禅师碑并序》、柳宗元《曹溪第六祖赐谥大鉴禅师碑》、刘禹锡《大唐曹溪第六祖大鉴禅师第二碑（并序）》。

考

碑存南华寺，高 1.80 米，宽 0.60 米，青石质，晕首，篆额，额两侧饰麒麟纹。碑文楷书、阴刻，中间偏下有宽裂痕。

撰者道深，西域僧人，据《皇帝敕赐金山宝藏禅寺记》记载，永乐十九年（1421 年）其随宣慰使杨昇进贡来朝北京，得到了明太宗的奖赏，因而得从“灌顶广善大国师”智光学习西天佛法。“永乐十九年，播州宣慰使司宣慰使郡侯杨昇携余进贡，来朝北京，蒙太宗文皇帝赏赉褒重，由是得从‘灌顶广善大国师’智光受灌顶戒学西天梵书字义。”“今皇帝圣旨赐作宝藏禅寺，着令礼部钦除道深住持讲经常川，开示僧俗不许诸人故事生事侮辱欺凌。”明正统三年（1438 年），道深和尚主持重修苍雪庵，皇帝赐名“宝藏禅寺”，又赐号道深“宝藏圆融显密大宗师”。书者赵荣，字孟仁，祖籍西域，元时入中国，家于福建闽县。明英宗天顺元年（1457 年）因接英宗复位，进为工部尚书。“曹石之变”时，赵荣策马集市大呼：“曹贼作逆，壮士同我讨贼。”率众平息叛乱，英宗称其忠，命兼任大理寺卿。篆额者考为孙继宗，字光辅。明宣宗孝恭章皇后孙氏之兄，会昌伯孙忠之子，天顺元年（1457 年）发动夺门之变使英宗复位，因功进侯爵，加号“奉天翊卫推诚宣力武臣”。

重修锦石岩记

（成化十六年庚子，1480 年，存）

王 宾

成化庚子春二月辛未，余抵仁化会记筑城[1]，保障地方。事既竣，命舟还韶。去治邑二十里许，左右皆曰：“是中有仙境，穹壤间不多见。”余然其语，乘舆登览。四面皆奇峰恠（怪）石也，满座皆幽草琼花也。岩之畔，飞泉瀑布者，不卷之珠帘也；岩之前，禽声松韵，若笙簧之交奏也；岩之下，江水皎洁，若素练也；岩之中，深邃虚阔，若殿宇也。实天造之自然，非人力之使然。清风徐行，浮岚袭袂，使人脱然而忘世虑贤！仰而视之，石有五色如寒梅。时有僧曰净寿、曰慈志者，拜首告曰：“石间之绣纹，四序改易，变色不常，故名其岩曰‘锦石’。”是岩肇基唐末，代有方外士居之，而（一）砖一瓦未置也。南宋崇宁间[2]，居士号“法云”者，聚众善百余，开山建庵，力食焚修，而锦岩之名始闻于天下。景泰壬申，有僧曰“清行”者，率徒净寿来岩住，特有化善信，而处士李克谅、谭彦淳辈，资金施财，妆饰诸像。凿石为阶级数百丈，斫石为栏杆数百尺，制石为香桌十八座。平危垒险，营构堂室，迥然南方之胜景也。成化乙酉间，清行圆寂。而净寿手植杉松数千株，历岁既久，群木郁茂。间取其尤茂者，构伽蓝堂六楹，廊房二十八楹。岩之下，构庵五十余楹。古迹狮子岩庵[3]已颓，亦从而鼎新之。岩无常住田，乃募财买田二十余亩，率徒躬耕，以备斋供。净寿之功视昔尤多也。岩顶有天然庵[4]遗址，成化癸巳，慈志募缘重建，修行悟道，矢不他适，得非知止者乎？二僧者，恐前迹之未彰，虑己功之无述，不逾月，诣余请记，镌石以永其传。辞弗获已，于是乎书。

重修锦石岩记

赐丙戌进士中顺大夫赞治尹韶州府
知府前云南道监察御史淳安王宾书

⊙注

①仁化会记筑城：同治《韶州府志》卷十五《建置略》记载，“仁化县，城周围二百八十丈，基广一丈中八尺上七尺，高一丈后增高数尺。旧城唐垂拱所筑，在今县北十里走马坪。宋开宝间，县省入乐昌而城废。咸平三年复置县于今所，而未有城。至明成化四年，（韶州）通判蔡周始筑土城，十一年知县李淮清砌四门以石。十六年知府王宾、知县翁同修砌以砖石，创门楼四座、串楼二百八十六间，知府王宾记”。

②一说为法云于北宋政和间开山建庵，参见《锦石岩砌禅关记》注①。

③狮子岩庵：在丹霞山亚婆岩村东北三公里狮子岩。山有天然岩洞，内建为寺庙，名狮子岩庵，始建年代不详。

④天然庵：天然岩在锦石岩之上，长老峰下，岩口向西，明代有僧人内建为天然庵。

考

重修锦石岩记，青石双面碑，高三尺余（1.22 米），宽二尺余（0.76 米），原立于锦石岩龙王岩左侧，晕首，篆额，额两侧饰云龙。碑文楷书阴刻，记文 500 余字，周饰卷草纹。

撰者、书者王宾，同治《韶州府志》卷四《职官表》载：“王宾，淳安人，进士，成化十五年任（韶州知府）。”

重建双峰寺记

（成化二十三年丁未，1487 年，存）

赖 佑

大雄[1]氏之教，其来远矣，胎于汉，酿于隋唐，盛于五季[2]。迨夫宋元之间，传派繁衍，遍于天下。其教虽以寂灭为宗，究其所以耸动乎人者，盖以空为智化，福利为仁化，业缘为术化，地狱为劫化。世之高明者，信其明心见性之说；昏昧者，怖于生死轮回之报；上至王公，下而黎庶，靡然从风。凡欲脱罪资福，虽罄橐倾裹（囊）以施之，有弗恤也。是以名山胜境，招提[3]兰若[4]，在在有之。噫！佛氏之教，其入人也，可谓深矣。乳源双峰兴福禅寺，乃太平兴国年间，开山广悟禅师栖真之所。师之颠末，寺之创建，详载旧碑，历历可考。自元季之乱，僧徒星散，寺宇倾颓，丛林[5]鞠为茂草。邑人王迪循理好善，笃信佛教，睹寺之废址，慨然有复兴之意。于是集邑中耆彦询谋，佥同迓南华二僧祖岘、守戒以主其事。顾旧址稍东，诛其藤茅，翦其荆棘，而三区其地。择日鸠工，聚材运石，中建大雄殿，后构祖师殿，前立山门，上架钟鼓楼。仍与邑幕周君理正[6]，乡民刘清，刻三宝[7]于中以供之。续募十方善信，塑罗汉于傍以配之。观音有堂，伽蓝有室，法堂、方丈、僧房、客舍之所，无不毕具。经始于景泰乙亥，落成于成化丁未。金碧辉煌，照耀前后，度其观模，策其庄严，殆与师昔之所建者，盖不甚相远也。迪等走伻求记予，惟师以佛氏之徒，行佛氏之教，其感人盖不减乎智仁术劫之化。是以人之信从乎师者，即所以信从乎佛，不以师去之远而或替。宜乎寺宇废而复兴，僧徒而复振，足以为一邑之壮观者，岂偶然而至哉！佛氏有云："凡有信心，同登彼岸。"今迪等既为之倡于先，众信复为之和于后，并力一心以成胜事，是必能拔去罪根，跻乎（善）域，不殊高明，不类昏昧，而人人咸囿于智仁术劫之中矣！佛氏之言，盖不欺也。固当勒诸瑱（贞）珉，以垂永久，俾后之来者，亦将有所劝云。

⊙注

①大雄：释迦牟尼的尊号。佛教认为释迦牟尼有大智力，能伏四魔，故称之为大雄。佛寺正殿称大雄宝殿，即取此意。"大雄"典出《妙法莲华经·授记

品第六》："大雄猛世尊，诸释之法王，哀愍我等故，而赐佛音声。"

②五季：指唐宋之间的后梁、后唐、后晋、后汉、后周五代。同时，又有蜀、后蜀、吴越、荆南、南汉、北汉、南唐、闽、楚、吴十国，史称五代十国。

③招提：本是佳拓斗提奢，意为四方。后省去"佳、斗、奢"，为拓提，误为招提。四方之僧称为招提僧，四方僧之住处称为招提房。此名始于北魏太武帝（424—451 年），魏太武帝于始光元年（424 年）造立伽蓝，名之曰招提，后遂以招提为寺院的别称，此称呼亦传至韩国和日本。

④兰若：指寺院。"阿兰若"省称。原意是森林，引申为"寂静处"、"空闲处"、"远离处"，意为寂静，无苦恼烦乱之处。也泛指一般的佛寺。

⑤丛林：此指佛教多数僧众聚居的寺院。意为僧人和合一处，有如众木相倚成林，故名。《大智度论》卷三："多比丘一处和合，是名僧伽。譬如大树丛聚，是名为林……僧聚处得名'丛林'。"后道教也沿用此称。

⑥周君理正：康熙二十六年（1687 年）《乳源县志》卷五《良吏传》："周理正，字以道，抚州人（今江西抚州）。本县典史，奉公守法，岁饥捐俸以赈，政平讼理，升州同（知）。"

⑦三宝：佛教术语中的"三宝"有两种，一种是指佛宝、法宝、僧宝称作住世三宝。《释氏要览·三宝》："三宝，谓佛、法、僧。"佛宝指圆成佛道的本师释迦牟尼佛；法宝指佛的一切教法，包括三藏十二部经、八万四千法门；僧宝指依佛教法如实修行、弘扬佛法、度化众生的出家沙门。一种是指觉、正、净称作自性三宝。《六祖法宝坛经》曰："劝善知识，皈自性三宝。佛者，觉也。法者，正也。僧者，净也。自心归依觉，邪迷不生，少欲知足，能离财色，名两足尊。自心归依正，念念无邪见，以无邪见故，即无人我贡高贪爱执着，名离欲尊。自心归依净，一切尘劳爱欲境界，自性皆不染着，名众中尊。若修此行，是自归依。"这里指的是释迦牟尼、迦叶和阿难陀。

考

碑高 1.86 米，宽 0.90 米，青石质，晕首，周饰卷草纹，碑文楷书、阴刻。存乳城镇双峰山下双峰寺遗址。

双峰寺，即原双峰兴福禅寺，始创于南汉，在双峰山麓，今南水电厂右侧，已废。参见《双峰广悟禅师塔铭》。

赖佑，清同治《韶州府志》卷二十八《宦绩录》曰："清流人，贡生，明成化二十二年训导乳源，才富学博，教育殷勤，时号'经师'。"清康熙二十六年（1687 年）《乳源县志》卷五《秩官志·良吏传》："赖佑，字公弼，清流人，任训导。学富教勤，启迪生徒，多赖造就。士有贫寒者，捐俸给助。"

重建大鉴禅师信具楼[1]记

（弘治三年庚戌，1490 年，存）

李　嗣

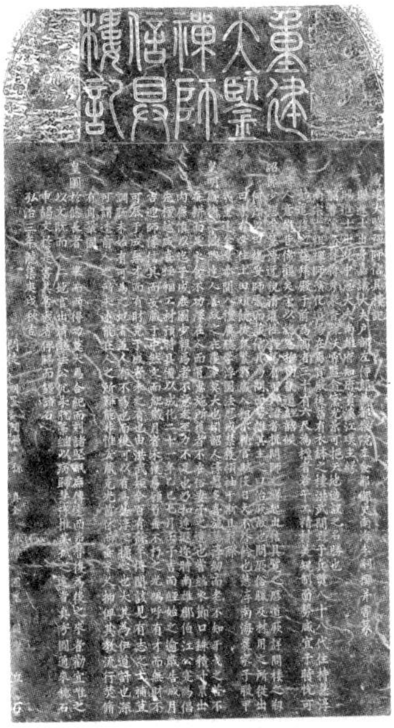

重建大鉴禅师信具楼记

韶曹溪峦林蔚秀，泉香壤沃，霏蓝翕黛，光景可挹，天地造设之名胜也。南宗六祖禅师演化道场在焉。宝殿后旧有衣钵之楼，洪武间毁于兵燹。八十八代住持慧淳始追复之，益拜殿于前，为高者三十有六尺，为楹者若干，工精材美，规制面势咸宜于时，悦可人意，雄昔伟观矣。予以总宪抚南畿，道经韶候诏节。少憩寺，慧淳迓，貌清癯，性谨笃，有可与语者。揖问师之缘起，出信具览之，历道厥详。问楼之创何所以，曰："复妥师灵而藏信具焉。"问面势谁其主之，曰："治厥故也。"问厥俗腊及材用之所从出，曰："寺有常住，土田颇饶，徒众繁伙，岁入租尔，输官赋役，日餐不外余也。"慧淳，南海农家子，腊甲几重逢矣。景泰间入礼广聪学浮图法，历戒禁，获领袖于斯，且躬际皇明盛德之涵煦，达人善政之庇覆，幸莫大也。矧韶人淳悫，多喜施，慧淳幼而老，不知干戈之苦，不蚕耕而足衣食，不功泽在人而冒惠施，所获者不在俗妻子之遗也。尝缩衣节□，铢积寸累，出内廉慎，以迄于成，庶图少报焉者。不意老至力不足也，乃扣达遐迩。时南雄郡伯江公寔为倡先，檀越咸喜极，相工材，预时具备。以成化二十一年乙巳七月壬子吉而经始之，逾岁告成，月吉迎师像信具[2]而妥藏于中。然文而纪岁月者未获焉，愿丐垂不朽之光。呜呼！有才而无财，不可底于成，无才而有财克于成者，未之有也。由洪武距今百有余年，博闻该见有志之士，补苴调腼未始有可为之地者，盖人有不为也，而后可以有为。慧淳之操心也大，其为伊道计也深，可谓述前人之所未述，能在人之所难能，非惟妥藏，克光前休而垂永久。抑俾其教流行焚修，有自巩固皇图于悠长者。一举而两得，功莫大焉。合

纪而刻诸坚珉，庶传远而弗替，复为后之来者劝，宜唯之以文。既而入二地官，出清醝法，公冗未脱藁，继以病归，慧淳推其孙之达者真秀、圆通来穗石申谒文，于是书其告我者，俾归而镵诸石。

赐进士出身、嘉议大夫、户部左侍郎兼都察院左佥都御史、南海李嗣[②]撰并书篆

赐进士出身、中宪大夫、南雄府知府、贵溪江璞[③]主缘。

弘治三年龙集庚戌秋吉

门徒　明鉴　明照　孙真全　真常　圆玺　圆璧　立石

⊙注

①信具楼：清康熙《重修曹溪通志》卷一“旧祖殿”条：“旧祖殿，即信具楼，衣钵所藏也。师入塔后，因孝子取首事觉，乃迁于楼，以便居守，今改为殿。弘治三年住持僧惠淳重建，侍郎李嗣记。嘉靖十六年寺僧太仓、圆通重建，府学训导邓泮记。今改御经阁。”按，六祖真身原供奉于灵照木塔，明代成化十三年（1477 年）改木塔为砖塔，而砖塔内“阴湿”，有损真身像，遂改信具楼为祖殿，安放真身塑像。

②师像信具：即六祖真身塑像及其传法衣钵。

③江璞：道光《直隶南雄州志》卷六《名宦录》：“江璞，字伯温，贵溪人，进士。成化十一年为本郡知府。器识英迈，废坠毕举。尝合两学为一，创大中书院，加辑郡志，重修太平桥。上疏创通济镇，居停客货，取资以代虚赋。上从之。民蒙其惠，祀于景德祠。”

考

碑青石质，高 1.5 米，宽 0.6 米，晕首，篆额，额饰龙纹，记文楷书阴刻。李嗣撰并书篆。

李嗣（？—1494 年），字克承，广东南海（今广州）人，景泰五年（1454 年）进士，历南京户部主事、郎中，迁金华知府，升浙江右参政，福建左、右布政使，擢右副都御史巡抚苏松等府。后升为户部右侍郎，寻转左侍郎兼左佥都御史整理两淮盐法，以余盐补充正课，盐法为之一变。李嗣居官三十余年，箧中只有白金数两，田园无增，时称其清介。

重修六祖说法堂记

（正德五年庚午，1510年，佚）

黄　琏

佛法自达摩东土来，而其教始演。至其所以为教，则又不在言语文字之末，盖直指人心，见性成佛[1]，法固若无费于辞说矣。何则？道以言而明，亦以言而晦，是故恶夫费者不曰，法因言而敷，人因言而悟耶。况人不皆智慧也，不皆自识其心，自见其性也。会佛法于不言之表，契妙道于无师之传者几何。释氏六代祖大鉴卢禅师而欲觉悟世人，同登彼岸，故于佛法必详为之语说，至亹亹不已焉者，又以此也。慨惟曹溪一脉，源嗣黄梅，盛化弘敷，施及南北。当时门徒暨诸缁白[2]争先执侍，而愿闻法要者，殆以千计。而四方来学，各执厥疑，以求卢禅师为之指说，而冀有以得其宗旨者，又尔云集。非弘大其堂宇，弗能以尽容者，此南华寺说法堂所由设也。岁久颓圮，盖土木形骸耳。国朝弘治间，得今住持如靖——广州新会俗家也——来，师拜寺僧惠铅，从顿教焉，经典有暇，每注意于修复，无力不逮，余二十年于兹矣。正德丁卯，适今上皇帝御极之二年也。人和岁丰，民有储积，如靖谋于其师曰："时可以有为矣，化诸有缘者当得厚助。"于是疏出，而四远乐于捐资者响应。遂鸠材命工。乘是秋兴事焉，越明年丙寅冬十月之吉，堂复落成矣。材美工巧，百尔规画，倍精于昔。五年庚午秋八月三日，予因游南华，得睹是堂，檐楹峻耸，昂出乎层霄，金壁辉煌，交映乎群刹。月冷风清之夕，云和日丽之辰，卢师时必有以现其三身，而临乎其上者，若将以万法为诸学人说其究竟，而听者亦唯唯；时或于法宝光中，恍若有见乎卢禅师之英灵，精采赫赫若当日升座景象，非其神有乐于此耶。惠铅备述，以请予为记其事，而钻之坚珉，而因以垂资助者之姓名于后世焉。噫！堂具在矣，而其说之见于经者，亦具存矣。寻既坠之绪于遗言，续如缦之脉于欲绝，卢禅师不能无望于今之后学也。然务博者，不知约；得意者，又忘言。说即虽有万合，理还归一，岂贵博者哉。又曰："经诵三千部，曹溪一句无。"此忘言者之偈也。后之欲升斯堂，而思嗣厥传者，慎无泥于其说之烦也。

注

①直指人心，见性成佛：这是中国佛教禅宗的核心思想，也是佛教传播到中国以后完全中国化的主要标志。禅宗主张一个人能否成佛，关键在于他心中对人世之苦的认识，只要他认识了，就可以成佛。而且禅宗进一步发展了佛教对人的本性的看法，禅宗认为人都是有佛性的，这是人成佛的基本条件，如果没有这个条件，人无论如何也成不了佛。人之所以不能成佛，是因为人的佛性被人的种种欲望遮蔽了，没有被见到。由此，禅宗提出了“明心见性”的成佛宗教实践。就是说一个人只要心中明了人世之苦，见到了自己的佛性就可能立即成佛，而且这是成佛的唯一途径。禅宗的这个思想，是对释迦牟尼佛关于“佛者，觉也”思想的发展，同时解释了释迦牟尼佛的“顿悟”的本来含义。《六祖法宝坛经·般若品》：“用自真如性，以智慧观照，于一切法不取不舍，即是见性成佛道。”

②缁白：僧俗。缁指僧徒，白指俗人。唐法海《六祖大师缘起外纪》：“次年春，师辞众归宝林，印宗与缁白送者千余人。”

考

本记辑自清康熙《重修曹溪通志》卷四记，不落年月，据记中“五年庚午秋八月三日，予因游南华”考定。

撰者黄琏身份原注为“知县”，然查同治《韶州府志》、光绪《曲江县志》相关职官表均无其人。存考。

重修南华寺大雄宝殿记

（正德十四年己卯，1519 年，佚）

姚　鹏

南华寺大雄宝殿（摄于 2012 年）

南华寺，韶郡大刹也。先是，异僧智药三藏[1]自西天来国，道经曹溪，掬水而饮，知有异境，乃往踪迹之，遂言于曹侯村及居人曰："后此百七十年，当有无上法宝[2]于此演法，得道者如林。宜以其地建梵刹，号'宝林'。"此寺之所由以始也。既而惠能禅师者，受黄梅五祖[3]衣钵之传，自唐仪凤元年，以其法来显兹土，适符其期。由是徒日众，其法浸盛未艾。夫自仪凤以来，至于我皇明，上下且八百余岁，凡寺之殿宇、僧舍稍有倾圮，寺僧有修葺之举，即远近之人，无智愚贤不肖皆争先乐施，以相厥成，惟恐后。所以然者，盖佛氏之言尤为近理，而况死生轮回之说，浸灌于人心者已久，尚何怪其言哉。余自正德丙子叨守是郡，下车来，以军旅事往来，止宿于寺者至再。每涉历其山水佳处，令人应接不暇，真所谓别有世界者。至于佛氏之旨，未暇究其详也。未几，其当山住持僧清洁别号静堂，以重建大雄宝殿成，来求予记。予喜其能不背师而以身任缔构之责，视吾人儒名而墨行者，是可尚已（记），故撮其大概如此。若夫其徒有如文畅者，尚当以吾儒之道道之。殿为间者三，经始于正德十二年六月，落成于十四年七月。其规制悉仍其旧云。

⊙注

①智药三藏：天竺僧。生卒年不详。南朝梁武帝天监元年（502 年，一说九年）自西印度来广州，复至曹溪口，掬水而饮，以水质甘美，知溪源必有胜地可为兰若。遂至上源，见山水宛若印度宝林山，乃劝村人建立一寺，名为宝林寺，并谓："百七十年后，有肉身菩萨至此地演化得道。"至唐仪凤元年（676 年），六祖惠能至法性寺，与僧作风幡之问答，并于菩提树下剃发受戒。翌年，惠能至宝林寺大弘教化，一如所谶。康熙《韶州府志》卷九"仙释梁智药禅师"

条曰："又开月华寺。往罗浮创宝积寺。复来韶开檀特寺、灵鹫寺。神异莫测，朝游罗浮暮归檀特。普通六年（525年）于罗浮受龙王请，入海不返。将去时，剪爪发付弟子善普塑像，永镇檀特。"

②无上法宝：佛教语。佛、法、僧构成佛教三宝。此指惠能。

③黄梅五祖：即弘忍（601—675年），俗姓周，黄梅（今湖北省黄梅县）人。禅宗四祖道信徒，东山法门开创者，被尊为禅宗五祖。道信死后，弘忍继任双峰山法席，领众修行，于双峰山东冯茂山（一说凭墓山）另建道场，取名东山寺，安单接众。由是，其禅法被称为东山法门。弘忍的禅学继承道信的思想而来，主要有二依：一依《楞伽经》以心法为宗；二依《文殊师利般若经》的"一行三昧"。五代吴越僧延寿《宗镜录》卷九十七谓弘忍常说："欲知心要，心是十二部之根本。"据传弘忍有《修心要论》之作行世。中国的禅学，自达摩以来，以《楞伽》印心。至四祖道信，又增加了"一行三昧"的修持方法。弘忍是道信的弟子，他继承了道信的禅学传统，又增加了以《金刚经》印心的新内容。

考

本记辑自清康熙《重修曹溪通志》卷四记，原碑不存。本记不落年月，据记中大雄宝殿落成年月考定。

撰者姚鹏。同治《韶州府志》卷二十八《宦绩录》："姚鹏，字鸣南，崇德人，弘治进士，历知韶州府。时广寇高快马长朱白毛者，啸聚数千人，焚劫州县。当道以鹏才，请于朝，特给令牌，便宜进讨。甫三月而歼其魁，余党悉平。又土酋岑猛据险犯顺，莫敢撄其锋。鹏深入其巢，百计开诱，图其形势而出，提督按图期会进兵除剿。"是故本记中有"余自正德丙子叨守是郡，下车来，以军旅事往来"之语。

金凤寺重建佛殿记

（嘉靖十二年癸巳，1533 年，佚）

陈　锭

佛教自周昭王以来，化行西域，相传千七百年，后汉明帝永平十一年入我中夏。历二十三传，有师惠能落发受戒，始入韶州，示寂于曹溪，实唐高宗仪凤二年也。迨我朝制令淫祠不载祀典者，毁之[①]，而佛教存焉，故得兴儒教。并凡天下省、郡、州邑咸立寺，以为祝圣之所。仁化，韶属邑。邑东郭门外之右畔，有寺曰“金凤”，其来旧矣。洪武壬戌，降印记，僧会领之；景泰庚午，住持悟升重建，募首则耆民刘维、刘惟恕、医学陈堪也。历僧了选、慈闾辈力克世守，至是东郭僧房二座六间岁久倾圮，慈珁集赀费，建于正德壬申，工讫于癸酉之春。僧房之右侧，佛殿也，维时工力有限，弗能并兴。嘉靖己丑，予来主斯邑。教学宫距寺仅数步，许令僧绍钥数通接见。予觇其有重建之意，屡奖而成之。比辛卯，予徙浙省试事，壬辰春方复任，而殿已作矣。绍钥过访，因以记请予，喜而告之曰：“若释教与于儒教并，匪儒者文曷显之以垂久，且若曹溪派也。”若师慈闾，释中之名也，若能不坠宗教，鼎新古刹。其视若师有光复，知请记于予，殆淄流而慕儒者也。昔者，昌黎送文畅浮屠有序[②]，东坡与佛印游有诗[③]，予亦何靳为绍钥记也。兹寺也，南面城隅，东西北抵路，合周围六十有七丈，殿深广各三丈有奇，规模视昔有加。负土崇石，栋宇魁杰，檐牙外啄，窗牖内虚，临水面山，虽处关阓，中有山林风致，仁阳一胜概也。肇工辛卯孟冬，明年壬辰春仲乙亥基磉，越六日乙巳竖柱，仲冬落成。董其事者，护印僧绍钥也，缘长则乡大夫静庵、刘子选，耆总叶世瑛、邹正沔也，会守（首）则叶永兰、陈瑶、刘世誉辈也。记之者，闽长乐小山陈子锭也。书之者，庠生刘世爵也。书成刻之，癸巳孟春丁卯日也。

⊙注

①迨我朝制令淫祠不载祀典者，毁之：在我国古典文献中，淫祠或淫祀，是指未纳入国家礼制而为法律所禁止的民间宗教和民间信仰。《礼记·曲礼》：“非其所祭而祭之，名曰淫祀。淫祀无福。”元代陈澔《礼记集说》引用宋儒吕祖谦的解释云：“非所祭而祭之，如法不得祭与不当祭而祭之者也。”又云：“淫，

过也。以过事神，神弗享也，故无福。”明代曾在几个阶段禁毁淫祠。据《明实录》，明初洪武十七年（1384 年）曾颁《禁淫祠制》，但淫祠在明朝国家宗教信仰的管理体制里，并非指未载入国家祀典的所有民间祠祀。那些“不在祀典而尝有功德于民事迹昭著者”不属于淫祠的范畴。不过，在地方儒臣禁毁淫祠的过程中往往行之过急，将祀典以外的祠祀一概视为淫祠，甚至违法擅毁敕封祠庙。总之，明代禁毁淫祠并非地方官日常化的行政事务，而是呈现出运动的特性，且佛教并不在国家祀典的禁毁之列。

②昌黎送文畅浮屠有序：韩愈《韩昌黎文集》卷二十有《送浮屠文畅师序》（马其昶校注：《韩昌黎文集》，上海古籍出版社 1984 年版）。韩愈忌佛，唐元和十四年（819 年）就曾因谏迎佛骨而贬潮州。故其文集中记述佛事及与和尚高僧来往唱和的文字极少。

③东坡与佛印游有诗：佛印，俗姓林，饶州（江西省）浮梁人，法号了元，字觉老。了元是宋代云门宗僧，著名文学僧，为苏东坡之方外知交，两人多有唱和。尝四度住云居寺，其时与苏东坡相交颇深。元符元年（1098 年）了元圆寂，谥号“佛印禅师”。

考

本记辑自嘉靖《仁化县志》卷四，原碑不存。嘉靖《仁化县志》卷四《寺观》曰：“金凤寺，在（仁化）城东隅。洪武年重创立，僧会司。正统八年，僧会、悟升重修，嘉靖间又修。”

撰者陈锭、书者刘世爵。陈锭，据同治《韶州府志》卷四《职官表》：“（福建）长乐人，举人，时任仁化县教谕。后历（江西）南安府同知。”刘世爵，本县庠生，余不详。

重修祖殿记

（嘉靖十七年戊戌，1538 年，佚）

邓　泮

南华寺者，佛氏之六祖能禅师衣钵演法之场也。自唐开元三年仲冬迁神龛于此，凡若千年，祖殿之修建亦既屡矣。岁月滋久，上雨旁风，不称瞻礼。一日，都纲[①]应珍告予曰："寺有老僧太仓者，年跻八十，矍砾（矍铄）而知好善。尝聚其徒谋曰：'祖殿颓圮，往来檀越[②]实且恸，矧嗣宗风沾法雨者乎。然与其仰资于人，孰若取办于己?'遂出其余赀，鸠工市材，合拜殿而更新之。始事于嘉靖十六年正月初吉，越明年二月既望，厥功告成。应珍敢请记其事，而勒诸石。"予惟禅宫梵刹凡所兴作，其流则辄具疏礼拜，仰给十方[③]缘化，而后济者多矣。至于富室豪门，推厥羡余，以求福田利益。累有德色巧伪之徒，犹或窃之以为己有，润其身，恣其欲，间有就绪，每抑掠人之美，以售己之功也。其视太仓僧慨念法宝，愍兹颓弊，发心兴建，锐意图成，虽倒囊而出其所盈之钱，倾廪而发其所余之粟，充然泊然，无所顾惜，方许于谒十方以就一己之功者，不啻霄坏（壤）不侔矣。祖殿崇四十有八尺，广倍之，拜殿则少劣于祖殿。其取材必良，伐石必坚，施工必缓，而永久是望。及其成也，规制宏厂，轮焉奂焉，视昔有加。故不敢以不文，辞而乐道，善以垂示于后云。

⊙注

①都纲：梵语"大经堂"之音译，自唐始有此称谓。《佛学大词典》"都纲"条云："由政府任命，统领全国寺院僧尼以维持教法之官职。"其官制始于魏晋，后历代承袭。至明代，中央政府在边远地区设都纲司，设"都纲"之职，由其主管佛教一切事宜。后又在府一级设僧纲司，有都纲（从九品）、副都纲各一人，州设僧正司，有僧一人，县设僧会司，有僧会一人，归僧录司统辖，分掌地方僧务。参见《鼎造六祖大师塔记》注②。

②檀越：梵文音译"陀那钵底"、"陀那婆"，译为施主。即施与僧众衣食，或出资举行法会等之信众。又称作檀越施主、檀越主、檀那主、檀主。

③十方：佛教指十大方向，即上天、下地、东、西、南、北、生门、死位、过去、未来。南朝陈徐陵《为贞阳侯重与王太尉书》："菩萨之化行于十方，仁寿之功沾于万国。"

考

本记辑自清康熙《重修曹溪通志》卷四记，原碑不存。此记不落年月，其年代以记中“始事于嘉靖十六年正月初吉，越明年二月既望厥功告成”考定为嘉靖十七年（1538 年）。

撰者邓泮，原注为“本府训导”，然查同治《韶州府志》卷四《职官表》，嘉靖年“府学训导”条下并无此人，存考。

重建方丈记

（嘉靖二十年辛丑，1541年，佚）

龚邦柱

书曰："若考作室，厥子乃弗肯堂，矧肯构。为人子者，上以承考，下以贻谋。于堂构犹弗肯者，况其他乎。"住持香溪悟全，事六祖法门菩提[①]之教，持戒具足[②]。凡有私施香资，不敢私蓄也。积百余金，鼎建方丈[③]一所，燕息有室，寝处有室，馆谷器用，有库厨，有香积，厩有刍秣，百凡备具，将以待四方贤之来游者。岁辛丑春落成。予以韶郡司教，谬承重修本山志，适至随喜诸法堂，遇而憩息于兹。见其虚敞壮丽，视昔代所建诸方丈益伟焉。乃曰："香溪其肯堂肯构[④]者矣，非善信专门而守其教者，能如是乎！"盖自周末百家并兴，太史公更以四民别为九流。别其流者，所以使之各守其业也。故业擅专门。不能专者，由弗信与弗守也。东汉中佛教自西域入中国，魏晋始兴，齐梁为极盛。凡中原名山，若梁之西华、益之峨眉、云中之五台。延于大江以南，一丘一壑之奇，皆为浮屠所据。琉璃金碧，梵宇辉煌。昔人有"天下名山僧占多"之句，信斯言也。

嘉靖十八年《重建方丈碑记》

六祖以黄梅衣钵之传，演教于兹，乞坐具一袈裟地，而其徒布满曹溪者，梵宇连亘方三十里。自唐仪凤迄今千百年，虽经黄巢大变[⑤]，终无离散解体者，不过于是法门之教能笃信而死守之耳。使世之为人子者，于彝伦敷教亦能笃信而死守之，安有不肯堂肯构延蔓于千百祀者乎？乃知古今天下有异教无异人，信不信守不守者之异也。信而守者，其利益如此；不信不守者，将谁罪耶？又将谁挽之耶？香溪曰："至敬无二，万法皆一。"请书之，以为方丈纪。

⊙注

①菩提：意思是觉悟、智慧，用以指人忽如睡醒，豁然开悟，突入彻悟途

径，顿悟真理，达到超凡脱俗的境界等。广义而言，乃断绝世间烦恼而成就涅槃之智慧。

②持戒具足：即持具足戒。具足戒又称近具戒、大戒，略称具戒。为比丘、比丘尼所应受持的戒律，因与沙弥（尼）所受十戒相比，戒品具足，故称具足戒。具足戒的内容，南北佛教所传的戒本各异，按《四分律》所载，比丘戒有二百五十条，比丘尼戒有三百四十八条。

③方丈：佛教用以指禅寺的长老或住持所居之处。《维摩诘经》载，身为菩萨的维摩诘居士，其卧室一丈见方，但能广容大众。禅寺比附此说，故名。至唐代，怀海（720—814年）建立住持制度后，方丈专指住持的居室，并用于一般寺院内住持僧的尊称。《景德传灯录》卷六载怀海所制《禅门规式》：“既为化主，即处于方丈，同净名（即维摩诘译名）之室，非私寝之室也。”

④堂：立堂基；构：盖屋。原意是儿子连房屋的地基都不肯做，哪里还谈得上肯盖房子？后反其意而用之，比喻儿子能继承父亲的事业。《尚书·大诰》：“若考作室，既底法，厥子乃弗肯堂，矧肯构？”孔传：“以作室喻政治也，父已致法，子乃不肯为堂基，况肯构立屋乎？”后因以“肯堂肯构”或“肯构肯堂”比喻子能继承父业。

⑤黄巢大变：明郭棐《粤大记》卷二事纪类“黄巢僭乱”条曰：“唐僖宗乾符六年秋九月，黄巢……急攻广州，即日陷之，执节度使李迢，转掠岭南州县。”清康熙《重修曹溪通志》卷一《迷军山》：“昔黄巢破岭南，寇至寺，毁大鉴左指一节持去，至此山，忽黄雾四塞，军行失道，随送返寺，礼谢而去。”

考

本记辑自清康熙《重修曹溪通志》卷四记，原碑不存。原记不落年月，据记中“岁辛丑春落成”考定。但南华寺今存嘉靖己亥（嘉靖十八年，1539年）《重建方丈记》碑，专门记录重建方丈的捐资芳名，按时间推断，此两碑所记为同一事，撰立碑时间有早晚而已。

龚邦柱，同治《韶州府志》卷四《职官表》记为桂林人，嘉靖二十年（辛丑，1541年）任府学训导，曾撰《南华志》，佚。书者不详。

重建报恩光孝寺记

（嘉靖二十五年丙午，1546 年，佚）

刘应期

予尝历览往故，寺宇之兴衰有数而所关且巨。光孝古寺比郡瞰河，肇于唐，为“开元寺”，仪凤间，郡守韦公①请六祖说坛经②于此，道场始开，历数百年，沿革不一。宋绍兴中特赐额曰“报恩光孝寺”，其场再振。今拒（距）宋又数百年，短墙残草，殊非旧观。郡侯陈公命僧疏劝增修，恢复仪凤、绍兴之世界。繇仪凤至今兴隆者三世，次相去久，近如有期者，群僧承命欢呼，士民喁喁心计日。俗谓修寺储福，岂知其兴衰有关乎时哉？先是，南人未尝以相业显者，张氏奕世甲科，九龄为开元贤相；绍兴此额表寺，时余靖以名臣开先，嗣是联登十数辈。陈侯丕承鸣休，夷巉薙草，断梓架甍，唐宋文物可阴拱以俟。此岂臆说，时与数会，人与天合，验之往事则然。抑韦、陈二公固纵于天而造福于民者乎？或谓佛氏异道，何与于儒？是不然。气运人事循环不已，时而泰，鬼神敉宁，使民用章，庶草蕃芜，休征③之感也；时而否，鬼神怨恫，使民用微，庶草零落，咎征④之感也。孰谓佛自佛，儒自儒哉！圣贤神仙只隔一关，天时人事流通无间，得则俱得，失则俱失。天人精祲相荡，信哉。陈氏五事咸修，休征毕集，观于宁神而人物咸熙，可知春秋大役必书。是役也，陈公主之，阖郡丕作，余特溯其肇造之原，纪其兴衰之世，述其关系之大，并天时人事不容已者，一一勒之于石，令十方部洲⑤知乎，此则庶几有悟而为上乘⑥。

⊙注

①郡守韦公：即韦璩，唐陕西长安县南少陵人，居士。授泉州司参军，历广州都督府法曹参军，秩满，迁韶州司马。开元六年（718 年）韦璩在韶州卒于官舍。韦璩素仰惠能，在惠能来到韶州之后，他率领部众亲自进山参谒六祖大鉴惠能，言下彻悟，遂皈依六祖，并诚恳邀请惠能到城内大梵寺开缘说法。见《景德传灯录》卷五、《五灯全书》卷四。唐张九龄的《曲江集》中，载有韦璩所撰《故韶州司马韦府君墓志铭并序》。

②坛经：《坛经》，一名《六祖法宝坛经》，是禅宗六祖惠能（一作慧能）的传法记录。因系在法坛上宣讲的经教，故称，是中国唯一被尊为经的佛书。记

载惠能一生得法传宗的事迹和启导门徒的言教，内容丰富，文字通俗，是研究禅宗思想渊源的重要依据。由于历代辗转传抄，因而版本较多，体例互异，内容详略不同。据流通较广的金陵刻经处本，其品目为自序、般若、决疑、定慧、妙行、忏悔、机缘、顿渐、护法、付嘱等十品。其中心思想是“见性成佛”，即所谓“唯传见性法，出世破邪宗”。性，指众生本具之成佛可能性。主张顿悟说，认为“不悟即佛是众生，一念悟时众生是佛”，“万法尽在自心中，顿见真如本性”。指出“若欲修行，在家亦得，不由在寺。在家能行，如东方人心善；在寺不修，如西方人心恶”。《坛经》的思想对禅宗的发展起着重要作用。中国佛教著作尊称为“经”的，仅此一部。《坛经》版本有：（1）法海本。学者多认为是法海据惠能讲法记录而成，是现存的最早版本。因到近代才在敦煌发现，又称“敦煌写本”，全名《南宗顿教最上大乘摩诃般若波罗蜜经六祖惠能大师于韶州大梵寺施法坛经》（“波罗蜜经”一作“婆罗密经”），一卷，约 1.2 万字，这也是中国书名最长的古籍。原不分节段，日本学者铃木大拙把它分为 57 节。（2）惠昕本。晚唐或宋初僧人惠昕改编，共二卷十一门，约 1.4 万字。据南宋晁公武的《郡斋读书志》和元代马端临的《文献通考》载，为三卷十六门。(3) 契嵩本。宋仁宗至和年间（1054—1056 年）僧人契嵩改编。一卷十品，约 2 万余字。全称《六祖大师法宝坛经曹溪原本》，简称《曹溪原本》。也被认为是元僧人德异于元世祖至元二十七年（1290 年）的刊印本。（4）宗宝本。元世祖至元二十八年（1291 年）前后，僧人宗宝改编。一卷十品，2 万余字。题名《六祖大师法宝坛经》，在法海本被发现前，为最常见的流通本。法海本和其余三本，在内容上颇有出入。如，惠能的“得法偈”，法海本为：“菩提本无树，明镜亦非台，佛性常清净，何处有尘埃?”后三本是：“菩提本无树，明镜亦非台，本来无一物，何处有尘埃。”其中最关键的一句“佛性常清净”改成“本来无一物”，造成论述惠能禅宗思想的分歧和困难。

③休征：吉祥的征兆。《尚书·洪范》：“曰休征。”颜师古注《汉书·终军传》曰：“休，美也。征，证也。”明唐顺之《廷试策》：“陛下敬一以昭事，中和以立极，宜乎休征至而六沴消矣。”

④咎征：过失的报应；灾祸应验。《尚书·洪范》：“曰咎征，曰狂，恒雨若；曰僭，恒旸若。”唐李邕《赠歙州刺史叶公神道碑》：“入自卧内，问以咎征。”

⑤部洲：佛教四大部洲，是梵文的意译，略称“四洲”。按《阿含经》所说，人间有四个天下，亦即四大部洲。一是东胜神洲，二是南瞻部洲，三是西牛贺洲，四是北俱卢洲。在须弥山四方的咸海之中。《长阿含经》谓，世界的中心是须弥山，四周有七金山围绕，七金山之外，则是浩瀚的咸海，四大洲即分散在此。四洲中居住着不同的人类，之间完全隔绝，互不相通。

考

本记辑自同治《韶州府志》卷二十六《古迹略·寺观》，原碑不存。

同治《韶州府志》卷二十六《古迹略·寺观》：“报恩光孝寺在河西，唐开元二年，僧宗锡建，名开元寺。又更名大梵寺，刺史韦宙（璩）请六祖说坛经处。宋崇宁三年（1104 年）诏诸州建崇宁寺，至和中（1054—1056 年）改天宁寺。绍兴三年（1133 年）专奉徽宗香火，赐额曰报恩光孝寺。前堂有秦纲义士像。宋李骙、明曹时中、刘应期俱有碑记。”参见《开元寺重塑佛像记》注②。

撰者明人刘应期，生平里籍不详，据文分析应是韶州士绅。记文不落年月，唯文中有“郡侯陈公”、“陈侯丕承鸣休，夷巉薙草，断梓架甍，唐宋文物可阴拱以俟”等语，查同治《韶州府志·职官表》，明代韶州陈姓知府有嘉靖二十五年（1546 年）陈大纶、万历十六年（1588 年）陈奇谋。据同治《韶州府志》卷四十《杂录》：“陈豹谷，名大纶，由进士出守韶，韶之胜迹楼台多其所创建……又善书，笔法遒劲，得钟王之精意，匾额碑刻至今尚存。”由此，本记年代暂定为嘉靖二十五年（1546 年）陈大纶任韶州知府时期。

翁山寺记

（嘉靖二十五年丙午，1546 年，佚）

黄器先

翁山古称幽奇，八泉之水在焉。又谓灵池山[1]，巨灵栖迟，天台别属。昔邑采以论名洞幽者，讶其宾于异乡，脱屣者，馨其神交百禩。旧筑寺于山下，有明统天，寺迁邑郭，俾祝太康，流霞观皇图，不可缺已久，而弗节其流，大圮。邑侯浮梁孚泉侯公[2]援琴之余，将以大举，则同三尹莆田质轩宋公胥谋，厥成，咨于寺，住持净真相乃事，太平住持理纶典。是役，崇厥殿堂方丈、门坊，华观于峥嵘，山堞郁然共媚，藉圣明之部洲，寓元圣之毫光，谓咸正无缺者，将此非与。或曰："佛，异教也，而类底匪彝，西方之人也，而蔓乃今，入中国，处久而和，反入而进之，何居？"曰："大人以四海为壑，以天地而量，昆虫草木之并育者，天也；纯驳异同之共化者，圣也。有如佛焉。迈迹尘劫而勿照者，乃能不晦；理会心性而无像（相）者，率归有得。不尘不染，何化迁于如如。无非无是，乃研几于未研。止壁观以妄言，杯渡江而视定，逮乎风，其流声足存。订顽之训，量其桢干，可合诚明之旨，斯固其相为谋哉？由兹以谈，则美刺之具陈者，宣尼不必于尽削也；而源流之必阅者，夫人于不必于重违也。况乎吾邑嵩邱之巨胜实存，我孚泉公等酾庇而美奂之，不其可乎！"公鸣应呦鹿，藉乡国之上宾；系出名家，醉回仙之远觊。绍迹南槎，专城百里，莅任几何期月，而可殖我田畴，诲我子弟，治体宽博，遗爱萧寺。宋公之纯朴，政裕佐邑，协理唯同，作我容观，仙灵何幸！信明德之广被与。器先往乘狸涉，戒涂狼顾，顷归山城，邻憩寺荫，愿驾言于青门而借览乎元教，恭遇我公厚作，实获衷素，方憾广文之冷归，更慰福地之有托。大工落成，匪宜默讷，事缉头陀之伟观，言乖简栖之雄札，聊为云云，何暇自陋其词，曰：

净土教传，只履在斯。绵蔓四国，以讫灵池。大明当天，祝厘唯我。侯公聿来，新齐像教。穹窿与邑，作仪有閴。铃阁风声，其威有霱。函席雨法，其威□□。

注

①灵池山：《舆地纪胜》卷九十“碑记”条下云：“灵池山碑，碑云开山和尚灵震于山顶开池。”道光《广东通志》卷二百一按云：“《舆地纪胜》云在韶州，不著年月。”以碑所称“灵震”考之，灵震即六祖弟子，唐时始开翁源灵池山，景龙初（707—710年）置寺，额“翁山寺”，则（灵池山）碑亦景龙间立矣。灵震，南汉封普勋定慧大师。参见余靖《韶州净源山定慧禅院思长老自造寿塔铭》考。

②浮梁：浮梁县，位于赣东北。唐武德四年（621年）建县，初名新平，唐天宝元年（742年）更名为浮梁。景德镇历史上一直隶属于浮梁县。孚泉侯公：嘉庆《翁源县志》卷二《职官表》载，“江西浮梁举人侯仁，字孚泉，嘉靖二十五年（1546年）任翁源县知县”。

考

本记辑自同治《韶州府志》卷二十六《古迹略·寺观》，原碑不存。记中不落年月，据嘉庆《翁源县志》卷二《职官表》记载，江西浮梁举人侯仁于嘉靖二十五年（1546年）任翁源县知县（任一年去职），福建莆田人宋讷时为主薄。据此，测知此碑即立于嘉靖二十五年。

同治《韶州府志》卷二十六《古迹略·寺观》：“翁山寺，旧在翁山，明洪武初迁入城北，嘉靖九年（1530年）僧净真重修。”

撰者黄器先，明中叶翁源人。少好学，有大志，先后入县学和韶州府学。曾得理学家、教育家王守仁称赏、教授，后拜香山学者黄佐为师。嘉靖中（1522—1567年）录任建宁府（治所在建安，今福建省建瓯县）训导。作《两京赋》（黄佐序，已佚），以讽世劝上，未得统治者重视，遂辞官归隐。林居二十余年，安贫乐道。著有《儒颐集》（已佚），远近有声。

延祥寺新创弥陀殿观音记

（万历八年庚辰，1580 年，佚）

延祥寺载在往牍，所从来旧矣。寺右一塔[1]，高十丈许，每风起，铃铎之音，宫商迭奏。长老传言，塔影靡定，时见居民家，其家辄勃勃兴。塔后余地，旧为旷芜之场，僧阘教庳，丛林湫隘。隆庆壬申，有留都上人[2]，曳羽帔而来谒韶州宝林六祖禅师，过之生欢喜心，普教十方善信，慨然欲创殿宇于隙地。郡人许之。乃鸠工程材，具版筑从事。上人因陶瓶芒履，茹苦云游，走缘丐铜。顷之，得铜数万金，铸为金人丈六，法象告成，琳宫肇启。中为弥陀殿，鞭石为基，绘藻为宇，紫府翚飞，宝座辉映，前峙万岁圣牌，傍则韦陀[3]散指二大帅列焉。前三面翼以小楼，楼悬钟鼓，前峙石表。稍后一区，倒峙北向，饰以丹漆，崇以台阁，而虚其中，盖将为法象而若有待者。岁丙子，郡节推少海严君[4]，以公事稍暇，时亦至焉。则佛子爇苾相引，导谒金相，已而绕出殿后，睹台阁岿然，窃意中虚处可宜观世音[5]。因捐俸金，付上人塑而祀之。左善才（财）[6]，右韦陀，金碧璀璨，烂然炫耀。严君因徐徐谓之曰："若等知余塑观音意乎？世态炎凉，往往雅称知己，一旦堕落困苦，其视琐尾流离之声若罔闻焉。观世音独寻声而救之。其利济群生，非眇眇者。矧余忝司理[7]，讯鞫曲直事，靡不日夜殚乃心。顾戴盘幽暧之情，安能一一镜而衡之。惟观音慈悲助余，固余塑厥象（像）意也。"时上人请记之。适严君以迁秩，行不果。己卯冬，余致政南归，道经于雷，严君因以记属余。余忆归，自南雄曾晋谒延祥寺，备观厥美，遂乐为之记。夫寺南向三楹，东西各一厦，诸佛子且披袈裟咏般若其间。比像成而群工皆就理焉。又北出稍折而东，别为祠堂，俨然二像，固郡人祀太守胡公、高公[8]处也。岁逖就圮，因一概葺之。后一区有官地数十丈，可树竹木茶椒，佐寺中之费，故并识之，俾后有所稽云。时太守慈溪白野陈君，二守贵竹臣庵李君，别驾莆田玉林陈君[9]，相与醵金发廪，为士庶倡。郡中斌斌应之，舍田积租至二百余石。又得善士孔宗道等悬琉璃灯，经岁不灭者凡若干。上人名涌清，直隶凤阳人，雅有戒，每忍饥寒走风雨中，募缘所得，悉供精舍工具。是举也，固上人之功，严君亦与有力焉。时万历八年岁次庚辰孟冬之吉。

⊙注

三影塔现状

①寺右一塔：即三影塔，又名“延祥寺塔”。始建于北宋大中祥符二年（1009年），是广东省仅有的一座年代可考的北宋早期砖塔，属于全国重点文物保护单位。塔平面呈六角形，共九层，通高42.50米，穿壁绕平座仿楼阁式建筑，布瓦，六角攒尖顶。塔各层每面都开辟有一个门，四周设有平座木围栏。斗拱砖砌，古朴雄厚。塔刹为铁质，由覆盆、宝瓶、九层相轮及宝珠组成，造型优美，结构灵巧。塔内中空，循着塔梯可攀至塔顶。塔身每层都伸出飞檐，每个檐角的梁头下都悬挂着一只铜钟，全塔共挂了48个铜钟，每条檐脊的顶端各蹲伏着一只酱红色的陶貔貅。

②上人：指持戒严格并精于佛学的僧侣。《禅宗要览》：“瓶沙王，呼佛弟子为上人。内有德智，外有胜行，在人之上，故曰上人。”《释氏要览》称：“智德，外有德行，在人之上，名上人。”

③韦陀：佛的护法神。佛教中另外还有一位护法天神韦天将军。相传韦天将军姓韦名琨，是南方增长天王属下八大神将之一，位居三十二员神将之首。有的人把韦陀与韦天将军相混。据说，在释迦佛入涅时，邪魔把佛的遗骨抢走，韦陀及时追赶，奋力夺回。因此佛教便把他作为驱除邪魔、保护佛法的天神。从宋代开始，中国寺庙中即供奉韦陀，称为韦陀菩萨，常立在弥勒佛像背后，面向大雄宝殿，护持佛法，护助出家人。

④少海严君：道光《直隶南雄州志》卷二《封建表》曰：“严淮，南直安东举人，万历三年任南雄府推官。”

⑤观世音：观音菩萨，又作观世音菩萨、观自在菩萨、光世音菩萨等，是“南无大慈大悲救苦救难广大灵感观世音菩萨摩诃萨”的简称，也是四大菩萨之一。他相貌端庄慈祥，经常手持净瓶杨柳，具有无量的智慧和神通，大慈大悲，普救人间疾苦。当人们遇到灾难时，只要念其名号，他便前往救度——“观其音声，皆得解脱”，所以称观世音。在佛教中，他是西方极乐世界教主阿弥陀佛座下的上首菩萨，同大势至菩萨一起，是阿弥陀佛身边的协侍菩萨，并称“西方三圣”。古印度佛教中，观世音菩萨像既有现男相也有现女相的。到中国南宋以后，女性的观音菩萨相则已深植中国百姓心中。

⑥善才：善财童子，佛教中孜孜以求、四处参访、潜心修行、终成道果的典范。《华严经》中记载，善财为文殊菩萨曾住过的福城中长者五百童子之一。出生时，家中自然涌现许多珍奇财宝，因而取名为“善财”。不过善财童子却看破红尘，视钱财如粪土，发誓修行成就道业。文殊菩萨某次说法时，善财童子前往请教如何修持菩萨道，在文殊指示下，善财童子开始参访五十三位善知识，创造了佛经中“善财童子五十三参”的佳话。他在普陀洛迦山拜谒观世音菩萨，得到指点教化后亦示现成为菩萨。

⑦司理：明代对推事（官）的别称。

⑧太守胡公、高公：查道光《直隶南雄州志》卷三《职官志》，应是指嘉靖时南雄知府胡永成、高冕。“胡永成，字思贞，号顶泉，江西安福人。嘉靖八年己丑进士。初任泾县，赈荒得法，异邑民争迎致之。擢刑部主事。因张皇亲延龄事，下诏狱，谪和州同知，迁徽州郡丞。辛丑，擢守南雄。以清介褆身，以文行造士，以节俭裕民。因保昌虚赋病民，又虑丈量滋弊。轻赍未行，乃验丁粮，减六编四，少宽力役。始兴令翟某

者，因病旷职，斥而去之，寮属肃然。司关榷出纳严明。士大夫有挟番货规利者，其人可与言，则微讽之；其不可言者，则正色拒之，至有半途而返者。郡小而冲，厨传之具，鸡黍而已。不劳民以媚过客。时奉诏买僧田，督催峻迫，毅然拒之。曰：'雄民贫朴，若责其卖祖田而买僧田，非民牧也。'邻郡有贵豪，欲别开岭路牟重利，使奸商告当道，而实阴主之。将行矣，亟悉利害条六难以上，事得寝。郡志不续垂三十年，锐意重修之。未书考，即擢海南兵备副使。旋卒于任，士民悼之。祀名宦，有传。""高冕，浙江孝丰进士，（嘉靖）三十二年任，创修仁桥，里民肖像祠之。"

⑨太守慈溪白野陈君，二守贵竹臣庵李君，别驾莆田玉林陈君：查道光《直隶南雄州志》卷三《职官志》，时知府为陈颐正，浙江慈溪进士，万历四年（1576 年）任。同知李南乔，河南长葛举人，万历五年（1577 年）任。通判（别驾）陈应梅，福建莆田举人，万历六年（1578 年）任。

考

本记辑自清道光《直隶南雄州志》卷二十三《金石略》，原碑不存。原注曰："碑在延祥寺，楷书，字大寸余。"碑不载撰者、书者，据碑中"己卯冬，余致政南归，道经于雷（雷州，时过海南必经之地），严君因以记属余"句意，推为琼山邱濬撰。邱濬，字仲深，号琛庵，又号玉峰、琼台，别号海山道人。琼山（今海南）人，故世以"琼山"尊之，也称琼台先生。居官历英宗到孝宗四朝，官至文渊阁大学士。

延祥寺，在（南雄）城东二里，宋大中祥符己酉建。有塔九层，世传异人所造。前有三影堂，明正统丙寅重修。寺在今塔前街，寺后有高阜，名瑞应山。参见邱濬《延祥寺浮图记》。

云门寺山门记

（万历十二年甲申，1584 年，存）

赵佑卿

云门寺（摄于 2012 年）

尝阅《六祖坛经》，以佛之教，其诸经典，多微文隐义，未易了悟，惟《坛经》则直指本体，尽泄秘藏，如初偈云："菩提本无树，明镜亦非台，本来无一物，何处惹尘埃。"其终偈云："兀兀不修善，腾腾不造恶，寂寂断见闻，荡荡心无着。"只此二偈，其真无上等等旨哉。余来尹兹邑，得以谒南华，参六祖真相[①]，知其于曹溪说法化度，得道者如林，皆曹溪之裔也。有若匡真大禅师[②]者，独嗣一叶焉。师承六祖正印，益演法宗，乃得敕赐。开云门山为禅院[③]，肇自后汉大宝元年，迄今垂五百余祀，而师之真相亦埒南华并存。余礼六祖，旋谒云门，诵其碑记，悉出名公巨笔，则知其来亦甚古矣。

兹因山门颓圮，僧法传独募缘重葺之，而请余为之记。余惟师嗣南宗正脉，其问答奥义，如非法无法，真空不空等语，则知其真悟本来无物之旨，深得荡荡无着之音，《坛经》授受，密付此心，盖甚于师有赖。然则此地道场，乌可废而不振也。昔释迦求给孤独祇园[④]为说法之场，六祖求曹侯溪为驻锡之所，皆据名山以普化度，则师之灵迹，宜永存之。

呜呼！禅河汹涌，佛日辉华，说多多缘法，开种种导门[⑤]，凡世沉沦，宜登彼岸多矣。何如求？即在目前，而对面千里，莫得其门而入。今大师之门，重以新辟，轩如也，廓如也，人人得瞻宝座，参真相而礼佛矣，其亦知是法门从妙果[⑥]入乎，从圆觉[⑦]入乎，抑从顿悟入乎？上乘者不可得而求之中乘，中乘者不可得而求之下乘。今所喜舍善众，即此善念，其亦得佛之初乘，可以入教矣。尝见市井之人，为争半钱之利，虽骨肉亦不稍让。至其供佛喜舍，一无吝心。即此念推之家人，则无争于家而一家让矣；推之国人，则无争于国而一国让矣。

一家让，一国让，则不必剖斗析衡，无俟鞭朴捶楚，黎民相逊成风，而天下平矣。然则佛法广大，不有以阴助王化者乎。是故设教之一端，要亦不可轻弃者也。特为记之。

时

万历十二年岁次甲申三月朔，知乳源事越人东华赵佑卿撰。

武阳巡检司张文登助银一两

儒学训导蔡宋尧助银三钱

乳源县知县赵佑卿助银五两

本县典史李钺九助银一两

儒官、监生、乡官、寿官、阴阳官、募缘首（姓名、助银、助木略）

主持僧法传，徒孙如觉、钦，徒侄道乘、高□　仝立石

⊙注

①六祖真相：即六祖真身塑像。

②匡真大禅师：即云门文偃禅师，俗姓张，姑苏嘉兴（今浙江嘉兴）人，唐懿宗咸通五年（864 年）出生，云门宗禅的创始人。宋人惠洪《禅林僧宝传》卷二载，文偃“性豪爽，骨面丰颊，精锐绝伦，目纤长，瞳子如点漆，眉秀近睫，视物凝远”。成年后，文偃发心参学。先后参访睦州陈尊宿（道踪）、雪峰义存。义存“密以宗印授焉”。义存圆寂（908 年）后，文偃又参学于韶州灵树如敏禅师。如敏是百丈怀海门下长庆大安的弟子，曾在岭南行化四十余年，以“道行孤峻”著称，甚得当地儒士的敬重，南汉刘龑为他赐号“知圣”。文偃住灵树前后达八年之久。南汉乾亨二年（918 年），如敏圆寂，南汉王刘龑请文偃说法，文偃此后才大弘法教于韶阳。文偃在掌灵树的第二年（919 年），曾在韶州“为军民开堂”；癸未岁（923 年），文偃率领徒众至云门山，“创构梵宫，数载而毕”，“层轩邃宇而涌成，花界金绳而化出”，“雕楹珠网，庄严宝相，合杂香厨，赠额‘光泰禅院’”。一时，“天下学侣望风而至”，云门宗风，遂大兴于岭南。丙戌岁（926 年），赐号“匡真”。南汉乾和七年（949 年）四月十日，文偃跌坐西逝，遂塔全身于光泰禅院之方丈，南汉王赐其塔院为“瑞云”之院，塔曰“宝光”。文偃在韶阳一带弘教，前后有三十多年，他创立了云门宗，弘扬了雪峰禅法。其弟子百余人，“散在诸方，或性达禅机，或名高长者”，“或典谋法数，或领袖沙门”。在《景德传灯录》中，收有其门人之传记达六十一人。文偃及其法嗣，在五代时期的丛林中有很大的影响，一度有“云门天子，临济将军”的提法。文偃流传下来的文字比较丰富，有《云门匡真禅师广录》三卷传世，另外，《祖堂集》、《景德录》、《五灯会元》、《禅林僧宝传》等书均收有文偃的传记。

云门禅学思想，即所谓“云门家风”，主要体现在“云门三句”这一著名的宗门施设，即“函盖乾坤”、“截断众流”、“随波逐浪”。“函盖乾坤”句，是针对云门禅法之本体而言，“截断众流”与“随波逐浪”两句，则是针对云门禅教的作略而言的。“云门家风”在五代时期的丛林中有着十分重要的地位。

③开云门山为禅院：云门寺位于广东省乳源县城东北六公里处的云门山慈悲峰下，是禅宗“一花五叶”之一的云门宗开宗道场。该寺由五代时期的文偃

禅师开创于后唐庄宗同光元年（923年）。初名“光泰禅院”，稍后改为“证真禅寺”。963年，南汉王刘鋹又改名为“大觉禅寺”一直沿用至今。因其地处云门山下，所以俗称“云门寺”。据《韶州府志》记载，云门寺创建以后的一千多年间，经历了多次的修葺和重建。其历代住持高僧在宋代有绍资，明代有了偈、法浩、法传等。到了民国年间，云门寺已逐渐衰废。当时住持南华寺的虚云老和尚目睹云门沦落，发愿重修。民国三十二年（1943年）在李济深、李汉魂等人的支持下，虚云和尚移锡云门，历时九年，终于使云门重光。

④孤独祇园：在《阿弥陀经》和《金刚经》开卷便有“如是我闻：一时，佛在舍卫国，祇树给孤独园”的描述。“祇树给孤独园”就是舍卫国的须达长者奉献给佛陀的一座精舍，一般称为“祇园精舍”。祇园精舍位于公元前六世纪印度最强盛的憍萨罗国首都舍卫城城郊外不远处的园林。由于须达长者生平乐善好施，常常赈济贫困孤独，国中的人都尊称他为“给孤独”，这座林园也就因此定名为“祇树给孤独园”，表示是祇陀太子奉献的树林、给孤独长者建造的精舍。佛陀至少在这里度过了二十四个雨季，教化度众无数，因此祇园精舍闻名遐迩。

⑤导门：度门，《楞伽经》曰：“无量度门，随类普现。”

⑥妙果：佛果，正果。

⑦圆觉：又叫作无上觉，是佛教觉的三种境界之一，指自觉觉他的智慧和功行都已达到最高的、最圆满的境地。

考

碑存云门寺碑廊，高1.80，宽0.95米，青石质，晕首。碑首饰太阳、祥云纹，周饰卷草纹。篆额，碑文楷书阴刻。时云门寺住持为法传。

撰者赵佑卿，万历十一年（1583年）任乳源知县。康熙二十六年（1687年）《乳源县志》卷五《良吏传》：“赵佑卿，浙江金华人，由举人任（乳源知县）。严明刚正，建文奎楼、社稷、山川坛，作兴士类，爱惜民力，足称能吏。擢雷州府同知。治行（政绩）详在《去思碑》（见同治《韶州府志》卷二十八《宦绩录》相关条目）。”

重修书堂院记

（万历十六年戊子，1588 年，佚）

黄德先

书堂石

书堂僧院，旧筑三华镇山下流二里江心书堂石[①]，即晚唐邵先辈谒[②]读书处，开山者能禅师之裔孙道显也。宋季水灾，迁上游落钟潭。迨明嘉靖季年又值水火继灾，寺僧流离别徙。万历丙子，僧性圆悯先师遗迹不可失，沿河稍上三合渡高陇筑寺，塑佛前堂，门第缭垣，广于数亩。佛像西偏，设邵先辈主其上，四时崇祀之，盖辉煌焉。又买田数十亩为赡后计。落成十三年矣，性圆恐后湮没无纪，请于罗江山人黄子为制碑文，树之以垂不朽。黄子家罗江玉华山[③]之阳，宅面迤右即书堂石，屹然中流。先辈，予乡之先彦也，兄龙山先生曾为刻其集以风后。予兄著《两京赋》，以建宁府学训导落落殒身，与先辈赴官不知所终俱如此矣！罗江之上，前后出二文人，相类若此，念兹伤哉！今性圆筑寺，拉先辈祀之。先辈子孙无传，魂归萧寺，与佛氏共燃一灯。予兄踵其后尘，另续一灯焉。性圆生于千载之下，筑刹祀佛，附祀先辈，先辈寓此，其东坡之托宝陀寺[④]耶？乃今坡仙，先辈蔼然并永其名。书堂、宝陀二院俱以江心古迹，或迁或不迁。书堂院以水迁之高陇，宝陀与金陵金山不畏水而不迁，三山同一派云。乃诗以祝之，其词曰：

有寺有寺，宿号书堂。金人丽丽，先辈同藏。灯传五叶，先辈共焉。灭度至今，有僧性圆，迁筑中兴。三华东偏，灵池远峙，罗江面瀍，陇上云封，灯燃万年。

万历十六年五日罗江山人黄德先撰

⊙注

①书堂石：位于三华镇罗江水即翁江上游之中，因晚唐诗人邵谒在此截髻悬门筑室攻书而得名。其地形独特，得天独厚，巍巍巨石屹立江中。现存遗址

占地700多平方米，分正门、书房、空旷地三部分。

②邵先辈谒：邵谒，约唐懿宗咸通初翁源人，字不详，生卒年亦不详。唐代“岭南五才子”之一。清同治《韶州府志》、嘉庆《翁源县志》：“（邵谒）少为县厅吏。有客仓猝至，令怒其不揩床迎待，逐去之。谒遂截髻挂县门上，发愤读书。隐居离县十余里之某湖，环室皆水。平居如里中未冠儿，鬅髻野服。遂工于诗。累应举，年三十，犹未得第。咸通七年至京师，为国子生。时温庭筠为主试，颇悯寒苦，乃榜谒诗三十首，广为誉扬。释褐后赴官，不知所终。谒著有诗集一卷，《唐才子传》传于世。”

③玉华山：嘉庆二十五年（1820年）《翁源县志》卷五《山川略》云：“玉华山，县（今翁城）东北八十里。旁有池塘四十亩艽兰可采。为玉华迳，一名兰迳。山阳为罗江溪，溪阴有山，沂流而上有特来峰。”

④东坡之托宝陀寺：北宋绍圣年间，苏东坡贬惠（州）途经广州时，泊舟于广州坡西的灵洲山（又称灵峰山）下，夜饮醉卧舟中，梦见自己身披袈裟，手捻佛珠出入于灵洲山上的宝陀寺，终日唯念经打坐，众寺僧皆呼为“德云和尚”。翌日，苏东坡遂入访宝陀寺，题壁曰：“灵峰山下宝陀寺，白发东坡又到来。前世德云今我是，依稀犹记妙高台。”

考

本记辑自嘉庆《翁源县志》卷九《艺文略》，原碑不存。撰者黄德先，明中叶翁源大儒黄器先之弟。

重修南华寺碑记

（万历十九年辛卯，1591 年，佚）

刘继文

南华，韶郡名刹也。先是西国异僧掬水览山，扬言于众曰：“后百六十年，当有无上法宝于此演法。”既而能禅师起自新州，受法黄梅，得衣钵之传，还果说法斯地，其徒称为六祖，适协僧期而寺从兹建矣。自唐迄宋，代有诏褒，莫可殚述。明兴，宣庙则有金书《法华》及绣绒罗汉之赐，英庙则有金书《华严》及护持敕书之赐，孝庙、世庙则有九莲观音与护持金牌之赐，而宪庙[1]《御制坛经序》文，尤炳如日星，学士大夫咸服膺焉。昭哉，寺之为国重也，非他琳宫梵宇。侔第岁久就圮，本来说法诸国幽然无光，而回廊一带虫啮且尽，寺骎骎非其旧，且宪庙序文，建有碑亭[2]，英庙敕书杂奚囊甚，非所以妥神灵而崇国宝也。直指程公[3]观风其地而有慨焉，为之迟回者久之。适住持以修理状请之府，府上之道，道上之直指及余，咸可以请。委官勘计，幽者更而爽之，蠹者易而新之，英庙敕书碑亭与宪庙序文东西并峙，又称廊（此“廊”字疑为衍文）御经阁，以广经书图录之藏。又更坛门外挹翠亭[4]，竖一石坊，题曰“岭南第一山”，以示雄瞻。是役也，经始于庚寅年十一月初二日，落成于辛卯年闰三月十五日，计费仅捐金一百八十八两，而古刹焕然一新矣。余因为禅教与吾儒未始不相发明，吾儒曰“性善”，又曰“人性上不加一物”，彼则曰“明心见性”。慧能顿悟自性偈曰：“本来无一物，何处惹尘埃。”因此遂得信具，卓为南宗。揆厥本旨，实默与吾儒合。且骜桀之徒，顽嚚之妇，语以圣谟王法，彼皆悍然不顾。而一语之以禅家之因果，则靡不降心而揖志焉。惟恐不克于佛氏之收，以庶几于善之什一，则禅教又自阴助吾儒者也。故《御制坛经序》亦曰：“佛弼也。”谓能弼此教而隆大行，此列圣褒崇本意也。岂谓求福田利己而皈依之耶。知列圣褒崇本意，则今日修葺之故可知已。是役成，而下使小夫愚妇，益兴起其为善之心；中使吾儒之徒，因禅悟性各自得其本来；上则不惟永护御珍，而列圣弼成世教之意。又至是，而益光大矣。倘所谓一举而三得焉者，非耶。向非直指公之目击而决其议，亦安能不日而成若斯之速耶。予幸赞直指而乐观其盛也，故遂为之记如此云。直指公名达，号信吾，清江人，登万历丁丑科进士。与议则分守岭南道左参政李君得阳，带管分巡屯盐道游君朴，分巡道佥事王君制，韶州府陈知府奇谋、黄推官华秀，而任勘督之劳者，则同知刘承范也，例得并书。

⊙注

①宣庙等：明朝诸帝庙号。宣庙指明宣宗朱瞻基、英庙指英宗朱祁镇、宪庙为宪宗朱见深、孝庙指孝宗朱祐樘、世庙指世宗朱厚熜。

②碑亭：康熙《重修曹溪通志》卷一云："御碑亭，明孝皇御制《法宝坛经序》刻石于上。嘉靖二十一年住持悟全建，知府符锡书刻。先立于祖庭前，万历二十一年，户长僧积昌等重建，移置于经阁左右两翼。复建坊于前，江西提学甘雨书'何尘界'匾于外，监察御史南海王学会书'瞻天语'匾于内。今亭久废，独碑存焉。"

③直指程公：汉武帝时朝廷设置的专管巡视、处理各地政事的官员。也称"直指使者"，因出巡时穿着绣衣，故又称"绣衣直指"，或称"直指绣衣使者"。汉荀悦《汉纪·武帝纪六》："民力屈，财货竭，因之以凶年，群盗并起，道路不通，直指之使始出，衣绣衣，持斧钺，斩断于郡国，然后胜之。"程公即程达，号信吾，清江人。万历丁丑（万历五年，1577年）进士，二十九年（1601年）任泉州知府。秩满以后，升福建按察司副使，备兵上杭兼制粤中。

④挹翠亭：康熙《重修曹溪通志》卷一云："宋苏轼立，（明）永乐间重修。万历二十一年住持法闰子贤重建。应天府府尹游季勋记，今废。"

考

本记辑自清康熙《重修曹溪通志》卷四记，原碑不存。

撰者刘继文，安徽灵璧县人，明嘉靖时进士，明万历十六年（1588年）以兵部右侍郎任两广总督驻肇庆，十九年四月升为户部左侍郎。道光《广东通志》称其："清苦爱民……考满，与海瑞并称，为天下清官第二。"查同治《韶州府志》卷四《职官表》，记中所列时任韶州地方官有：王制，举人，昆明人，万历十九年（1591年）任南韶道佥事（官名。明时都督、都指挥、按察、分巡道等均置佥事，即相应各级副职）；陈奇谋，浙江人，进士，万历十六年（1588年）任韶州知府；黄华秀，南安人，万历十八年（1590年）任韶州府推官，摄乳源县政（代知县）；刘承范，监利人，举人，万历十七年（1589年）任韶州府同知。

重建万寿寺记

（万历二十年壬辰，1592 年，佚）

潘必昌

韶自六祖宏化，敷为二派，演为五宗，一时悟顿教而直见本来面目者，几遍东南，何其盛也！迨至今，而六祖吾不得而见之矣。求有若青原、南岳其人乎，抑有若临济、为（沩）仰、云门、法眼、曹洞其人乎，何其久未之闻也。韶之梵宇独多他郡，河西一片地为寺有六，曰光孝，曰仁寿，曰祝众，曰圣果、芙蓉，而万寿其一也。万寿始于唐，千余年间，废兴不一，碑又滂灭不可得而详明。丙申一摧于风雨，僧性聪募郡太守谢君台卿[①]修之。丙辰再荡于洪水，僧海祥募郡司马黄君守正修之。然犹有可因之绩，可为之时。乘物力之丰裕，补苴残缺，易为功也。迨戊子而罹兵火[②]，门堂殿庑悉付灰烬无余矣。又变乱相仍，饥馑荐臻，土木之费，倍蓰往时，欲举而复之，可易言哉！僧智印独慨然以兴复为己任。适姑孰杨君世吉以戎事至，过其地，恻然兴感，议与印合，遂出疏授印，募十方檀越。肇工于庚寅七月，至壬辰腊月，前后殿门庑浸以告成。余自雷归，适止韶。印以碑文请，余思频年荒乱，厥费为艰，且煨烬之余，百无一藉。而智印独能以赤手建大工，亦可谓勤苦坚毅而有成者矣。虽然，余尤进焉：夫六祖之寺废，必思所以复之，六祖之道废，而不思所以续之，何也？夫寺以居身，道以居心，轻重缓急必有分矣！且寺复必藉力于人，而道在吾心，一返照间耳。出斯人坚毅之性，以宏任斯道，不难。岂其难者易而易者难乎？余尝慨夫当世之士，宗孔氏之教而行孔氏之道者千万人而不得一焉，吾岂敢以此并疑释氏之徒耶！抑亦共相劝勉也，使砥砺有成，他日仰万寿者，犹恍惚青原、南岳之盛焉，则六祖之教，不重有光乎？是岂非今日重建万寿意哉！“万寿”旧名“万一”，取“万法归一”之义，近易是名，亦欲以垂不朽云尔。

⊙注

①谢君台卿：同治《韶州府志》卷二十八《宦绩录》：“谢台卿，（福建）晋江人，进士，万历二十年知韶州府。加意作人，省刑节费，锄暴烛奸，善政善教，有足多者。祀名宦。”

②戊子而罹兵火：戊子应指万历十六年（1588 年），此年有何战事，查府县志均无记载，存考。

考

本记辑自同治《韶州府志》卷二十六《古迹略·寺观》，原碑不存。撰者潘必昌，生平里籍不详。

河西即今韶关市区武江西岸，又称西河，是隋唐始兴郡、韶州及曲江县故城。唐武德五年（622 年）四月，刺史邓文进将州城从浈江东岸移建于武江西岸（约在今粤北医院至妇幼保健院一带）。五代后梁乾化元年（911 年），历整个唐朝、营建了近三百年的韶州城被洪水冲毁，韶州录事李光册遂移治于武水之东、浈水之西的中洲，时“有治无城”。南汉白龙二年（926 年），刺史梁裴始在中洲筑州城。此后，城址未再变动，沿用至今。至明代时，河西依然人烟稠密。万历十七年（1589 年）八月，获准进入韶州的天主教传教士利玛窦对韶州城和西河曾有过描述：“韶州城座落在两条通航的河流（指浈、武两江）之间，两河即在此处汇合。一条流经南雄城的东面，另一条来自湖广省（指今湖南省），从它西面流过。筑有围墙的城镇，连同它的许多屋舍，建立在两河中间的平原上。地势如此，所以城镇本身无法扩展，于是他们向两方跨河扩大居民区。”“西岸人口更稠密，有舟桥（浮桥）把它和岛镇连接起来。镇上大约有五千户人家。它那肥沃的土地盛产稻米和果树，肉、鱼、新鲜蔬菜也很充足。但气候不良，天气总是很坏。”①

同治《韶州府志》卷二十六《古迹略·寺观》：“万寿寺在河西，僧智印募修。”圣果庵在河西，清廖燕有《游圣果庵》诗。祝众寺或为祝圣庵，在河西，参见廖燕《祝圣庵募缘疏》。仁寿光运寺在西河，相传为始兴内史王导故宅，俗又称五祖寺，然非黄梅五祖也。隋时名仁寿台，有僧道广居之，因建广界（果）寺，南汉改为仁寿，宋宝元间重建。唐宋之问《游韶州广界寺》云：“影殿临丹壑，香台隐翠霞。巢飞衔象鸟，砌蹋雨空花。宝铎摇初霁，金池映晚沙。莫愁归路远，门外有三车。”参见余靖《韶州光运寺重修证真照寂大师塔铭》、孙时敏《韶州光运寺寂通证誓大师碑》。光孝寺，参见李骙《开元寺重塑佛像记》、刘应期《重建报恩光孝寺记》。芙蓉寺，在芙蓉山，参见熊士逵《重修芙蓉庵记》。

① 利玛窦著，何高济、王尊仲、李申译：《中国札记》，广西师范大学出版社 2001 年版。

重修卓锡泉洗心亭铭并序

（万历二十六年戊戌，1598 年，佚）

释德清

曹溪大师初卓锡得泉，泉前有溪，溪上有桥，曰“飞锡”[1]。桥眉有亭，曰“洗心”，皆本无也，是则泉因卓锡而有，卓者我师。桥因好事而作，好事者诞乌得而名焉。亭因取象而名，名之者谁，前观察侣梅陈公也。然泉有时而竭，竭则祷而应，疏而通。祷之者谁，故长老辩公[2]。而铭之者谁，东坡居士[3]也。桥久而圻，亭久而倾，倾则经之营之，缉（葺）而新之。经营者谁，今住持行裕。而铭之者谁，憨山道人也。亭始建于万历甲戌，道人以幻业迁讹，来于丙申，其铭则于戊戌仲夏。观察海门周公属修其志，时裕公请之而作也。铭曰：

性色真土，气聚而灵。性空真水，缘会而形。法本无相，触事而真。宗本无住，遇物而名。物本无名，名之则妄。心本无尘，洗之则诳。水既用心，心不灌心。心既即水，水不洗水。若有可灌，空花闪电。说无可洗，犹落尘滓。我师说法，本来无物。如何性空，而有可触。试揣此心，何处容尘。即有尘处，如何着水。水不到心，洗但虚称。心不到水，何处受洗。展转求之，二皆妄想。心水两忘，敲空作响。但不强名，诸妄自息。不用洗心，自藏于密。

⊙注

①“飞锡”：即飞锡桥，位于今南华寺后卓锡泉前，始建年代不详。据清康熙《曹溪通志》载：“相传（惠能）祖师望云于此，慨然叹曰：‘予亲陇在南，而锡驻于此。’因名桥。”桥为石筑单眼拱桥，长 8 米，宽 5 米。清顺治八年（1651 年）僧真修重修。

②长老辩公：即重辩。同治《韶州府志》卷三十八《列传·释》曰：“重辩，南华寺僧也。苏轼谪惠（州）时游南华寺，辩延馆加厚，又请书柳碑。轼至惠，以桄榔杖寄之。比从海南还，则辩已寂久矣。时元符三年十二月十九日也。”《曹溪通志》云苏轼奠辩塔墓时，明公即辩师冢，以师四偈示轼，轼答其一曰：“宿业相缠四十年，常行八棒十三禅。今著衲衣归玉局，可怜化作五通仙。”

③东坡居士，即苏轼（1037—1101 年），字子瞻，号东坡居士，眉州眉山（今四川省眉山市）人，是北宋中期的大文学家，在散文、诗、词方面的创作都

成就卓越。北宋绍圣元年（1094 年）八月，苏轼被贬为宁远军节度副使，惠州安置，九月，南度庾岭时过韶谒南华寺。七年后，建中靖国元年（1101 年）遇赦北返，岁除之时留韶过除夕，盘桓数日。这一贬一赦，南度北返，苏轼在今韶关境内留下不少诗文墨迹，其中在南华寺有《南华寺》诗、《卓溪泉铭》、《苏程庵铭》、《读〈坛经〉》等（参见何露：《韶关旧事》卷三《苏轼在韶关》，广州出版社 2011 年版）。

考

本记辑自清康熙《重修曹溪通志》卷五铭，原碑不存。其年代以记中“其铭则于戊戌仲夏”考定。

撰者释德清，即憨山（1546—1623 年），俗姓蔡，名德清，字澄印，号憨山，又称憨山大师，全椒古蔡浅人（今安徽和县绰庙先锋村）人。12 岁削发入佛门，19 岁受禅法，曾在南京报恩寺为僧，后云游各地。在北台时，爱憨山之秀峰，遂取此为号，是明代四大高僧之一。万历十三年（1585 年），憨山用皇太后所助之金尽购崂山太清宫之地，建海印寺，万历十六年（1588 年）建成。该寺气势恢宏，佛宇僧寮之盛，可与五台、普陀之名刹相媲美。万历十七年（1589 年），进士出身的太清宫道士耿义兰控告憨山强占庙产，万历十九年（1591 年）又去京师上告。万历二十三年（1595 年），憨山以私建寺庙罪，被充军到广东雷州。获释后，结庵庐山五乳峰下，居四年，又在曹溪南华寺任住持，重立丛林制度，中兴祖庭。天启三年（1623 年）憨山病逝于曹溪，年 78 岁。憨山一生中佛学和其他著作颇丰，著有《法华经通义》、《圆觉经直解》、《大乘起信论直解》、《观楞伽经记》、《金刚决疑》、《肇论略注》、《八十八祖真影传赞》以及《庄子内篇注》、《老子道德经注》、《中庸直指》等。还有门徒汇编的《憨山梦游集》和《憨山语录》。参见钱谦益《憨山大师塔铭》。

重修南宗六祖大鉴禅师宝塔碑记

（万历四十五年丁巳，1617 年，存）

黄公辅

万历丁巳仲春□五日，余以假满还部，道经濛浬[1]，入谒南华禅寺。适住持上人道宣挹余，曰：“寺中宝塔，其来旧矣，乃岁月迁流，丹碧施落，风雨摧荒凉之状，烟云生惨淡之容。万历丙辰，奉本府□刑许公之檄而重修之，其盛举也。道宣乃谋诸耆旧合僧众各舍衣钵之资，鸠集良材，经始于十一月廿三日，落成于二月十六日。道宣等窃谓：“长者布金苏[2]，□留王锥地供借□□风随德化，愿丐片言以识不朽焉。”余白：“浮屠纪载，汝能详述之乎？”道宣曰：“自兹云西荫，觉影东临，周室集恒星之光，汉帝梦如日之瑞，而神州赤县声教潜通矣。粤自韶之南五十里，蔚然奇秀而回环者，曹溪宝林山也。梁天监初竺僧智药航海而至，掬水饮之，曰：‘此水与西天无别，源上必有仙灵窟宅。’乃溯流而上，顾其生龙白象之胜，叹曰：‘宛似西天宝林也。’示居民曰：‘可建梵刹于此，当有法宝演化。’按《唐书》云：‘后魏之末有僧，号达摩者，得禅宗妙法自释迦牟尼佛，以正法眼藏[3]传之慧可，可传僧粲，粲传道信[4]，信传弘忍，忍传惠能。’能于达摩在中国为六代祖。爰逮师居曹溪，随机利物，而直指人心，见性成佛。得其法者则青原、南岳二师，实为之冠。厥后派得五宗，源流弥远矣。南华禅寺开宝间赐额，中有宝（塔），创□于先天年中，乃大师真身灵镇之所也。初唐天后诏曰：‘师以道契无为，德光先圣。既而名播十方，声誉四海。朕空披顶戴之诚，伫想醍醐之味，恨不趋倍下位，侧奉聆音。’师谢表有云‘远公之足，不过虎溪；子牟之心，敢忌凤阙。’竟以此辞。唐宪宗赐谥‘大鉴’，塔曰‘元和灵照’。其余系载唐尚书王维、刺史柳宗元等碑。宋太宗即位，留心禅门，诏新师塔，加谥‘真空’，塔曰‘太平兴国’。宋仁宗天圣十年，具安舆迎师真身入大内供养，加谥‘普觉’，宋神宗加谥‘圆明’。复兴梵刹事迹，元献公晏珠（殊）、长公苏轼具之详矣[5]。国朝（明朝）赐《大藏经》[6]及□环等宝，崇奉益加隆焉。其可按而述者若此。”余欣然曰：“洞天福地多产异人，而其玄蕴之以阴翊皇猷，滋培国脉。伏睹高皇帝御制《心经序》曰：‘自佛入灭之后，其法流中国。间有聪明者，动演人天小果，犹能化凶顽为良善，况知大乘而谙宗旨者乎？’先众重兴祖庭之业，籍此焚修，上祝圣寿无疆，下祈九埏有永，俾归依者蒙庇，而即心见佛者，咸得以迓休集祉，其借筏于世教岂浅哉。”笔之以纪贞珉。铭(曰)：

罗浮之北，庾岭之南。中有名区，爰敞精蓝。象峰嵯峨，曹源映带。蕴异钟灵，别生世界。代有觉雄，名山坐镇。衣止不传，独受心印。融贤三乘，均沾一雨。声达九重，德光遐迩。憩此登临，风淳且厚。耕凿优游，幡之鹤友。浮屠如故，法运维新。仰希前哲，齐盟许询。势凌日月，峻极苍穹。金茎承露，宝铎流风。仟苑标奇，灵场绚彩。劫后可磨，斯贞不改。禅庭广荫，国祚遐长。永绥景福，万古津梁。

赐进士第观户部政古嵒黄公辅撰文
韶州府推官莆田许穆篆额
南（雄）府推官五羊王安舜书丹
时万历四十五年岁次丁巳季春之吉
第一百四十三代冠带住持道宣同合山耆旧僧众敬立

⊙注

①濛浬：即今曲江区乌石镇濛浬村，明清曲江县设濛浬司，历史上是韶州府城南北江沿岸重要的商旅集散地。梁天竺僧智药所创月华寺即在濛浬。

②布金苏：黄金色的流苏。南朝梁简文帝《七励》：“金苏翠幄，玉案象床。”

③正法眼藏：佛教语。禅宗用来指全体佛法（正法）。朗照宇宙谓眼，包含万有谓藏。相传释迦牟尼以正法眼藏付与大弟子迦叶，为佛教以“心传心”授法的开始。《景德传灯录·摩诃迦叶》：“佛告诸大弟子，迦叶来时，可令宣扬正法眼藏。”

④传之慧可，可传僧粲，粲传道信：慧可，一名僧可，中国禅宗的第二祖。俗姓姬，虎牢人（今河南荥阳市）。慧可本儒生，年约四十岁时，遇禅宗初祖天竺僧菩提达摩在嵩洛（今河南嵩山—洛阳）游化，即礼他为师，从达摩精究大乘宗旨六年。天平元年（534 年），慧可到了东魏的邺都（今河北临漳），大弘禅法。当时门下拥有千人的著名学者道恒，竟指慧可所说法要为“魔语”，甚至贿赂官吏，企图加以暗害。慧可在邺都受异派学者的迫害，其后即流离于邺卫之间，所以晚年并没有多少随从的弟子。后来他又南行隐居于舒州皖公山（今安徽潜山县），在这山里传法与三祖僧璨。

僧粲（？—606 年），又作僧璨。后世尊为禅宗三祖，又称三祖僧璨，撰有《信心铭》传世。籍贯不详，或谓徐州人。初以居士身参谒二祖慧可，得法受衣钵，年已四十余，隐于司空山。北周武帝灭法，又隐居皖公山，人无知者。隋开皇十二年（592 年），道信来投，年仅十四，从学九年，传之以法。唐玄宗赐谥“鉴智禅师”。房琯的《僧璨碑文》，记僧璨请慧可为他忏悔。慧可说：“将汝罪来，与汝忏悔。”僧璨觅罪不得。慧可就说：“我已经为你忏悔了！”这种罪性本空的思想，成为后世禅家最乐道的一种说法。

道信（580—651 年），禅宗四祖。俗姓司马，生于永宁县，父司马申，北周永宁县县令。隋文帝开皇十三年（593年），道信向禅宗三祖僧璨求法，后在吉

州符寺受戒，26岁时被三祖授以衣钵。唐高祖武德八年（625年）于黄梅破额山正觉寺传经讲法。唐太宗李世民慕其名，多次派使者迎其入宫，坚辞不去，被赐以紫衣。后传法于弘忍（禅宗五祖），于唐高宗永徽二年（651年）坐化，唐代宗谥其为“大医禅师”。元泰定（1324—1328年）时加号“妙智正觉禅师”。

⑤元献公晏珠（殊）、长公苏轼具之详矣：宋志磐撰《佛祖统纪》卷四十五云：“天圣九年（1031年），敕韶州守臣诣宝林山南华寺迎六祖衣钵入京阙供养。及至，奉安于大内清净堂。敕兵部侍郎晏殊撰《六祖衣钵记》。”而苏轼似未专门撰写过关于南华寺“复兴梵刹事迹”的文字，或指其于绍兴三年（1133年）所作之《书柳子厚大鉴禅师碑后跋》。

⑥《大藏经》：佛教经典的总集，简称为藏经、契经或三藏，又称一切经，有多个版本，比如乾隆藏、嘉兴藏等。内容包括经（释迦牟尼在世时的说教以及后来增入的少数佛教徒——包括阿罗汉或菩萨的说教在内）、律（释迦牟尼为信徒制定必须遵守的仪轨规则）、论（关于佛教教理的阐述或解释）。大藏经的编纂，始于释迦牟尼涅槃不久，弟子们为保存他的说教，统一信徒的见解和认识，通过会议的方式结集，形成一致公认的经、律、论内容。其后又增加了有关经、律、论的注释和疏解等“藏外典籍”，成为卷帙浩繁的四大部类。原始佛教分裂以后，各大派别大多按照自己的观点编有本派的藏经，但只有上座部的三藏比较完整地保存了下来，其他部派的典籍除了在汉文译本中保存一部分外，基本上都已散佚。早期的梵文经典只有少数零散贝叶本或纸写本至今尚存，全部三藏已难窥全貌。现存的大藏经，按文字的不同可分为汉文、藏文、蒙文、满文、西夏文、日文和巴利语系等七大系统。大正藏，全称《大正新修大藏经》，日本大正十三年（1924年）由高楠顺次郎和渡边海旭发起组织“大正一切经”刊行会，小野玄妙等人负责编辑校勘，1934年印行。是目前使用最广泛的汉文大藏经，今天我们讲到大藏经一般都通指大正藏。全藏分3个部分：正藏55册，续藏三十册，别卷15册（内图像12册，总目录3册），共100册。大正藏收入佛籍总数冠于各种大藏经，计正藏、续藏、图像和总目录共3 493部，13 520卷。

考

碑今存于南华寺。石灰石质，中有裂纹，高160米，宽60米。晕首，额篆“重修六祖禅师塔记”。

民国三十二年（1943年）虚云《重兴曹溪六祖道场记》云：“筑戒坛时，在土内挖出万历年修塔碑，竖立雨花台壁中。”即指此碑。

撰者黄公辅（1576—1659年），字振玺，别字春溥。新会杜阮镇杜阮乡（今属广东省江门市蓬江区）人。明万历四十四年（1616年）进士。任福建浦城知县时，调任南京山西道监察御史，后奉旨巡按下江，亦有政绩。以疏劾太监魏忠贤撤职回乡。崇祯朝起用任湖广布政司参议、湖广参政，分守湖南宝庆，奉命征剿湘西、湘南“瑶乱”有功，受封赏。崇祯末年，托病辞归。明亡，公辅与王兴起兵新会抗清，后被困，宁死不屈，于清顺治十六年（1659年），与王兴等自焚于新宁（今台山）汶村。著有《北燕岩集》。篆额者许穆，莆田人，韶州府推官；书者王安舜，广州人，南（雄）府推官。

重修芙蓉庵记

（崇祯十一年戊寅，1638 年，存）

熊士逵

芙蓉山之著于韶，始自汉时异人[①]修真之地。盖灵迹所存，相传至今。余始来韶，曾游之其上，有高台可坐，举韶之山川、封域历历在几席之前，以供樽俎之玩。有泉焉，在山之半，石龙吐之，清吞殆不减惠山，诚此中之最胜也。岁戊寅之春，予以御寇[②]登城，忽望西域有烟焰上彻，询之，则寇于兹山纵火而然也。因叹向所游览之处，今灰烬中矣！其后主僧行俊募修之，持薄求印，余为之怆然。念兹山虽僻在一隅，游屐时至，其得以久存者，有僧为主而寺为之依也。使寺废僧散，此景将翳没于荒烟野草之中矣。时按志而访胜者，只致叹于沧桑之变而已。夫一物可玩，人不忍弃之，况兹古迹胜概之所遗，而忍心不为郡留之乎？是俊之重修，非只为虚栖已也，由前言之灵迹，托以不朽，由后言之访胜，赖以寄游。自汉以来千百年之仙迹，几烬灭寇焰中，而再造于俊手者，其又可忘耶！余行矣，聊纪数语，用垂不忘。

⊙注

①汉时异人：指康容。同治《韶州府志·古迹略·寺观》曰：“（芙蓉山）康容道地，汉末隐韶州芙蓉山炼丹升迁。山半有庵，丹龟遗址尚存。”

②御寇：同治《韶州府志》卷二十四《武备略·兵事》：“崇祯十一年三月，郴寇刘新宇率党二千入乐昌，由黄村、靖村直抵帽峰山，攻府城浃旬。巡道刘士祯、知县潘复敏登陴严守，退之。总督张镜心遣游击张开祚援韶，要贼于肖村，斩首数百级。复远追，中贼伏，开祚战死。”黄士俊为此撰《张督府平寇碑铭》。又，卷二十六《古迹略》“现身关帝楼”条下载，“楚贼犯韶，其时进士刘士祯为韶理刑推官，坐城堵御六昼夜，困极恍惚似若有（关帝）提醒之者，前后斩级数百而围解……事平，公（刘士祯）捐俸独创（关帝）殿，高与城并，自是殿益高而神益灵。”

考

碑存于今芙蓉山蓉山古刹。碑高 0.64 米，宽 1.03 米，周饰卷草纹。

同治《韶州府志·古迹略·寺观》曰：“芙蓉庵在芙蓉山，汉康

容修炼于此，明僧行俊修。”又据宋余靖《过伯恭殿丞游西蓉山寺》，宋时或称“蓉山寺”。清康熙三十四年（1695 年）重建，光绪九年（1883 年）再次重修后，改名为蓉山古刹，沿用至今。

芙蓉山以“蓉山丹灶”著名，为清曲江二十四景之首。清初廖燕《蓉山丹灶》曰：“万叠芙蓉一径通，仙人遗址更巄嵸。烟熏半壁苔犹黑，丹染千山树欲红。玉简尘封蝌蚪字，药栏春长兔丝丛。登临我亦乘云去，相见蓬莱弱水东。”后来道教、佛教分别在这里建芙蓉庵（今存《重修芙蓉山真武圣帝殿记》碑）、芙蓉寺，即今芙蓉古刹，是道佛两栖的胜地。

撰者熊士逵，同治《韶州府志》卷四《职官表》曰：“进士，江西新昌人，崇祯九年任韶州知府。”

重修大殿记

（顺治六年己丑，1649 年，佚）

曾　弘

达摩西来，不立文字。六传至能大师，目不识丁，闻客诵《金刚经》[1]至“应无所住而生其心”，恍然有契。嗣法黄梅，韬光弋猎。偶与印宗法师论风幡之义，出语惊人，自是宗风大振，龙象交参。始飞锡曹溪，雨大法雨，吹大法螺，击大法鼓，演大法义。尔时英灵衲子，如青原、南岳之流，以及毒龙猛虎，人非人等，得未曾有。此大殿之所由建也，自唐迄今，显晦迭更。然而中兴祖道，代不乏人。如实行修公，有足多者。实行，豫章名家也，幼孤能自立，长而为商，喜任侠。礼曹溪六祖塔，忽发深省，遂投师出家。甫披剃，即有中兴曹溪之志。自以般若行浅，无缘识字，因闭关礼《华严》，一字一拜，虽瑞相屡现，愈加刻厉。丁亥与予定方外交，始知离世间法，别无出世间法。卒有缓急叩门，不以有无为辞，天下咸藉藉，曰：“实公，禅而侠者也。”大军之后[2]，白骨如麻，予两人百计以掩之。一骼未收，泣数行下。当路者以其事上闻，遂赐紫实公，廉让不遑，愀然曰：“所贵为佛子者，将此身心奉尘刹耳。曹溪一滴[3]，五宗于此支分焉。今大殿高危，墙壁陨落，梁栋倾斜，能不愧于心乎?”诸善人感其诚，施以千金。不数月，而殿工告成。百废遁举，金绳珠网，碧瓦银壁，广华饰也；座拥尊天，威德自在，盛庄严也；溪舌广长，演偈万千，泉涓濬涌也；锡飞桥畔，虎伏亭前[4]，神通游戏，应变无方也。且也二王南征[5]，慈勇兼济，惠泽旁溥，其与实公机缘契合，种夙世因也。銮舆及门，无力下床，志尚也。环佩珊珊，五体投地，则又君夫人之为法忘躯也。噫，从来龙象交参之会，定有人天希有之缘。值兹祖庭秋晚，古殿荒凉而实公精诚，通天金沙布地功，岂在卢祖下哉。虽然翠竹黄花，迥非外境，尘毛草芥，悉现全身宝。志公云：“终日拈香择火，不知身是道场。”于斯明，拈一茎草，现出琼楼玉宇；于斯不明，琼楼玉宇被一茎草盖却。直饶单刀直入，与志公把手同行。犹是建化门庭，更有佛未出世，祖未西来一着。愿与实公共勉之。

⊙注

①《金刚经》：佛教重要经典。根据不同译本，全名略有不同，鸠摩罗什所译全名为“金刚般若（bō rě）波罗蜜经”，唐玄奘译本则为《能断金刚般若波罗蜜经》。《金刚经》传入中国后，自东晋到唐朝共有六个译本，以鸠摩罗什所译《金刚般若波罗蜜经》最为流行（5 176 字或 5 180 字），唐玄奘译本，《能断金刚般若波罗蜜经》共 8 208 字，为鸠摩罗什译本的一个重要补充。其他译本则流传不广。般若，梵语，意为智慧；波罗蜜，梵语，意为到彼岸。以金刚比喻智慧之锐利、顽强、坚固，能断一切烦恼，故名。《金刚经》采用对话体形式，是中国禅宗所依据的重要经典之一。

②大军之后：同治《韶州府志》卷二十四《武备略·兵事》载，清顺治四年（1647 年）六月，叛兵罗士璧等劫乳源仓库，杀知县施宏猷于洲头（今乳源县城）。七月，叛兵简信等围翁源城，知县江靖请韶镇张玮领兵击退之，破半壁岭、蕉子山贼巢。

③曹溪一滴：指曹溪六祖禅学。宋曾敏行《独醒杂志》记载，苏东坡谪惠（州）北归，在梅岭下龙光寺要了两条竹竿作肩舆杠，留诗以寄，即《东坡居士过龙光，求大竹作肩舆，得两竿。南华珪首座，方受请为此山长老。乃留一偈院中，须其至，授之，以为他时语录中第一问》，诗曰：“斫得龙光竹两竿，持归岭北万人看。竹中一滴曹溪水，涨起西江十八滩。”近代高僧虚云大师云：“一滴曹溪，洒遍寰宇，五宗竞秀，千载响风。”

④虎伏亭前：即南华寺伏虎亭。

⑤二王南征：即平南王尚可喜、靖南王耿仲明（后耿继茂）。《清史稿·高祖本纪》：“丁丑（明崇祯十年，1637 年），改封孔有德为定南王，耿仲明为靖南王，尚可喜为平南王。命孔有德征广西，耿仲明、尚可喜征广东，各挈家驻防。壬午（明崇祯十四年，1641 年），耿仲明军次吉安，畏罪自杀，由其子耿继茂接任，两路大军同归平南王节制。”大军沿海州、山海关、天津、登州、武昌、岳阳、南韶、肇庆，于清顺治六年（1649 年）二月，平靖大军抵达广州，围困城池长达 10 个月，最终攻下城池。广州城当时人口大约 40 万，死难者约五分之一。

考

本记辑自清康熙《重修曹溪通志》卷四记，原碑不存。本记不落年月，其年代据记中“丁亥与予定方外交”及“二王南征”史实大致考定。

撰者曾弘，原注为中州人，惠潮道。

重修方丈碑记

（顺治十七年庚子，1660 年，佚）

洪　琮

刹之有方丈也，譬诸肯堂者之于亭馆乎。家之中，事先有庙，燕息有寝，享会有堂，诵有塾，藏有库。下至于鸡埘、马厩、牛栖、豕圈之属，靡不森森蔚蔚，有以全其天而安其性。况乎越国贵宾惠然肯来，而顾令之憩息无所，饮膳无方。其于设燎监濯之谊，无乃阙乎。曹溪丛林甲天下。丙申秋予奉简命提刑韶阳。越明年，告谒祖殿，观其殿塔堂宇突兀璀灿，令人眩目。予周章省览，叹咏者久之。既而赞拜已竣，退金水堂而息焉。考通志，金水堂在方丈之前，乃祖师伏龙古迹，后代因之，以为知识提唱谈经之地。若宰官之有事于兹者，是惟方丈。今舍彼而馆于此者，何居？询之僧，则以将颓对。盖曹溪自憨师[1]中振，层轩绀宇，踵事增华，至今十房禅院未改旧观。独方丈为众共公之场，高贤之地，情好不系，其废其兴，功罪可诿。故视之漫不经心，宜其倾圮剥落，以至于斯也。已（而）心照禅师[2]力维新请。越庚子，予大行将朝京师，照公落成且请记焉。夫照公，大休和尚之高弟，为洞宗三十一世，续祖风幡之教，阐扬法道之宗，居本来全提正令，登祖座，转大法轮，相对寂然，如寒岩特立。盖其胸无一事，及其谋公也漫不辞难，汲汲如人之谋其私，故能不起于座，而千秋之故物斯还。今观其前后结构，百余年间，三代重修，卓荦宏敞。若作室者之图其久大，必至于贻厥而始快也。然予闻天下之事，废兴更叠如环，无端文之所不能留也。昔柳子厚、刘禹锡为曹溪碑记，其文妙绝一时。今问其残碑断简已无存者。苔封藓剥，碑之寿几何。心公大师请曰："碑之永不永，不足计也。独是方丈之颓，已数十年。而绍新于公之修，竭今之落成。又值公入觐之日，因缘妙合。可无一言以附于苏程故事[3]乎？"予笑而然之，于是乎书。

⊙注

①憨师：即憨山德清。

②心照禅师：即心照融禅师。清康熙《重修曹溪通志》卷二《继席宗匠》云其为青原下三十一世，大休珠禅师弟子。

③苏程故事：苏轼贬谪惠州路过南华寺时，其表弟程德孺自楚州贬，早寄居于南华寺。住持重辩特为程德孺建"程公庵"以居之。苏轼到南华寺后，可

能与程德孺同住，故改程公庵为苏程庵，苏轼便作《苏程庵铭并序》。参见《苏程庵铭》、《苏程庵碑记铭并序》。

考

本记辑自清康熙《重修曹溪通志》卷四记，原碑不存。

撰者洪琮，同治《韶州府志》卷五《职官表》“文职”条下记为：“江南歙县人，进士，顺治十三任（韶州府推官），十七年卸任。”

迁路记

（康熙初年，佚）

释今释

缘梯入关门，过三岩高处，其路甚径，可一览而尽也。余颇疑之，欲迁于拟建舍利塔之旁，逶迤行跨石磵，度平桥，又跨石磵，度平桥，接钟鼓楼而上。当关之后，右直殿之前，左束刍为堤，涉而成桥，止即蓄水于崇山中，得川水之乐亦旷事也。磵斗绝，浅筑之，则水观不大，高筑之，则费不赀。

春正黑月一日，偕还觉、灵知、勤修、愿来、六如共寻之，陂陀数下，策杖行茂树中，望长老诸峰，殿堂益高，如在天半，林木为之掩映，有照映井中，独见斜领之态，而山左右势益卑益出。顾盼江波，曲折明媚来衣袂间，如画家烘染，多一笔皴，疑有起伏数迭不尽之赏，不与丘壑俱尽。同行皆喜甚。于是，勤公贾勇操镰往开之。余息关门后，望紫玉台，蹑松杈而登，闻笑语逼人，忽持一铁项圈到，盖苦行头陀行化物也。有铁牌二，镌云："满愿即开，韦驮作证。"字嵌银如新。以为新，则此间无远方化士；以为故，则铁未蚀，布未朽，众咸嗟异。此路适开，开与开值，举镰断树，树断镰失，觅镰得圈，宜有莫之为而为者，漫托楮先生以墨诵：

指月尖，项月圆，手一镰，没半边。用得金，钩着天，两个牌，一个圈。虎左伏，龙有顾，高一头，低一步。明中藏，暗中露，用即是，勿回互。重云下，有黄金，寻不得，得不寻。一多生，多一心，芥菜子，绣花针。

考

本记辑自雍正《丹霞山志》卷八，原碑不存。记中不落年月，然路迁于别传寺初创阶段，而撰者又是澹归和尚，故撰记年月应在康熙初年。

撰者释今释，即澹归（1611—1680 年），俗姓金名堡，字道隐，号卫公，浙江人。明末曾任山东临清知州。明亡后，任南明永历小朝廷兵科给事中，不畏强暴，抨击朝政，号称"五虎"之一，后被永历朝廷施以酷刑后流放贵州清浪卫，行至桂林适逢清兵陷城，金堡削发

为僧。次年回到广州，随即到海云寺参礼天然昰和尚，充任厨房钵头僧，改法名今释，字澹归，别字性因。康熙元年（1662 年），李充茂把丹霞山施舍出来建寺庙，请澹归主持其事。在韶州知府赵霖吉、南雄知州陆世楷等帮助下，寺院历数年建成，规模悉备，成为粤北一大丛林。寺名“别传”，是取禅宗初祖达摩西来，不立文字，单传心法的“心印别传”之意。澹归一生毁誉参半，其诗文、书法却都有较高成就，遗著主要有《徧行堂集》，分前后集，前集在他生前由韶州知府高纲作序刊刻行世，乾隆四十年（1775 年）由南韶连道道员李璜以“语多悖逆”举发，遭焚毁，并造成“文字狱”；后集于其圆寂后由弟子古止编成刻版行世，今尚存。

重修伏虎亭碑记

（康熙二年癸卯，1663 年，佚）

赵霖吉

南华寺伏虎亭

韶之阳有曹溪，为唐朝大鉴禅师之道场也。群峰拱秀，环绕如莲。又曰南华，其中绀殿琳宫，丛林古木，具诸幽胜，备载《曹溪志》内，无庸赘述。惟当日六祖卜筑时，缁流云集，百缘如意。独艰于水，乃去寺后数步，旋为卓锡，锡起水涌，涓涓不断，迄今阖山僧众咸饮于斯焉。泉之前旧有一亭，名曰伏虎，盖非昉[①]于唐，实系后人创立。或者毒龙受制于前，猛虎驯伏于后。此亦道法广大，戒律精严，特佛氏分内事耳。余姑勿论。第斯亭之废兴无常，凡物之遭逢不偶，昔之岿然于泉上，助名山之奇观，而标宗风于不坠者，倾圮无存，求所为坡老[②]之遗踪，陈公[③]之载构，已入苍烟蔓草中矣。余庚子春来守是邦，越二年，于政事之暇，瞻礼祖庭，因探阅其地，见墙欹砾积，碑勒苔封，询之住持敬公[④]，曰："此古伏虎基也。向为陈郡公讳大纶（伦）者重葺，见有碑记可识。于兹几及百年，未能踵绍斯举。"余慨故址久湮，即捐俸与之，并令敬公董厥事。乃鸠工庀材，所费不敷犹赖韶协林公暨同寅傅公、杨公、邵公辈[⑤]互相捐助，而斯亭遂成。较之昔日轮奂有加，且于九曲池畔，凿石栏以护之，俾樵夫牧竖不得过，行浣濯以汙清流。而泉之高阜有龙王祠，率所属更为之整辑，一带台榭遹新。爰与二三同事眺临亭上，山光云影，郁然深秀，兼之禽声上下，梵呗悠扬，顿令人有潇洒脱尘之想。以睠昔之风雨淋漓，蘼芜充塞，入目凄其者，不大相径庭也哉。余因萧然遐思，敬为之辞曰：

名山粤区，百神拥麓。维彼猛兽，偃然驯伏。固知道妙，万汇咸服。亭以纪胜，奕祀俨肃。寺衺其南，泉出于北，兀兀中峙，云霞入宿。山围翠绕，媚兹幽独。自愧劳人，风尘

碌碌。藉此胜缘，用抒逐逐。缅维陈君，鸠庀重筑。日月易迈，废兴倏忽。荆榛砂砾，萧条盈目。我履其地，谘诹释族。慨告同人，率捐俸谷。旬月落成，崔巍迥矗。登临眺瞻，檐阴覆绿。劃然长啸，声震林木。为语后人，嗣延永福。不有承之，其胡能淑。绵衍斯亭，千秋可卜。

时康熙二年癸卯冬月记

⊙注

①昉：起始。清谭嗣同《学篇》："呼黑为青，莫究所昉。"

②坡老：指苏东坡。

③陈公：指明嘉靖时韶州知府陈大纶。

④敬公：巨赞法师《参礼祖庭记》云："康熙二年住持敬止，监院可相，重修伏虎亭。"

⑤韶协林公暨同寅傅公、杨公、邵公辈：同治《韶州府志》卷六《职官表·武职》："林本直，江南人，状元，（康熙）元年任韶州协镇（副总兵）"；傅公、杨公、邵公，查同治《韶州府志》卷六《职官表·文职》，疑即傅宏（弘）烈（顺治十六年任韶州府同知）、杨耀先（满洲人，顺治十八年任韶州府通判）、邵世茂（江南常熟人，进士，顺治十七年任韶州府推官）。

考

本记辑自清康熙《重修曹溪通志》卷四记，原碑不存。

撰者赵霖吉，同治《韶州府志》卷五《职官表》称其为河南人，进士，顺治十七年（1660 年）任韶州知府。

丹霞山新建山门记

（康熙五年丙午，1666 年，佚）

释今释

别传寺老山门（摄于 2012 年）

丹霞之山，所谓八方无路，一门深入者也。入此门者，悬梯而登，望者得奇，陟者得危。予以昔贤辟地，殆于设险以守，今为道场，所与人正大平易而已矣。岁丙午，南雄陆孝山①使君捐俸成之。于是梯以木者磴以石，可双舆并进也。磴道之上为平台，台有门，门上有楼。门有内外二重，外者俯见拾级于前，内者仰见拾级于后。磴之势，依于石之壁立者，壁立者之势，逦迤夤缘不能以一向，是故外为门一向，内为门一向，为楼一向。楼之广狭，一依于壁立者之势，横斜凹凸得异于自然之中而不觉其异，斯其所以异也。使君治南雄，当往来之冲，庾关峻险，民亦劳止，一切为正大平易，与斯人以安，十余年如一日；今推其余，以安吾山苦行僧、乐游之客喘息减半虑，无不诵使君德者。使君天才英绝，其来吾山赋诗妙天下，烟云回合与江山之气相深，皆因物赋形，得自然之异，不以危见，奇门之成，其可以见丹霞之风乎？猗嗟！此使君之风也。

注

①南雄陆孝山：即陆世楷。道光《直隶南雄州志》卷四《职官表》云："陆世楷，字孝山，浙江平湖人，丙戌（顺治三年，1646 年）拔贡。顺治十三年任南雄知府。宽厚有容，刚柔相济，兴学造士，清廉爱民。历任十九载。"

考

本记辑自雍正《丹霞山志》卷八，原碑不存。记中不落年月，据"岁丙午，南雄陆孝山使君捐俸成之"考为康熙五年（1666 年）。

撰者释今释，即澹归和尚。所记山门，即今别传寺老山门。

重修南华寺记

（康熙七年戊申，1668 年，存）

尚可喜

自佛教东来，应化震旦[1]，寓以内，宝山巨刹古德振锡者，更仆不能数也。而选佛名区，辄以南华屈第一指，以其为世尊衣钵而五宗之派之所由衍耳。余生长三韩，饫闻已久，天南万里，引睇无从。顺治己丑，奉简书，同靖藩[2]恢克东粤。过回龙之峡，指象岭之峰，为低回者久之。至于今垂二十年，以戎务方殷，未遂瞻礼。康熙丁未春，幸藉国灵，境内安堵，燔燧不惊，军府多暇，遂得一展谒焉。自明成化修建以来，岁久不葺，堂殿周廊半就倾圮。眺览之际，深用怃然。因不揣绵力，僭为倡首。而自靖藩以及宦粤诸君子，皆踊跃奖奋捐助有差，亦足见瞿昙[3]之默佑，而乐善之有同心矣。

但念祖殿居佛殿东，道纡地隘，厥制弗称。又祖之立教，以无念无住号不二法门。而佛殿、祖殿岐出两途，厥义亦弗称。窃欲移祖殿于佛殿后，移藏经楼于祖殿之址，以见正印真传，顿教直入之意。适青乌家[4]相度形势，审曲绘图，不谋而符，遂决意更之，庀材鸠工，即卜吉矣。而卓锡泉枯涸多年，忽尔濬发，万众翕然，以为得未曾有，下至工役，无不生欢喜心，子来恐后焉。启工于丁未之秋，初落成于戊申之春，杪计费银若干两，食米若干石，木石陶瓦购之本山者外，基石街石则购自广韶二郡，铁力木则购自粤西，水逆滩高，山深路远，运致艰难，工力繁浩，冥冥中实阴翊之。今自二殿至诸楼，至前后门庑，规制宏敞，焕然改观矣。一时之盛事，亦千秋之善果也。故余不惭不斐，直述其概，勒之贞珉，以示于后人，且欲举曹溪一滴，沛之大千，为同善者劝焉。

大清康熙七年岁次戊申仲春谷旦立

平南王尚可喜薰沐拜记

注

①震旦：又作真旦、真丹、振旦、振丹、旃丹、指难、脂难，或称摩诃震旦。东方属震，是日出之方，故云震旦。对于印度等国而言，指中国及与中国相邻接之部分地方。

②靖藩：指靖南王耿继茂。

③瞿昙：即释迦牟尼；约前 624—前 544 年，一说前 564—前 484 年）；原名乔

达摩·悉达多。古印度释迦族人，生于古印度迦毗罗卫国（今尼泊尔南部）。佛教创始人。成佛后被称为释迦牟尼，尊称为“佛陀”，意思是“大彻大悟的人”；民间信仰佛教的人也常称呼“佛祖”、“如来佛祖”。

④青乌家：即风水先生，又称为青乌子或青衣乌公。青乌子传说是黄帝时期的人物。《轩辕本经》称：“黄帝始划野分州，有青乌子善相地理，帝问之以制经。”晋葛洪《抱朴子·极言篇》说：“又彭祖之弟子，青衣乌公、黑穴公、秀眉公……七八人皆历数百岁，在殷而各仙去。”《风俗通义》称：“汉有青乌子善葬术。”《旧唐书·经籍志》记载青乌子是汉代相地家，著有《青乌子》三卷流行于世。

考

碑青石质，晕首，篆额，两侧饰龙纹，高 1.50 米，宽 0.60 米，记文楷书阴刻。

撰者平南王尚可喜。清顺治六年（1649 年）底，平靖大军攻下广州。顺治七年（1650 年）末，靖南王大军移镇福建。尚可喜在广州开府建第，故址为今广州市越秀区的人民公园。平南王驻粤二十六年间，维持社会秩序，重建封建礼教，安抚明末遗民，大力发展学宫，促进农业发展，捐资广建佛寺容纳明末出家学者。顺治十二年（1655 年）首次上疏以“痰疾时作”请求归老辽东，为顺治皇帝以“全粤未定”挽留。在东南沿海打击海盗，上书朝廷取消迁界禁海之命令，获得当地百姓支持。在广东私市私税，“每岁所获银两不下数百万”，用以支付高昂的军费开支。康熙十二年（1673 年）第十一次上疏归老辽东获准，不意吴三桂于云南起兵反清，耿精忠举兵响应，朝廷命令留镇广东。吴三桂致书尚可喜，劝其反清。尚可喜将吴三桂的劝反书呈报给朝廷，以表忠心；康熙十四年（1675 年）朝廷加封尚可喜为平南亲王，在广州镇海楼召集画师绘七幅画像传世；康熙十五年（1676 年）二月，尚可喜长子尚之信发兵围困尚可喜府邸，响应叛乱，同年十月二十九日尚可喜在广州薨逝，享年 73 岁，康熙皇帝赐谥曰“敬”。

重修观音堂应梦记

（康熙七年戊申，1668 年，佚）

方国龙

人惟心称灵，缘感而动，而感于梦者常灵。盖梦者心之神明，不由造作，而相通于动静之际。是故盈虚消息之数，吉凶悔吝之机，无端预见，而一毫莫爽。然而有心无心之辨。有心之梦，心入于梦者也，故以昏悼而幻；无心之梦，梦引于心者也，故以虚静而真。而究惟心之灵，有以使知之一切真幻之见，可以不摄。第梦者未知醒耳。余癸卯春仲赴省，泊舟濛浬，梦游南华。至一殿，见其榱栋倾颓，阶楹芜没，有一人若大士[1]状，向予而言曰：“子得无意乎，修此殿耶?”余以俸薄辞。月余复梦游南华，大士又向予曰：“此山在在有宰官新之，子何辞此役不尔，侧有书寓，每蓄鸡骛污我，子能禁之耶?”觉而思大士之灵，如明月之在天，流水之在地，一隙无不照，一泓无不澄。凡水月所在之处，无不见我大士，何独南华。然在南华则显其灵，于南华亦理之固然者。时吏事纷集，未遑造访。凡南华僧至韶，必致问，无一识者。秋八月，禅师敬止来，复为致问，曰：“有之，殿将圯矣。”余不禁慨然也。夫以南华之胜，大士之灵，至殿之将圯，而山之僧无尽识者，使大士不见梦于予，则钟鼓不扬，镜灯不耀[2]，岂顾问哉。然则天下之梵刹，将圮而不见梦，不尽识而不尽修，湮没无传者，盖已众矣。亟俶装往谒，见其榱桷阶楹犹梦也。瞻仰之下，余能辞此役哉？爰属主僧敬、镜二公董其事，计工较材，不靳余力，越岁而告成。悬诸约示，一切不敬者尽除之，题其额曰：“幻引珠林”，虽无海岸梅岑之概，庶不致后之骚人韵士登斯堂也，致慨于风凄雨湿、震瓦颓垣之戚耳。使踵事而增美，则此殿之于南华，不更相终始乎。时客有就予而言曰：“福缘众种，今公独一力，何私之耶?”余曰：“此盖有缘焉。始余之至韶也，知韶之有南华，何知南华之有大士殿。自有此梦，而知南华之有大士殿也。大士之责在我矣。且今之都显名席厚实者何限，大士不见于他人而独梦于余。余与大士盖非今日之缘，而亦非他人之比，岂敢分其责于他人哉。天下之人以醒为真，以梦为幻。若夫此心之灵，不分梦醒，安在幻者之非真，而真者之非幻耶。此余所为兢兢也。”客曰：“此可为醒者传矣。”因稽首为之记。

时康熙七年冬月吉　当代住持明耀立

注

①大士：佛教称佛和菩萨。唐湛然《法华文句记》卷二：“大士者，《大论》称菩萨为大士，亦曰开士。”此处专指观世音菩萨。

②镜灯不耀：《华严镜灯章》云：“昔藏和尚，为不了事事无碍法界旨者，设巧方便。于一暗室，中供五佛。像前各然一灯照之。取十圆镜，安置十方。面面相对，影影交涉。学者因此悟入刹海，涉入重重无尽之旨。”

考

本记辑自清康熙《重修曹溪通志》卷四记，原碑不存。

撰者方国龙，原注为山阴（今绍兴）人，不注身份，从记文可知其曾在韶州任职。查同治《韶州府志》卷五《职官表》，方国龙实为浙江慈溪人，顺治十五年（1658 年）任曲江县芙蓉驿丞。

重建憨山大师塔院碑记

（康熙七年戊申，1668 年，佚）

尚之廉

我佛别传之旨，自达摩西来，六传至曹溪而大著。其后五灯分化，宗风益盛，并祖曹溪。由唐五代迄宋元明，临济、曹洞之哲匠大老济济嗣兴[1]，阐法诸方。而祖庭徒视为香火之地，振起无人，几致法堂前草深一丈，以紫柏之手眼，亦对之浩叹而已。转荆棘为旃檀，则实为憨山大师深德厚力，起数百年之衰，而重立丛林制度，规矩赖以不坠，厥功莫比懋焉。计师勤劳营建，循循训诲。与夫清粮免役，致岁粒充饱，凡所以利造曹溪者，费殚心力几三十年，厥德莫比盛焉。师以童年薙染于金陵报恩寺，稍长，矢志行脚，遍参名硕，师承历历，既悟而加修，得禅定三昧[2]，龙天推赞。万历中，为国祝储应祷，受尚方供养。忌者中之，遣戍雷阳，遂成曹溪因缘出现，竟示寂于兹地，非偶然也。其详则大宗伯钱公谦益所为塔铭中具矣。初，邕州大学士萧公云举[3]素与师善，因朝觐道韶阳，入山访师。萧公明阴阳堪舆术，指左峰佳胜处为师寿塔，师笑而颔之。公别去，未逾岭而师谢世。公闻之，移书韶守为建塔院。时门人多吴人，力请肉身归匡山。久之，顺德孝廉刘君起相，亦师门下士也，为瑞州司理，诣山扫塔，念师志在曹溪，乃复请龛还旧塔。后总戎宋公[4]用兵楚粤之界，地迩曹溪。夜梦一僧面如满月，举止异常，劝以抚降纳顺可不血刃。将行，颇以把茅盖头为托。觉而异之，私恨未询异僧姓名。次夕复梦，且自言憨山也。宋公初不识憨山谁何，明日适有浙僧至，询之，乃知为师。而靖乱一如梦所示。乃命浙僧其子入山启龛，貌如生，指发俱长，见者无不惊叹。遂捐金布漆，视六祖焉。然旧塔院规模未尽如法，僧病不能久居，又外宽内狭，非萧公本指也。岁戊申，予奉家王命送七弟还朝，便道观所修祖庭殿宇落成。暇游塔院，则门径萧然，一僧仅供洒扫，方为心恻。会所善省中四无上人适至，试与谋之，四公慨然任董厥成。余为捐募千金重建，始于是岁仲秋鸠工，上为三啸楼，供毗卢准提大士象（像），中堂祀师肉身，前则山门，左右分祠亭，种竹千竿，引泉通厨碓，改径而回折之，顿加幽胜。四公胸中富丘壑，眼里无纤尘，三载拮据，始获就绪。至弃其省屋，卖之不足，仍称贷得金以两计，凡五百余。其友洪赞上人，助者亦百金，方竣事焉。其中兴，曹溪实公、耆宿懋公协力成美。而监院敬公喜助瓦木，清还租谷，皆堪书厥绩，以垂永久。而予不佞，虽非给孤布地，亦获效其愿力，圆满初心，快何如也。四公请勒贞珉，予不文，用述始末，以俟志名山者焉。四无者，名成已，原江南籍，薙发苛林，住持省中梦觉庵，今为院主也。

⊙注

①临济、曹洞之哲匠大老济济嗣兴：临济指临济宗，禅宗南宗五家之一，自洪州宗门下分出，始于临济义玄（？—867年）。义玄从黄蘖希运禅师学法33年，之后往镇州（今河北正定）滹沱河畔建临济院，广为弘扬希运禅师所倡启“般若为本”、“以空摄有”、“空有相融”的禅宗新法。这种禅宗新法因义玄在临济院举一家宗风而大张天下，后世遂称之为“临济宗”。临济义玄上承曹溪六祖惠能，历南岳怀让、马祖道一、百丈怀海、黄蘖希运的禅法，以机锋凌厉，棒喝峻烈的禅风闻名于世。《临济录》和《祖堂集》卷十九、《景德传灯录》卷十二等，记载了他的生平事迹和禅法。临济宗传至石霜楚圆（986—1039年），门下又分出杨岐派、黄龙派。杨岐派开宗者为方会，因住杨岐山（在今江西萍乡北）而得名。黄龙派开宗者为慧南（1002—1069年），因其住黄龙山（在今江西南昌）而得名。慧南初学云门宗，后从临济宗。在南宋时，因为杨岐派传人大慧宗杲的影响力，使得临济宗一支独秀，成为禅宗与汉传佛教最具代表性的宗派。

曹洞指曹洞宗，为禅宗南宗五家之一，由于洞山良价禅师在江西宜丰洞山创宗，其弟子曹山本寂在吉水（今江西宜黄县）的曹山传禅，故后世称之为曹洞宗。曹洞宗一系传承惠能、青原行思、石头希迁、药山惟俨、云岩昙晟之一脉，历经衰落、中兴，远播海外，至今影响犹存。“五位说”是曹洞宗的禅法理论，奠基于良价和本寂。所谓曹洞五位，有正偏、功勋、君臣、王子等四种，是曹洞宗用以阐释真如与现象世界的关系问题的方便说教。在他们看来，万事万物之间存在着一种“回互”与“不回互”的关系。所谓“回互”指万事万物是融会贯通的，虽然万物的界限分明，但此中有彼，彼中有此，互相涉入，不再区别彼此。“不回互”就是说万物各有自己的位次，各住本位而不杂乱，因此所谓“回互”、“不回互”即要以事物普遍联系、发展和变化的观点看问题，这是一种禅对理事关系的哲学思辨，是对辩证法的天才的猜测，属于朴素、自发辩证法的范畴，也正由此，曹洞宗成为禅宗诸派中哲学思辨味最浓的一派。

②禅定三昧：三昧即禅定，一般佛经中特指正定。谓行者修习禅定三昧，必勇猛精进，摧破惑业，从浅至深，从凡入圣。亦犹轮之义也。

③萧云举（1554—1627年），字允升，号玄圃，广西宣化县（今南宁市）人，明代公安学派创始人之一。万历十四年（1586年）进士，选翰林院庶吉士，三年后授翰林院检讨。升左赞善，又历国子监司业、右庶子，升祭酒、詹事。期间曾主天下武举，典北直隶乡试，多次主持祭祀天地、上古三皇、历代帝王、孔圣人的国家大典，堪称朝中重臣；曾重新校刊《北周书》、《南齐书》、《元史》等史部典籍。改吏部右侍郎，充经

筵日讲官三品，曾为明神宗、光宗、熹宗的老师，上疏评议国是，建议明神宗公平执政、革除弊政、奖忠惩贪。万历三十八年（1610 年）主庚戌会试，拔韩敬、钱谦益等三百人。万历四十七年（1619 年）以继母羊太夫人里居乞归省。天启初年，复被招用，晋太子太保掌詹事府事礼部尚书。天启五年（1625 年）乞休，诏进光禄大夫。天启七年（1627 年）卒于故里。追赠太傅，谥文端，赐祭葬，入乡贤。著有《青罗集》五十余卷，别集若干卷。

④总戎宋公：不详。

考

本记辑自清康熙《重修曹溪通志》卷三，原碑不存。

撰者尚之廉，平南王尚可喜第三子，官副都统，右翼总兵，左都督。诰授荣禄大夫，赠太子太保。谥勤恪。

参见尚之廉《募修憨山大师塔院缘引》：“康熙七年戊申仲春之杪，余送家七弟额驸还朝，便道入南华验视古寺功德落成。偶过天峙冈，因瞻礼憨大师肉身。见堂宇寥寥，嗟不得其人而主之，及回寺茶话毕，遂与四无开士盘桓殿前双松之下，良久而曰：‘公初入山中，不得一蒲团地，何以栖迟。适所由塔院，林木可爱，余为领袖重建，可为憩锡于此，何如？’开士合掌以谢。”

龙护园碑记

（康熙七年戊申，1668 年，佚）

释今释

宝地之成，岂不难哉！予自壬寅至雄州，诸善友请观佛会，有数椽特立于荒榛坏壁间，其前后地犹他人也。

甲辰复至，闻有梅谷禅师掩关于此。过而访之，已成丈室。中奉韦将军，对一楹供佛，前一小亭，后有蔬圃，即余壤渐扩，花药烂然。太守陆公额之曰“龙护园”。丁未，梅师出岭，属诸善友以归丹霞为下院，公可之：“澹公来，不可无驻锡所。”此亦吾两人苏程庵故事也。

戊申春，予又至，适有信士张原舍所居堂充佛宇，公捐金为倡，郑广文鲁城一手疏导，诸士大夫助之。左前有地，公召其主，给以价，复有舍殿前右地，广六尺长九尺者，始得正方无缺陷相，其督诸工作，则阮子弱生、院主灵彻辈也。陆公治雄，媲美古循吏。雄士民请建祠其旁，曰：“公之功德与三宝偕存，三宝功德依护法益久。”公谦让不遑，曰：“他日以奉大士，诸君未忘不佞，即置一主其旁足矣。”其盛德若此。于是，两工并兴一地。秋九月，予自螺川归，则已鳞鳞翼翼将庆落成，而杨历岩[①]老僧复以香像来，适与新殿相称，乃奉旧像三尊于中区，向掩关之室为前坐，左则陆公祠，祠之后为丈室，室后为厨，及冬而竣。盖其阅岁，自顺治甲午至康熙戊申，凡十五年，其地则始自邓其犹、郭传觉、张传海等，以二十金得之，李必用继则传海等复以二十八金得之，李瑞符及其犹子李羽王继则陆公以六金得之，程继志又则传海以二金得之，刘学标而仪长舍地，复成最后之施。盖从寻丈步亩积累而后全，凡若干亩。其建置则陆公自捐百金外，诸郡邑长吏善信助一百二十余金，用有不继，灵彻以礼华严钱米佐之，弱生垫三十余金，李如琦捐木价三十余金，丹霞亦捐三十余金，凡三百余金，而后讫工。向所为供佛一楹移为丈室，厨复为厨，所为亭迁于祠左方，复为亭，皆不敢弃以荒，诸福田祠附于招提之地，工费别有记。呜呼，岂不难哉！后之君子知其所成始、所成终者，一以为如来道树时念时修，一以为召伯甘棠勿剪勿拜，则拥护之功与同时道俗欢喜勤苦之愿力，并垂于天峰凌水，金钟玉磬妙音长彻人天，晨香夕幻瑞相永回聋聩，予实有厚望焉。

⊙注

①杨历岩：原称老鹰岩，灵岩，位于南雄市区西北的全安镇杨历村西侧。《直隶南雄州志》卷二十四《古迹略·名胜》："灵岩瀑布，在城西北二十里杨历岩，岩深广为祇林寺，飞泉泻空，悬挂寺前若垂帘然。"《古迹略·寺观》："祇林寺，在杨历岩，城北二十里。内有唐成公祖师肉身，又号澄虚大师，详仙释。"

考

本记辑自雍正本《丹霞山志》卷八《艺文》，记中不落年月。据记中"盖其阅岁，自顺治甲午至康熙戊申"考定撰记时间为康熙七年(1668年)。

《(丹霞山)田土(碑记)》云："龙护园在南雄府城内居仁街朝阳坊，康熙六年八月，张宝谭、许孟超、刘秀卿居士等送与本山(别传寺)为下院，太守陆孝山(陆世楷)大护法捐俸重修。"

准提阁记

（康熙七年戊申，1668 年，佚）

释今释

诸大菩萨深达众生习气，数见不鲜，于是有互出之奇，为相续不可尽之势，以变其耳目者，一其心志。释迦如来导人往生，有弥勒内院、净琉璃国极乐世界，自慈恩教，微修兜率胜业者绝少，东方则无闻焉。惟无量光佛刹摄受最久，文殊、师利、普贤、地藏各有灵迹，而观世音独于此土有深重缘。准提[1]菩萨近百余年前稍知趋向，今则遍宇内仰威神几与普陀竟爽。夫以大士愿力，不为众生早出，而机感乃在三千年后，岂所谓圣人不能违时，亦以梦梦群黎有数见不鲜之习，故不辞后起以作，其欲竭之气欤！丹霞既奉菩萨像，两载未有阁。岁在戊申春，南雄陆使君孝山，以学使者冯公苍心净檀五十金，至即自捐五十金，故司李今莱阳令万公松溪[2]濒行留二十金，而南海令陈公试庵于初夏远寄一百五十金，始克集事，及冬而成。卜地则长老峰之左肩，右临法堂与药师阁平出，而高显过之，江山层迭之秀，一揽可尽也。菩萨为昆庐遮那法身流出，若以长老峰表现于此，左方屈伸十八臂，慈威并用，居高临下，显密互融，法尔本然，事非有作，惟此度门有主有伴，菩萨不求扩持而诸檀越示有祈，响诵秘密咒，持清净斋，建宝严阁，奉不思议像，使已信者、未信者、将信者，知有此事。同入准提三摩地中等归解脱，此诸檀越即菩萨多生眷属，亦各有互山之奇，为相续不可尽之势者，皆莲华藏海全潮，不可作一沤观也。

注

①准提：又译为清净，或译为明觉。“准”为不空，绢索为“提”，“准提”，即不空绢索菩萨也，或为多罗菩萨、金刚藏菩萨。具三十二相八十种好，紫磨金金色，圆满身光，是故称之为佛母。

②司李今莱阳令万公松溪：万松溪即万邦维，《直隶南雄州志》卷四《职官表》：“万邦维，湖广麻城人，乙未（顺治十二年，1655 年）进士，二年任（推官）。奉裁，补山东（莱阳）知县。”

考

本记辑自雍正本《丹霞山志》卷八《艺文》，记中不落年月。据记中“岁在戊申春”考定撰写时间为“康熙七年（1668 年）”。

丹霞新建韦驮殿碑记

（康熙八年己酉，1669 年，佚）

释今释

予初结丹霞，卜建娄至[①]阁于大雄宝殿之前，七年未有檀越。康熙戊申秋，勤修引直岁，梦中若有迓新伽蓝至其地，立刹竿六丈有奇，觉而窃喜，谓当有福我者。己酉秋，予谒制府大司马周公于端水[②]，以兹阁请，公许之，发府金五百为助，一年之前嘉梦是践，则公于丹霞三生之缘，殆未可以思议测也。是岁嘉平，工师平水度地阁之基，高下相去二丈，予乃构为三重回廊，通殿直抵长老峰。如与众生同一悲仰，明窗曲栏，俯瞰锦溪，石塘诸峰迭翠可拾。如与诸佛同一慈摄，左右翼以小楼，亦三重，下廊下达，上廊上达。盖兹山淑诡之观至此止矣。按：此忍土须弥山半，有四王天，四王各有八将，韦将军特三十二将之一，隶南天王下，护念正法，切如眼目。当于贤劫千佛，最后成等正觉，然且不舍天，大将军身举九百九十九佛之法轮尽护之而后已，乃知应身大士接物利生，即佛果非其所急，何也？时无迟速，位无尊卑，法轮转处有主有伴，究其本怀，宁为伴不为主，宁迟无速，宁卑无尊，而娄至如来实与拘留，孙佛同时成道，韦将军与娄至如来同时得名，同时得位。惟公文武忠孝，克相邦家，绥靖交广，于震旦亦为南天，而以大司马兼大将军秉钺之重，慈护万民，等视一子，与诸大士接物利生各畅本怀。丹霞正法无相而见娄至宝阁，无作而成，甫入境之先示，已发心之兆，此中谁为铸形？谁为漏影？多劫且无先后，一念自具古今。予方誓于贤劫最后补处，行菩萨道，不祈作佛，公于此举，宜有嘿契而忘言者尔。

⊙注

①娄至：即强（疆）梁娄至，意译真喜。西晋译经家。西域人。志情旷放，心怀弘化之志。于武帝太康二年（281 年，一说泰始二年，266 年）至广州，译有十二游经一卷，今已失佚。其生卒年等均不详。（参见《开元释教录》卷二、《历代三宝纪》卷六、《大唐内典录》卷二、《贞元新定释教目录》卷四）。

②予谒制府大司马周公于端水：即两广总督周有德，时两广总督驻肇庆，故云“谒制府大司马周公于端水”。

考

本记辑自雍正《丹霞山志》卷八，原碑不存。记中不落年月，今据记中“己酉秋，予谒制府大司马周公于端水，以兹阁请……是岁嘉平，工师平水度地阁之基”考为康熙八年（1669 年）。娄至阁今不存。

新建丹霞别传寺记

(康熙九年庚戌—十二年癸丑，1670—1673年，佚)

周起岐

别传寺（摄于2012年）

圣天子右文讲学，雅意隆儒，盖以止邪于未形，起教于微渺，俾天下一归于惇庞仁寿之域而后已。两粤为南服地，道里辽远，山川阻深，号称难治，非得心膂大臣弹压之，不足惠和其下。于是亲政之年[①]，妙简贤能，临轩策命，而光禄大夫周公[②]首膺秉钺重寄。公至未阅月，政修事举，海波不扬，文安于职，武效于围，四民五兵歌舞醉饱于光天化日之内，而深山穷谷草木亦为向荣，猗欤！盛业哉！公性和而行方，不通私谒，其以方外见者拒不纳，所以肃体统卫名教也。今夏六月，澹归开士从丹霞来，谒公于和门，公以宾礼相延，四方之士惊而告语，以为夙缘冥契，不介而孚。岂知公之见，取乎澹归非牵于福田利益之说也。澹归少而习儒，搦管为文，名满天下，弱冠即登仕版，宦于青、齐，政声籍籍，公抚二东几十年，澹归之服官泣（莅）政必有能述之者，公盖耳而熟之，及澹归解组[③]，流离山泽，濒死而生，傍徨踯躅于荒烟瘴雨间，而澹归之心已灰矣。公意其人熟典故、娴文词，可进之于廷，为圣朝备顾问。不谓其弃初服，披缁衣入山林而长往，甘与麇（麋）鹿为群也。箕子就朝鲜[④]，犹为周陈洪范，叔孙显于汉[⑤]，定礼绵蕞，蔚为制作之宗。澹归独非其人欤？而惜乎铁钵空悬，蒲轮不降，使文献无征，旧文遗落，亦贤人君子之所吁衡矣。夫一介之士，苟存心于济物，随时随地所谓止邪起教，虽佛老亦能之。公不夺其志，即其所欲致力者，嘉与经营，若殿阁经藏之资，鸠材庀工，俱捐清俸，为诸文武倡，使丹霞一坐具地另辟境界，若天造地设者，然岂特山水之灵乎？澹归负奇骨，性落落寡合，虽为浮屠氏之言，非高贤不与谈，非正人君子不相谋面。其隐居二十年，戒行两净，宗说双通，未尝苟且向人索檀，波罗蜜而独见礼于公，如谢安石[6]、王逸少[7]辈与道林、道安、远法师[8]游，俱取人于天机之外，而不可以世法议。然则，买山而充隐，澹归之所不为，市美而逃名，公之所不受。推公之意在于润群生、济万物。一夫不得其所，若己内之沟中而以丹霞为之符券。惟澹归之意，在于竭手足、焦心思，一正一壑不轻放过，而不遽逃于虚无寂灭，位绝云泥，事无大小，皆足裨惇庞仁寿之上治者。非公不能遂澹归之高，非澹归亦不足形公之大，实相与以有成也。吾闻燕赵多奇士，吴越有秀民。公发迹于燕，而匡济著丰功。澹归生长于越，而振奇多异采。然则贤豪之所树立，应求不得而泯，即像服不得而拘，则以澹归为昌黎[9]之大颠可矣。寺成，勒石于紫玉台，起岐为记其胜缘如右，其诸文武若总戎，若郡侯，若参府、僚佐等，皆闻风乐助者，例得与书。

⊙注

①亲政之年：指康熙亲政之年，即康熙七年（1668 年）。康熙八岁登基，十四岁亲政。

②光禄大夫周公：指两广总督周有德。道光《广东通志》卷四十三《职官表》云："周有德，奉天人，生员，康熙九年任。"

③解组：即弃官。

④箕子就朝鲜：箕子朝鲜，西汉历史学家司马迁《史记》记载，商代最后一个国王纣的兄弟箕子在周武王伐纣后，带着商代的礼仪和制度，率五千商朝遗民东迁至朝鲜半岛北部，联合土著居民建立的"箕氏侯国"，被举为国君，并得到周朝的承认，史称"箕子朝鲜"。这个国家在西汉时被燕国人卫满所灭。

⑤叔孙显于汉：即叔孙通，又名叔孙何（？—约前 194 年），西汉初期儒家学者，旧鲁地薛（今山东枣庄薛城北）人。曾协助汉高祖制定汉朝的宫廷礼仪，先后出任太常及太子太傅。

⑥谢安石：谢安（320—385 年），字安石，东晋名士、宰相，汉族，浙江绍兴人，祖籍陈郡阳夏（今河南太康）。少以清谈知名，初次做官仅月余便辞职，之后隐居在会稽郡山阴县东山（今绍兴）的别墅里，期间常与王羲之、孙绰等游山玩水。四十余岁时，谢氏家族朝中人物尽数逝去，谢安乃东山再起，后官至宰相，成功挫败桓温篡位的阴谋，并且作为东晋一方的总指挥，面对前秦的侵略在淝水之战以八万兵力打败了号称百万的前秦军队，致使前秦一蹶不振，为东晋赢得几十年的安静和平。战后因功名太盛而被皇帝猜忌，因此低调避祸，后病逝。

⑦王逸少：王羲之，东晋书法家，字逸少，号澹斋，祖籍山东琅琊，后迁居会稽（绍兴），写下《兰亭集序》，晚年隐居会稽下辖剡县金庭。

⑧道林、道安、远法师：即支道林、道安、慧远，均为东晋时的高僧。他们把成佛的步骤、方法与所谓菩萨修行的"十住"阶次相联系，认为在"七住"以前是渐悟过程，对"无生"（实相、真理）法有了坚定的认识，已证得"无生法忍"，虽非究竟，但已可有顿悟。这种顿悟，是一种渐进的顿悟，被称为"小顿悟"。

⑨昌黎：即唐韩愈（768—824 年），

河南河阳（今孟县）人，字退之。每自谓郡望昌黎（今属辽宁），世称韩昌黎。因官吏部侍郎，又称韩吏部。谥号“文”，又称韩文公。中唐后期文学家、哲学家。韩愈在政治上反对藩镇割据，思想上尊儒排佛，文学上大力推进和领导“文以载道”的古文运动，被后人誉为“文起八代之衰”，为“唐宋八大家”之首。

考

本记辑自雍正《丹霞山志》卷八，原碑不存。记中不落年月，由记中“光禄大夫周公”、“公抚二东几十年”，考周有德康熙九年（1670 年）任职两广总督，十二年离任。此记应写于此期间。

撰者周起岐，晋陵人，顺治九年（1652 年）进士。余不详。

清初康熙元年（1662 年），仁化县丹霞山主李永茂、李充茂兄弟舍山让澹归和尚建别传寺。建寺之初，澹归率门徒二十余人绕山两周，拟具营建图略，故其寺院建筑虽或“随地制宜”或“审势面局”，而崇台广榭、殿堂楼阁莫不“卑者更显，高者更隐”，“奇而不为，旷而不露”。寺成后又礼请澹归之师曹洞宗的广州海云寺天然昰和尚任住持，不久即崛起于禅宗丛林，曾与曹溪南华寺、乳源云门寺鼎足而立，极盛时号称住僧千众以上。乾隆四十一年（1776 年），南韶连兵备道员李璜向朝廷检举，称澹归《偏行堂集》有大量反清文字。案发之后，别传寺惨遭横祸，不但逐僧禁书，而且罪及助刊之人。民国十五年（1926 年）曾失火、被炮轰，时广东省政府主席李汉魂先生曾拨款重修并立有重修碑文。

华藏庄严阁记

（康熙十年辛亥，1671 年，佚）

释今释

别传之寺依长老峰，据座而雄视，右壁如列步障，左如袈裟之展势，欲断而仍连。群石跳脱而下有巨石南向，曰“紫玉台”；乔松百许如冠剑丈夫拥立而严卫，跨一涧曰“宝珠峰”。玉台之右有壁如舒一臂，华藏庄严[1]阁直袈裟展幅之际。前为香积，左之前为藏阁，并于右为净琉璃诸阁。丹霞楼观十数而赢。是阁也，高无上，上无上，或谓毗卢、遮那、如来于三身无上，疑有适得其位置者，此非如来所自为位置也。法身于一切身不见异，而能使一切身各不见同；使法身自见其异于一切身中，而曰法身耳。（法身）即至高至上，已与一切身为类矣。大中丞刘公[2]镇抚东粤，至化所被，予无以拟诸其形容。公未尝以贵骄人，不大声以色骄人，不以德骄人，若置之一切人中而不见异，而文武吏士一切人，输写智力各不见同，盖于古一个臣有神似者，以其不为高不为上，而为至高至上。毗卢、遮那于佛身至高至上，华藏庄严阁于别传楼观，亦至高至上，真有适得其位置者。公未尝有意位置此阁，然不得不以此阁为位置，亦毗卢“性海不见身而身见，不见世而世见”之一端也。阁始于庚戌秋九月，竣于辛亥夏四月，两成三楹，辟土之半，结石为台，而下成乃就右为石级，始抵于上，成级皆构步廊覆之。

⊙注

①华藏庄严：《华严经》谓此世界。明一如等撰《三藏法数》云：“住在香水海中莲华之上，种种妙宝庄严，含藏一切世界，深广无穷也。此世界海，有须弥山，微尘数风轮所持。此微尘数风轮最在上者，名殊胜威光藏，能持普光摩尼庄严香水海。此香水海，出大莲华，名种种光明药香幢。此世界海，住在其中，四方均平，清净坚固。金刚轮山，周匝围绕。地海众树，各有区别。金刚轮山内所有大地，一切皆以金刚所成。诸摩尼宝以为间错，普现如来所有境界。如天帝网，于中布列。此大地中，有十不可说佛刹。微尘数香水海，一一妙宝充满。”

②大中丞刘公：指刘秉权。奉天人，汉军正红旗，贡士，清顺治元年（1644 年）任兵部主事，顺治十五年（1658 年）改任刑部主事，康熙六年（1667 年）十二月任广东巡抚，后因平息刘进忠在湖州发动的叛乱有功，晋升为兵部右侍郎。康熙十三年（1674 年）十一月死于军中。刘秉权死后，康熙皇帝亲自为其撰写了碑文，谥曰“端勤”。

考

本记辑自雍正本《丹霞山志》卷八《艺文》，原碑不存。

丹霞地藏殿记

（康熙十年辛亥，1671 年，佚）

释今释

予以庚戌春至肇庆，太守史公庸庵发地藏阁之愿，约韶州太守马公子贞①共成之。阅辛亥秋九月落成。惟诸佛大菩萨间出于世，皆为三界众生，三界之秽至地狱尽矣。众生之恶业至堕地狱尽矣。地藏菩萨②以正眼普观一切众生，本觉妙明与诸佛无二，特以妄想积习为见，所迁七趣，升沉轮转不已。一若性有善恶，而不知性无善恶，善恶无性，升沉无业，净秽无地，苦乐无人，浮云在空，乱起乱灭，幻人现影，非实非虚，当下一见即还本妙。是故以地狱为道场，以恶众生为伴侣，以度所难度，空所难空，为佛事也。二公示作王臣，不可舍诸政刑，孤行德礼，特于听断之下得情，勿喜哀矜；所被桁杨桎梏，共鼓熏风，则于菩萨庄严供养，亦有同声之感乎！登斯殿，绎斯义，仁人君子待诸恶业众生，有教无绝，有怜无恕，暂时歧路，毕竟归家，即生之杀之，总为指迷之导师，俾知宝所。若吾侪比丘，禀三聚净戒行菩萨道，饿鬼、畜生随类而布慈云，随人而指净月，不独奉地藏为标准，其益知所先务矣。

⊙注

①韶州太守马公子贞：即马元。同治《韶州府志》卷二十九《宦绩录》云："马元，辽东籍北直隶真定人，累官湖广按察使。康熙九年迁守韶州。性严明精勤敏练，案无留牍，讼至立决。兵燹后，礼教未兴，加意作人。月命题科士，品骘无爽……巡视东岳、城隍庙及四贤王公诸祠，堙坏者或修或建，无废不兴。"

②地藏菩萨：据《地藏十轮经》，此菩萨因"安忍不动，犹如大地，静虑深密，犹如秘藏"，故得名"地藏"，为佛教四大菩萨之一，与观音、文殊、普贤一起，深受世人敬仰。佛典载，地藏菩萨在过去世中，曾经几度救出自己在地狱受苦的母亲，并在久远劫以来就不断发愿要救度一切罪苦众生尤其是地狱众生，即所谓"久远劫来屡发弘愿"，"地狱不空，誓不成佛"，故被尊称为大愿地藏王菩萨。

考

本记辑自雍正本《丹霞山志》卷八《艺文》。

重修御经阁碑记

（康熙十一年壬子，1672 年，存）

尚可喜

予自丁未重建曹溪，取法门不二之义，迁祖殿于御经阁地，直大雄殿后。戊申既竣事矣，将以旧祖殿地建阁，命日者卜期，云：“岁在壬子，协吉”，因休诸役以俟时。及今春以期至告。乃遣官召匠，选材必良，程工必固，以斫以构，载覆载涂。经始于七月十七日，落成于十月念（廿）七日。具勒缘起，以诏来者。

盖天下道场，多有藏经，赞扬讽诵，所以祝厘祈福，依教修行。然每由于僧徒上请，而曹溪一藏，为明英宗特赐，重以敕书，始构杰阁，名曰御经[①]，所以尊休命而夸付嘱之盛事也。万历申戌、辛卯再修，康熙丙午复修，稍撤朽蠹，饬以丹垩，予则尽易其旧而新，是图与前后殿庭共垂悠远。良以国王大臣，惟法是护，不忘誓愿，用极庄严，将使阁中一部一函与龙宫华藏同放光明，同闻敷奏，阴翊王度，洵非小补。若乃曹溪建置，特地更新，阁基之祖殿既成，祖基之经阁复举，虽踵事增华，而适还本有。规模严整，气象完密，与山川深秀之势妙合自然。则予镇抚南服二十余年，风雨顺时，民物安阜，藉地方之同心同力者，答天庥而垂下泽，于此道场，回向结缘，若合符节。是举也，总督大司马周公讳有德[②]，北归礼祖，捐金倡助，在庚戌秋。而总督少司马金公讳光祖、巡抚中丞刘公讳秉权、提督左都督严公讳自明，及藩臬诸大夫左布政使徐炟、按察司佟养钜、督粮道参议徐养仁、督学道佥士沈令式、驿监道佥士王令、掌印都司金珙，各出净坛，嘉与有集。予嗣子少保公之信、次子都统之孝，咸体予怀，相率供事，皆与予乐相其成。非敢云灵山一会俨然未散，庶几于六祖门庭得大观而收全局，以祝我国家金瓯无缺，玉烛长调，是予之愿也矣。

大清康熙十一年岁次壬子孟冬吉旦

平南王尚可喜薰沐拜题

督修官万有才、马必腾、高天爵

管工官沈得胜、田武、张起胜、闫应上、苏启召、吴有才

管工匠陶国亮，管油漆张国祥

主法沙门真璞、劝缘戒僧真修

督理都纲司可相
耆旧宗苇清晃
住持圆科
塔主德兴、能持
都管吴祥、□□

⊙注

①御经阁：参见刘继文《重修南华寺碑记》。

②周公讳有德：即周有德，字彝初，清汉军镶红旗人。两广总督。参见周起岐《新建丹霞别传寺记》注②。

考

碑青石质，高 1.50 米，宽 0.60 米，晕首，篆额，额两侧饰云龙纹，楷书阴刻。

撰者、书者为平南王尚可喜。

丹霞普同塔碑记

（康熙十一年壬子，1672 年，佚）

释今释

丹霞普同塔

有棺有椁，有封有树，世所以为葬也。仁人复设义冢，以掩无主之骨。然犹各有域故，人有争宅，鬼有争葬。佛之教曰“四大无主”，亦无我比丘之生也。居丛林号为旅泊，死而荼毗，水火风俱散，独存地大之一毛，入于普同之塔①，共聚而域不分，卒未闻有争塔之鬼，岂非无我故无主，无主故无争哉！

丹霞建立十年，同住亡僧三十余，未有以葬。护法大中丞刘公②悯之，特捐府金，以行其德。于是卜吉于沕山之阳，戌山辰向，筑台三层，纵五丈七尺，横二丈七尺，塔广径八尺，高九尺，深七尺。制以赤石，有火珠而无露盘，谓之平头制，底礼也。经始于壬子夏五月吉日，告成于秋九月十八日。择冬十二月之朔，捧诸骨石入塔中。后有亡者，率得所安。公可谓泽及枯骨矣。为吏者曰：“此已无主。”为西伯者曰：“我即其主。”公亦将使一切无主者获大覆载，宁翅丹霞之亡僧？或曰：“丹霞之僧无主，得公以为主，不可以不记。”予曰：“丹霞之僧无主，无处不增，得公以为主。有处不减尽，大地无出于此，可以记矣。”

⊙注

①普同塔：普同，犹普通，一般，意谓不分彼此。普同塔指普通众僧共同的纳骨塔，也称海会塔。海会是佛经中的常用譬喻，指佛教圣众会合之处。德行之深与数目之多，譬如大海。《华严玄疏》卷一曰：“言海会者，以深广故，谓普贤等众，德深齐佛，数广刹尘，故称为海。”“海会”用作墓的总名时，取海众同会一穴之义。

②大中丞刘公：指广东巡抚刘秉权。参见《华藏庄严阁记》注②。

考

本记辑自雍正本《丹霞山志》卷八《艺文》，原碑不存。

锦石岩前方路旁也有一座建于南明永历二年，即清顺治五年（1648 年）的普同塔，其寺历代禅师圆寂后的骨灰皆放此塔内。塔为红砂岩砌筑，为八角三层仿楼阁式石墓塔，通高 3.60 米。塔正面基座前置石祭台和香烛台、石香炉，塔身首层正面中间嵌一墓碑，楷体直书阴刻“锦岩重建历代禅师之灵塔”，上款为“南明永历戊子孟夏立”、下款为“刘日秋书”；墓碑上方（第二层）楷体横书阴刻“普同塔”三字。各层塔檐檐角上翘，八注攒尖宝珠顶；塔四周有石砖结砌的护坡及墓手、享堂。此塔是广东省有绝对年代可考的南明塔墓。

普同塔铭

（康熙十一年壬子，1672 年，佚）

刘秉权

丹霞澹公之开山也，于三宝分中无所不用其周详。山既开矣，不可无佛，佛不可见，显之以像，像不可亵，奉之以殿，因而广之，诸佛菩萨之堂宇楼阁，次第落成。人知有佛矣，不可无法。乃建藏楼崇法座，敦请师主入山，为人天表率。人知有法矣，不可无僧，僧之所重，无过生死。佛与法，了生死之指南也。伶俐衲僧当下了法，任运随缘，去留自在，无佛可师，无法可视，无生与死之可欣怖。开山主人当高挂钵囊作无事汉，后起之缘等诸添足，如其不能也，大地众生由无明惑，展转相缘。至于老死入尘，固尔出俗亦然，无寂灭之乐，遂有爱恋之苦。开山主人事弗获已，乃从生死二途，为同住起见，作有为法，姑以不了了之。二时粥饭，三事衲衣，蔽形充腹，俾无冻饥，所以养其生也。涅槃有堂，汤药有医，普请斋送，秉炬阇维，所以送其死也。唯是四大假合，有成有褫，一灵已寂，皮袋无依，余灰遗烬，狼藉支离。一旦投诸清流，委诸草莽，畴忍为之？澹公一日过予，道及此事，不禁戚戚，予为恻然，遂捐赀百金授知事人，令敦匠石，于丹霞近处，卜地隔江建普同塔场一区，以备掩藏，庶几乎生顺死安矣。从此十方云水，共有归宿之乐，而无暴露之忧，便当及时努力，了却生缘，当下解脱，舍报分明。如其不尔，睹斯塔也，泚颡寒心，尝以生死无常刻刻在念，其于佛法不无少分相应耳。当局者迷，旁观则喆，愿与同志勉之。塔既成，为之铭曰：

四方塔无缝罅，十方僧无高下。塔中主无假借，塔中宾无家舍。塔中境无冬夏，塔中人无昼夜。有亦无，无亦无，携手同归无怛化。

考

本记辑自雍正本《丹霞山志》卷八《艺文》。

撰者刘秉权，时任广东巡抚。参见《华藏庄严阁记》注②。

（西华寺）重修佛殿碑记

（康熙十一年壬子，1672年，存）

冯　高

盖闻佛氏西竺教阐东来，以慈门之广大，唯法化之无穷。由始观之，创建名山福地，多是天然仙境。且夫翁邑胜境，独有八泉之水[①]、九仙嶂[②]之称也。时有善士丘丹墀等朝谒六祖，求见名师莲芳上人[③]，对谈仙境，奇异感得师诣而寻幽，果然仙山秀丽，掬水清香。师微然而问之："此山属谁？"丘曰："吕氏之山也。"适值天时亢旱，请师祈雨，甘霖即应，百物苏焉。众信钦宗（崇），不亚孔子三千。富焉者资，巧焉者力，竖创禅林，谓曰"西华山"，迄今四十余载。师示涅槃，佛殿毁坏，有徒海亮等继述维艰，为此题化善信，克念经资。众助钱文谷米，重修佛殿，竖观音堂，造师宝塔，以固香火有灵，培植福田无穷，功动莫测，勒碑垂名，留芳不朽，因毫勿昧。谨叙。（以下芳名略）

康熙十一年壬子岁八月二十八日谷旦冯高沐手书

募缘僧海晏、寂运、普润、寂贤，行者自印、空牝、香林、如生

⊙注

①八泉之水：指翁山八泉。嘉庆《翁源县志》卷五："翁山，县东一百二十里（今南浦镇桂竹村），一名灵池山。壁立千仞，周围四十里接连银梅地方。山顶有灵池，池有八眼，曰涌泉、温泉、香泉、甘泉、震泉、龙泉、玉泉、乳泉，乃翁溪之源。张文献（九龄）碑所谓'八泉会而为池'，即此也。图经云：'昔有二仙翁庞眉皓发，游息于此，樵者时或见之。居民饮其水者，多寿。'故山名翁山，水名翁水，翁源之名，盖取诸此。"

②九仙嶂：清嘉庆《翁源县志》："九仙山，县东八十里，高三百仞，周围三十里，嶂如帘幕，山顶有天池，池旁有九石，俗谓九仙坛，下有九仙寺。"

③莲芳上人：生平里籍不详。

考

寺遗址在今翁源县江尾镇仙南村后山。

碑青石质，宽约0.80米，高约1.50米，楷书阴刻，额纹双凤，周饰忍冬纹。碑阴为"种福碑"，镌刻善信芳名。撰书者冯高，生平里籍不详。

由碑文"迄今四十余载"推测知，西华寺创于清顺治年间，但嘉庆《翁源县志》、同治《韶州府志》俱无记载。或此次重修不久又毁圮即废，或后又更改了寺名，又或即"九仙寺"，存考。

重修本来方丈碑记

（康熙十七年戊午，1678 年，佚）

宁天祚

佛法入东震旦，后四百余年，而衣钵始至岭南①。又百余年而新州至，人肩所荷，负石开辟，曹溪遂与少室、黄梅并峙。海内崇信奔趋沛然，若百川之赴大壑，亦如峨眉、五台、九华、普陀所谓支那四大道场者，犹加盛焉！予尝谓灵鹫之视曹溪，犹尼山之有紫阳也②。法乳所滴，尽四大海水，尽变醍醐。自五宗嗣教以来，绍隆弗替，法王龙象，所在都有，而历代帝王卿相复悉力外护法，作大檀那，以故慧灯普明，刹竿永坚，所由来矣。国家诞受贞符，肇造区夏，首隆象教以巩皇图。而章皇帝十八年间，无日不思振扬宗风为事。于是平藩先敬。王仰体内廷，崇响至意，入粤未几，首捐岁禄，修复斯刹。琳宫绀宇，翚革改观，洵为南宗选佛第一场矣。戊午岁，予奉命出师韶石③。戎机之暇，即斋后瞻礼名区。首谒大鉴真身，求昔时方丈故迹。当头出迓，叩之则洞宗三十传，阿盘禅师④也。阿公现象王身，振狮子吼，人天推出，开法斯土。一时缁素道侣爰慕景仰，特为师重修本来方丈也。予闻斯举亦欢喜赞叹。寻倡贤士大夫，并多布金十八项，尚比太虚微尘，余又何敢尸其劳哉。虽然，自一花五叶以来，知珠斅朗，法轮大播，雪隐鹭鸶，鱼龙莫辨。谁能于无所住顿证本来？芟了葛藤，虚空粉碎，俾狐禅注脚，君臣宾主，巢臼全翻，岂非调御丈夫，真事业哉。如是名为报佛恩，如是名为卫王教，如是名有功人心世道。予于师深切望矣。

⊙注

①佛法入东震旦，后四百余年，而衣钵始至岭南：此说不知其所本。一般认为，佛教是在东汉永平十年（67 年）正式由官方传入中国，而岭南佛教则自三国时虞翻（164—233 年）旧宅改创为制止寺始，相差约百年而已。

②犹尼山之有紫阳也：尼山指孔子，紫阳指宋代理学大师朱熹。

③韶石：在今韶关市区东北，传说舜游登此石，奏《韶》乐，因此名之。隋开皇九年（589 年）平南朝陈，改东衡州为韶州，即取此山名。北魏郦道元《水经注·溱水》：“其高百仞，广圆五里，两石对峙，相去一里，小大略均，似双阙，名曰韶石。”唐韩愈《量移袁州张韶州端公以诗相贺因酬之》：“暂欲系

船韶石下，上宾虞舜整冠裾。”宋王安石《送子思兄参惠州军》诗：“楼台飞半空，秀气槃韶石。”此以“韶石”代指韶州。

④阿盘禅师：即阿盘智珠禅师，康熙十七年（1678 年）住持南华寺。

考

本记辑自清康熙《重修曹溪通志》卷四记，原碑不存。

康熙十五年（1676 年）二月，吴三桂遣兵侵广东，授尚可喜长子尚之信招讨大将军。尚之信发兵围困尚可喜府邸，响应吴三桂叛乱。三月，韶州总兵张星耀叛降吴三桂，纵兵大掠。次年四月，清军莽依图师至南安，严自明以城降，遂克南雄，入韶州。五月，尚之信降，“命复其爵，随大军讨贼”。六七月间，吴三桂派部将胡国柱、马宝攻乐昌，围韶州。九月，清军莽依图、额楚援韶，战于莲花山下，“贼遁，追之过乐昌，复仁化”。一年多的战乱，韶城屋无完瓦，尸相枕藉，入山避乱者亦多染疫而死。此即记中所述“予奉命出师韶石”的历史背景。

撰者宁天祚，平南王尚可喜部将，官总兵。后因附尚之璋乱，处斩刑。

重建苏程庵碑

(康熙十九年庚申，1680 年，存)

马 骝

重建苏程庵碑

禅门之曹溪，犹儒门之洙泗也。山川形胜，为五岭之冠。古来名公巨卿，车辙所至，留题建寘，皆与名山同。不□宋东坡居士、德孺居士，流连山水，建庵额曰“苏程”①。考苏程二居士，文章政绩，杂见□□。记者故多，而湮没亦复不少，惟斯庵岿然独存。而败草颓垣，又半之，□□为之先为之后，今昔之感岂不怆然？己未春，西粤都督云扬谭公起而重建之，计费不下千金，庄严宏丽，□成巨观。溯谭公挺，生粤左东官②也，与六祖之新州，道里非遥。六祖□道成，演法曹溪。谭公未经登临，捐资修庵于旧六祖殿之后掖。兴会机缘，似有冥□。庵成，宜佛宜禅宜经宜律。而管教祥公、吕公，住持密公，暨道开和尚先后□缘，可标胜义。夫度一切厄，佛性也；成一切善，佛才也。谭公举名山之胜迹，从而光大之，已征（证）佛才。且以前贤已坠之迹而复之，同缘种智，起苏程□□，日与谭公千古同堂，声气应求，又宁非三贤一德哉！因为篆。

时

大清康熙十九年岁次庚申腊月吉旦立

赐进士出身敕赠文林郎知乳源县事升授韶州府督粮通判马骝撰

⊙注

①“苏程”：即苏程庵，在南华寺，始建于宋，嘉靖二十五年（1546 年）改建。参见苏轼《苏程庵铭并序》、余大成《苏程庵碑记铭并序》。

②粤左东官：即今东莞。东晋咸和六年（331 年），晋成帝将南海郡一分为二，分出东官郡（郡治在今深圳南头）。南朝梁天监六年（507 年）东官郡改为东莞郡。

碑存于南华寺。晕首，额饰龙纹，高1.60米，宽1.00米。

撰者马骝，同治《韶州府志》卷五《职官表》云其为山西人，进士，康熙六年（1667年）任乳源县知县。其接任者徐怀纪同表记为“康熙十七年任”，可见马骝在乳源知县任上待了十一年余。由此，本记中马骝官衔“升授韶州府督粮通判”大概也是在康熙十七年(1678年)。

延祥寺重修大殿佛像碑记

（康熙二十年辛酉，1681 年，佚）

陈金阊

吾闻遍覆一切众生者，佛也。众生聚族，无分于山林市厘，故崇岩邃谷，农夫野老栖于斯，佛之慈悯亦于斯，是犹水然，随地而遍覆一切众生，独不与市厘相近，岂有是哉？余郡有延祥古刹，盖城郭中之精庐也，旧建湘（相）江门内。宋绍兴间，凡宰官祝寿行礼皆集于此。后以寺基增建王府，始迁于县治之西。其寺之地，即宋舍人朱翌①谪居时园亭故址也，顾前之规模殊隘。自明嘉靖十八年，本寺都纲何应珍奉郡守符公颖江②之命，力加倡造修葺，于是檀林焕然一新矣。第山门虽作崇观，而沧桑几经变异。岁月既久，不无风雨鸟鼠之伤，以致鹫宇颓然，金仙削色，不有大因之德侣，焉能使钟鼓再振耶？初，寺之剑眉大师誓为整顿，愿未售而身圆寂。后藉主持祖兴持钵于郡之当事及邑之各善信，无不乐为捐赀，共应祖兴之请。遂择日鸠工，褒然集事，广其制，崇其规，上栋下宇而轮奂非旧矣；殚其能，竭其艺，涂丹垩绣而金碧改观矣。加以宝像璎珞，与琳宫并璀璨于中天，以视应珍前之所创造又焕然更新焉。从此而祝圣祝国，俾阖郡之士夫商贾咸聆半偈，以皈依于大觉之乘，则佛之遍覆一切众生，信无分于山林厘市也。是役也，始事于庚申之季夏，告竣于辛酉之仲冬。凡一石一木之助，自应勒之贞珉，而其经营有成者，是唯祖兴之力居多，与其师雪修拮据共任，皆不可以无记。余故援笔而志之，以垂诸不泯云。

⊙注

①宋舍人朱翌（1097—1167 年）：字新仲，号潜山居士、省事老人。舒州（今安徽潜山）人，卜居四明鄞县（今属浙江）。政和八年（1118 年），同上舍出身。绍兴八年（1138 年），除秘书省正字，迁校书郎、兼实录院检讨官、祠部员外郎、秘书少监、起居舍人。绍兴十一年（1141 年），为中书舍人。秦桧恶他不附己，谪居韶州十九年。有《猗觉寮杂记》二卷。又《潜山集》四十四卷，周必大作序。《彊村丛书》辑有《潜山诗馀》一卷。

②郡守符公颖江：即符锡。同治《韶州府志》卷二十八《宦绩录》：“符锡，新喻人，嘉靖三年通判韶州。抵任，毁淫祠，兴社学。时翁源贼首李英诱至

九连山，巨寇流劫村落，郡邑震骇。（符锡）亲督兵会讨，获英，解军门斩之，贼平。又议改驿传，征银发驿，以杜科扰。嘉靖十七年，以太仆丞擢知本府。”

考

本记辑自同治《韶州府志》卷二十六《古迹略》，原碑不存。延祥寺沿革本记记载甚详。

撰者陈金闻，字崑甫，号沧洲，广东曲江人。清康熙十四年（1675 年）举人，康熙四十三年（1704 年）授直隶肃宁知县，以慈惠称。曾纂修康熙二十六年（1687 年）《曲江县志》四卷本，著有《启贤堂诗集》。

云门寺重装匡真祖师金身碑记

(康熙二十六年丁卯，1687 年，存)

元　才

儒门明德，释宗见性，以水合水，印空合空，妙在不立文字，而教外别传者也。故西天二十七祖[1]语达摩云："吾灭后六十年，汝往震旦行化，彼国见性者如恒沙聚。"即有一花五叶之谶[2]矣。逮曹溪六祖流出五宗，兹山居其一焉。师讳文偃，敕赐匡真禅师，其道大振韶阳，而化缘事毕，门人奉全身建塔，未几仍出龛漆身，迄今八百余载。其间遐迩士庶，或祷雨祈晴，默佑多验。幸丁巳岁，邑侯舒公[3]捐俸十金倡首，以至丙寅秋育才坊等众檀越四十余人，慨发善心，抽净资四十四两，重叠灰漆，浑身拭金，永垂弗替之计，此又一时因缘自至者也。今则厥告成功，为众护法勒于贞珉，以昭来善。予忝住山，亦拜手飏言，以偈献曰：

云门祖师真像

(引自民国《云门山志》)

儒佛真灯，古今共炽，顿悟群迷，发无上智。韶阳老人，弘愿不二，三界返还，疲劳勿坠。北斗藏身，举第一义，云门之山，光泰之寺。凤颁重重，纶音屡谥，大宝天宝，刘主龙位。现前诸公，护无生意，同证金刚，不坏之质。家途自由，笑日游戏，劫火不然，独傲天地。

康熙丁卯年春正月下浣，本山临济下传法沙门元才撰

⊙注

①西天二十七祖：即般若多罗尊者。禅宗所传西天二十八祖，是指佛陀在灵山会上传法给摩诃迦叶尊者。迦叶被尊为禅宗始姐，传至菩提达摩，共二十八代。

②一花五叶之谶："一花五叶"是对

佛法流传和演变的一种描述，指禅宗宗派的源流。“一花”指禅宗之源——由达摩传入中国的“如来禅”；“五叶”指禅宗之流——六祖惠能门下的五个宗派。语出宋释道原《景德传灯录》卷二十八：“一花开五叶，结果自然成。”比喻禅宗在中国扎根以后，至六祖惠能及其门下，形成了南禅五家七宗。

③邑侯舒公：指舒怀纪，辽东右卫人，康熙十七年（1678 年）任乳源知县。

考

本记辑自民国《云门山志》第九篇文献，原碑不存。

撰者云门寺住持元才，无传。

鼎建金峰寺记

（康熙三十八年乙卯，1699 年，存）

邝士佑

县治西一里许有山，攀然而森秀者，金峰也。山之巅梵宇深受□□□观者，金峰庵也。庵建百余载，风雨侵蚀，日□□□而不□。古吴伍君至乳，尝游览于此，叹曰：“此一邑奇观也，何圣像剥落，殿庭□□？”如是□乃更请观音、韦驮，□以真武□官，皆费数十金。复捐资付善信黄汉奎，预物料以征修葺。遂卜吉于岁之冬，请于县主姚公，□□□寺僧明教而喂（谓）之曰：“创建金峰寺久有此念，奈年来修城修学，诸务蝟（猬）集，未遑及此。今伍君发愿倡首，实获我心。”爰捐俸以勷厥美。□□工费浩繁也，命僧□继之。一时善信皆乐书（输）恐后。庀材鸠工，廓其规模。前用坐亥向巳，兹更壬山丙向；昔仅一殿，兹则前后两殿，昔撤其旧而易以新，栋宇□然大改旧观。不两月而落成，僧丐予以记其事。予思伍君为人周急济□，好善乐施，皆出于至诚，诸如重新云门，鼎创兹寺，罄囊不足，称贷以继，务毕其愿而后已。此甚（？）威德安能有此？故姚公[1]尝击节称赏之。□□□□其请，遂乐与共成。此举虽香火当兴，而佛化有缘，非偶然者。僧与众信□道姚公、伍君之集福储应，当食（？）报于兴□也。然岂为一己种□，聊益□□。□教与儒教同，无非启昏觉迷，使人自明其性而已。公与伍君□□□□壮□厥观者，不使登是山睹金煌碧辉之庄严，以敬佛心。思而自识其性，向善之念油然兴而勃然起不能自已者，人心趋善，风俗之□，不由是耶？是功德之及人，万世表□也。□时督理黄汉奎暨助金诸善信，其功皆不可泯者，宜并勒石以垂不朽云。□又蒙县主姚太爷、总埠汪□爷、善信周君佑、林春光等□□钱银十□□六两，置费鞋洲坝田（以下略）。佛祖香灯，福有所归。

康熙三十八年岁次乙卯季冬吉旦

吏部候选邝士佑□□□撰并书

鼎建县主姚太爷讳炳坤捐俸银十两

古吴伍奕□捐客俸五十两

湖广石匠李质生镌

⊙注

①姚公：同治《韶州府志》卷五《职官表》云：“姚炳坤，镶红旗人，监生，康熙三十六年任乳源知县。”

考

碑青石质，额饰双凤图案，周饰卷草纹，碑高 1.45 米，宽 0.85 米，厚0.18 米，碑文楷书，阴刻。2004 年 12 月在整修乳源公园施工中出土，现存乳源民族博物馆。

撰者、书者邝士佑，生平里籍不详。

《乳源文物志》（广东人民出版社 2007 年版）载：“金峰寺，又名金峰庵，俗称观音堂，位于今乳城镇乳源公园观音山顶。明万历十一年（1583 年）乳源知县赵佑卿建。清康熙二年（1663 年）知县裘秉钫重修，康熙三十八年（1699 年）重修。民国十四年（1925 年）乳源县合邑绅士及众信等再次重修。”

丹霞山别传寺重建普同塔志铭

（康熙四十二年癸未，1703 年，佚）

释古云

十方丛林，建寺院以居众僧，必建普同塔以安灵骨，何也？菩萨入定，见众生于多劫中，业流湾环，死此生彼，生死之身有若循环，环无起灭，尽未来际也，故谓之生死大海。《法华经》云："诸佛为一大事，因缘出现于世，明乎生死事大，须悟入佛之知见也。"六道凡夫不了此段大事，所以浪生浪死于苦海中。岂知法界无边，本来无生死，四圣亦在众生苦海中成等正觉。英邵武禅师曰："吾化后，必将骨石入于普同，吾生平与大海众同居，死不忍与之离。"是故流转生死，则谓之大苦海，证菩提涅槃则谓之大觉海，觉海称为乐果，乐果之所归，必由于胜因之所植。因有二种：从理门入佛者，曰理胜因；从事门入佛者，曰事胜因。理胜因者，由出世法而通世间；事胜因者，由世间法而通出世。古之诸大菩萨，莫不由之而成佛。粤东丹霞山普同塔创于大中丞持平刘公[①]。公以事胜因，得与开山澹归大师通出世法。塔在隔溪绿玉峰，岁久地湿，渐为水所渗入，年来遗蜕，虽经荼毗，弗忍投之塔中。主法席者每忧之，欲营善地而未能也。

岁壬午，半斋居士吴公益寓会龙庵[②]，往来丹霞，与角和尚及其法嗣愿来大师交甚欢。明年，携象子王居士入山，欲为会龙院主渐登卜一小塔。愿公已诺，且谓渐师生平舍己为众，今山中不得归普同者甚多，恐彼众不安，何不扩充是念，以为一僧及千百僧耶？因述塔为水所侵状，两君相顾恻然，恨力弱不能肩任，乃共捐若干金为劝缘倡。吴君复同愿公择地于丹霞之麓，护生堤左畔某向之原，土脉丰厚，群峦拱卫而（锦）溪环绕。遂卜吉鸠工，有乘菩萨大愿轮，吉占沈居士闻而嘉之，即与其兄枚臣居士独任其力，曰："不必他求，吾务底厥成而后已。"噫，谓非苦海中而收乐果哉！语曰："善始者不必善终，善作者不必善成，前事者之不长，后事者之师也。"刘中丞为丹霞普同作之于始，沈居士为丹霞普同成之于终，后先功德一样胜因，必能于事发门而通于理法门，以之入佛法界，则菩提涅槃不为生死之所流转，而能转众生之死，不妨两肩担荷，岂特养生送死大典，修世间之福而已哉！若夫时节因缘，待人而就，不能预为期，必前此修之而未能。今愿公片言遂使小塔之因，竟成大塔之果，始事之功非吴君而谁哉！王君亦笃善乐施，故能同勷善事。盖尝论之人，若修善，即在生死海中皆有所恃，不然，前路茫茫，无本可据，信乎！澹归大师云："此十方众僧尚在此一堆白骨中，否也。十方众僧在此一堆白骨中眉毛厮结，至今不开。"若参透此语，许汝识丹霞普同塔之义。时丹霞监寺豁大师值此胜因，相与戮（勠）力经营，董其事则非铃、觉海二上人之力也。乃为之铭曰：

法海湛澄，沙界一沤。刹尘互摄，出没因由。愍彼群情，自起自倒。乘大愿轮，如空日杲。杲日丽天，照破群迷。登于觉岸，海绕山围。谁论圣凡，休分僧俗。一镬便成，千足万足。制底巍然，光亘大乾。其光匪他，功德绵延。

⊙注

①刘公：指广东巡抚刘秉权。

②会龙庵：别传寺下院，在韶州府城相江门外。康熙七年（1668年）正月旧住僧悉恒哆送施与别传寺为下院，后在庵前左右盖造铺屋多间，即今韶关市区广富新街范围。

考

本记辑自雍正《丹霞山志》卷八《艺文》，原碑不存。记中不落年月，今据记中"岁壬午，半斋居士吴公益寓会龙庵，往来丹霞，与角和尚及其法嗣愿来大师交甚欢。明年，携象子王居士入山，欲为会龙院主渐登卜一小塔"考为康熙四十二年（1703年）。

撰者释古云，无传。

重修云门寺记

（康熙四十三年甲申，1704 年，佚）

伍奕芳

□□□□极慕禅教，知云门为五宗之一，惟浙江□□为最胜。迨庚午入粤主乳源，□□□朝桂刘君等诸公，邀余游云门，询其所自，始知浙之云门[①]为偃祖道场，而偃祖真身在乳源云门也。礼拜之余，见其栋宇飘摇，且祖庭外仅一大雄殿，亦复聊蔽风雨，而三宝诸佛像，悉剥落无光，其余地皆鞠为草莽。予低徊者久之，即有兴复之意，奈一时囊中羞涩，不克如愿。至丙子冬，予独捐俸金，命匠鸠工，将祖殿重新焉。而三宝工费浩大，壬午春，复谋于朝桂刘君，各捐□□余金，将三宝并大士诸佛像，一概装饰而金碧辉煌。更募于□善信，外则筑以照墙，内则砌以围墙，弗致旷荡。然韦驮尊天上朝祖殿，尤非宜也，予捐金具以新像，与接引菩萨[②]共建一殿于山门内。其大雄殿尤朽坏不堪，予竭力改壮其规模，榱桷悉去其旧。而诸善信亦乐为捐助不吝，渐次就理，俾百千年之古刹，焕然改观，予重兴云门之志，庶几稍慰。

兹欲旋里，诸公嘱予以记。予思创修寺院，奚事也，乃善念也，非以佞佛邀福也。但愿住此福地者，庄严佛像，参悟大道，发明心性，最其上也。不然或修香光之业，或积贝叶[③]之文，亦其次矣；倘再不然，即朝梵暮呗，课诵不绝，守其清规，亦不失出家人矩度；若徒盱盱饱食，以送死为衣钵，以豢养为法门，于清净地上作狮子虫，甚为彼辈惜矣！诸公以为然否？佥曰“善”。遂勘之石，以作玉带。是为记。

姑苏弟子伍奕芳君祥甫薰沐拜撰

康熙四十三年岁次甲申仲冬谷旦

⊙注

①浙之云门：指建于浙江境内的云门寺，有二，一在绍兴，一在萧山。此指绍兴云门寺。绍兴云门寺始建于东晋义熙三年（407 年）。据载，此云门寺本为中书令王献之（王羲之的第七个儿子）的旧宅，传说王献之曾舍宅为寺。唐代，云门寺高僧荟萃。建中年间（780—783 年），高僧灵澈禅师在云门寺撰著《律宗引源》二十七卷。六祖惠能在曹溪说法，云门寺高僧善现住持事之。唐会昌年间

(841—846年)，云门寺遭会昌之难而毁废，当时只剩下南面一小殿未毁，因附益以为寺，即广孝寺。至唐宣宗大中六年(852年)观察使李褒奏重建。然非复旧址，赐号大中拯迷寺。后于寺西建忏堂，号净名庵。宋太祖乾德六年(968年)将其中一部分(显圣院)复名为云门寺。宋雍熙三年(986年)赐名雍熙院。寺后废。明熹宗天启三年(1623年)僧福坤偕献之裔孙于旧址募资重修，僧雪峤任住持。又恢复云门寺的旧名，并一直沿用至今。云门寺在明末称曹洞中兴道场。云门一系，自湛然(圆澄)以后，其势力颇足，与临济宗的天童一系相颉颃。时云门广孝寺、显圣寺法席大振，威震江南。清初，高僧、名僧层出不穷，湛然门下出石雨(明方)、三宜(明盂)、瑞白(明雪)。当时，继席云门显圣寺的均为有名宗匠，明方门下的远门净柱，位中净符，明盂门下的狼亭净挺、西遁净超，明雪门下的百愚净断等，都是很有名的禅宿，皆有语录行世。清顺治十七年(1660年)，赐帑银五百两，重修云门寺塔。后毁。

②接引菩萨：《十往生经》中记载，佛陀曾经告诉山海慧菩萨及阿难尊者：如果有人发愿往生西方极乐世界，称念阿弥陀佛的名号，就会有二十五菩萨如影随形，使修行者无病无烦恼，阻止恶鬼、恶神扰乱此人，令他常得安稳。

③贝叶：贝叶经，写在贝树叶子上的经文，源于古印度，多为佛教经典，还有一部分为古印度梵文文献。

考

本记辑自民国《云门山志》第九篇文献，原碑不存。

撰者伍奕芳，据记文应是乳源知县，然查同治《韶州府志》卷五《职官表》无载。可补史阙。

重装观音韦驮记

(康熙五十一年壬辰，1712 年，存)

祝安国

余读县志，知仁邑之有锦石岩，肇基唐末。自南宋崇宁间，有居士号法云者开山建庵，其后来者才相继拓其业而整理之。怪石苍松，层宇曲院，望之烟霞缥缈间，四时之交态不齐，五色之精光参错，是仁邑之大文章也。余守兹土，未往观焉，而其胜概已约略先得知矣。兹有邑生谭典章等读书庵内，发心募装大士及韦驮金身，乞余一言以著卷首。余思募缘抄化，儒者不为，余为长吏而可唱率之耶？继而不拘起请而予之说者，盖谓佚（佛）家之教，惟观音大士有合乎吾儒仁者之德焉。仁者之德，已饥已溺救之惟恐不急，故博施济众也，孔子犹以为难。而大士济度一切，现声闻每以拯人于困苦、患难、流离、颠沛之中，其所施博而所济众也。考之经典，历历不爽，维愚夫愚妇亦难道之，而岂等于说玄说妙虚无寂□之教也哉。夫世之好善而乐施者，往往以荒诞不经之论，不惜多金以种欢喜缘，矧慈悲普济有仁者之德如观音大士，而不可不共相捐助，庄严佛像以成胜果也乎！或有贫者绌于力富者靳于心，是以不可勉强以为之怂恿也。因志其说，以告世之善信而乐为布施者。

赐进士出身文林郎知仁化县事祝安国盥手谨疏

劝缘首事谭典章陈启志薰沐并书立

康熙五十一年岁次壬辰孟秋月谷旦

考

碑存于锦石岩大雄宝殿内，高 1.33 米，宽 0.68 米。篆额，楷书阴刻。

撰者祝安国，同治《韶州府志》卷五《职官表》云其为浙江海宁人，进士，康熙五十一年（1712 年）任仁化县知县。书者谭典章、陈启志，生平不详。

重修宝塔铭

（雍正五年丁未，1727 年，存）

李 林

南华寺千佛铁塔

盖闻世尊法王，正觉成于天竺；达摩初祖，重印传自崇山。镌丈六之金身，皓月遥临丹地；绘千尊之宝相，明星近耀珠林。法鼓长鸣，智灯永烂。我六祖大鉴禅师，灵称善慧，化号能仁。道以神通，知菩提之无树；佛从心得，识明镜之非台。洞风幡之微言，金绳独开觉路；付袈裟之法物，宝筏广度迷津。六叶于兹弘敷，千花自此竞秀。探山韶石，卜胜地于南华；尝水曹溪，寻真源于东渚。钵开陈洞，遂得仙坛；锡飞空中，俄成佛国。荫慈云于大千世界，便使火宅频凉；悬慧日于四达康衢，直今晨昏早晓。顾蛟藏黄壤，尚擅地而未降，遂塔练鸟，金俾潜踪，而永伏宝林禅境。梵彻千峰，大雄灵区，龙归一掬，丹楹不改。侍侧之虎无惊莲座，依然点头之石屹立。何兰若难免劫火，而绀宇忽来偷儿。铁石飞空，如漂碎峰之杵，浮屠失所，以亡刮眼之金。重器已遭沉沦，象教遂尔零落，谁怜绝纽，共振颓纲？欣逢太守宗黄二公[1]还似如来再世，参及不二，悟入无为。聆紫洞之溪声，广长为舌[2]；揽碧崖之山色，清净是身。廉俸特捐，谋诘匠于珠浦；塔围重铸，复巨制于□岩。护法殷勤，重比龙持贝叶；卫道亲切，盛同象负莲花。丛林倏然维新，铭刻应宜再泐。第伽蓝须记，愧乏鸿文；而头陀有俾，愿效椽笔。聊书赞扬俚句，用付道峻。高僧点画有涯，留片言于鹿苑。功德无量，垂万化于鹫山；佛座毫光，长映山辉而环照。梵宫声韵，永偕泉响以齐声。庶几化洽三生，人游竺国行看；庆衍千载，世居化城云。爰为之铭曰：

天竺古先生，修行并传道。达摩护钵来，立教除烦恼。五叶结果成，六祖承法宝。南华作佛场，毒龙便制倒。宝塔重更新，禅山如再造。听法有猕猿，参禅多释老。施檀林劳芳，□□□□草。宝林胜祇园，山深月皓皓。

龙飞雍正五年丁未岁一阳月，谷旦立

赐进士第、翰林院检讨加二级、翁山弟子李林薰沐拜题

中宪大夫、知韶州府事加二级、纪录四次宗讳思圣

诰授中宪大夫、知韶州府事加二级、纪录八次吴讳骞[③]

赐进士出身、文林郎知曲江县事加一级蔡讳书绅

赐进士出身、文林郎知仁化县事雷讳应

赐进士出身、文林郎知翁源县事陈讳于幡

署韶州府知仁化县知县、事曲江县县丞加一级范讳德玉

曲江县典史唐讳佐

韶州府司务厅施讳有正

翁源县典史沈讳琳

候选通判沈六成

候选州同知沈谦

敕授儒林郎、候选州同翁源邑人郭千安

信商岑俊

候选州同知张玉麟

原任罗定州东安县儒学教谕、候补儒学教谕许蓉城

敕授儒林郎候选州同知贡生吴维翰、敕授儒林郎候选州同知岑必元

信商汪明

当年住持僧福城

当年户僧官悦权

当年户长僧广讷

当年守塔僧卓然

当年十房僧卓然

当年十房僧悦成

募理住持僧道峻

佛山隆盛炉铸造

注

①太守宗黄二公：即宗思圣、黄文炜。同治《韶州府志》卷五《职官表》云：“宗思圣，直隶大兴人，监生，雍正三年任韶州知府。”“黄文炜，江南歙县人，岁贡，雍正四年任韶州知府。”

②广长为舌：即广长舌，指佛的舌

头。据说佛舌广而长，覆面至发际，故名“广长舌”。后用以比喻能言善辩。

③吴骞：江南当涂人，岁贡，雍正五年（1727 年）任韶州知府。

考

本记铭于千佛铁塔塔身首层。塔位于南华寺内鼓楼首层。塔分两部分：塔座和塔身。塔座为五代南汉遗物，原名降龙塔，高 1.2 米，分两部分。下半部为方形须弥座，边长 1.61 米，四角均铸一托塔力士，各面正中铸一圆形狮子脸头像，狮子脸头像两边各有一尊结跏趺坐佛像；塔座底部边缘有铭文，但锈蚀严重，字不可识。上半部为圆柱形莲花座，16 片厚实的莲花瓣大小相间，紧贴在座的边缘。座上面外围有两圈弦纹，弦纹之间有一圈铭文，均已锈蚀严重而不可辨认。塔身为五层四方空心塔，高 4.76 米（连座），四柱攒尖塔顶，檐底饰蔓草纹，葫芦塔刹。每层四面中间各有一佛龛，形似门，内有一浮雕佛像。首层四面铭此记。以上各层四面铸满 1 028 尊形态端庄、排列整齐的佛像。

民国三十二年（1943 年）虚云《重兴六祖道场记》云：“筑（大雄宝殿）殿基时，土中挖出铁塔一座，高寻丈，为清代雍正时造——志书载为降龙塔，非也。移塔于鼓楼下，金饰而庄严之。”

撰者、书者李林，字培生，一字韶石，翁源人，为入清来韶州府属第一个进士。同治《韶州府志》卷三十四《列传》云：“李林家族世有隐德，皆有文学名。其髫年颖异，负大志，过目成诵。九岁能作古今文，谙音律，十四游泮庠，砺廉隅，重气节。读书回龙山，不事家人产。学使廉其行谊，升之礼部者再。康熙癸酉（康熙三十二年，1693 年）举孝廉，丁丑（康熙三十六年，1697 年）登会魁（进士），除翰林院庶吉士，肄习国书散馆，授检讨，教习阿山，谢陈常奏天下奇才。特命修三朝国史及一统志。官翰林。丙戌（康熙四十五年，1706 年）分校礼闱（会试），得士三十二人，皆知名士。后辞归故里孝亲，杜门谢客，课昆弟子，总掌郡属（韶州府）五经教授。雍正乙卯（雍正十三年，1735 年）卒，年七十九。”

重修众善寺碑记

（雍正八年庚戌，1730年，佚）

马　燧

众善寺建自宋绍兴间，迄于今五百有余岁矣。风雨推（摧）而轮奂改，栋折榱崩，无有起而新之者，岂以寺僧而略之耶？子舆子曰："君子莫大乎与人为善。"夫一人之善而能使人人胥善，非同风之化与？寺名"众善"，使人顾名思义，盖因寺以寓教，非以佞佛以邀福也。县治自学宫外无公所，岁时庆祝，恭陈黼座于寺内，锵锵济济，列班联而致诚敬者在，于是庸可任其蓁莽耶？予自雍正二年来治是邦，欲新之而夫（未）果。夫修废举坠，以昭示来兹者，当视其时与事，非以饬事摭华为观美也。今者时际升平，事关大典，余忝任是邦，严天威之咫尺，昭同风之至治，将于是乎？在其何敢怠。于是捐俸首倡，鸠工庀材，卜日于乙酉暮春之吉。倾者易之，圮者新之，闳其旧制，高其栋宇。前建山门，中为佛殿，殿后北向为韦驮殿，南向为观音阁，阁前建两庑；阁之东为僧寮，西为客堂；阁之外为厅，庆祝礼毕为同官企息之所也。阁后辟小圃，古木千仞，清芬似柏，历有年所矣。登阁四望，田畴错然，野无旷土也；村落鳞然，民皆安堵也。四郊之民，往者于于，来者徐徐，家给人足而安舒也。阁前望为昌山，为西石岩，为龟峰寺[1]，为泷江[2]，为沙堤市，为先农祠，皇帝重农务本所敕建也。舳舻接于水，商贾藏于市，景物恬熙，堪收图画。余何幸为圣世吏，与此邦民共安无事之乐乎！盖运会之隆也，必由渐而至。而至治之效也，必继以成。我世祖章皇帝，忠厚开基，上以善教，下以善应。圣祖仁皇帝享国六十一年，深仁厚泽，弥于海内。我皇上重华继极，圣德合天，嘉祥咸至，芝草产于昭陵，孝德也；庆云见于南应，泰阶也。合璧聚奎，告文明之治也；嘉禾瑞茧，征享豫之祥也。河瑞彰澄清之绩，还金兴尚义之风。是以重译航海而来朝[3]，土司梯山而归化。海内外尽底同风之治矣！我皇上治益求治，朝乾夕惕，凡以厚民生牖民善者，纶音时沛，深切著明。诗云："唯天之命，于穆不已"，何其至欤！而且蠲租之诏，涣于大有之年，粒食唯珍，重以纶音之诰，此又历古圣王所未有者矣！乐邑土沃民淳，力田之余无他役，正赋之外无杂输。余莅兹土六载，于今因其善而导之，四民胥若。盖圣天子大

经大法，纲纪毕张，奉之勿失，善政在于是，善教在于是矣。落成之日，乃进吾民而告之曰："天地之德莫大于善，同风之治莫隆于众善。维兹护利恢宏非昔，仍其名者，以志同风之治也。所愿吾民顾名思义，岁时庆祝，瞻黼座而思以副圣天子觉世牖民之怀，此余新寺之意，非徒饬事摭华为观美也。"是役也，几一岁而克成，计金一千两有奇。缘以寺为祝圣道场，余忝膺一方民社之寄，敢不竭捐首倡。至捐赀之绅士商民例得勒珉别志于左，是为记。

⊙注

①龟峰寺：在龟峰山，始建年代不详。明嘉靖十九年（1540 年），韶州知府符锡以淫祠禁毁，命乐昌知县张坚在龟峰寺原址建龟峰书院，后又建龟峰塔，改祀韩文公（韩愈）。此处又称"龟峰寺"，其恢复年代不详。

②泷江：今武江。古称武溪、四水，泷水、三泷水、虎水、乐昌水。发源于湖南临武县三峰岭，于乐昌三溪附近流入广东，经乐昌、乳源、曲江等县，在韶关沙洲尾注入北江。总长 260 公里，流域面积 7 097 平方公里。在广东省境内长 152 公里，流域面积 3 019 平方公里。因源于临武县而得名。

③重译航海而来朝：重译指外族、外夷。《史记·太史公自序》："汉兴以来，至明天子，获符瑞，封禅，改正朔，易服色，受命于穆清（于音乌，叹辞也。穆，美也），泽流罔极，海外殊俗，重译款塞（款，叩也，皆叩塞门来服从也），请来献见者，不可胜道。"《汉书·平帝纪》："元始元年春正月，越裳氏重译献白雉一，黑雉二，诏使三公以荐宗庙。"

考

本记辑自民国二十年（1931 年）《乐昌县志》卷二十二《金石》，原碑不存。记中不落年月，所考年月系据"予自雍正二年来治是邦"、"余莅兹土六载"考定。

撰者马燧，同治《韶州府志》卷五《职官表》云其乃浙江上虞人，监生，雍正二年（1724 年）任乐昌知县。

紫岭重修碑记[1]

（乾隆三年戊午，1738 年，存）

锦石岩，仁邑之胜地也。自开辟以迄于今，不知其几百年矣。高人达士及名卿巨公，多游玩于斯。于是通邑人士，各捐赀置业，助僧住持焉。我先祖曾肄业于其间，于弘治二年捐赀，装塑正殿三宝，为僧供奉之。祖施银给僧，凑置常住之业，又铸铜鼓一副，取其宏声，以应山川之瑞，勒石立碑，详载族谱。奈何烽烟告警，石碑湮没，欲询其故，而昔年之僧皆无在者，幸吾族谱可考而知也。方今圣天子化理清明，神人得所。予等偶至其岩，登其殿，见佛像敝坏，非若昔日辉煌。归而谋诸房族，从而重新之。岂藉是以邀福田利益哉，实体我祖初时之善念也。故复照谱立碑，以垂久远之意云尔。

紫岭重修碑记

谭孔学（以下略）等仝立

乾隆三年仲冬月谷旦

（道光戊子年起，每年清明，信官谭玄贞祖奉香油银二大员正。募化□□□立。）

⊙注

①此文撰者不详。

考

碑存于锦石岩大雄宝殿，高 2. 26 米，宽 0. 58 米，楷书阴刻。

青莲山碑记[①]

（乾隆五年庚申，1740 年，存）

青莲山何自而昉也？起于崇祯末年。时南赣都院李讳秉忠者，隐于此间。都院，青莲嫡派[②]也，天下名山游历几遍，何取于此山而居之？是山也，四围奇峰插天，左右竹林环抱，后则清泉流荫。置身其上，南望楚，东顾粤，俱在目中。以都院之旷怀高寄，宜其不能一日去诸此，是用鸠工创为梵刹，间年落成。号曰“青莲山”，则以都院之故也。都院曾题对联云：“野寺断人行，明月过来嘉宾至”；“山僧无俗伴，白云飞去法堂空”。经今百年，山僧朝夕心悟三玄[③]，身持七戒[④]。年来置有粮几许，令山海士户纳田若干，志碑阴，以垂永久，开列如左。（芳名略）

乾隆五年岁□□□□□□□□□□□□□

⊙注

①此文撰者不详。

②青莲嫡派：指唐大诗人李白直系后裔。李白号“青莲居士”。

③三玄：佛教语。谓三种奥义。临济宗禅师宣扬教旨，一句中有三玄，一玄中有三要，总称九带。《续灯录·东京华严普孜禅师》：“师为人清秀杰出，唱临济下三玄九带，造曹洞五位十玄，皆妙得其家风要旨，学既该博，故凑泊者望其津涯而已。”

④七戒：即佛教中“七戒一斋”，亦称“八关斋戒”：一不杀生，二不偷盗，三不淫，四不妄语，五不饮酒，六不以华鬘装饰自身、不歌舞观听，七不坐卧高广华丽床座，八不非时食。

考

此碑原存于今乳源云岩镇青莲山寺前，寺毁后，碑仍立于遗址。碑高 1. 73 米，宽 1. 06 米，厚 0. 12 米，楷书阴刻。

撰者、书者均不详。

（东华寺）妆衣重……（碑）

（乾隆二十五年庚辰，1760 年，存）

杨经纬

乳治之西六十里有名山焉，号曰东华，乃祖师小释迦如来成果处也。岿然古迹，载在邑志①。畴昔道法徒众之隆，寔（实）与曲之南华埒。自朝代迁而兵燹劫，垣颓像毁，碣断碑横，其埋没不可复识者，殆难胜慨。迨我朝定鼎，山门乃更重开，然圣相尚属寥寥。至康熙戊子己丑间，邑中诸善信始备塑而丹漆之，而后四顾庄严，宛尔鹫岭鹿苑之观矣。顾堂殿犹然湫隘。越雍正戊申，当年善士方高广祖师殿。嗣是历乾隆丙寅，纬等乃作先驱，轩镂中殿、前栋，并构钟鼓二楼，遂赫然壮观，聿昭巍焕。第尔时，以募金不敷，其妆修润色诸务已不遑及，又未经堪舆匠氏，凭臆见，前栋竟不循旧制，妄行改易，识者每谓不利，寺僧抱悔至今，怄愿未发。今岁秋，幸住持海莲，叹诸佛相经五十余年乏人妆衣，蛛网尘封，黩淡无色，缘丐予等为倡首。惟予九人窃同心同德，故竭诚尽志，分簿订金。而十方乐施者，亦孔众。不匝旬而会簿，总计辄得金百有余两用。商之众友，谓：“金多如许，装衣必消不讫。何如将前栋拆去，仍照前故址建回。再者，雕刻佛龛、朱丹黝垩，约金都尽足用，一并而大治之，不亦可乎?”众皆点首，曰：“善!”询谋佥同。于是，除制祖师帽履䌷服布裳之外，以二十四金延丹青，以二十五金请工匠，其羡则以支木石砖瓦等工之资及杂项使费焉。区处已定，乃筮吉旦，鸠工庀材，一时众役俱兴。凡三阅月，胥次第告成矣。自此，睹金容之生色，光照世界三千；瞻殿宇之辉煌，彩射人天百万。庶几宗派与乳水俱长，威灵共曹溪并濯，上护国而下佑民。道法徒众之隆，不预卜可追畴昔盛哉。报竣日，海莲因请曰：“是役也，本为妆圣相，兹且重修门，庶而雕龛，而黝垩，而朱丹，无漏不葺，无美不完，维九公暨众檀越功德，若此不当勒诸石，以劝后来欤?”众友闻而是之，遂同辞属记于余。余曰：“然!一举而三善。”备是役诚有之，虽俚不文，可嘿然以考（?）厥事耶!爰综厥始末，不惮言之长，而胪列为之记。

郡增生杨经纬谨记并书丹

缘首监生　周邦翰　　生员　杨经纬　信士　林日新

信士　文世侣　　信士　杨国定　信士　侯维文

（以下捐款人名略）

⊙注

①岿然古迹，载在邑志：康熙二十六年（1687 年）《乳源县志》卷四《礼教志·寺观》：“东华寺，在白竹东坪，小释迦仰山禅师道场。山形五马归巢。”

考

碑今存洛阳镇白竹村委东坪自然村北约一公里的东华寺遗址。此碑至少由两块组成，现存第一块，碑题从右至左阴刻横排“妆衣重”三字。碑青石质，高 1.23 米，宽 0.50 米，厚 0.10 米，楷书阴刻，郡增生杨经纬撰并书。

此碑的立碑年代应刻于碑末。据清道光十七年（1837 年）《重建（东华山镇）觉古寺碑》关于“乾隆庚辰岁我曾祖监生讳邦翰与廪生杨经纬”重修的记载，此碑当立于清乾隆二十五年（1760 年）。

东华寺遗址近年被认为就是余靖《韶州重建东平山正觉寺记》中的正觉寺，亦即“小释迦”仰山慧寂道场，似讹。参见余靖《韶州重建东平山正觉寺记》“考”。

重建云门寺记[1]

（嘉庆五年庚申，1800 年，佚）

云门光泰寺乃匡真祖师驻锡道场也，创于南汉大宝间，维时师之慧灯呈耀，智剑发硎，其参禅悟道各妙偈，与夫寺之创建颠末，悉载南汉旧碑[2]，历历可考。但阅时既久，虽经屡修，亦仅补葺而已。至国朝康熙间，姑苏伍君奕芳复为重新。未及二十载，而雍正年间，颁行宝录，敕赐天下名山古刹，尽行重修。然伍君所修业已壮丽，以故未领御赐。越数十年来，则自山门及大雄殿，栋宇凋残，金身剥落，两廊仅存其址，诸多颓废，所幸全者，祖师殿耳。乾隆甲辰乙巳中，邑侯桂公李公[3]相继皆有修复之倡，嗣又不果。至嘉庆丁巳夏，邑侯朱公振翰[4]偶游此地，参谒之余，见其左礠右砰[5]，遂慨然倡修，分廉实助。于是序簿分募，人情踊跃，聚腋成裘，鸠工庀材，经始于丁巳冬，落成于庚申夏。自山门以至大殿，尽行革故鼎新。门内并起韦驮楼，两旁鼎建游廊，大殿柱砌以花砖，取其坚固久远，重新三宝罗汉，并塑金刚神像，殿宇焕然一新。是举也，不知与缔造之旧若何。然绀园金刹，丹碧辉煌，宝相金身，照耀前后。宏其规，广其制，非直为观美也，实以妥神灵而迓福祉耳。可知寺宇剥而能复，固属神灵，而佛像旧而复新，专赖人事。将见慧盏长明，灯火光飞金凤，恩光普照，香烟翠耸玉龙。佛氏有云："凡有信心，同登彼岸。"吾知慈航恒超苦海，夜烛永照昏衢。佛氏之言，盖不欺也。兹当工竣，详序颠末，勒诸贞珉，以垂久远，且为后之好善者劝。

嘉庆五年庚申岁桂月　立

注

①此文撰者不详。

②南汉旧碑：见后《大汉韶州云门山光泰禅院故匡真大师实性碑并序》、《大汉韶州云门山大觉禅寺大慈云匡圣弘明大师碑铭并序》两碑。

③乾隆甲辰乙巳中，邑侯桂公李公：乾隆甲辰乙巳即乾隆四十九年（1784年）、五十年（1785 年）。查同治《韶州府志》卷五《职官表》，此时期乳源知县缺载。

④邑侯朱公振翰：查同治《韶州府志》卷五《职官表》，嘉庆二年（1797年）乳源知县朱振翰缺载，此或可补史之阙。

⑤左碱右砰：汉有三阶之制，左碱右砰；三阶就是基台，碱即台阶的踏道，砰即御路。《太平御览》卷一百八十五引挚虞《三辅决录注》云："其制有陛，左碱右砰。"

考

本记辑自民国《云门山志》第九篇文献碑文，原碑不存。撰者、书者均不详。

重修锦石岩佛像记[①]

（嘉庆十九年甲戌，1814 年，存）

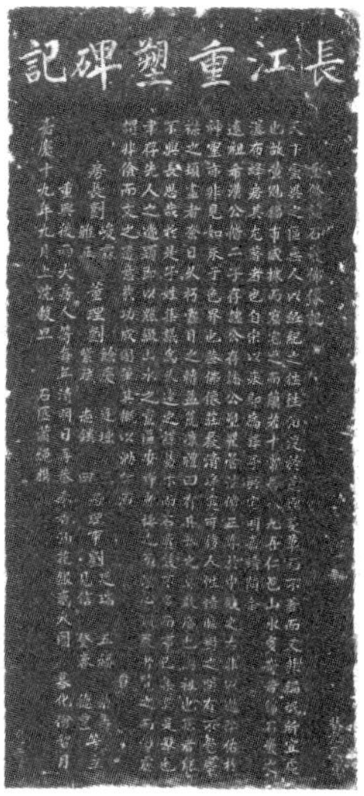

长江重塑碑记

天下灵异之区，无人以经纪之，往往汩没于荒烟蔓草而不著，而又非编氓[②]所宜处也。故黄冠[③]缁布[④]咸据而窟宅之，而兰若十常居八九。吾仁邑山水多奇，若锦石岩之瀑布蜂房其尤著者也，自宋以来即为释子所宅。明嘉靖间，余远祖希汉公偕二子存谌公存志公塑瞿昙[⑤]法像三尊于中殿之右，非以邀荫佑神灵，亦非见如来于色界也。盖佛像庄严清净，寔（实）可移人性情，瞻对之间，有不觉尘襟之顿尽者。奈日久朽蠹，目之转益荒凉。礼曰："有其举之，莫敢废也。为祖也孙者能不兴长思哉！"于是，子姓集议，为久远之谋，易木而石，费镪不多，而事已集焉。是举也，聿存先人之遗躅，即以点缀山水之灵区，安禅者栖之而澄心，蜡屐者览之而渺虑，谓非俭而文之遗意哉。功成，固笔之概以泐诸石。

房长刘峻霖（以下略）等立

嘉庆十九年九月上浣谷旦

⊙注

①此文撰者不详。

②编氓：编入户籍的平民。

③黄冠：道士之冠。借指道士。清纪昀《阅微草堂笔记·滦阳消夏录四》："黄冠缁徒，恣为妖妄，不力攻之，不贻患于世道乎？"

④缁布：缁布冠，古代士与庶人常用的一种冠。古人行冠礼，初加缁布冠，次加皮弁，次加爵弁。借指老百姓。

⑤瞿昙：即释迦牟尼。

考

碑存于锦石岩大雄宝殿。高 1.36 米，宽 0.60 米，额“长江重塑碑记”，楷书阴刻。

撰者、书者均不详。

重修西石岩记

（嘉庆二十年乙亥，1815 年，佚）

胡光大

邑西北郭外三四里许，有古刹曰“泐溪”，庙貌巍然。正中为大殿，殿后稍偏为面壁亭，中间即所谓石崖者，是设大士像于其内。左有洞，窈而深，黝而黑，有奇花异卉、珍禽怪兽作种种诡异状，非秉烛不能入，入亦不见。相传六祖尝设禅焉。其右为穿洞，洞中行数十步，豁然开朗。外有荒基半亩，邑人邓君建亭其上，邑侯吴公[1]额曰“谷亭”。《诗》曰：“教诲尔子，式谷似之”，邓君之谓乎？是时乐邑地僻讼希，民淳事简，当夫山横青黛，野遍黄云。邑侯每偕宾朋游览其上，且以乐乡人登谷之乐志，勤民也。下临方塘如鉴，藻荇参差，鱼数十百头，泼刺亲人。有亭翼然，仅堪容膝。回视洞中，楼阁如在天半。循回廊复至殿后，左折过客厅，又过香积厨，高阁特峙，内祀香木大士法相。天然倚栏眺望，见城中烟火、郊外田畴，波光风影，上下碧空，有足以娱心而悦目。出门阶百余级，三元宫在焉。再进则苍松拔地，绝巘崚嶒。游履至是，不得上乎名山胜景。天地不吝其奇以示人，必一经人力创造布置其间，其名斯显。不然，以天下之胜，灭没于荒榛宿莽者，可胜纪哉？寺自吴侯修葺后廿余年，大殿倾圮，亭亦全颓，昔日风景付诸瓦砾。后解公[2]来摄邑篆，捐廉议修，旋去事，不果。予于嘉庆十九年春莅任斯土，目击古寺荒废，胜景凋残，前人创造苦心，同时湮没，因建议创修。于十月初四日起工，于岁暮工竣。惟愿后之来者，递相润色，无使后之视今，亦犹今之视昔，则予于斯有厚望焉，是为记。

大清嘉庆二十年乙亥仲春吉旦珊城胡光大撰

⊙注

①邑侯吴公：即吴五凤，同治《韶州府志》卷五《职官表》云其为安吉人，进士，嘉庆六年（1801 年）任乐昌知县。

②解公：同治《韶州府志》卷五《职官表》、民国二十年（1931 年）《乐昌县志》卷十三《职官》均缺载，生平里籍不详。

考

本记辑自民国二十年（1931 年）《乐昌县志》卷二十二《金石》，原碑不存。民国二十年《乐昌县志》卷二十二《金石·上》云：“右碑高四尺余，宽二尺余……”旧志佚此记。

撰者胡光大，嘉庆十九年（1814 年）任乐昌县典史。

重修梅岭云峰寺碑记

（嘉庆二十二年丁丑，1817 年，佚）

罗含章

嘉庆乙亥仲冬，大方伯邃楼赵公[①]奉天子命藩宣东粤，甫入境慨然曰：“营大屋者不荜门，建崇台者不圭窦。乌有富家巨室，而不峻其墙垣高其闬闳者乎。梅岭为入粤门户，云封寺[②]朴陋不称，无以壮我疆宇。吾与子盍典图之。”余敬应之曰：“诺。”时方清丈田亩未暇为也。方伯下车，黜贪墨，奖廉能，剔奸弊，核财赋，提纲振纪，政以大肃。乃倡捐廉银三百，走书示余曰：“子治雄州，百废俱举，兹事宁异人任。”余乃鸠工庀材，撤故殿而新之，并修张文献公祠及岭顶关楼，添植梅花百本。工甫作，观察使富公[③]曰：“吾三度梅岭，关帝庙偏小不肃，于心歉焉。”捐金二百付余辟寺前隙地为三楹，端冕以临，巍如焕如。始事于丁丑七月，阅六月而毕。凡用银一千一百余两。即落成，方伯命余为记。余惟粤东之有梅岭犹七闽之有仙霞，川蜀之有剑门，秦陇之有潼关也。使命之轺传于是出，部院之旌节以是出，诸番之朝贡与夫商旅之货贝罔不于是出。方伯斯举岂以佞佛而欲求福报哉。封疆之臣宜修封疆，社稷之臣宜修社稷，道固然也。《语》曰：“入其疆而国事之治忽可知也，过其门而家道之隆替可知也。”昔李太尉入朔方军，壁垒依然精彩一变。周文襄公抚江南，关泽桥梁、馆舍庙宇莫不整肃。余佐下风，知方伯为政严肃而清，缜密以栗，其不肯因陋就简数如斯也。呜呼！天下事之坏于因循者，何限视官如传舍。堂阶之下，几案之前，尚多堕废，况于封域之远且缓者乎？安得人尽方伯，举废坠而咸修之也。或曰“云峰寺乃挂角遗址，六祖之卓锡泉存焉。”今姑弗深考。夫承天子命，谨阨塞，修关梁，亦余守土职也。于是乎书。

注

①大方伯邃楼赵公：大方伯即布政使。道光《广东通志》卷四十四《职官表》：“赵慎畛，湖南武陵人，进士，嘉庆二十年任广东布政使。”

②云封寺：道光《南雄直隶州志》卷二十四《古迹略》云，云封寺在梅关侧，唐时创，名梅花院。宋大中祥符三年（1010 年）赐今额。俗呼挂角寺，相传梁时，飞来寺自吴中飞来，触梅岭缺去一角，遂名焉。

③观察使富公：即富森阿。道光《广东通志》卷四十四《职官表》云其为满洲正红旗人，官生，嘉庆二十一年（1816 年）任分巡南韶连兵备道。

考

本记辑自道光《南雄直隶州志》卷二十一《艺文略》，原碑不存。记中不落年月，据“始事于丁丑七月，阅六月而毕。凡用银一千一百余两。即落成，方伯命余为记”考定。

撰者罗含章，云南景东厅举人，嘉庆十七年（1812 年）署任、二十一年题补南雄知州，后复姓程，累官至巡抚。

青莲山复造佛殿记

（道光二年壬午，1822 年，存）

廖德馨

盖闻须弥兰若即号青鸳（鸾），洛下伽蓝原称白马，永兴推宅，恒镌净果于许旬；宜寿闻钟，长托胜因于荀勖。何必莲河葱岭，给孤始解捐金；岂惟鹫岭猿江，大士方能舍室？吾境青莲山，乃先朝钦差总督南赣副院都御史李讳秉中大人托迹之名胜也。考其创立，开从大明改易之日，建自国朝定鼎之年。其间翠竹凌霄，峻据南天之秀，青峰插汉，雄擅东粤之奇！展矣，尘寰净境；洵哉，欲界仙都。于是七重栏楯，代植祇林；五色琉璃，时修莲界。人民世沾康阜，物产永籍鸿禧。山所由来爰云旧矣。无何，年多所历，不无倾颓，岂荛宝树，□少室以恒凋；□□慈航，□□河而每涸。不有所废，其何以兴此。千秋金刹，每苔缠薜沕于前朝，而六代琳宫，仍矢棘□飞于今日也。然而，花宫再焕，讵能□殿飞来；香界还新，求必玉梁自下。既贯花而锡卓，复插草而唱缘。庵罗之树，又见华开；必钵之林，重闻鸟转。信属金仙之呵护，尤资信善之捐施。爰伐青珉，□登紫篆。珊瑚七尺，春蚕织无量之碑；鹦鹉双飞，古蛮绣显陀之碣，是为序。

信生廖德馨敬撰并书

道光二年立

考

此碑原嵌于青莲山寺佛殿墙上。碑高 0.56 米，宽 0.87 米，楷书阴刻（参见《乐昌文物志》，广东人民出版社 1989 年版）。相关考注参见《青莲山碑记》。

撰者、书者廖德馨，生平不详。

重建（东华山镇）觉古寺碑

（道光十七年丁酉，1837 年，存）

周以铭

东华山镇觉古寺，唐小释迦如来道场，山形五马归巢，乳之胜境也。其寺之肇造，（断之残）碑，考之郡县志，朝代年月皆未有载。惟按祖师慧寂禅师，字仰山，号小释迦如来，仁化叶氏子。年十四，自断二指，跪致父母前，愿求正法，以报劬劳。后参沩山得道，故世称沩仰，为五家之一，临济宗首焉。祖师圆寂虽久，而不尽之尘，万古如在。机无细不应，道有请必行。四境之人莫不沾慈云而沐恩。而故寺不无圮废，代有人为先而修之者。元明以前无可考，自我朝定鼎以来，于康熙丁卯，有山主林夺（?）求等；戊子岁，生员胡之□等；雍正六年，信生讳杨士超等；乾隆庚辰岁，我曾祖监生讳邦翰与廪生杨经纬等。厥后，我祖监生讳□尊，叔祖监生讳宗道暨伯父监生讳德仰，与贡生讳赖霖等相继倡首，或鸠材（?）修殿，或集金饰像，故寺至今岿然存也。四月初八日，祖师诞辰，弟以箴往庆寿，归向余言曰："寺又坏矣，较前尤甚，非鼎新重建不可，□欲继先志而肩厥任焉。"余曰："善！勉之！"因约曾君暨经理二十，发簿签金，遐迩乐从。匝旬会簿，得银四百余两。于是揆日庀徒，聚石运材，鼎新重建。塑绣佛，镇山门，经始乙未，告竣丁酉，□三载矣。则见竹苞松茂，基（?）檩（?）一新矣；美轮（仑）美奂，堂构一新矣；檐牙簸空，窗牖玲珑，廊庑又一新矣。昔之狭隘者，今皆爽垲矣。由是□（乎?）祖师殿居后焉，大雄殿居中焉，山门列前焉。左右禅堂、僧舍、客厅无不名□其位焉。宝宇辉煌，不殊西天竺国；金容妥爽，永荫乎细草长松。佛氏云："必有信心，同登彼岸。"其所以福有善庆者，安有涯乎。后之人有溯妙道于沩仰，感灵应于东华，不惜踵事增华，炳耀名胜，俾万古千秋不朽，是又余之大有望于将来也，是为序。

沐恩邑庠生周以铭盥手敬撰并书

（捐款人名略）

大清道光十七年丁酉岁中吉旦

考

碑今存于洛阳镇白竹村委东坪自然村北约一公里的东华寺遗址。此碑一连五块并排组成，碑题从右至左阴刻横排，每块刻二字，现存三块，右至左分别是第一块刻“重建”、第四块刻“觉古”、第五块刻“寺碑”，第二、三块遗失。据东坪村 74 岁老人李求妹回忆，第二、三块碑上各有两个大字，分别是“东华”和“山镇”。如此，碑题就是“重建（东华山镇）觉古寺碑”。此碑立于清道光十七年（1837 年），每块高 1.25 米，宽 0.45 米，厚 0.07 米，青石质，碑文楷书阴刻，庠生周以铭撰并书。相关考注参见余靖《韶州重建东平山正觉寺记》、《（东华寺）妆衣重……（碑）》。

重修云门寺并鼎建客堂韦驮殿记

（道光三十年庚戌，1850年，佚）

邓汉卿

云门古刹，乳邑名山，自汉迄今，由来已久，其间修创凡几度矣。盖人以时代而迁，物因日久则弊，近因废塌，僧浼首劝捐，无如丁未兴工，迄今只属草创。去冬，林广文邀余选胜此山，游眺之余，纵风景可怀，而楹折榱崩，惨人心目。祖殿虽规模粗就，可免佛顶星明，奈廊檐倾颓，禅堂草茂，予心恻焉。爰纠同志一十七人，复买材料再行修葺。白镪朱提，因心乐助，于是雇工择匠，度势揆形，削之则冯冯改观，筑之则登登相应，不日而成廊檐栋宇，照墙丹墀，甬道巩门，神厨佛座，更为南修级路，东创客堂，莫不涂次丹雘，轮奂维新。从此韵士雅人，倦游小憩，聆松涛与钟韵悠扬，听鸟语和鱼音迭起，洵足以契清怀也。抚今追昔，不诚大观哉。是举也，经始于春正正月之上旬，落成于夏五蒲辰之中焉。工竣之日，谨记数言，以志一时之盛事云尔。

壬辰科武举拣选卫守府邓汉卿谨撰并书丹

道光三十年岁次庚戌菊月吉日立

考

本记辑自民国《云门山志》第九篇文献碑文，原碑不存。

撰者、书者邓汉卿，生平不详。

鼎建祖师殿闳门记

（咸丰元年辛亥，1851 年，佚）

邓佩秋

自牧齿创门瓯阖[①]，而闳门之制兴。闳者，两阶中南向之门也。月令仲春之月，乃修阖扇。后世踵事增华，绮文卍字，巧极穷奇。第其制特详于朝陛，而绀宫梵宇，似乎不宜。盖释子以空为宗旨，争关键于一心，苟能寸心莹澈，自视万物俱空，闳门之设，诚赘疣哉。抑知空之为旨，乃空其所累，而非空诸所有也。昔达摩面壁无门，参最上乘，惟其闭禅关于方寸，能超四大而皆空，有门无门，自当了悟。故传灯有五门之拣：一曰禅门，二曰无相门，三曰无作门，四曰不二法门，五曰沙门。总言之，曰空门。此其义，兰若丛林原有所取，取之以关方寸，非取以关出入也。

匡真圣佛，关钥高险，宗号云门。夫云既有门，门非人置，无须人力，安用闳门。然而禅机洞辟，色相原空，宝相庄严，何容亵露，此闳门所由立也。今春，拉二三戚友游眺此山，见夫颓者兴，废者举，莫不焕然崭然，而独于祖殿豁然，得毋有取空门之义耶？抑或经事乏人耶？尔时赞堃君，怃然有问（间），曰："此间松膏僧粒，先大父常不靳施与，恒有志焉，未之逮也。今兹闳门棖牖，责成于恒可也。"爰纠匠氏，削墨引绳，两越月而工告竣矣。自有此门，俾诸上人借之以悟五门之旨也可，因之以关方寸也可，即以为具法眼之正门也亦无乎不可，岂徒以壮大观哉。予嘉邱君善承先志，更羡其独力落成，故为援笔以记之，以贞诸珉于不朽。

邑廪生邓佩秋盥手书丹并撰

从九品候选右堂邱景恒捐修

咸丰元年岁次辛亥孟夏月吉旦立

注

①牧齿创门瓯阖：牧即仇牧（？—前 682 年），春秋时宋哀公的曾孙，宋愍公时为宋大夫。《史记・宋微子世家》："（南宫万）遂以局杀愍公于蒙泽。大夫仇牧闻之，以兵造公门。万搏牧。牧齿着门阖死。"后用以借指忠良。

考

本记辑自民国《云门山志》第九篇文献碑文，原碑不存。

撰者、书者邓佩秋，生平不详。

（青云寺）重修殿宇碑记[①]

（同治五年丙寅，1866 年，存）

庾岭以南，名山奇秀。自曹溪外，为僧占者多。大桥墟[②]左行五六里，有古寺，额曰“青云”。结庐人境，却洗尘缘；卓锡林间，能通佛意。山不□□□，而晴岚雨岫每各异观；水不必西天，而□涧风泉别饶清韵。数花间几叶，□近梁□；问树种何年，约传汉魏。伊昔僧有古□慧亮者，实开斯山，度地为基，累石作屋，有佛殿、僧房、法堂、方丈，院宽半亩，墙蔽一□。因□以构亭，□呼云以入室，浮云扫而法眼顿开，慈云来而前身可证。故寺以“云”名，真曲江□□□□，□□小有洞天也。然岁月逾深，亭园就废。元明以前，兴替无据。考国朝以来，一修于乾隆中年，再修于道光初叶，规模依旧，栋宇屡新。今同治丙寅，乃集檀越金钱，爰焕祇园亭院。经始秋□，落成冬□。龙蛇壁古，依然寺□之基；构竹丛深，恍有灵岩遗意。一林梅子，尽弹荒烟。□□□□；□延明月。争迎生佛，快瞻法雨西来；倘得名僧，定趁灵风南渡。此盖一邱（丘）一壑，有道则名乎？□□□非僧不住者已！

信生邱□云谨记（以下芳名略）

同治五年岁次□□吉旦立

⊙注

①此文撰者不详。

②大桥墟：即大桥镇街，今属仁化县。

考

光绪《曲江县志》卷十六《寺观》：“青云庵，在韶社都。”青云寺或时称青云庵。韶社都即今周田镇一带，大桥墟时属韶社都辖。

重修南华寺记

（同治十三年甲戌，1874年，佚）

林述训

古者神道设教，立之坛壝祠庙，以为民祈报。自梁天监年佛入中国，则又建寺塔以与民修福果。此其事殊而为教一也。曹溪南华古寺，冠岭表丛林之胜，开山者为六祖禅师。考师自黄梅得道，至曹溪立辟宝林，大演南宗。在唐宪宗时赐谥“大鉴”，塔曰“元和灵照”。在宋太宗时，加谥“真空”，塔曰“太平兴国”。沿及胜国[①]，宪宗亲制坛经序，尊之曰“西方圣人”，时并建本来堂之数。君者聪明天授，乃敬信之若此。则建寺之举，亦弼教之一端耳。我圣朝声教暨讫，赫濯海隅，平藩奉命南征，默叨佛佑，爰有康熙年重修之役，斯亦戢兵安民，将以崇礼祖师，广宣至教与（欤）？予巡斯郡，岁在辛未。适遭旱魃，遍祀弗雨，乃偕曲江张尹[②]诣寺，亲祷顶礼。甫毕，阴云四合，一雨三日，苗以浡然。民歌曰：“祖师来兮灵昭昭，至诚感兮肃星轺，沛甘澍兮养我良苗。”随有和者曰：“慈云拥兮雨潇潇，慰农望兮不崇朝，虽乐岁兮殿宇漂摇。”盖寺经二百年来风霜剥蚀，祖殿仅完，而大雄殿则皆荒烟蔓草矣。予绎歌以寺工谋诸僚友，郑军门[③]慨然曰：“是在予二人廉捐首倡。”乃进郡绅欧孝廉制疏缘劝，一时四方响应，合三州官绅士庶，输款万金有奇。遂鸠工庀材，经始壬申八月，越癸酉初冬，祖殿暨大雄殿以次工竣涓吉。仲冬既望，进香供奉。前一夕适鹾使钟君至，语及郡人将有事于南华，喜甚，约与偕行。翼日至寺门，叹曰：“此真西天宝林也。”登堂展礼，周览殿宇，更谋葺罗汉楼。相与盘桓而返，比回舟，遣使斋金来，言曰“备门材”，若与祖师有夙契焉者。今年夏，予以入觐解篆，未获再图，因封金遣张尹为葺楼计，而郑军门复念工钜费繁，多方集腋以期蒇事。吾知功德水其有以满之也。顷将戒行，郡绅以殿成请记，谨援佛有弼教之义，略纪斯役，俾勒诸石，并镌签助姓氏于碑阴，以为乐善劝。

时同治甲戌仲夏谷旦记。

⊙注

①胜国：亡国也。指明朝。相对于下一个朝代，则曰昭代，即本朝也。

②曲江张尹：即张希京。同治《韶州府志》卷五《职官表》云：“张希京，江西南丰人，举人，同治八年任曲江县知县。”

③郑军门：即郑绍忠。同治《韶州府志》卷六《职官表·武职》云：“郑绍忠，三水人，同治七年任南韶连镇总兵。”

考

本记辑自同治《韶州府志》卷二十六《古迹略·寺观》，原碑不存。

撰者林述训，安徽和州人，进士，同治五年（1866 年）任分巡南韶连兵备道。

重修南华寺记

（光绪元年乙亥，1875 年，佚）

张希京

幼时阅《传灯录》，至能禅师偈曰："菩提本无树，明镜亦非台。本来无一物，何处惹尘埃。"未尝不三复斯言，以为深得释氏津梁，宜五祖于五百人中，独传衣钵于过量人也。余虽心契斯语，亦未考六祖颠末。迨咸丰丁巳，奉檄来粤，始耳曹溪名，多胜迹，为岭南第一丛林，供六祖法身焉。因询其来去，自白花白鹤之兆，询至落叶归根之语，翕加礼敬，谨佩之弗敢谖，遂殷然有瞻拜意。为宦途绊多，不果。同治己巳，来宰斯土，因公至祖殿，敬以瓣香。自幸幼时仅闻其语，今乃获见其人焉。住持僧款以斋蔬，出《曹溪通志》。复导游胜境，见有朽蠹者，有倾斜者，有全毁仅余梁栋者，余恻然心动，有倡修志。去年春，魃甚，祷雨皆不应，乃随林观察[1]亲诣祖殿叩。祷祝起，云油然作，方回辕，膏雨滂沱，岁遂大熟。嗟乎！六祖去今千余年矣，其身至今存，其色相犹活现于今，宜神之洋洋在上，不可度而射也。世之有功德于民者，尚隆以庙祀其木偶，况六祖为禅林洙泗，泽润生民，至今且未有艾，忍令不着一物之身为真尘埃之所污乎。适当道诸公，佥议捐廉倡修。余亦哀赀乐襄其成。祖殿则葺修之，大雄殿则鼎新之，以及罗汉楼、钟楼、鼓楼、山门等处朽者完之，斜者正之，毁者补之，皆轮奂一新，洵壮观也。经始于同治壬申年八月，越光绪元年工竣，费逾万金。住持僧征余记，欲泐诸贞珉。顾余服习孔氏书，于释教懵未有闻，曷以记，且即幼时三复偈语者，记之。我夫子继尧舜禹汤、文武周公而集大成，为万世师。六祖受释迦、达摩诸祖衣钵，开演大乘，度人至今，其有功于释教，与我夫子有功于圣道，有隐隐不约而同者，其即禅林洙泗之意乎！故乐为之记，且以志幼时佩服之意云。

时光绪乙亥孟冬谷旦记

⊙注

①林观察：即南韶连道林述训，参见林述训《重修南华寺记》考。

考

本记辑自同治《韶州府志》卷二十六《古迹略·寺观》，原碑不存。

撰者张希京，曲江县知县。参见林述训《重修南华寺记》注②。

李印泉修缮南华碑

（民国八年，1919 年，存）

杨　晋

中华民国七年七月，督办粤赣湘边防军务滇军总司令、陕西省长腾冲李公印泉[①]，始游南华，见庙宇荒敝，僧众四散。以为曹溪祖庭所在，而宗风衰替，及今不治废坠，且莫知所底。慨然有存名迹，安戒纳之志，乃捐廉二千圆为倡。命守土之吏，筹资鸠工，从事修缮。至八年六月毕工，都计用银四千圆。有曲红县[②]知事周濂见任，陆光鑫实董斯役，晋幸陪雅游，为纪其事于石。

岭南道尹建水杨晋记

东官邓尔雅书

⊙注

①李公印泉：即李根源（1879—1965 年），字印泉，又字养溪、雪生，号曲石，别署高黎贡山人，祖籍山东益都（今山东青州），生于云南腾越（今云南梁河九保）。近代名士、国民党元老。民国七年（1918 年），李根源任滇军总司令、粤赣湘边防军务督办，驻节韶州。在韶期间，李根源注意地方建设，曾修建韶州城至东河坝再到火车站至周田的军路（公路），又修筑南门口通往火车站的军桥，这些建设所需款项，李根源饬令由粤赣湘边防督办署实用实报，并且“如需征用民夫，务宜酌给工资伙食，予以亲切和平之待遇，不得稍涉滋扰，使失民心”。李根源在韶期间还注意保护当地文物古迹。1918 年秋，李根源饬令曲江知事陆光鑫重修韶州九成台、风度楼、风采楼、风列楼等，并带头“捐金一千元，作培修风度、风采两楼和九成台之费。再捐金五百元，就过街楼地址为麦武烈公（铁杖）新建风烈楼”，还出资万元银元修葺张九龄祠墓等。

②曲红县：即曲江县。东汉初《神汉桂阳太守周府君功勋之纪铭》碑文中称曲江县为“曲红”县，北魏郦道元《水经注》也这样记载：“（曲江）县昔号曲红。曲红，山名也，东连冈是矣。”因此有学者认为曲江县立县时应叫曲红县，以山为名，而不是以水为名。事实上，对于郦注之说，宋人朱翌（新仲）就在其《猗觉寮杂记·卷下》进行了反驳，说：“曲江周府君碑：‘府君，后汉人，碑阴载门吏皆云曲红。’古字简多借用，故以红为江，郦元不晓其义，载曲江县乃云昔号曲红，又云曲，山名。以地势考之，武溪自北来，自西入海，古郡城在其上，视江水正曲，何名为山哉?”即说古汉语中“江”、“红”常常互训，两字实是可以经常互相借用，故而曲江并不曾叫“曲红”。

考

碑今存于南华寺。

撰者杨晋，时任岭南道尹。书者邓尔雅（1883—1954 年），名溥霖，字季雨，东莞莞城人，民国时篆书篆刻名家。

重修南华禅寺记

（民国二十三年，1934 年，存）

李汉魂

释氏之入震旦，始于汉永平，迄今已千八百余年矣。能师振锡，而南宗称盛。厥后衣钵不传，是南华实集佛教之大成。其声闻宏远，盖有由矣。夫因果之说，圣人不讳。释氏之广大深微，足以赅纳上智，显示诸象，足以警愓下愚。而中土存亡，亦能戒惧身心，旁辅政教，为智者阏禅悦之门，愚者导迁善之径。而其象教越世，开哲学之津涯，尤彰彰也。今大府倡存名胜，向之摧陷廓清者，咸命有司谋所以保存之，著为令。曹溪于南中国为名丛林，颐自唐龙翔而还，代远年湮，虽屡完缮亦就荒圮。汉魂受命绥靖，典军韶关，治军之余，少得瞻仰，怃然兴重修之愿。爰征贤达醵赀，逾二万金，且以广州筹备会之推也，不敢引辞。爰命秘书吴种石董其事，鸠工庀材，简员设计。因其地以结庐筑榭，辟曹溪林营、南华精舍，拓田园五百库，艺花果千万株。草莱者芟之，剥食者新之，而斯寺以濯以显。经始于民国二十二年九月，越岁八月而工竣。更捐廉奉《大藏经》，复祖殿为藏经阁，造储宝厨庋法物，以永其传。且礼请虚云老和尚来主是寺。于嚱！宏宗阐法，非汉魂钝根所敢闻。他日祇园永茂，华实增繁，嘉树成林，民生少补。寓胜残于去杀，期解甲以销兵，庶不负斯举欤。谨以压略志于石。与事捐助，例得另书。

民国二十三年八月　吴川李汉魂记

大博邹鲁书

考

碑今存于南华寺。

撰者李汉魂（1894—1987 年），字伯豪，号南华，汉族，广东吴川人。1919 年保定陆军军官学校第二期毕业。1926 年参加北伐战争。抗日战争时期历任军长、军团长、集团军总司令，广东省政府主席。抗战胜利后，游历考察欧洲、拉丁美洲二十多个国家，1949 年春回台湾，出任“台湾当局”总统府上将参谋长，后任内政部部长。1982 年曾回北京、广东等地探亲、访问。著有《岳武穆年谱》、《欧洲散记》

等。书者邹鲁（1885—1954 年），幼名澄生，以“天资鲁钝”，自改名为鲁，别号海滨，广东大埔县茶阳镇长治仁厚村人。历任国民党中央特别委员会委员、中央常务委员、国民政府委员、国防最高委员会常务委员、国民党中央评议委员、“总统府”资政、“监察院”监察委员。

民国二十一年（1932 年），南华寺除祖殿、宝塔和苏程庵（宋建，苏轼有铭）较为完整外，其余大都颓败。当时驻韶的广东省西北区绥靖委员兼独立第三师师长李汉魂发起募修，筹得毫洋 3 万多元，后因工程浩大，入不敷出，得李汉魂与其秘书吴种石补足余款。这次重修工程由李汉魂专程从福建鼓山涌泉寺迎请来的高僧虚云主持（后又主持重修云门寺和城内大鉴寺）。从民国二十二年（1933 年）起历十余年，将南华寺原四合院式平面布局重新调整为阶梯式中轴线对称平面布局，除灵照塔和六祖殿外，其余建筑几乎全部翻新，共建成房屋 243 间，装塑佛像 690 多尊，并拓田园 500 亩，重建曹溪林园和南华精舍，还种植了大量果树。此次南华寺重修形成的建制规模大致沿用至今。

重修丹霞山记

（民国二十三年，1934 年，存）

李汉魂

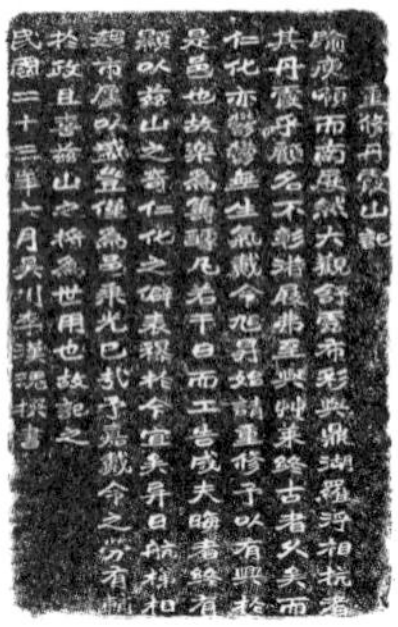

重修丹霞山记

逾庾岭而南，展然大观，舒云布彩，与鼎湖、罗浮相抗者，其丹霞乎！顾名不彰，游屐弗至，与草莱终古者久矣，而仁化亦郁郁无生气。戴令旭升，始请重修。予以有兴于是邑也，故乐为筹醵，凡若干日而工告成。夫晦者终有显，以兹山之奇，仁化之僻，表袍于今，宜矣。异日航梯相趋，市廛以盛，岂仅为邑秉光已哉！予嘉戴令之劳，有辅于政，且喜兹山之将为世用也，故记之。

民国二十三年六月，吴川李汉魂撰书

考

碑存于别传寺，行书体，直行阴刻，高 1.00 米，宽 0.64 米。

自澹归和尚建寺近百年后，鼎盛一时的别传寺之突然衰落，其原因据传是在清乾隆四十一年（1776 年），因澹归和尚遗著《路公别传》、《徧行堂集》有反清复明的言论而殃及别传寺，被清朝廷下令焚寺，诸多殿宇毁于一炬，五百僧伽被屠杀。现丹霞之后山，有一处称“埋人坑”的地方乃是当年屠僧之地。但据后来公开刊行的《清代文字狱档案·澹归和尚〈徧行堂集〉案》，所牵累及别传寺一节并无屠僧的记载，而是将澹归骨塔及其碑志椎碎刨毁，并将丹霞寺（别传寺）改作十方常住，其属澹归支派之僧人一律逐出。虽然并无焚寺一说，但随后一百多年间，澹归所建之别传寺建筑因无人维修重建，至民国初如大雄宝殿等主要建筑大多已近废毁；民国十五年（1926 年）盗匪黄耀祥聚众百余人盘踞丹霞山内，被当时的官兵炮击围剿，致使山门被毁，别传寺遭严重破坏，寺内法器储物也被洗劫一空。民国十六年（1927 年），时势动乱，仁化当局把仁化县立初级中学迁入寺内，因不慎失火，殿堂尽毁。民国二十一年（1932 年）由西北区绥靖委员李汉魂主持捐资在原大雄宝殿废址上改建“丹霞精舍”，重修“登梯铁索护栏”，先后重修苇桥、地藏阁，在山麓建丹霞下院等，恢复了别传寺部分建筑。

二　事件记述类

南华寺新建免丁库[1]记

（宝祐元年癸丑，1253 年，佚）

张兹仪

万安军[2]维石岩主祖通，持钱五百缗，来南华祖师塔头作大法事。南华为刹，积岁空虚，主去权来，涝漉几尽。惟寺之大利害者，独众僧免丁一事，颇涉有司，结制未讲，僧官已来，取索丁轮，急如星火。堂僧禁足，主僧心移，东那（挪）西借，粗免急逼。今通岩主之钱不归于长生库，别立一库，表以免丁。子本相生，不容他假。其钱积久，其利必博。僧不以丁，而泥其迹，寺不以丁，而窘于输，可以长处安乐，长守利益也。

⊙注

①免丁库：南宋各州多设有军资库，又内设十一所子库：夏税库、常平库、免税库、盐钱库、大礼库、物料库、免丁库、赃罚库、犒赏库、衣赐库、抵当库。此指在寺院所设免丁库，亦称免军库，指贮存免丁钱之库藏，亦为寺院所经营之储本生息机关。

②万安军：宋置，元因之，治万安，今海南省万宁市。

考

本记辑自清康熙《重修曹溪通志》，原碑不存。

撰者张兹仪，生平里籍不详，宝祐初为镇南节度使。

由于僧侣有免役权，这就助长了出家之风，不仅造成了国家劳动力和兵源的匮乏，而且大大减少了国家的丁税收入。宋代改变了历代对寺院赋予的赋役豁免权，僧道不仅要缴纳地税，而且须服丁役，而丁役可纳钱代之，于是每年的纳钱免丁费用成为部分寺院的一大经济负担，故南华寺专设免丁库，储本生息，以之纳钱免丁。

六祖常住香灯大坪庄粮田印信案碑记

（万历十八年庚寅，1590 年，存）

韶州府为抄没佛田事，万历十三年四月二十三日抄

蒙巡按广东□□□史汪□批，据南华禅寺僧户长僧超言、僧性宪等状告称：游学林涣至寺毒计杀人，取材讪谤，去□□□知人情曲没□□□□粮田寄户翁源县，与民□差申夺追租银六十两，充补曲江县蛋户虚粮。一益一损，万口含冤，罄粥□□□□纳王□不已，道告送府，怜悯未复。忖税两县当差逼逐，僧徒流散等情粘连说帖，一纸赴告。蒙批仰府查报，蒙此随查。

先万历十一年七月十七日，蒙钦差整饬南韶等处兵备兼分巡道、广东等处提刑按察司佥事王[1]□□□□□□□言僧性宪等具状，以佛惠能名字告为抄没事。蒙批该府查报依行，曲江县提得僧超言、僧性宪、吴世魁等解□连人卷送本府理□。推官杜□[2]查议回称，看得本寺大坪庄田，原乃六祖传留，岁收租利，世为香灯，供费□□□差。今又断补蛋户[3]虚粮，以致各僧不平。况□年租收不足，里长取粮紧逼，官□蛋税尤速，遂有贼累之苦。今各僧□□□没□无非脱离苦海之意，但前田原充六祖香灯，揆之律例难拟没官等。因牒报回府，又蒙本道□□□超言、僧性宪等状催告为归结事，蒙批仰府查报遵行。详报间就蒙前因，依蒙□行翁源县。查南华禅寺原寄僧田粮米岁共收租各若干，今每年议追租银六十两，克补曲江县蛋户虚粮外，尚该剩租银若干，递年有无足纳。□□备细查明，申报转详税。据该县申称，拘得僧超言、僧性宪等到县，取出万历十年□大造黄册，当堂查得：长三面□□□□郁排下甲首僧亚龙户内，委有南华禅寺六祖敕遗，土名横坑镇上桐子树脚寺背等处，奉清丈过，实田六顷九十五□□□三厘七毫，六丝批耕，岁收租银一百二十两，内除输纳粮、差银三十余两，尚余银两向系六祖留收入寺，世奉香灯。审据僧亚龙、超言、性宪等吐称，前田连山谷，□远离寺场，荒捕硗土，熟少旱多。递年批与佃田钟世凤等耕种，□□□拖负。至万历七年，因被游学林涣诬害，追租银六十两，解充曲江县蛋户税粮。两县当差雪上加霜。□得翁源县民谢吴□姓前后舍田入寺，以供六祖之香灯，甚盛心也。今没补蛋税，是以翁源之田，供曲江之税，于理非宜。以一□□□产，纳两县之差，

于僧愈困，委的佃户又有拖久，递年供应两县重差之外，所剩无几等因，申报在案。万历十六年正月二十二日，又蒙南韶兵巡道副使龚[4]批，据僧超言、僧性宪等状告，为乞天恩归结抄没事。蒙批仰府查□□催各僧审议未到。僧超言、僧性宪等又将前性于十六年闰六月十三日具状为占田事，赴巡按广东监察御史蔡□[5]告准，蒙批仰府同李□究报该本，官行提得僧超言、性宪等，并查吊南华禅寺新旧志书及本府文。议得南华禅寺六祖寺自唐宋开创，迨至国朝正统、天顺等年节，奉钦赐金牌、藏经、衣鞋等项，并御制□□，□火丛盛，僧徒至千余人，初非残废寺院之比。其田租一百二十两，以六十两完纳粮差，以六十两修理常住杂费，亦如民间供税之外，资不尽以养家口。且田在本寺，僧人与佃民收租，无论布粟货物皆可准折充数。今议刊□□□充饷，凡顽佃节年拖欠，止责众僧备银上纳，实难措办。况钟世凤等佃田骗租节年，告府成案可查。章程虽载，名有实无。今簪徒舍百余，群噪口庭，似有十分激切之情。职奉批前词，若复避嫌观望，甚非所以。奉宣宪今□□□牍也，合无先行禀请，恭候宪示或容令通详□军门，将南华禅寺刊入章程，田租银六十两行各属查补。除豁寺租或念古刹僧多，特赐径行除豁由，呈详本院。蒙批以寺租而充军饷。此前官条议者之过，无怪僧家□□□也。仰韶州府议处通详，依蒙备行，曲江等六县查议抵补，去后陆续催。据仁化、乳源、乐昌、英德四县申称，各县钱粮一应起存银两，递年俱奉，会计酌定盈□，行县派征。其起解既有定额，支给者并无盈余。一岁之□重供之用，并不敢额外加派厘毫。此外并无剩存银两，堪以抵补前寺租饷。又据翁源县申称，本县岁征各项，起存钱粮，递年奉文行县，会派照款征解，各有定额，支有定数，无容别议。外，及查蛋户虚粮，原系曲江县粮米。寺田原系□□县民谢吴二姓喜舍为六祖香灯之资。县见纳本县粮差，今聚议抵纳曲江蛋户虚粮，委属未妥，乞曲江县自议抵补等因，各申报到府。并据曲江县申称，查得□议前银抵补本县河泊所蛋户虚粮。万历十年四月内奉□□政司发下章程，刊入南华禅寺田租银六十两充饷，然止追完万历八年、九年分租银，每年六十两解府转讫，后因各僧外窜，丝毫难追。至万历十年十一月二十六日，奉南韶道明文，查将本县议革冗滥铺兵二十三名，岁□□一百六十五两六钱系属余闲，相应查抵。仰县自万历八年起至今，共未完银三百七十两五钱一分零，尽数追完，内将六十两抵补蛋户虚粮，以后年分一体施行，依经遵照。每年动支 六十两抵补外，自万历八年内奉明□□□□司铺兵二十三名，银一百六十五两六钱，陆续追完，已尽数抵补鱼课虚粮等项，□用讫，并无余剩，前项佛田难从借补等因申报，前来本府覆议通口间。又据僧超言、僧性宪等具状府告准批，寺租系各僧香灯之费，乃□□□饷，一旦夺其所有，何怪僧众之纷纷告复也。送练兵厅吊查，有行案卷裁议详报，随该本府清军练兵。同知刘□□[6]唤僧超言、僧性宪到厅，弁仅本府□行始末文卷、查审得本寺额田四顷口丈六顷有奇，载粮米一十八□□□□籍翁源批佃耕种，岁议租银守口经行追，屡被各佃拖负致累。僧超言、僧性宪等赔贼不过，□□□佛惠能名目，愿将前项庄田尽没入官兵蛋户虚粮仓，令佃丁径赴完一百二十两。向系本寺众僧亲收，办纳粮差，管备香灯，修葺寺宇，供给寺僧，□□□用。续于万历七年内，因□□□同知□条议，将寺租银六十□，充办粮差。六十两□□曲江县蛋户虚粮，□□□十年内，奉布政司将前租银六十两，刊入章程充饷，行府置立碑记，永为遵守。□经行追，屡被各佃拖负致累，僧超言、僧性宪等赔不过，□□□佛惠能名目，愿将前项庄田尽没入官，□蛋户虚粮仓，令佃丁径赴完。□□□及屡行曲江县查议，与前无异。看得南华禅寺□系□□□□□□累朝敕建名山，北之□祠有间，僧众千人，皆府属土著，见□□□县粮，里视之游僧殊科。查各省没官寺田，必系毁淫祠与无粮地土，然后以抵别项，无征额税，非曰举敕建神祠而尽废之举，有粮田地□尽□□也。前田原□翁源县谢、吴二姓之业，□纳翁源县粮差一十八石二，□□□龙之寄庄可查，每年收租虽称一百二十两，然鸡啄菽粟皆可充数，且顽佃蛋骗数多则。□□告案有处，今各僧屡屡哀告，且愿将前田尽没入官。其蛋户虚粮迄今□甲径赴该县完纳，此□万不得已之计。为照曲江、翁源□□虽并隶本府，然有分土，亦有分民。兹欲以翁源之田□曲江之税，于法既有所不行，以□县之产当两县之差，于情又有所不忍，匹夫妇□□□入，除上供外，并得收其余，以供人口。今僧亚龙实系寄庄，与编氓何异。隶□□□所有，□又欲称贷以益之哉。况前租虽入章程，然自八年、九年而外，并未输纳。审据里排等吐称，各僧所纳，□年租银又系典卖曲江田□□充。□十三□□□□□□□□□□□□□□□□□本道行该县，查□□工食抵补。今据回称，此后已□□□矣。若□备由申白诚，恐各僧终远父母，又无家，将来追并严迫，必将散之四方，非惟六祖庙貌尽成丘墟，□两县里甲亦属逊绝。信如前□之议，以僧□□□□□矣，不知将来又将以何者□□户乎。□乞通详□两院，如以□□封寺宇□不可废，或照李同知[7]□原议，将前项寺租量行豁免，如以章程饷银，必不可少。或查各处余税，别议抵补。如□庶饷额不至虚悬，□□□亦□□□□□□□□由□报□府后，该本府知府陈[8]□□□有得南华禅寺僧赋役繁□等项，田租事属两邑，真有不能夺此以补彼者，况自彼民

施之，本以供佛。乃前官欲以饷兵，无论拂民情，违古□，即于□本朝□□圣崇奉至□□□□□□□□□□□□也。□□□经各官勘议，目击□状□，乞恩量赐豁免，不思□银既入章程，事于戎政，万万不容已者。但节年已来，并属拖欠饷额虚悬，与其名存而实亡，孰若名以存实。查得本府□属有涂洸厂[9]商税，每□□□□□□□□□□饷外，例报□□□余两，向收府库，以待□军□，不□□器□□内，动支六十两刊入章程，以补前银之缺。庶兵有实饷而僧无虚赔，□体□累朝之纶音，存六祖之檀越，是在□宪台盈□之，非本府所敢□也。□□□□□□□□□□钦差总□两□□□□□□□□以南华禅寺供佛□□补曲江蛋户虚粮，即僧众无争，亦于事情欠妥。矧各僧苦于追赔，而虚税亦何补于章程？原解兵饷银六十两准行，□□□充该寺供应，□□□人我□□□□□□□□□□□之数准□□□□□□□税照□□解仍□布政司□□□缴。又奉布政司左布政张[10]批据，申南华禅寺僧田原系翁源县施舍，乃今移补曲江县蛋税，此诚条议者之苛，且拖欠□相沿，仅存虚额，无论群僧□□□□□□□□□□□□含洸厂□□□补前银甚为□当□侯□两□□□缴。又奉□□官分守岭南道左参议李[11]批据，议以厂税之余，补□饷额，深得调停之法。仰候□两院详示，□又奉□带官南韶兵巡道副□周[12]批，□□□两院□示□□□□查前事已经具由通详，去后奉批允□□□□□□，此帖付南华禅寺户长僧超言、僧性宪等照，将原该寺没官充补曲江县蛋户虚粮田租六十两豁免。于涂洸□余税银，动支抵补前项租。□□□□超言、僧性宪□□收归寺，以供六祖香灯之□，毋得有违。□□帖者。

右帖付南华禅寺户长僧超言、僧性宪等执照。

万历十八年三月十三日

具告户长僧超言、僧性宪等抄白刻石暨帖

住持僧照权　户长僧真权　合山僧众等同立石

⊙注

①钦差整饬南韶等处兵备兼分巡道、广东等处提刑按察司佥事王：即王民顺。同治《韶州府志》卷四《职官表》云："王民顺，进士，金溪人，佥事，万历十一年任南韶道。"

②推官杜□：即杜克仁，贵州举人，万历十一年（1583年）任韶州府推官。

③蛋户：即疍户，旧时对水上居民的称呼。主要从事渔业或水上运输业，多以船为家。

④南韶兵巡道副使龚：即龚一清，进士，义乌人，万历十六年（1588年）任南韶道副使。

⑤巡按广东监察御史蔡□：即蔡梦说，字君弼，福建龙岩人，隆庆元年（1567年）举人，万历二年（1574年）进士。初授中书舍人，后升任监御史，先后巡按江南、广东。万历十七年

(1589年）后，以浙江副使的虚衔在家休养。万历三十五年（1607年）后历任海南道副使兼学政、广东南韶道参政，后托病回乡，天启六年（1626年）病逝，享年七十七岁。

⑥同知刘□□：即刘承范，湖北监利人，举人，万历十七年（1589年）任韶州府同知。

⑦李同知：即李春和，南昌人，举人，万历十六年（1588年）任韶州府同知，为刘承范前任。

⑧本府知府陈：即陈奇谋，浙江嘉兴人，进士，万历十六年（1588年）任韶州府知府。

⑨浛洸厂：即浛洸税厂（关）。韶州府在英德洸口所设的税关，以浮桥拦江，税连州、阳山商路。

⑩布政司左布政张：或即张大忠，道光《广东通志》卷十九《职官表》云："张大忠，浙江秀水人，进士，万历十七年任左布政使。"

⑪分守岭南道左参议李：即李得阳，江南广德人，进士，万历十八年（1590年）任左参议。

⑫南韶兵巡道副□周：同治《韶州府志》缺载，其人生平里籍不详。

考

碑存于南华寺，青石质，高约1.80米，宽0.80米，晕首，楷书阴刻。

有关"六祖常住香灯大坪庄粮田印信案"始末，参见王用汲《复南华寺田碑记》、陈大猷《复六祖香灯田碑记》、黎邦琰《复寺田碑记》。

复南华寺田碑记

（万历十八年庚寅，1590 年，佚）

王用汲

今天下舆图所在，梵宇往往而是，而韶石南华最著。考所从来，天监以前尚矣。国朝节御制碑文，崇奉益加隆焉。其间山川胜状，衣钵遗传，已有别纪，兹弗具论。稽志：翁源谢、吴二姓，舍田六顷有奇，岁计租银一百二十，除输纳县官外，奉香灯赡僧养，施至厚也。讵上六年条议，扣租银之半，抵补曲江蛋（疍）户虚税，仅以其半充办粮差，载诸章程。此实二郡署篆（椽）过听游学者之言，而当道者又过信二郡之言也。以故迩年稍饥，县官即不收半饷之粟，而住僧转相亡去。至其余半并愿没官，而有司且苦业于军输付之，莫可奈何。或欲责补曲江革役，或欲分派各县均赔，纷纷聚讼，竟无石画云。会御史陈公[1]出守是郡，僧超然等向公备陈其状。公曰："嘻！有是哉。夫洞天福地多产异人，玄门象教，阴扶国脉。矧六祖之蜕壳犹在，列圣之崇奉有加，此非淫祀。仕兹土者，纵无能捐俸重创，独奈何令其田浸没无存耶？且以寺租而充军饷，则神恫，非义也。以翁田而抵曲税，则滋弊，非策也。始欲蠲曲江蛋（疍）户而终以累曲江，则医疮而剜肉矣。原无与各县额税而欲以繁各县，则利一而害十矣。"遂集僚刘君、黄君[2]、邑长刘君议，谓浛洸厂余税，岁可二千金，例贮库以待军门不时之需。今制府刘公[3]方昭俭德以风四方，四方之物，蠕软蛸翘，靡不得所，岂忍独使寺僧颠连。至是，请于内，岁支银六十两，以补前银之缺，而寺租如数豁还。诸君曰："善！"议上制府刘公，欣然报可，一如太守议，而直指黄公、程公[4]与诸司俱先后得请。南华数载既没之田一朝遂复，住僧累岁杩赔之苦一旦顿解，蛋（疍）税克清，军饷如额，曲江既无独累，各县亦免增编。上承列朝之典，远绥六祖之灵。君子曰："一举而数善备，泽莫大焉。"顾法议新裁，非有独见，必不敢破拘挛而易典章，余税资需，非有涣居之职，必不能捐私封而惠缁黄。此盖非陈公不能为，亦非制府刘公不能行者。于是众僧德刘公甚，思所以铭其德而丐文于余。余尝节莅粤中，徘徊曹溪间，睹色相留迹，既已雅志其胜。而兹闻僧言又喜谭刘公之德，遂爰笔为之。铭曰：

于维南宗，钟灵显异。冥订真诀，曹溪衍秘。历代玺旌，福缘川至。亦越我明，矢奉维贞。金牌御制，法华宝经。懿彼善士，舍业输诚。奈何靡喆，逞私以裂。维彼陈侯，慨然振刷。大司马刘，幽隐洞彻。两粤含生，胥康以宁。爰藉群议，惠斯众僧。匪曰众僧，惟祖是仁。清粮实饷，侑妥乃神。系诸懋德，宜勒贞珉。神之鉴之，祚胤世世。建兹群公，丕显奕世。

⊙注

①御史陈公：即陈奇谋，韶州府知府。

②刘君、黄君：刘君即刘承范，韶州府同知；黄君，即黄华秀，万历十八年（1590 年）任韶州府推官。参见刘继文《重修南华寺碑记》考。

③制府刘公：即两广总督刘继文。参见刘继文《重修南华寺碑记》考。

④直指黄公、程公：黄公即黄正色，浙江秀水人，进士，巡按御史；程公即程达，巡按御史。参见刘继文《重修南华寺碑记》注③。

考

本记辑自清康熙《重修曹溪通志》卷四记，原碑不存，此记不落年月。据陈大猷《复六祖香灯田碑记》所落年月推定。

撰者王用汲（1528—1593 年），字明受，福建晋江人，隆庆二年（1568 年）进士。授淮安推官。入为户部员外郎。张居正归葬其亲，湖广诸司毕会，巡按御史赵应元独不往，被劾除名。王用汲上疏劾张居正，削籍归。张居正死，起补刑部，累官南京刑部尚书。《明史》传曰：“用汲为人刚正不阿，遇事敢为。自尹京后，累迁皆在南，以强直故也。万历二十一年卒，年六十六。赠太子太保，谥恭质。”

复六祖香灯田碑记

（万历十八年庚寅，1590 年，佚）

陈大猷

天下之事有可与民变革者，有不可与民变革者，惟其理而已。理之所非，则革之不为苛；理之所是，即复之不为执。何者，其理胜也。南华在韶州境，形胜奇秀，风气完聚。寺建有唐旧矣。宋仁宗朝，具安舆，迎师真身及衣钵大内供养，后遣使敕送曹溪。明正统间，赐《大藏经》及履环诸物，载在寺志，斑斑可考。崇重之典，代固有之。翁源谢、吴二善士，施舍田数顷，为本寺香灯设。岁中虽有租利之人，然输税之外，僧众不下千人，所得几何，而供奉实费。万历六年，郡贰王公[1]条议，被以游学林涣所误，将其半补曲江蛋（疍）额之失，具详牒中。夫蛋（疍）额之失，曲江一邑耳。而田属翁源，是资翁以供曲江，譬之割秦人之肉，以肥越宜。户长僧超言、耆旧僧性宪等纷纷不平也，投词上按院汪公、蔡公、黄公[2]，南韶分守道李公、周公，巡道王公、龚公[3]，各下府议之通，先后详于藩司张公，转详制府刘公，直指程公[4]允之，王议遂寝。昔之夺其所有，今且还之僧矣。力主其议者，实郡守海楼陈公、郡丞育所李公、华阳刘公云[5]。嗟嗟，陈公良二千石[6]哉。公下车韶石，布德宣惠，弊革利兴，士民熙熙，若登春台，被清风，口碑藉甚于道路。今兹之业主持申复，另行处饷给兵。其公移云："与其名存而实亡，孰若因名以求实。"又曰："体累朝之纶音，存六祖之檀越。兵有实饷，僧无虚赔。"至哉，仁人之言。泰山埒高，江汉同深矣。尝观当事者之议，必曰"前官议定，行之已久，乃以一身肩之，不少逊避"，或曰"溺于佛教，偏护众僧"，乃不恤人言，悉心详议，而数年之计始决。上之延寺典于万祀，下之免僧众之流离，伊谁力哉。夫处大厦者，然后知栋宇之帡幪也；睹河洛者，然后知禹功之广大也；观斋供之常存，然后知郡公功德之无量也。非达因革之宜，而破拘挛之见者耶。陈公昔官南台[7]，所至凛凛，风裁权奸，瞻落兹其大概尔。异日者，正色立朝，调燮阴阳，赞襄德业，霖雨天下，皋夔勋业，海宇赖之，岂惟妥一方之神灵已哉。书曰：罔俾阿衡，专美有商。不佞殆聿，观厥成矣。因勒之贞珉，用垂不朽云。时庚寅仲冬初吉，是为记。陈公讳奇谋，号海楼。甲戌进士，浙之嘉兴人。刘公讳承范，号华阳，楚之监利人。

⊙注

①郡贰王公：即韶州府通判王命爵，南靖人，举人，万历三年（1575年）任。

②按院汪公、蔡公、黄公：即广东巡按御史汪言臣（四川巴县人，进士）、蔡梦说、黄正色。参见《六祖常住香灯大坪庄粮田印信案碑记》注⑤、王用汲《复南华寺田碑记》注④。

③巡道王公、龚公：即王民顺、龚一清，参见《六祖常住香灯大坪庄粮田印信案碑记》注①、④。

④制府刘公，直指程公：即两广总督刘继文、巡按御史程达。参见王用汲《复南华寺田碑记》注③、④。

⑤郡守海楼陈公、郡丞育所李公、华阳刘公云：即陈奇谋、李春和、刘承范。参见《六祖常住香灯大坪庄粮田印信案碑记》注⑧、⑦、⑥。

⑥二千石：汉官秩，又为郡守（太守）的通称。汉郡守俸禄为两千石，即月俸百二十斛，因有此称。汉官秩以万石为最高，中二千石次之，真二千石再次，后一级就是两千石，其下有比二千石。《汉书·百官公卿表》颜师古注云："二千石者，(月各) 百二十斛。"郡守官秩正为二千石，故用为代称。

⑦南台：即御史台。以在宫阙西南，故称。

考

本记辑自清康熙《重修曹溪通志》卷四记，原碑不存。

撰者据清康熙《重修曹溪通志》卷四记原注为陈大猷，南海人。隆庆二年（1568年）进士，官按察司副使。然查道光《广东通志》卷二十《职官表》，万历时广东按察司副使有舒大猷者，湖广通城人，举人。清康熙《重修曹溪通志》卷四本记原注或误。

复寺田碑记

（万历十八年庚寅，1590 年，佚）

黎邦琰

南华寺起于梁天监三年，以西竺僧智药三藏品其水，与西天之水无别，山即西天宝林山也，后一百七十年当有法宝于此演法，得道如林。韶州牧以其言奏闻，赐寺额曰“宝林寺”。唐龙朔元年，六祖果自黄梅传衣钵至，而寺已为兵燹所毁。居民曹叔良即其故居重建梵宇、方丈、茅茨，延祖居之。九越月遇恶党，乃潜隐怀、会。仪凤丙子，祖乃复居，大弘法席。开宝之间赐额“南华”，则寺所从来远矣。国朝天顺间，节奉钦赐金牌、御制序文并金书《法华》、九莲观音、绣佛罗汉，崇奉加隆焉。田庄据志翁源县民谢良善同妻吴氏舍，土名横坑镇上桐子树脚寺背诸田。迩奉清丈实田六顷九十五亩，岁收租银一百二十两。除纳粮差三十余两，奉香灯兼赡众僧之用。万历六年，游学林涣者，以私忿条陈前任郡同王公，内扣租银六十两充补曲江蛋（疍）户虚税，以六十两充办粮差。遇岁凶荒，寺僧赔纳不赡，转而逃亡，故至今梵刹不及前朝之盛。于是寺长僧超言、性宪鸣于察院汪公、蔡公、黄公、程公，南韶分巡宪副王公、万公、龚公、周公、李公，俱准，行韶州府议，藉令郡佐李公、刘公、吕公、黄公佥议，云：南华寺乃累朝敕建，非淫祠比，寺税似当豁免，别议余税抵补兵饷。太守陈公即将原没官田充补曲江蛋（疍）户虚粮，寺租六十两豁免，仍于浛洸厂税银千余，动支六十两，编入章程，以补前银之缺。覆上大司马刘公，曰：“可。”准将原解兵饷银豁免，以充该寺供应，以全国朝崇奉美意，原载章程银数，以浛洸厂余银解补，悉如太守议，并知会于大方伯张公[1]，公曰：“善。”所判如大司马言，仍责条议者之苛。带管分守少参李公、兵巡宪副周公咸如议而受成于抚按两院。夫洞天福地多产异人，而玄门象教阴扶国脉，不可谓无。故如来利见于西竺，迦维托生于罗卫。韶之南华而六祖出焉，咸能行不舍之檀，而运治功于群有者也。维我群公，智超万物，德庇百灵，复宝林既坠之业，拯僧徒赔贼之苦，而仰体列朝崇奉之典，可不谓非常之遇哉。余尝游灵谷寺，伏睹高皇帝赐寺田几千万顷，咸免税租。于天界载睹高皇赐寺、芦州皆与功臣等，岂上圣之知尚有所未融哉。兹条议者，本以肤浅之识，未尝游沧海之大耳。谨撰次群公之懿绩，勒诸贞珉而垂之永世，岂但昔贤留带山门之足称哉。六祖有灵，当展衣钵于象峰之上，而辅我国祚于亿万载无疆之休，佑群公世业簪组之传于永永矣。余适请告南还，僧超言、性宪入广州请余为记，遂即其言而撰次之。铭曰：

于维南宗，钟灵显异。五师传灯，一言阐秘。布席曹溪，衍法初地。学者云从，福缘川至。有唐中宗，大鉴锡名。恭睹国朝，矢奉维贞。金牌御制，法华宝经。懿彼善士，舍业输诚。奈何靡哲，逞私以裂。匪贼僧蟞，实亡祖设。维大司马，肇启善端。爰藉群公，益弘善门。虚粮既蠲，官帑攸分。浛洸允议，生我众僧。匪曰众僧，维祖是仁。嗟嗟我生，相厥百神，福善降祥，维皇克亲。卫我国家，祚胤世世。逮兹群公，丕显奕世。

⊙注

①大方伯张公：即广东布政司左布政张大忠。参见《六祖常住香灯大坪庄粮田印信案碑记》注⑩。

考

本记辑自清康熙《重修曹溪通志》卷四记，原碑不存，此记不落年月。据陈大猷《复六祖香灯田碑记》所落年月推定。

撰者黎邦琰，从化人，隆庆五年（1571 年）进士，历官布政司参政。能书，小楷法王献之，雅秀可润。

修建华严道场千日长期碑记铭

（万历二十九年辛丑，1601 年，佚）

释德清

曹溪为天下禅林冠，一脉派五宗，源如洙泗。第僻处岭外，道路间关，故高人上士足迹罕至。而其徒见闻狭陋，而种田博饭，无复知有向上事，其习俗久矣。余素与达观师深有慨焉，常有愿而未能及也。丙申春，余蒙恩遣海外，取道觐六祖肉身，睹其香火崇祀之严，丛林凋落之甚，不觉涕下沾衣也。一食而去。居无几何，适蒙制台左司马陈公[①]深念名山寥落，欲以余托迹焉。余自知取辱法门，且在行间，安敢事事。既而观察海门周公署椽南韶，亦屡致之，不可。及悜存观察祝公[②]乃力致之，余始翻然犹未遑安处。戊戌秋九月，适净空上人同寺僧行裕、真权、净泰辈谒余于五羊，余一见跫然而喜居。顷之，上人晋云："某生西蜀近峨嵋，效普贤愿力，因遍历诸方以饭僧为佛事。比自北而南游，履至此，谒六祖于曹溪，愿就胜道场地，欲结饭僧缘十万八千计，以酬本愿，乞师指南。"余欣然而起曰："大哉，上人愿力[③]，普则普矣，而所施之地，犹未然也。且结众缘，须天下之交路人半僧之所可耳。今曹溪远隔岭表，衲子畏途，足迹罕至，安以一饭之故而蹈山川之险乎？且不为食来，圣训在耳。法食平等，摩诘传心，上人其以法为导而以食为资，是所谓由香饭而入律仪，此吾佛利世之嘉谟，菩萨所修之妙行也。"上人闻而欢喜，跃然从事。乃与裕、权、泰辈竭力经营，志结千日长期，纠实行僧四十八人，跪诵捧华严大经[④]若干部，即卜是年十月为始，至辛丑十月望为终。当结制之初，刹竿方竖，草单一揭，而远近响风归者如市。金粟云委，一时贵官长者莫不倾心护法。六时礼诵，钟梵交参，虽无华座之师，而音声色相适，足以感诸天而惊四众。三年如一日矣，安居怡旷，终始无虞。自非六祖大师寂光朗照，山灵呵护，何以至此。斯亦法道之前矛也。上人喜其满志，而大愿已酬，将杖锡远游，随方演化。又愿以此施者受者著名贞石，用以彰往开来，以垂不朽，乞余言以纪其胜。余时方执崇修之役以毕，斯入山睹其列者如林，欢喜合掌，为之赞曰：

清净法身，草木瓦砾。触目常光，见者不识。宝林之山，其状自别。曹溪之水，其味更冽。祖师未来，山水已开。祖师既至，其道乃炽。祖师灭度，山水露布。饮啄安居，不知其故。如盲若痴，采薪汲水，用之靡宜。丛林秋晚，草枯水涸。我念皈依，思之如渴。枝叶虽凋，逝者如斯。我卓锡来，将以浚之。爰有上人，亦随我愿。引华藏流，先开一线。积粒粒米，如香饭界。勺滴滴水，灌华藏海。食者之福，量等虚空。施者之福，福更无穷。上人志满，我愿未足。一口汲尽，祖师乃出。

⊙注

①制台左司马陈公：明清时在官场中，通称总督为“制军”、“制台”。总督一职明代始设，原为临时差遣，有管辖地方与管辖专务的不同，如总督某处军务或总督漕运等。至成代中，以韩雍总督两广兼巡抚广东，开府于梧州，始成定制。查阮元《广东通志》卷十八《职官表·九》，此处或指陈蕖，湖广应城（今湖北应城）人，万历二十一年（1593年）以侍郎兼佥都御使任两广总督。

②惺存观察祝公：查同治《韶州府志》卷四《职官表》，此人或为祝以豳，进士，海宁人，佥事，万历二十七（1599年）年任南韶道。

③愿力：佛教语，誓愿的力量，多指善愿功德之力。唐刘禹锡《唐故衡岳大师湘潭唐兴寺俨公碑》：“呜呼！岂生能全吾真，故死不速朽，将有愿力耶！”

④华严大经：全名《大方广佛华严经》，是大乘佛教修学最重要的经典之一。

考

本记辑自清康熙《重修曹溪通志》卷五《铭》，原碑不存，以记中“至辛丑十月望为终”考订年代。

中兴曹溪禅堂香灯记

（万历三十六年戊申，1608 年，佚）

释德清

曹溪自梁智药三藏开山，及六祖大师得黄梅衣钵来至此，因无尽尼重修宝林以居之。其山之灵，有自来矣。大师开法十方，从者日益众，乃建精舍以安居，此禅堂之所由设也。座下悟道者四十五人，青原、南岳为上首。其后传灯五宗，尽出于此。既乞陈亚仙一袈裟地，大师暮年乃填龙潭，建殿宇，功未完而化至，今犹然故物也。大师既灭，而弟子各散去，随方化导。其守寺之徒，亦分烟散火，而禅堂遂废。其有檀越所施庄田，岁计所入数百余金，以供山门常住，久而僧佃通同，侵渔乾没，而山门圮矣。僧徒各务庄农，失其本业，而修行废矣。又久而僧不法，招集四方亡命，盘据山中，开张铺店、屠沽淫赌。初借资于僧，而后返为害，山场、田地、房舍多被吞噬，日久庐墓遍山中，积年既深，牢不可破。僧俗倒置，秽污丛杂，殿宇之倾颓，山门之破败，无复清净之观，大坏极弊至有不忍言者。由是而外侮日至，官讼勾牵，动以奸为名，而僧不堪命。千年道场，一旦化为狐兔魍魉之窟矣。当事者愍焉。初，屯盐海门周公署南韶[①]，欲力振之，未几而去。既而惺存祝公视事本道[②]，乃毅然拯救，数令寺僧延予以理事之，辞不获已。以庚子冬日始应命入山，睹其败坏之状，若人有必死之症，卢扁之所束手。因念祖庭法道攸系，遂死誓为之调理，思从根本次第焉。乃选僧讽诵以祝厘，授戒法以励清修，教僧童以树人材，培祖龙以护道脉，改风水以消凶杀，驱流棍以除腥膻，新祖庭以崇香火，辟神路以壮规模，廓廊庑以整瞻视，清租课以厚常住，立库藏以储蓄积，设监寺以专典守，刻号票以明收支。种种颓靡，一旦而振起之。至若禅堂为道场根本，向为僧居。予捐资买地，移七主各为修整安居，以易其基。乃修正堂五间，前殿五间，立智药三藏为开山祖，穿堂三间，左右廊房各七间，方丈、库房各三间。又以自买栴檀林房以易僧居为香积厨。修华严楼为祖庭头门，建无尽庵以补后龙，买僧寮以为药室。百废具举，几七年而工将半。予初至，查有盗卖祖田者追出，众僧议为予供赡。即以所追田租，凑计岁输银三十一两，为无尽庵香灯。未几禅堂成，乃以向作养行童披剃，教令安禅礼诵，即以前租送入堂内，以供众僧不足。仍以太平庄新增租十四两，并入之。山后故有紫笋庄僧居十余所，久为居民所挠，多倾其产尽归豪右，因而蚕食至祖山，后龙一带并吞之，予甚惜焉。会僧建白当道，议断山还寺田，令减价收赎，计值一百四十余两。予称贷不敷，乃支祖殿帽器六十七两以赎。仍有山园被民占者，复募资一并收赎，并入禅堂为供瞻。内以安寺僧，外以接十方，道场赖以悠久，不负六祖建立之本意。居无几何，而内魔潜滋。戊申岁，方奉制府司道议举修大殿宇，方构材于端州回，卜期首事。适有孽僧数辈，为奸人有所利而图之，阴谋已就，遂作难，鼓众以沮。乃捏所支赎田帽器，妄诬予侵常住金数千计。及架诞词成帙，讼于按台，准行司理。予先是以建立始末清规册具白本道吴公[3]，行府查勘。蒙郡丞陈公[4]按历年执事号票摸算，与余一毫无干涉，始究其诬，覆太守任公[5]，以住持愿祖侵欺抵罪。既而司李蒋公[6]讯其事，则将向设香灯断归佛殿，实为诬者有焉。而禅堂斯废，坐予以罪仍逐之。事上按台王公[7]，蒙批愿祖盗卖寺产，犹然刁逞，此祖师之罪人也。逐之当矣。德某道行夙著，不难捐数千金皈心兴复，计圆久远，是大有功于此山者，乃与泼僧并逐，并其无尽庵而夺之，得无以此为平等法门乎？行道确查。时海道刘公[8]署道事，复行本府郡丞陈公，亲诣山中按其状，事事尽虚，一时上下了然。予幸心迹始白，愿祖惧自死以法科抵罪，而禅堂香灯什物属门人圆修主之。六祖如绕之脉赖以存。事上本道，蒙慰予以完修造事。予以老病力辞，悉如议，覆上按台。蒙批南华有灵，法堂寺规，幸藉德某修复业已就绪，而泼僧惮其清规，驾词诬之，不令终其功德，良可扼腕。粤东不乏名山，佛门子弟住处为家，德某何难飘然，原捐库资照数给还，听其自便。某已堕地狱，某仍应徒逐，以正祖师之罪人，某等各杖。由是事乃已，余即长揖山门矣。其所追给主若干两，乃予立法之初，原捐垫库预支者。至是查明应追给。顾予初心已舍，不复计。第于法不听，领过半，其未完，就中扣除六十七两，以补赎田之帽器，余悉舍为修造资。则紫笋庄，出予一力，岁入租课茶果，悉舍施为禅堂香灯，计以免争端。

嗟乎，事业之难也！予平生以荷负法门为心，竟以此致谴。今在罪乡，犹然念六祖法道之衰，乃誓匡持力救其倾颓。八年之内，无论所费不赀，即劳神焦思，冒险履危，辛苦万状，以经营之。言之未尝不饮泣也。第愧道力轻微，不足以消魔业，故功将成而沮之，岂非法缘哉！嗟予已矣。感一时当台护法之盛心及檀越施财之功德，恐其泯然无闻，乃直述其事刻之贞石，以垂永久。若纯建立之因缘，当有望于后之君子云。

⊙注

①屯盐海门周公署南韶：即周汝登，浙江嵊县人，进士，万历二十五年（1597年）任广东按察司佥事。

②惺存祝公视事本道：即祝以豳，同治《韶州府志》卷四《职官表》云：“祝以豳，进士，海宁人，万历二十七年以按察司佥事任南韶道。”

③本道吴公：即吴安国，同治《韶州府志》卷四《职官表》云：“吴安国，进士，长洲人，万历三十一年以布政司参议任南韶道。”

④郡丞陈公：即陈国纪，同治《韶州府志》卷四《职官表》云：“山阴人，举人，万历三十六年任韶州府同知。”

⑤太守任公：即任时芳，同治《韶州府志》卷四《职官表》云：“四川盐亭人，进士，万历三十三年任韶州府知府。”

⑥司李蒋公：即蒋士纶，同治《韶州府志》卷四《职官表》云：“广西全州人，举人，万历三十六年任韶州府推官。”

⑦按台王公：道光《广东通志》缺载，其人不详。

⑧海道刘公：其人不详。

考

本记辑自清康熙《重修曹溪通志》卷四记，原碑不存。

卓锡泉来复记

（崇祯十七年甲申，1644 年，佚）

李日宣

夫道之行世，如水之行地，无往不在。故地中有水，取义曰师。师，众也，故称容民蓄聚。夫民一日不饮水则渴，非水何以能蓄。惟地脉有疏淤，而水通塞。因之有识者，亦惟信其无往不在，而淤疏通塞，偶然之数，可勿问也。曹溪为六祖传道地，环两溪四山，悉载道场版图，无他别业。至本山，前有卓溪，后有明通两泉。泉有时巨细，而流绝无淤塞，自唐至今未之有异。惟锡泉于万历十三年八月偶竭，有异人来言，此必山中有暗圩[1]者为之祟。圩者闻其恐，即暗自掘去，异人亦随乘空。次年三月泉果复，山灵之不受妒若此，此后无闻也。今崇祯甲申，余奉宪入蜀，为寇阻，乃假道两粤，来谒六祖，涤卤取泉。而僧众谓去年癸未八月，泉忽竭，今未复也。余为怅然。闻去冬僧众曾祷于祖，得利见大人签，今春太守黄公[2]循故事行寮，得徙一二圩。至五月，余值至不数月，同观察李公、督军宋公与家叔祖司李[3]及金令君，先后亦至，皆徘徊雨中。僧众有举术数家言者，谓欲取厚利。时同坐黄公子观生李明经预凡等相视沉吟，余未之然，则草一口占诘之，时五月二十日有二日也。诸公既别去，余灼艾假馆调摄。至六月初三日午刻，忽有僧奔来告泉至者，余急走捷足，视之井，久枯而冷，今果生寸水。按井口遂有暖气炙手，少顷龙口下滴不断。至次早起视，则引之长流矣。僧众急鸣钟，约会合寺，叩祖殿谢。余复为口占记之，时初四日辰刻也。僧众复谒谢余馆。余避席不敢当，因谓众僧曰："和尚无以祖签有利见大人语，今见大人多矣。"因亿（忆）周海门先生序曹溪志，有取于萧方伯禅林洙泗题，谓"禅本曹溪，儒宗洙泗"，庶几近之语，与余初至所见合意。念古圣贤凡识道地源流必取诸水，以水有浸入濬发义，而入有浅深，发有巨细，关系世道不小，但勿为坎止，流行自如，要在人自悟。取曹溪山田，旧有定界。年来值邻近侧目挖石诱水，几于斫龙废田，大为道地虑，寻得憨大师料理，先后徼诸地方宰官，执正护持，始复睹曹溪威仪。乃泉流告竭，行者心恻。此诸和尚所以于兹泉去来深用忧喜。即我辈之溯曹溪思振者，亦未有不诵祷，赞叹于兹泉之来复也。若夫祖灵，自在

一脉流，衍千条万派，真气不移，亦在诸和尚努力承当，仰答祖德。余幸逢其盛，因众僧来请留一口占，为之书始末以报诸宰官，时监司李讳含朴，顺天人，督军宋讳纪，浙江人，太守黄讳锟，山东人，司李即家叔祖讳邦英，邑侯金讳鼎，江西人。

诘泉口占

问泉何以来，锡声振象台。问泉何以去，象鼻屏无语。法本无生灭，泉安有去住。昼夜原不舍，沧桑自鲜垢。一滴况千古，长源宁终涸。若复有来去，去岂是真浦。若复无来去，去亦何太窳。为语护锡人，溪上叆欲吐。

喜泉口占

跫然报泉来，环桥人如堵。钟声振百寮，合掌以告祖。去秋迄今夏，龙井纯乾土。枯暑舌若焦，连阴唇无齿。群缁泣象奴，百礼祈龙主。祖诚莫任痴，意若有待尔。一朝来宰官，相邀扣慈父。数语聊诘之，十日井生乳。转盼龙气舒，津津循旧武。地脉有滞疏，泉意无茹吐。以此占山灵，郁葱自今古。大众来稽首，赞叹声如浒。

时崇祯甲申年。

知曲江县事饶阳金鼎为之铭曰：泉之流，何以来。泉之止，何以往。卓者锡，不由想。诘者诗，非关杖。心源深，道济广。太师公，乃龙泉。

⊙注

①圩：古同“阡”，《集韵》音“千”，同阡。坟墓。

②太守黄公：即韶州知府黄锟，山东人，举人。

③观察李公、督军宋公与家叔祖司李：观察李公即南韶道李含朴，天津卫人，贡士。督军宋公，其人不详。家叔祖司李，即李世英，崇祯五年（1632 年）任韶州府推官。

考

本记辑自清康熙《重修曹溪通志》卷四记，原碑不存。

撰者李日宣，字晦伯，江西省吉水县人。万历四十一年（1613 年）进士，授中书舍人，擢御史。天启元年（1621 年），清军攻下辽阳，日宣上疏，请熹宗面见大臣，共同处理政务；又请广开言路，起用被斥退的正派官员。熹宗认为其滥荐，停薪三月。不久出任河东盐政。还朝后，以族父李邦华任兵部侍郎，避嫌而归。天启五年（1625 年）七月，李邦华、李日宣被宦官倪文焕弹劾为“东林邪党”而削职。崇祯三年（1630 年）复官，巡按河南。还朝后掌管河南道事。宦官王坤诋毁大学士周延儒，日宣与同僚认为内臣职在监军，不应侵扰辅臣。后历任大理寺丞、太常卿。崇祯九年（1636 年）冬任兵部右侍郎，镇守昌平，后进左侍郎总督戎政，因功晋升兵部尚书。崇祯十三年（1640 年）擢吏部尚书。崇祯十五年（1642 年）主持廷推，崇祯帝以其廷推不公而加以谴责，日宣奏辩被下刑部狱，发配戍边重庆，赦还后病逝。著《敬修堂全集》30 卷、《太仆志》22 卷、《祀戎奏议》16 卷、《按豫勿喜录》20 卷、《枚卜始末》1 卷。

新建代坡田碑文

（康熙三十一年壬申，1692 年，佚）

陈廷策

丹霞环山皆石也。一径迂回行绝壁间，稍不能谨，则失足于不可知之地，负担上下往往苦之。且山中草木不足供釜爨，势不能不取给于别境，常住所出无雇倩之赀，遂不免分劳于同住，开山后定为常例。现前衲子，每单一月荷薪六百斤，乃得休假。古人所谓一日不作一日不食，为法忘躯，当如是耳。虽然，际兹像法之秋，人尠正信。卖柴腰石之流，渺乎难睹。诸方学者乃有三种优劣：其一饱粥饱饭向长连单上坐枯木禅，上也；其一出尘离染，从文字边阐扬佛法，次也；其一躲懒偷安，在大众中早眠晏起，下也。三种人志趣不同，清浊互异，最下者不足道矣。其间禅学义学之徒，要皆具有智慧，夙负才辩，可以撑持法社，建立门庭，无奈出身文弱，禀质虚羸，初入此山，志求休歇，一朝驱之随众，督令出坡，草鞋扁担，晨出晚归，薪樵樵苏，日无宁晷，既负初心，易生退屈，此住山之所以难也。

予守韶阳之明年，岁在辛未夏之四月，奉命稽查所属仓厂。舟入仁化，道经丹霞。夙闻名胜，未及登临。遂舍车以徒力涉崇巘，晤泽萌和尚[①]于丈室。适榷使徐君、仁化李县令同在宾席，坐谈之顷，询及山中所缺者，惟有出格高，僧皆以坡事之苦，搴裳去之，深为扼腕。遂与徐使君、李县宰同时发愿，捐赀置产，为常住雇倩之费，俾十方云水永远息肩。议既定，南韶总镇高公、乐昌曹县令闻而喜之，助成斯举。相继敛金一百八十两，授丹霞知事人置立田庄，岁计所入共一百八十石，以备雇值，立石为志。从此百城烟水，入此山来者，不妨休去歇去，中间倘有苦行高僧，劳形修福，运水搬柴，自是住山本色。万一力不如心，则有为法无为法，离文字即文字，各从所好，当不失为佛法中人，须念我辈外护一片苦心，及时努力，毋效躲懒偷安、早眠晏起之辈，甘自居于下流，虚消信施，是所望也。爰列舍金姓于后：

总镇南韶都督府高[②]　捐金五十两。

韶州府正堂陈　捐金五十两。

关部徐[③]　捐金五十两。

仁化县正堂李[4]　捐金五十两。

乐昌县正堂曹[5]　捐金一十两。

时康熙岁次壬申九月望日谷旦

中宪大夫知广东韶州府事陈廷策撰文立石

◎注

①泽萌和尚：其人不详。

②总镇南韶都督府高：即高登科，镶红旗人，监生，康熙二十一年（1682年）任韶州总兵。

③关部徐：即徐崇礼，康熙三十年（1691年）任太平关榷关部司。太平关，于明天顺二年（1458年）始设于南雄城南，始榷盐为主，后征收商税、铁课等。清初康熙五年（1666年），命各关税均交地方官管理，康熙八年（1669年）命“太平桥关仍差部员督征，余如故”，（《清史稿》卷一二五《食货志·征榷》）即单独将原由南雄知府派员管理的南雄太平桥关又改回户部直管，此所谓“部司榷税”，由此可见太平桥关的重要性。第二年又命将南雄太平桥关移设于韶州府城湘（相）江门外里许（今浈江区东堤北路北段）濒“江西入粤要津”的浈江，仍称太平桥关，简称太平关，仍由户部直管。太平关初时辖三个税口，即太平桥关（又称东关），遇仙桥关（又称西关）以及设于韶州府属英德县洸口的浛洸（税）厂（濒连江，为连山、阳山与湖南商货往来通道）。同治五年（1866年），广东巡抚蒋益沣整顿太平关关务，又在韶州府城北门增置六关一处，称旱关，又称北关，收取落地税。

④仁化县正堂李：或即李梦骞，辽东广宁人，康熙二十三年（1684年）任仁化知县。

⑤乐昌县正堂曹：即曹昌颖，江南太湖人，例监，康熙二十八年（1689年）任乐昌知县。

考

本记辑自雍正本《丹霞山志》卷七《田赋》，原碑不存。

撰者、书者陈廷策，正黄旗人，荫监，康熙二十八年（1689年）任韶州知府。

梅岭挂角寺赡租碑记

（康熙四十八年己丑，1709 年，佚）

李夔龙

挂角寺即云封古址也，在大庾岭之半。相传六祖得法南还放钵于此，雄人因以建寺。寺左有张文献祠，文献者，唐之名相①也。开凿岭路，行者便之，故祠于是。寺旁有泉，住僧因泉以建亭，煮茗以饮过客，盖出于卓锡之余。吾闻功德水有八，此即其一耶。岁乙酉，余适来宰昌邑，陟峻岭之逶迤，叩丸泥之雄封，谒文献祠，因入寺少憩。僧为余言相国旧迹，南宗往因，若在耳目间。问其香火汤茗之供，田以租计百四十石耳，赋役未复，食余未几。此地当数省咽喉，行人如蚁，径路易圮，则宜以时修。寒风暍②日，渴之思饮，甚于饥之思食，则不宜有所乏绝。而风寒暑湿之气，病人至速，施丹药以救仓卒，尤为仁术之要。递（第）租之所入不足以兼赡，何以普且久乎。心念必当有以益之。后二载，积禄赐之余百金，为买曾氏田三十四亩零，计租五十六石，于灵潭十甲外另立粮名曰李公田，付寺僧知归入籍，而以其所由记之石，俾世守焉。庶几文献之遗爱，六祖之余施，相挈而并永也。

康熙四十八年十一月，用银八十四两买到茹惠都五甲子民曾门林氏同侄曾万林民租五十六石，载粮三十四亩七分二厘六毫，土名北坑、黄坑等处，施与梅岭僧永远修路、施茶、施药等用。券存户房、礼房并红梅司。粮存灵潭二都十甲外。

⊙注

①文献者唐之名相：即唐张九龄，谥“文献”，后世称“文献公”。张九龄曾于唐玄宗开元四年（716 年）主持开凿大庾岭新路，即今梅关古道。

②暍：暑热，中暑。

考

本记辑自道光《直隶南雄州志》卷二十一《艺文略》，原碑不存。

撰者李夔龙。道光《直隶南雄州志》卷四《职官表》云：“李夔龙，字澄园，陕西潼关卫拔贡，康熙四十四年任保昌县知县。修葺学宫，重建泮池、戟门、花墙、甬道，约银四百两有奇。创义学，制田延师。大兵大役惟正之供，如编审茶蜡骨榇等项。修补保昌县志，时康熙五十一年。”

道光《直隶南雄州志》卷二十四《古迹略·寺观》：“云封寺，在梅关侧，唐时创，名梅花院。宋大中祥符三年赐今额（《郝氏通志》）。本梅山院，距县七十里，有祖师塔、锡杖泉、放钵石（《舆地纪胜》）。俗呼挂角寺。相传梁时，飞来寺自吴中飞来，触梅岭缺去一角遂以名焉（《岭海名胜记》）。元大德年间，参政铁柱建观音阁（《金氏通志》）。明改为张曲江祠（《黄氏通志》）。自是，为文人过客留题胜地。”

重兴曹溪六祖道场记

（民国三十二年，1943 年）

虚　云

虚　云

于一毫端现宝王刹，坐微尘里转大法轮。尽虚空，遍法界，何处不是道场；一累土，一画沙，何事而非佛事。语其极则，动念即乖，宁有语言文字可记载耶。然而世有迁流，界有方位，道有隐显，事有废兴，况夫道在人弘，理因事显，欲承先而启后，续慧命以传灯，又乌可无语言文字以记载耶。曹溪为六祖大鉴禅师道场，传东山法脉，弘南顿宗风，一滴曹溪，洒遍寰宇，五宗竞秀，千载向风，若暗若彰，成佛成祖者不知若干人。报本思源，丕显奕世，不綦重哉。是则更不可无语言文字以记载已。云老矣，耄龄始得来曹溪，为六祖作扫除隶。追怀往事，若有夙缘，十载经营，综理次第。心力交瘁，始具规模。后之僧徒守此勿失，永保道场，上以微报佛祖之大恩，外亦不辜护法之宏愿，是云所以望诸来者。

中华民国七年岁次戊午，云在滇南鸡足山[①]时，李公根源督办韶州军务，修理南华寺。讯至滇，属云来主持斯事。云以鸡山因缘未竟，谢却之。民国十七年戊辰，云与王居士九龄同寓香港，时粤主席陈公铭枢[②]，邀至珠江，亦请云住持南华。而先有海军部长杨树庄、方声涛等，以闽之鼓山寺急待整理，派人挟伴云往。云以出家鼓山因缘，勿能却也，遂之鼓山。数载辛劳，略有建制。至民国二十三年甲戌四月，粤僧敬禅、之清、福果等参礼鼓山，屡言粤中佛法衰落，祖庭倾圮，欲云赴粤中兴之，意未决。一夜连获三梦六祖，唤来南华。次日向诸人叙述梦缘，感叹希有。不数日，粤北绥靖主任、今省府主席李公汉魂，电函邀约住持南华。众亦以梦境敦劝，云意动。即拟三事，复李公相商：（一）六祖道场南华寺永作十方丛林，任僧栖止。（二）宜征取原有子孙房众，愿意交出，不可迫胁。（三）所有出入货

财，清理产业，交涉诉讼等事，概由施主负责。倘允三事，即来参看。李公复电照行，并派吴秘书种石暨广州、香港缁素十余人，到鼓山迎迓。云遂赴粤，诣曹溪，礼祖庭，观察形势，左右闭隔，向背宜失。因为李公曰："此事实费踌躇，贫僧力薄，恐不胜任矣！"李公曰："何谓也?"云曰："此系宇内名胜祖庭，今颓废若此，非掀翻重建，不足畅祖源而裕后昆。若作成次序如法，亦非历数年工程，费数十万金不办。贫僧安有此力哉！"李公曰："师勉任之，筹款我当尽力耳。"命绘图参酌。云以重念祖庭故，遂许之。时正民国二十三年八月二日，祖师圣诞节也。乃解辞鼓山职务，鞠躬尽瘁，以事祖庭。先相度全山形势。考天监初，智药尊者，化曹侯开山，建宝林禅寺，其基地似在左边，即今南华精舍之下。至唐仪凤初年，六祖来此，已阅一百七十年。旧寺久废，山场亦归陈姓管业。六祖欲恢复旧寺，时陈亚仙之先人坟地已葬寺之右边矣。六祖感动四天王[3]定界，亚仙乞留祖墓，保存至今。故当日六祖造寺，其寺墙外为陈亚仙祖坟，墓右悉为龙潭。六祖降龙蜕化，欲堙其潭，以建僧舍。工未半，而祖入灭。后弟子奉祖肉身，筑塔于亚仙祖坟前。初为木塔，不甚高也。至宪宗元和七年赐谥大鉴禅师，塔曰元和灵照，稍加修饰。宋太宗太平兴国元年，诏新师塔七层，易以砖石，塔曰太平兴国之塔。以后历代修缮，皆沿其址（后人观察浮图高耸，压亚仙祖坟，未详此一段经过事实）。以形势言，该塔压寺右臂，伸缩妨碍，以百房子孙至明代而仅存十余房。读南华事略，不禁掩卷三叹。万历二十八年，庚子秋，憨山清公始入山重兴祖庭，意欲填筑龙潭，统一各家方位，纠正山向。阅时八载，工程及半，以魔事去。后虽重来，不久示寂。读《梦游集·誓愿文》，冀后辈重兴，满其素愿，迄今又越三百余年矣。清代康熙年间，虽经平南王尚可喜重修，纳形势家言，填塞龙潭，将全寺殿堂，移置陈亚仙祖坟右，而灵照宝塔又压住寺之左臂。且也，卓锡泉出自象口，寺后横山是象牙，乃本寺之主靠山。自憨山挑培以后，历次修缮者不审山脉，削去靠山，使飞锡桥水直冲寺后，形成洗背水，此一忌也。龙潭之右小冈，形似象鼻，系寺内之白虎山，挖断数处，包围不密，缺乏遮蔽，此二忌也。外往濛溪路之山坳，破缺多处，正当北风，又无丛林掩护，此三忌也。寺之前后靠向不正，旧日头进山门，即在现今西边大樟树林内，中有深坑。而现今之曹溪门前，昔日丘陵起伏，秽积乱葬，坎坷寓目，幽明不安，此四忌也。云海楼下之井，名罗汉井，在旧天王殿西边，井右有一高坡，逶迤达天王殿门口，成为白虎捶胸格，此五忌也。寺后大山，虽号双峰，其实太弱，更因寺之坐靠不依正主，以凹洼为背，是以子孙日渐衰弱。云至曹溪，房分只有五家，其数不上十人，不居寺内，各携家眷住于村庄，耕植牧畜，无殊俗类。其祖殿香灯僧，归乡人派管，每逢二八两月祖诞，所有收入由乡村管理。宰杀烹饮，赌博吸烟，人畜粪秽，触目掩鼻，视憨山所记当日情形尤有甚焉。夫以我六祖大鉴禅师，道侔千佛，德被众生，固足以耀后世而垂无穷，独于其肉身所在道场，区区咫尺之地，辄不及年而即中落者，虽曰人谋之不臧，要亦未尝非地形之失利。相其阴阳，观其流泉，岂虚语哉。云察勘既竟，商诸李公，先定山场，以图展布。李公与吴君种石将寺属基地，创办林场，划出寺外四周山地五百亩，交寺建筑。云不得不殚心竭力，从事建置。初，云入山时，除祖殿宝塔及苏程庵一部分稍为完整外，其大殿经楼方丈僧寮，均皆摧朽，容众无所，暂搭杉皮茅蓬二十余间，作大寮客堂及缁素工人食宿处。乃着手先行培修祖殿。殿内祖坐木龛，以年远故，被白蚁损坏。乃请出祖师肉身圣像，重新装修，另照育王塔式作祖坐龛，龛外塑南岳、青原、法海、神会四位侍侧，以南岳、青原为祖在日之上首弟子，五宗皆由二派流出；法海则流通祖师法宝，神会在滑台大振顿宗，若孔门之四哲也。复在祖殿两厢，建东贤殿、西贤殿，塑五宗有功法门诸祖，若孔门之七十二贤也。曹溪为禅门洙泗，应先正名定位。原日殿左供圣父圣母，右供伽蓝神，中制灵通侍者酒亭[4]，此憨山公当日戒灵通饮酒时，尤变本加厉焉。又憨公肉身，原供灵照塔内，有一四尺余高之铜铸观音大士，供在憨山下位，序次失仪。而丹田肉身原供祖殿东厢，已为驻兵之所，积秽不堪。云乃先建报恩堂，安奉圣父圣母于祖龛之左，另制一龛以奉憨山；右制一龛以奉丹田。建伽蓝殿以奉伽蓝神，侪灵通侍者于内，撤其酒亭（另为文祭告）。又于祖殿之西，建观音堂一所共十五间，建外众圊及杂屋九间，内众圊及浴房七间。移奉灵照塔内之观音大士，并为女众受戒挂搭之所。将方丈内之六祖铜像供于灵照塔内（此像原在韶州大鉴寺，因寺毁乃移奉南华）。祖殿之后，旧名苏程庵，积秽充满，清除修建，架以层楼通连祖殿，暂作方丈。方丈之东，为一土坡，将土挑培主山，筑楼房上下五间，以作祖堂，供历代祖师及南华继席宗匠牌位。方丈之西，即新建之观音堂也。内部情形略为就绪，云乃预期十事，次第进行。

（一）更改河流以避凶煞

考曹溪河流，由东天王岭，绕出寺前，西达虹光桥，以入马坝。寺门距溪边约一百四十余丈。因年远失修，沙石壅塞，溪水改向北流，直冲寺前大路边，向寺门激射——此反弓格也。故必先更改河流，恢复旧道，以避凶煞。民国二十四年乙亥夏，勘定水线，计挑筑新河，填补旧河，全程共八百七十余丈，所费甚巨。正拟动工，乃于七月二十日夜，雷雨大作，水涨平堤，冲开新河。旧河已被泥土淤塞，砂石涌起，反形成寺前之一字案——此护法神之力也，云何功焉，今寺前林木葱郁，沙环水带，非复曩时景象。

（二）更正山向以成主体

查旧日山门在樟树西边，越过深坑乃得出入，不成门面。而现在山门外之大路坪场，坡陀历乱，野葬纵横。因此先迁葬乱坟，挑平土石，即以土石筑成左右护卫山，高有数丈，以其基地改为曹溪正门，外辟广场，栽种树木。绿阴翳天，白云覆地，望之俨然一清净道场。

（三）培主山以免坐空及筑高左右护山以成大场局

寺所枕山，形像似象，后人将方丈后之靠山分段铲去，使寺后落空无主。寺坐象口，其左右系象之下颔，夷成平地，阴阳不分；其右系象鼻，应当高耸，分节起伏，又被人在毗卢井处切断（井在今禅堂后西角），一路挖平直到头山门，成大空缺，又无树木拥护，远望孤寺无依，近察鼻节已陷，殊痛恨也。云于拆平旧殿堂及丹墀时，所有土石悉归三处，右高于左——形象鼻也；稍曲而东——形鼻之卷也；中凿莲池——象鼻之吸水处也；培高后山——依倚固也。三处皆栽林木，今幽翠矣。

（四）新建殿堂以式庄严

民国二十五年丙子，新建大雄宝殿。按旧日殿基，在现今之功德堂后，灵照塔压其左臂，其方向为坐艮向坤，平藩尚可喜所建也。云以大殿为全寺主体，关系重大，乃相度地势鸠工备材，移大殿于塔前，即以灵照塔作殿之靠背，去压臂之患，获端拱之安。其方向以坐癸丑向丁未癸丁八度兼丑未线，将与宝林门同一方向，既协定星，复观大壮，堂堂正正，烨然巨观。外像象王之居，中施狮子之座，塑五丈高金身大佛三尊，迦叶阿难二尊者侍侧。四周塑五百罗汉，左右文殊普贤二菩萨，座后塑观音大士。使寻声而至者，觌面相呈；慕曹溪而来者，饱尝而去。筑殿基时，土中挖出铁塔一座，高寻丈，为清代雍正时造——志书载为降龙塔，非也。移铁塔于鼓楼下，金饰而庄严之，复将平藩二碑分嵌于钟鼓楼内，以备考古。同时挑平今曹溪门地基，及门口之乱坡，砌泄水沟五十余丈，自象鼻冈下穿过山限挖成水洞，注入曹溪门内水池。池周四十余丈，中建五香亭，其形如象鼻之卷莲花也，鳞甲之类以栖息焉。廿六年丁丑，建曹溪门（原日曹溪门在西

边大樟树下），现移稍东，取坐癸丑向丁未六度兼癸丁线，与四天王殿同向。旧日天王殿，在今之西归堂后，今之殿址多为乱坡，夷平之下以建四天王殿。其左为虚怀楼，右为云海楼，复建香积厨、斋堂、库房等屋宇。建香积厨时，土中挖出千僧大饭锅一具，元代物也，移置大殿后观音菩萨座前，以植莲花。廿七年戊寅，建宝林门。其原址在现今西边空缺处，坎坷不平。乃挑其土以培高，左右抄手。云海楼下有一古井，名罗汉井，原在深坑内，加高一丈另五寸，使与园地平衡，中辟神道，左右各筑莲池。重建钟楼，此铜钟为宋代物，埋土中，出而悬之，声闻十里——发人深省也。又建报恩堂、伽蓝殿及客堂。廿八年己卯，建鼓楼，祖师殿，供东土初祖以至六祖及本寺开山智药尊者七位。又建西归堂，安僧众觉灵。建功德堂，奉各护法主位。建云水堂，接待来往僧众。廿九年庚辰，建禅堂，依制坐香。建韦驮殿，班首寮，维那寮，以严督察。又建如意寮，置备医药以调养病苦，指定售南华茶叶入款，以为汤药之费。又凿通方丈后山，引导卓锡泉水源，砌成水洞，安置总分铁管，直透香积厨及各堂寮。三十年辛巳，将大殿之后，灵照塔之前，建法堂一座。其上为藏经楼，内藏廿五年由北京请回龙藏全部，大藏遗珍全套，又李伯豪主席送碛砂藏一部⑤。筑戒坛时，在土内挖出万历年修塔碑，竖立雨花台壁中。建回向堂，安奉国殇忠魂。建迎贤楼，招待来往宾客食宿。建无尽庵，以为清修女众（按无尽藏尼为六祖最初护法，其庵址似在卓锡泉右边，憨山祖师曾经重修，倾废已久。云以庵与寺太近，故清出离寺东约三里许之柏树下村庄房，榜曰古无尽庵，移女众于此修持。至无尼之真身现在曲江湾头村西华庵。今依其形貌，塑像一尊，供于庵中，以作女众修持模范）。三十一年壬午，于左殿左边建念佛堂，以安修净土者。掘地时得万历年余大成苏程庵碑，足资考据，竖立于念佛堂照墙内。又建延寿堂，安诸老人。平地基时发现宋淳熙年间所刻六祖真像及碑铭，移存祖殿照壁廊内。又在钟楼之后，建碾米房、沐浴室、工行寮、储蓄所及东圊，于其地掘出无数人骨及一丈六尺之朽棺数具，其中火坯之谷类甚多，待考证也。三十二年癸未，建海会塔于寺东二里许。缘南华旧无普同塔，历代亡僧随山乱葬，日久遂形抛露，莫慰先灵。乃先设荼毗炉，以焚遗蜕，嗣建斯塔，以藏七众。该塔用钢筋水泥筑成，坚固异常，足纳灰塔数百万具。其上建念佛堂，长年念佛，以利冥阳。于塔左右各建楼房四楹，以为看塔念佛人住所。又于塔前围筑围场，遍栽林木。门外凿一方池，以植莲花。又重修卓锡泉，因旧日无池蓄水，饮料不洁，乃凿池蓄水，中隔砂井，施以药物，用铁管引入大寮。又修飞锡桥，以保存古迹。修伏虎亭，以弭虎患。又因曹溪各村贫苦

儿童无力就学，因设义学教之。此民国三十二年事也。综上十年，云重新祖庭，至此始成具体。兹再条析述之，综览全局。计自曹溪门至卓锡泉由南至北，深一百五十一丈；由东边寺墙至禅堂西壁，广三十九丈五尺。首进曹溪门上下各一楹，越围坪，度放生池，中有五香亭一座。次进为宝林门，楼上下各五楹，历神道至陛阶，至四天王殿五大楹。殿左为虚怀楼，上下各五楹。殿右为云海楼，上下各五楹，均南向。由韦驮殿经花园，上丹墀，大雄宝殿五楹。殿后法堂戒坛及藏经阁上下各五楹。法堂之后为灵照塔，塔后为祖殿。殿后为方丈，上下各五楹。方丈后绕道依山，至飞锡桥伏虎亭以达卓锡泉，此中路也。东边自虚怀楼后，报恩堂楼上下各二楹，钟楼三层各一楹，伽蓝楼上下各五楹，客堂楼上下各五楹，斋堂楼上下各五楹，库房楼上下各五楹，历阶至回向堂五楹，回光堂五楹，延寿堂楼上下五楹，进为念佛堂楼上下各五楹，均西向。至祖堂楼上下五楹，则南向矣。此东路也。西边自云海楼后，西归堂楼上下各二楹，鼓楼三层各一楹，祖师殿楼上下各五楹，云水堂楼上下各五楹，西入禅堂五楹，南向；韦驮殿，维那寮共七楹，北向；班首寮如意寮各七楹，东西向。再上为西圊。计外堂厕所及杂屋共九楹，内堂厕所及沐浴室七楹，进为返照堂五楹，经祖殿两傍建东贤殿三楹，西贤殿后达观音堂共计楼上下各十五楹，此西路也。附于东路者为客堂后之待贤楼，上下各五楹。斋堂之后香积厨五楹，沐浴室七楹，碾米房一楹，工人室三楹，柴草寮五楹，东圊五楹。隶属寺管者无尽庵三十八楹，海会塔正座楼上下各三楹，两旁楼房各四楹，幼幼亭右守望所三楹。总计新建殿堂房宇庵塔约二百四十三楹，其中间隔各部份寮房若干间，亦足以莛容清修胜侣矣。又塑造大殿及两序大小佛像共计约六百九十尊，备极庄严。

（五）驱逐流棍革除积弊

云自甲戌八月入山，见圣地道场，变作修罗恶境，祖庭成牧畜之所，大殿为屠宰之场，方丈作驻兵之营，僧寮化烟霞之窟，菩提路列肉林酒肆，袈裟角现舞扇歌衫，罪秽弥纶，无恶不作。云始以善言相劝，置若罔闻；稍示权威，则持刃寻逐，濒于生死者亦屡矣。终仗护法大力，切实严禁。督警驱除，与之争持，历三四年乃扫除净尽。复于寺外大路以南，盖板屋十余间，遴选善人，贩卖茶果，只许素食，均能奉持。以至于今，得以重兴殿宇，庄严净域也。

（六）清丈界址以保古迹

自祖师募化檀越陈亚仙舍地，以四天王岭为界，千载以来，已成定案。第因年代久远，人事变迁，虽志书所载甚详，而实际反空无所有。僧余破壁之参，佛久积尘之坐，尺天寸地，指点无从。至民国廿五年丙子九月，请省府令行派员履勘划界，保存古迹，绘图立案，出示晓谕，照图管业，使界址复明。

（七）增置产业以维常住

查南华寺产，志书所载甚多，历经豪右并吞，奸僧盗卖，云入山时仅有租谷二十担，千分不逮一也。乃着手整顿，拟先清理产业，调验契据，如无红契而属寺产者，不容侵占；有红契而原属寺产者，准以七成赎之。正计划中，而时局屡变，风波动荡，无从进行，只有从前北区绥靖处所办之林场，于民国廿五年由政府批准，交回寺内管业。惟所人无多，不足以赡常住。云至乃募资渐次收买，至民国廿八年连赎回及新买之稻田若干亩，每年租谷约数百担（另详香火田产记）至是常住始有粒食可靠。然所历艰苦不可言喻（具最苦者，厥为后山紫笋庄寺田三百数十丘，为黎、谢二姓侵占，被人从中舞弊，向政府交涉，又因时局变迁，迄未清回，望后来者有以收回之）。

（八）严守戒律以挽颓风

昔我佛入灭，垂戒后人，以戒为师，严规行也。今虽末法，僧伽堕落，粤中尤甚。顾念南华为宇内祖庭，岂容污合；今兹冷灰再烟，非宏法不能重兴，非守戒不能宏法。云乃遵百丈清规，严肃纲纪，一粥一饭，持午因时，一步一趋，悉守仪范，为真佛子，乃可保丛林于久远也（其各种条规，另见同住规约）。

（九）创禅堂安僧众以续慧命

初祖西来，单传直指，六祖得法，弘扬五宗，禅波罗密也。《五灯会元》所记诸佛诸祖无不自禅定中来，得大机大用，度生无算。今我六祖顿教道场寂寞久矣。云乃造禅堂，定香数，发警策，下钳锤，冀其磨练身心，度己度人，以续我佛慧命（课程另见规约）。

（十）传戒法立学校以培育人材

时当末劫，法运垂秋，痛心下泪。何也？佛所嘱付，波罗提木叉为汝等大师。又云："戒如明日月，能消长夜暗。"又曰："此经能住世，佛法得炽盛，若不持此戒，世界皆瞑冥。"今兹佛法衰微，三门涂炭，岂非无因。无奈释子挂名受戒，而不遵崇，外服袈裟，行同凡俗，是波旬徒属，作狮子身中虱耳。云为挽颓风，捐费信施财物，成兹大厦，意欲一一如法，培植人材，常转法轮，慧命是续，因此建立长期戒坛，逢年传戒，道不论远近，人不论多寡，依时而来，传受戒法，期满后入学戒堂重行熏习，以资深造，不受寄名，不容简略，肃戒律也。云入山十年矣，仗佛祖威灵，檀越护法，预期十事，次第完成，聊竟憨公未竟之志。今堂宇可容僧伽五百人，租谷亦差足半年粮食，四事供养，具体而微，佛子住持。宁心无虑，敬祈执事，保此道场，云于此十年间，左支右绌，辛苦撑持，委曲求全，济变御侮，其困苦艰难有不堪殚述者。云今去矣，付与僧徒复仁住持，书此事实，以励后昆。其或有超世高人，空宗大士，认此为空花佛事，水月道场，云又何辞。云尝恭读《坛经》，至五祖以袈裟遮围，为祖说《金刚经》，至“应无所住而生其心”，祖于言下大悟，即启五祖言：“何期自性，本自清净，何期自性，本无生灭，何期自性，本自具足，何期自性，本无动摇，何期自性，能生万法”，一路说来如天花乱坠，前四句何期是摄用归体，后一句何期，是全体大用，前四句是自度，后一句是度生。能生万法者，一切种智也。我佛以一大事因缘，出现于世，开示悟入佛之知见，广佛法于无边，度众生于无尽，故释迦不终老于雪山，六祖不永潜于猎队，为传佛种智耳。云虽行能无似，然不敢作最后断佛种性人，因此数十年来，屡兴道场，不惜作童子累土画沙事，亦本于教亦多术，逗机接引，以传佛种智耳。安敢作有相无相之论哉，“有情来下种，因地果还生”。愿一切有情同圆种智。

⊙注

①滇南鸡足山：被称为“中国五大佛教名山之一”。位于滇西北大理白族自治州宾川县境内，距古城大理 86 公里，距昆明 410 公里，最高峰天柱峰 3 248 米。总面积 2 822 公顷，因山势“前列三峰，后拖一岭，俨然鸡足”而得名。元、明两代，鸡足山形成了以迦叶殿为主的 8 大寺 71 丛林。鼎盛时期发展到 36 寺 72 庵，常驻僧尼达数千人的宏大规模。鸡足山历代高僧辈出，唐代的明智、护月，宋代的慈济，元代的源空、普通、本源，明代的周理、彻庸、释禅、担当、大错、中锋，清末民初的虚云等都是声闻九州的大德高僧。

②陈公铭枢：即陈铭枢（1889—1965 年），字真如，广东合浦（今属广西）人。民国时期国民党上将，铁四军的元老，粤系中亲蒋的代表人物。从军而信佛。历任民国政府军事委员、广东省政府主席、代理行政院院长。

③四天王：也称“护世四天王”，俗称“四大天王”、“四大金刚”。印度佛教传说，须弥山腰有一座叫犍陀罗的山，有四峰，各有一神守护，守护四山峰的神叫“四天王”。中国佛教寺庙一般将四大天王塑像供奉在前殿（称天王殿）。东方持国天王，像身白色，持琵琶；南方增长天王，像身青色，持宝剑；西方广目天王，像身红色，手缠绕一龙；北方多闻天王，像身绿色，右手持伞，左手持银鼠。有的寺庙，四大天王脚下各踏两怪，共八怪，这八怪一般都是自然灾

害等害人事物的象征。

④灵通侍者酒亭：灵通侍者“乃西域波斯国人”，六祖惠能的侍者。“性嗜酒，不能戒饮，六祖大师许其偷饮。”憨山德清曾作《为灵通侍者戒酒文》：

余初至曹溪，怀瓣香敬谒六祖大师。见主塔僧每月朔望之次，以酒供奉灵通侍者。诘其所因，僧曰：“侍者乃西域波斯国人，乘海舶至广州，闻六祖大师，因随喜皈依，愿为侍者，永充护法，卫安曹溪道场。但性嗜酒，不能戒饮，六祖大师许其偷饮。”以此妄传，愚盲不达，遂为常规，相习至今，近千年矣！未有能为侍者洗其污者。末法弟子某，荷蒙祖师摄受，来整曹溪，已经期年。今于万历辛丑年，腊月八日，乃吾佛成道之辰，特为合山众僧普授戒法。诚恐愚僧执迷不化，乃为侍者洗白一心，以谢众口。敬拈瓣香，上禀祖命告侍者曰：“恭惟灵通，勿问所从，既充护法，当合至公；侍者当初，听祖说法。本来无物，如何不迭；既达本无，五蕴何有，岂有真空，而好饮酒；祖师教人，饮甘露浆，非以糟汁，灌此枯肠；我观侍者，不离祖师，终日听法，岂可不知；知之既真，悟之已久，宁有复迷，自扬家丑；我惟侍者，决无此情，愚僧不迭，认以为真；大家昏迷，日夜酣醉，是以祖师，岂不为累；我戒众僧，不许饮酒，众以侍者，便为藉口；众僧坏法，侍者为倡，今日不止，展转虚妄；嗟此末法，丛林凋弊，我愿侍者，早为之计；若真护法，请从此始，侍者不饮，谁敢启齿；我今稽首，哀鸣祖师，彻底掀翻，破此愚痴；打破疑团，捶碎饮器。齐证无生，同登佛地；今后供养，三德六味，侍者受用，与祖无异；以此护法，功德无比，内外清静，顿消尘滓；灵源迸溢，枯木逢春，山河大地，共转法轮。谨告！”

虚云亦作《戒灵通侍者酒并偈》：

甲戌岁秋，云初入山礼祖殿，见祖坐龛内，一金色须发状如欧人之像者，名曰灵通，虽《坛经》未见记载，而诸籍中称侍者，为波斯太子慕道而来，性好酒，于祖在日许其偷饮云云。又于龛之右设一酒亭，金碧檀栾备极工致，中具香炉花瓶，酒缸杯箸。余怪以问香火僧，僧曰：“侍者好酒，不献则不利。”余谓：“尔辈欲饮，以侍者为雉耳！”僧曰：“和尚若不信，请验之。”乃命其注酒缸内，守视之不数时，而酒化水矣！三日如是，怪矣！溯劝灵通侍者戒酒，以达观可公为第一次，憨山清公为第二次，撤其酒器，为文祭告，越今已三百余年矣！侍者当时已戒酒，岂已后又再饮耶？悟后仍迷，无是理也。余重思之，恍然有悟。侍者于侍祖日，饱尝法味，必不嗜酒。即使偶尔偷饮，经达观、憨山之劝，亦必断除，何以至今仍有烈酒化水之异？其必野狐精怪之辈嗜饮，以侍者为凭籍。此一念之邪也，以邪招邪，于是一班闲神野鬼，感应其邪念而来，侍者不饮，而野狐精怪及闲神野鬼皆大醉，酒乃化水。理不当有，事则无疑。于是余毅然撤其酒亭，毁其杯酌，奉侍者于伽蓝殿，重塑其像，使两手空空，不复提壶，因为之偈曰：“侍者有德号灵通，誓辅祖庭众所尊。人多讹传师好酒，师奉千佛无此风。想是佞恶窃尊誉，嫁罪自饰将无同。今为拈出雪此耻，长伸两手振吾宗。”

虚云又作《再告灵通侍者文》：

丁丑秋，寺内僧俗多病，众议纷纭，以格侍者酒供为词，因再为文以告之曰：维岁丁丑，维月庚戌，是月之朔，壬申之日，南华禅寺住持虚云，率领监院、合山大众等，虔备清斋酥酡妙供，沐手焚香，上禀祖师，奉告尊侍曰：“云之不德，入侍祖庭，举坠兴废，三年于兹矣。各事进行均称顺利，正当恢宏殿宇，百工斯勤，惟自本年入夏以来，僧众匠工多病，百般医治，效果殊微。岂以云改建殿宇，重新祖庭而未禀命乎？云朝乾夕惕，鞠躬尽瘁，此心当为祖师所谅也。谓为禁格侍者饮酒乎？则佛制戒律甚严，以酒器过人者，五百世无手。云不敢以害侍者，及祸僧众也，因之曾为偈以戒侍者。今僧众工匠，又因病而涉及禁侍者饮酒问题，云不得不上禀祖师寂光加被，再告侍者绝酒耽禅，并以解一般僧人之惑。

我中国自仪狄作酒，禹饮而甘，曰：“后世必有以亡其国者。”其旨深哉！延及周初，世人皆中于酒，其时流风所被，必有极扰乱社会秩序者，于是周公作酒诰曰：“酗于酒者，系归周，杀无赦。”可谓严厉之极。降至唐宋元明诸代，无不时有酒禁，而禁终不能绝。此何故也？必有所至矣。夫酒性有二，一曰麻醉，二曰兴奋。世俗人以之合欢，以之解愁，诚以世俗之人处五浊恶世，八苦交煎，借酒浇愁，其中固似别有天地。何也？中酒有三，大醉则狂，狂则乱；中醉则昏，昏斯沉；微醉则酣，酣斯畅。昏狂皆足戕己害人，不必论；即以酣畅而言，亦不过麻醉神经，兴奋血脉，使其微适，将平时烦恼焦闷、抑郁恐怖暂忘却耳！及其醒时，则借酒浇愁愁更愁也。

世俗人不知禅悦，乃以醉乡为世外桃源，故千里禁之而不绝。若乎灵通侍者，亲侍祖师，必得甚深禅悦。即今日僧众禅堂坐香，试问到初地定时，百骸调适，身心俱忘，万象如如，孤明历历，此时境界，以视哺糟啜粝而为酣畅，不亦天渊也哉！初地尚如此，甚深禅定可知也。明夫此，则不戒而自戒矣！自今以后，不许滴酒入祖庭。如有疹厉，云自当之。用是禀我祖师，启我侍者大师，告我僧伽，从兹共励，维护祖庭侍者功德，福济无穷；内外清静，顿消滓尘；灵源迸溢，枯木逢春；山门宁静，共转法轮。自祭告以后，疹厉渐消，大众安然少病少恼。

⑤龙藏、大藏、碛砂藏：均指大藏经，为佛教经典的总集，简称为藏经，又称为一切经。现存的大藏经，按文字的不同可分为汉文、藏文、蒙文、满文、西夏文、日文和巴利语系等七大系统。汉文大藏经为大小乘佛教典籍兼收的丛书。

大藏即大正藏，是目前来讲使用最广泛的汉文大藏经，其全称为“大正新修大藏经”，是在日本大正十三年（1924年）由高楠顺次郎和渡边海旭发起，组织大正一切经刊行会；小野玄妙等人负责编辑校勘，1934 年印行。全藏分三个部分：正藏 55 册，续藏 30 册，别卷 15 册（内图像 12 册，总目录 3 册），共 100 册。收入佛籍总数冠于各种大藏经，计正藏、续藏、图像和总目录共 3 493 部，13 520 卷。编辑体例也别创一格，经藏分为阿含、本缘、般若、法华、华严、宝积、涅槃、大集、经集、密教十类；律藏包括弥沙塞部、摩诃僧祇部、昙无德部、萨婆多部、解脱戒经（迦叶遗部）和菩萨戒等；论藏分为释经论、毗昙、中观、瑜伽、论集等五类；杂藏分为经疏、律疏、论疏、诸宗、史传、事汇、外教和目录等八类。续藏 30 册中除最末一册为古逸和疑似两类，专收敦煌古逸经、律、论疏和疑伪经外，其余 29 卷收入日本著述的续经疏、律疏、论疏、诸宗四类及悉昙。图像 12 册收入日本各寺院所藏历代有名佛教画像和密宗明王像、金刚像及各种曼荼罗图等 363 种。总目录 3 册收入中国历代各版藏经目录和日本各寺院所藏的写本和刻本藏经目录以及大正藏勘同录、大正藏总目录、总索引、译著目录等 77 种，为比较实用的版本。

龙藏是清代唯一也是中国最后一次官刻汉文大藏经，因奉雍正皇帝御旨而雕刻，每卷首页又均有雕龙万岁牌，故又名龙藏，也称清康熙朝内府泥金藏文

写本，全套经文108册，经文检索1册，图像2册，共计111册。翻开书本，文字皆选用金绢印刷，蔚为大观。

碛砂藏即碛砂版大藏经，是南宋时私刻大藏最后一种。因刻版地点在平江府陈湖中碛砂洲延圣院（今江苏省苏州市吴中区和相城区），后来改名碛砂禅寺，因而通称这部藏经为碛砂版或碛砂藏。碛砂藏的内容，大体同于思溪版。因为刻版曾中断一次，后来续刻对于各经的次第略有改动，并历经补充，因而刻成之后和原定的目录（端平元年所刻）不尽相符。现存全藏印本591函，比原目增加43函。

考

本记辑自民国《云门山志》第九篇，因未见其碑，而查南华寺相关记录，亦未能确证此记是否有镌石，故附录于此。

撰者虚云（1840—1959年），祖籍湖南湘乡县。俗姓萧（一说“肖”），初名古岩，又名演彻，字德清，别号幻游。19岁至福建鼓山涌泉寺出家，拜常开为师。次年依妙莲（1844—1907年）受戒。27岁离开鼓山，先后在江浙名山大刹参访耆宿，研习经教，参究禅宗。出家后勤修苦行。此后又参访陕西终南山、四川峨眉山、拉萨三大寺，并由西藏到印度、锡兰（今斯里兰卡）、缅甸等国，朝礼佛迹。由缅甸回国，朝拜云南鸡足山，经贵州、湖南、湖北等地，礼安徽九华山，再至扬州高旻寺参加禅七法会，在赤山法忍和尚处获悟。清光绪十八年（1892年）受临济宗衣钵于妙莲和尚，受曹洞宗衣钵于耀成和尚。光绪二十七年（1901年）至终南山结茅潜修两年。后至鸡足山主持钵盂庵，自往南洋等地募缘建寺。民国七年（1918年），虚云自南洋请玉佛回祝圣寺，并重建庙宇。此后，应滇、粤、闽军政大员之请，曾移锡昆明华亭寺，住持鼓山，重兴南华寺。民国三十一年（1942年）冬赴重庆主持护国息灾大悲法会，历时3个多月。民国三十二年（1943年）冬，规划重兴乳源云门寺。1952年4月，虚云离云门北上，11月在北京出席中国佛教协会发起人会议，并被推为首席发起人。1953年6月3日，中国佛教协会正式成立，虚云被推举为名誉会长。同年，虚云被聘为全国政协委员。1959年10月13日，虚云法师在江西云居山真如寺圆寂。在现代佛教史上，坚持苦行百余年，历坐十五个道场，重兴六大祖庭，以一身兼承禅门五宗，法嗣信徒达数百万众的高僧，唯有有“禅宗泰斗”之誉的虚云。

三　买赐封禁记事类

广州马氏舍田记

（嘉定九年丙子，1216 年，佚）

黄君亮

自西方两足尊①之教漫衍宇内，十方檀信，恭敬作礼。倾府藏布施，以求福田利益，其教法然也。曹溪宝林六祖道场，西天屈眴之衣②在焉。云游过客，陆续于寺，饰厨传将，迎无虚日。每岁圣节，许依郡例，启建满散并僧期月功德奏疏，附州以闻。其法门大，则其徒众繁。其徒众繁，则其用度倍蓰于他利，岁率食盐五千觔，他费称是。岭南地旷人稀，田废弗治，年不顺成，则用不足，施利不入，无以赡大众。广州马氏阶孙氏妙德与佛有缘，发弘誓愿，嘉定辛未以塔柱弗葺，召匠计修之，縻钱三十万。明年舍银铸太子像③及罗盘，总计银一百二十两。又明年用钱三百万，买没官田充常住。岁藉其田之所入，回易钞盐以供寺之岁用。又于五羊造廨院一区，山门选僧掌之，为祖师及其徒往来憩宿之地。输财献佛，今世寡比，而其欢喜皈依之念未艾也。昔曾南丰④记分宁云峰院言，其土俗富兼田千亩，廪实藏钱至累岁不发视，捐一钱可以易死，宁死无所捐，其贪鄙啬施如此。则窬岭而南，有若马孙氏之倾财乐施，可嘉尚也已，盍记诸以劝来者。

⊙注

①两足尊：佛陀的尊号。佛教中，足为圆满，两足是指智慧与福德圆满无缺。《法华经·方便品》："无上两足尊，愿说第一法。"

②屈眴之衣：西域服饰，白色。元盛如梓《庶斋老学丛谈》卷一："皆服屈眴。以白衣为吉，以青衣为丧服，故皆衣白。"此指达摩所传袈裟。

③太子像：指释迦牟尼佛像。

④曾南丰：即曾巩（1019—1083年），建昌南丰人，世称"南丰先生"。唐宋八大家之一，累官中书舍人，谥"文定"。有《元丰类稿》、《续元丰类稿》等传世。

考

本记辑自清康熙《重修曹溪通志》卷四记，原碑不存。

黄君亮，本记原注记为本府参军，余不详。

南华禅寺分豁纪事碑

（正德五年庚午，1510 年，存）

韶州府为分豁[①]事

据经历司呈抄，蒙钦差巡按广东监察御史刘[②]　案验：据本府曲江县南华禅寺僧妙宣状诉，蒙例案郎将追究贼银二百七十五两十还僧如靖。本僧患未痊，从弟妙宣本年九月二十四日告，领蒙准批送广州府，实领银两二百五十八两二钱八分。遵依打造钵盂补回常住供奉，内二百一十一两四钱成高低。倾折一十五两四钱三分打造钵盂二副、大小八□、茶□二□、碟五□、碗二□、共一十九件，通计银一百九十五两九钱七分。手工银七两五钱，镀金银六钱。剩银三十八两七钱八分，带回本寺修补常住。以切思差不诉明，诚恐不忍之人废坏备情诉乞，印信付照。□此案查先为照例严考察以励庶官事，本院奏行吏部题奉圣旨。是钦此遵移，咨备□，前来行据广东布政司呈备布按二司会问，遇招罪，缘由开详，到院已径案行。布政司将本犯追□给领去后，今据前因仰抄案行府，帖付本僧执照。依蒙抄呈到府帖，仰本僧即将原领银两打造遇前项供器，照数收在寺供养六祖，剩银□补寺宇。如有贪官污吏敢蹈前非，或本寺僧人不能谨守□斋此帖、告官。仍要大书深刻立石六祖座□□前，永作将来之戒，须至帖者。

右帖付本府曲江县南华禅寺僧如靖智汉等，准此。

正德五年十一月日　帖

⊙注

①分豁：分解，开脱；分辨；结算，盘清。此指结案。

②巡按广东监察御史刘：嘉靖《广东通志》卷十三《职官表》、道光《广东通志》卷十八《职官表·正德朝巡按御史·下》皆缺载，生平不详。

考

碑存于南华寺。青石质，高约 1.20 米，宽 0.50 米，楷书阴刻。

云门寺田地山场碑记[①]

（万历十二年甲申，1584 年，佚）

尝谓藏世界于一粟，佛法何其大；贮乾坤于一壶，道法何其玄。释道之教，由来久矣。乳邑匡真大师慧法无边，坐化云门，若非灵验，何有汉勅三封[②]。如遇旱干水溢，捍患御灾，求无不应，此大师真一邑之灵神，实千万家之有赖。师有灵验，发万民之善心，故先年艰难，拮据承粮，开创田地山岭土号，并各村乡踊跃输将，源源布施，或施田收租而供僧，或题捐灯油而燃点。僧得租供，诚敬祀师，师伏（?）长燃，灯光永照，师安人乐，诚属美举。但前人创施田租，虽载部据，惟恐年湮日久，不免废烂，倘若废失，则有负前人之片心耳。是以尊依万历年间知乳源县事越人东华赵佑卿[③]词咐，不如爰集乡官绅耆，将创施田地土名坵数，租粮多少，均刻勒石，以垂永远，俾前人信施芳名，可以流传千古，而田坵租粮亦可万载不易焉。是为引。

知乳源县正赵佑卿　　乡官　邓维修
武阳巡检　张文登[④]　　乡官　魏良翰
儒学训导　蔡宗尧[⑤]　　乡官　邓维新
本县典史　李钺九[⑥]　　乡官　钟鸣韶
儒官　刘　潜　　乡官　詹世用
监生　邝怀德　　乡官　胡维芳
乡官　罗克念　　乡官　鲍惟亮

金仙嶂石寨下水源灌蒴粮田开列于后
头坡田种共计五十四塥零三升　　下荒塘田种一塥一升
二坡田种共计三十一塥零半　　长塘口田种五升
三坡田种共计二十一塥零半　　窑前塘田种牛塥
牛巷坡田种共计八塥半　　老皮墩田种四塥零五升
上塘交付塘共田种二塥一斗一升　　养公湖田种一塥零三升
鞋袜丘共田种二塥　　杨柳冲田种八塥
锅笃塘共田种一斗　　马鞍头田种四塥
上荒塘田种一塥三升　　碓下坡田种一塥
以下架枧山水灌蒴
上下迳头大岭排二处共田十六塥半　　架枧山田种一塥

架枧山田堪丘共田种二埆
以下四坡硬水灌溯
坳下田种九埆零三升　　虫食岭田种一斗
坡头面田种一斗　　上下岭头一带共田种五十一埆半
羊头田种一埆零三升
以下大坑水灌溯
大坑田种十埆零一斗　　石子坝田种二埆
丈古丘田种四埆　　水头坊田种一埆
银子墩田种三埆　　细石塘田种一埆
石子砎田种一斗　　南山下田种一埆
蕨排岭田种二埆　　台岭狗里田种四埆
瓜墩岭田种一埆　　山前田种九埆零半
分头山下尖尾角和尚坡碧云庵前左右一带共计田种三石三埆零三分
方武赤湲水田种二埆　　果子合田种三埆
以上田土共载实纳粮米一十二石零六升九合七勺
开列莲塘山岭土名
寺前塘二口　　锅笃塘一口
杨柳塘一口　　迳塘一口
里塘一口　　华表峰茅岭三块
寺左上茶园下茶园岭一带大坑为界
寺右杉树岭至上坪云门坳为界

范阳氏敬曾镌碑字
万历十二年岁次甲申三月吉旦众信仝立

⊙注

①此文撰者不详。

②汉勅三封：汉即南汉，所谓“三封”即癸未岁（923 年），文偃率领徒众至云门山，“创构梵宫，数载而毕”，“层轩邃宇而涌成，花界金绳而化出”，“雕楹珠网，庄严宝相，合杂香厨，（南汉王）赠额‘光泰禅院’”。丙戌岁（926 年），赐文偃号“匡真”。南汉乾和七年（949 年）四月十日，文偃趺坐西逝，塔全身于光泰禅院之方丈，南汉王赐其塔院为“瑞云”之院，塔曰“宝光”。

③知乳源县事越人东华赵佑卿：万历十一年（1583 年）任乳源知县。参见赵佑卿《云门寺山门记》考。

④武阳巡检张文登：巡检，官名。始设于宋，主要设于关隘要地，或兼管数州数县，或管一州一县。以武官任，属州县指挥。明清州县多有巡检，多设于距州县城稍远的水陆要地，管理当地治安。张文登，康熙二十六年（1687 年）《乳源县志》卷五《秩官志》缺载。

⑤儒学训导蔡宗尧：明清府州县皆置训导，掌协助同级学官（教授、教谕）所属生员。蔡宗尧康熙二十六年（1687

年）《乳源县志》卷五《秩官志》记为举人，琼州人，万历十二年（1584年）任。

⑥本县典史李钺九：典史，官名。元始置，明清沿置，为知县下掌管缉捕、监狱的属官。如县无县丞、主簿，则典史兼领其职。李钺九，康熙二十六年《乳源县志》卷五《秩官志》记为吏员，临桂人，万历七年（1579年）任。

考

本记辑自民国《云门山志》第九篇文献，原碑不存。撰者、书者不详。

僧性顺立寺田碑

（天启四年甲子，1624 年，存）

性　顺

锦石岩护印僧性顺蒙县主胡爷[1]慈悲发愿，庄严佛土，功德已载碑中，性顺不敢复诵。缘自辛酉县主乔迁，抵岩别佛，欲去不前，乃捐俸银十两，以为供养之资。今买得康溪都民刘承祖名下土名码子寨下通天岩、穿珠等田，大小十丘，计租七石，粮税七升正，与佛座前永供香灯。特恐世远，僧徒不知县主功德，私为典税卖失，故立兹碑，以垂永鉴。

时

皇明天启四年二月吉旦，僧性顺立

⊙注

①县主胡爷：或为胡京球，全州人，举人。万历四十六年（1618 年）任仁化县知县，天启元年（1621 年）离任。同治《韶州府志》卷二十八《宦绩录》云："胡京球，全州举人，万历四十六年知仁化县事。创乡约所，每朔望诣所讲六谕，旌善别恶，人不敢为非。初，知县袁伯睿刱（创）文峰塔未竟而去。球至你葳其事，重修学宫、公署、城楼，不损公帑，不费民财，百废俱举，称良司牧，擢无为州守。"

考

碑存于锦石岩功德堂，高 1.00 米，宽 0.48 米，晕首，额双凤朝阳图案，周饰忍冬纹带。楷书阴刻。

撰立者性顺无传，生平不详。

奉上豁免六祖香灯田粮米杂差等项碑记

（顺治九年壬辰，1652 年，佚）

德　融

韶州府曲江县，为颁恩俯准竖碑，以彰浩荡之仁，以垂万世永赖。事据南华寺户长，现年僧宗肇、僧官圆旭、住持妙融、十房僧戒光暨合山僧众等呈称：祖师衣钵，传于千年。自唐朝敕建宝林以来，屡蒙宰官护法，叠荷慈宦捐助，以致佛像增荣，福田广种。额立常住香灯粮米五十石，悉出善信。修布礼佛斋僧，向来杂役俱蒙蠲免。欣际清朝鼎建，深沐两藩①之洪慈，复沾院司之深恩，府县之渥泽，查照旧规，将膳夫、日晨、杂派亦蒙概免。虽然佛祖有灵，感德于靡竟，不若镌之碑石，垂泽于千秋等情到县。当蒙本县主老爷陶②讳批：六祖香灯粮田五十石，既经两藩院司优免，相应准箅免派杂差，着竖碑仪门、山门，永以为例。此本县遵奉两藩、院司德意，非为私也。合就竖立碑石，以传奕禩，以垂不朽。故碑。

顺治九年十月　日协理嗣祖沙门德融立石

⊙注

①两藩：即平南王尚可喜、靖南王耿继茂。参见曾弘《重修大殿记》注⑤平南王《重修南华寺记》考。

②本县主老爷陶：同治《韶州府志》卷五《职官表》缺载。或可补史阙。

考

本记辑自清康熙《重修曹溪通志》卷四记，原碑不存。

立石沙门德融无传，生平不详。

奉免禅堂香灯膳僧田粮米碑记

（顺治十五年戊戌，1658 年，佚）

慧　聪

顺治戊戌年六月　日奉免禅堂香灯膳僧田粮米

遵奉本县主老爷褚讳唐杰[1]批：云水[2]名流，互参禅室，接待浩繁，供粢颇涩。向者乐施膳田粮米一十一石，或可为清流一溉之助。除惟正之供而外，一概杂差、膳夫、日晨等项，曾奉镇、道各台同心蠲免，而本县奚敢让耶。准令勒碑，以垂永久。照。

当山主法洞宗第三十一世嗣祖沙门德融仝（承）

监院慧聪立石

⊙注

①本县主老爷褚讳唐杰：顺治十五年（1658 年）曲江知县褚唐杰，同治《韶州府志》、光绪《曲江县志》均缺载。或可补史阙。

②云水：又称云水僧、云众水众、云兄水弟、行脚僧、云衲。指为寻师求道，至各地行脚参学之出家人。以其居无定所，悠然自在，如行云流水，故以云水喻之。

考

本记辑自清康熙《重修曹溪通志》卷四记，原碑不存。

僧德融、慧聪均无传，生平不详。

准免六祖香灯田粮米杂差事碑记[1]

（顺治十一至十五年，1654—1658 年，佚）

韶州府别驾周老爷讳宪章[2]，批免，祖师粮米船只呈辞，善事刊刻流芳。

南华寺户长僧海莹，协理粮事僧可相，十房僧智大等，呈为恳恩准免六祖香灯田粮米杂差事。

祖师感灵，赫奕千古。历代奉旨封禅，优免杂差。值清朝定鼎，蒙平、靖两王，部、抚两院，照旧蠲免。目今答应大兵船只解运及马料、锅铁、油麻军需、兵房，仍混将祖师香灯田粮五十石派取，船只解运满兵、米谷、禾草、夫役等项开派，恳乞仁慈垂念祖庭，批免船只杂项，功德福田，高深沧岳。谨此上禀本府督粮官署曲江县事老爷台前施行。

批辞：向日东作无望，本官目击心寒，步祷虔请祖师圣驾出门，复得滂沱大雨三日不止，万民莫不沾恩。祖师之灵应，可云赫赫。些须船只杂差均派各都，不为偏徇也。准。给照豁免。（有印）

⊙注

①此文撰者不详。

②韶州府别驾周老爷讳宪章：同治《韶州府志》卷五《职官表》云：“周宪章，浙江绍兴人，顺治十一年任韶州府推官。”

考

本记辑自清康熙《重修曹溪通志》卷四记，原碑不存。记中不落年月。据同治《韶州府志》卷五《职官表》周宪章任韶州府推官时限推定。

僧海莹、可相等俱无传，生平不详。

蠲免南华买米事碑记①

（顺治十八年辛丑，1661 年，佚）

顺治十一年八月廿六日具呈平藩阿达哈哈番尚老爷讳之智②与曲江县主刘老爷讳昺③书

不佞武人也，素性鲁戆，不肯旷官侵职，开罪守令诸君。近以养病南华，见古刹巍然，比丘寥落。问其故，或曰："曹溪虽云佛地，与民一体差徭。年来赋役频加，供办不给，何暇修行。"不佞乃捐俸绍期，复集十房僧众。顷奉，钧票取米，纷纷告假措办。贵治之下，自应趋承。但查此项非出正供，即有取买，例在见年。幸际台翁新政，蠲免南华买米一节，永勒珉碑，则千载福田，从兹培植矣。仍命僧具手本，伏惟印照是荷。

附本寺手本：

南华寺户长僧德乘、十房僧达机等为恳恩豁免买米事

切照，南华禅寺千有余年，朝夕熏修，祝延圣寿。俱荷累朝恩庇，当道护持，奇逢县主新临，僧众起舞。昨奉发价买米，敢不遵依，但目下取买甚廉，将来成例难继。恳恩赐照蠲免，香火有赖，佛僧衔恩。为此呈赴本县老爷台前，准照施行。

顺治十八年十一月廿日

县主刘批：官曲江，前业④也，若再造业于南华，偿业当又甚于曲江矣。况现银平价，何处不可买米，而必以问僧乎？著以为例，更有俟后来净业之君子。准照。（有印）

⊙注

①此文撰者不详。

②平藩阿达哈哈番尚老爷讳之智：即平南王长子尚之智。

③曲江县主刘老爷讳昺：同治《韶州府志》卷五《职官表》缺载。或可补史阙。

④业：即业力，佛教业力指今生前世的因果关系。其"业力观"中"业"有三大类，即身业、口业、意业。身业就是由身体行为所做的业；口业就是由语言行为所做的业；意业就是念头。身、口之所造业，都是随着念头而做业：念善则造善业，念恶则造恶业。

考

本记辑自清康熙《重修曹溪通志》卷四记，原碑不存。

钦差广南韶兵巡道钱，为恳恩给示禁约以安净侣以山门事[1]

（康熙元年壬寅，1662 年，佚）

据仁化县丹霞山别传禅寺僧古泥、古衣等禀称：邓州李鉴湖山主[2]有丹霞山一座，启请澹归禅师创立禅院，住持佛法，诚恐无知人等不信三尊，携带酒肉污秽伽蓝，砍伐竹木侵损常住，并来历不明借端止宿，致有贻累僧行难安，伏乞给示禁约，阐扬有赖等情到道[3]相应示禁，为此示谕：诸色闲杂人等，不许擅进寺内混扰，及奸棍假藉名色，借题止宿，携带酒肉等项犯戒之物，污秽禅宇，及砍伐竹木，侵损常住者，许本寺僧人指名赴呈，或连人扯禀附近官司处治。敢有故抗即解首重究不贷。特示。

康熙元年正月二十八日示

⊙注

①此文撰者不详。

②邓州李鉴湖山主：即李充茂，号鉴湖，舍山建（别传）寺，寻复出家，法号今地，号一超。

③阐扬有赖等情到道：据同治《韶州府志》卷五《职官表》，顺治初设分巡南韶道，康熙二年（1663 年）裁分巡道，后设广肇南韶道驻肇庆，康熙十三年（1674 年）复设南韶道，仍驻韶州，康熙二十一年（1682 年）改为广南韶道，驻广州。雍正年间又改广南韶连道。乾隆初改为分巡南韶连兵备道，驻韶州。后沿之。此处钱姓道员，同治《韶州府志》卷五《职官表》记为钱世清，浙江钱塘人，顺治十八年（1661 年）任。

考

本记辑自雍正本《丹霞山志》卷七《田赋》，原碑不存。

僧古泥、古衣俱无传，生平不详。

蠲免二项杂派碑记[1]

（康熙三年甲辰，1664 年，佚）

康熙三年五月日，南华寺户长僧了凡、塔主僧枳弘、监院僧可相具呈，蒙南韶道老爷张讳[1]，本县主老爷凌讳作圣[2]批准，免，六祖新增香灯粮米三石零一升一合，禅堂新施粮米三石四斗二升七合，二项杂派俱蒙蠲免。批呈存照。

注

①此文撰者不详。

②南韶道老爷张讳：即张文炳。同治《韶州府志》卷五《职官表》记为直隶沧州人，参政，康熙四年（1665 年）任南韶连道。但据此碑，康熙三年（1664 年）张文炳即为南韶道，同治《韶州府志》所记为误。

③本县主老爷凌讳作圣：同治《韶州府志》卷五《职官表》云："凌作圣，江南五河人，拔贡，顺治十五年任曲江知县。"

考

本记辑自清康熙《重修曹溪通志》卷四记，原碑不存。

户长僧了凡、塔主僧枳弘、监院僧可相俱无传。

云门寺蠲免大差碑记

（康熙三年甲辰，1664 年，存）

吴士恒

乳邑之有云门寺，乃文偃禅师化身[1]处也。师始末详载碑记，余不赘。甲辰夏，余承新天子简命，甫莅兹土，案牍[2]劳形，未暇向清净禅林中作参禅悟道计也。居无几何，学博庞君[3]见约曰：“仲秋朔为文偃禅师降诞辰，曷往谒乎？”余如期偕庞君暨邓胡诸士往拈香。憩息未几，散步门外，高而望其山峦，山势嵯峨[4]也；环而视其林泉，林木葱郁也。独其田有芜而畴有稗，垣有颓而栋有摧。护法之沙门，寒者寒而俭者俭。心窃疑之，谓肉身菩提在此，而可使香火之沦替乎？将其中亦有故乎？庞君暨诸士向余曰：“曩时徭轻而田垦，故僧聚；近者徭重而田荒，故僧散。”余低徊久之，憾筮仕[5]未久，不能捐囊以助也。庞君暨诸士复进曰：“历免杂徭，奉有成例，仿而行之可乎？”余恐为民厉，未之许也。居无几何，荐绅之士三十有余人，暨六都之里老，咸以为请云：“曹溪宗派得此而衍，宝林心灯得此而传，其德著释氏者如此。乳田在山，维旱是忧，雨我苍生，禾黍油油，其功及乳民者又如此，昭德报功惟左右择焉。”余询之学博庞君，庞为之首肯。余于是翻然曰：“舆情允协，当一如所请。”寺僧师臣[6]等诠次[7]始末，勒诸石。余为之铭曰：

天无私覆，地无私载，万物芸芸，各忘其宰。云门文偃，身没不颓，厥灵赫耀，能润旱灾。宜尔乳民念之哉，蠲厥差徭匪自台，惟尔乳众口之雷，持此大公以告将来。

康熙三年甲辰岁仲秋月吉旦

主持僧师臣玄照真昂仝立

赐进士都察院观政知乳源县事沔阳吴士恒撰

文林郎知乳源县事古□裘秉钫篆刊

注

①化身：本身化现，佛之三身之一。参见王维《能禅师碑并序》注⑪，此指文偃肉身。

②案牍：指官府文书等政务。刘禹锡《陋室铭》：“无丝竹之乱耳，无案牍之劳形。”

③庞君：指庞玮，南海人，顺治十六年（1659年）起任乳源教谕。

④嵯峨：山高峻貌。

⑤筮仕：古人将出外做官，先占吉凶，谓之筮仕。后称初次做官为筮仕。

⑥师臣：清康熙三年（1664年）任云门寺住持。

⑦诠次：选择和编次。南朝梁钟嵘《诗品·中品》云："一品之中略以世代为先后，不以优劣为诠次。"韩愈《进顺宗皇帝实录表状》："史官沈传师等采事得于传闻，诠次不精，致有并误。"

考

本记辑自民国《云门山志》第九篇文献，碑存于云门寺碑廊。额镌行书"永垂蠲免"。碑高约1.60米，宽0.95米，直行行书。

撰者吴士恒，进士，沔阳（今湖北省武汉市）人，康熙三年（1664年）任乳源知县。

丹霞施田碑记之一

（康熙四年乙巳，1665 年，佚）

释今释

丹霞施田，自罗茂才绣九始。前此有施矣，赵雨三、付竹君两使君也。丹霞不受，有《辞田说》。后此有施田矣，刘焕之副戎、姚雪庵文学也，丹霞受之，未有记。而罗氏之记独先，以其施独先也。惟吾法，饭僧谓之“福田”，其以殷重欢喜献于三宝，则曰“敬田”。若出于怜悯，以有余济其不足则曰“悲田”。此二田者，皆施者所为“福田”也；而受田者，即以身为田，佛田胜法田亦胜。僧田有胜有劣，以进修之位各别。故绣九施田之初未始识，予盖闻其风而悦之，予自愧田劣。康熙乙巳冬，田入丹霞，而吾师天然和尚以丙午冬入院，大善知识之田胜，而绣九之敬益胜矣。人一食不可当两食，故有一日饭僧有尽，安居时饭僧有尽形寿。饭僧以田，饭僧殆于尽未来。际以其给现前僧，名曰“现前常住”；以其给十方僧，名曰“十方常住”，以其尽未来际给僧，名曰“常住”。常住是田也，为丹霞常住福田，即绣九福田，常住后之有是田者，其洁乃身、广乃心，使易世而无大善知识，主持大法则胜田劣，劣渐荒，荒渐绝；又易世而至于分房析业断十方僧，独冒利养，是盗十方常住，犹有非现前似现前在，乃至于私想市易饱囊而飏去，是盗常住，常住则罗氏之福田尽，而盗福田者之罪孽无尽矣。呜呼！无间地狱非一劫二劫三四五劫可得毕其报，其无以有尽之贪博，此无尽之苦也。

绣九讳为章，令子定昌、定隆、定光，仁化之扶溪人。其田隶南雄府保昌百顺都，为租谷四百石。其从而兴起者，有罗育美等，以其田同都居同里，例得同书。

考

本记辑自雍正本《丹霞山志》卷七《田赋》，原碑不存。

严禁侵葬，以培龙脉，以护山门事[1]

（康熙五年丙午，1666年，佚）

报广东分守岭南道布政使司参政张[2]，为祖山泉源绝流，恳天给示，严禁侵葬，以培龙脉，以护山门事。

康熙五年三月二十八日，据南华寺住持僧可相、塔主僧显洁、十房僧性逵等呈称：切惟南华象岭卓泉为祖庭后龙，风水攸关，千年香火，泉流不息，稍有侵葬骸骨以及盗砍木石，有碍龙脉，泉水即涸。历来宰官护法结有钧示在案。如崇祯甲申年，卓锡泉绝流半载，后蒙当道护法，严着侵葬，奸刁起穴，遂得泉流如故[3]。兹因泉水自去冬绝流，以至于今。合寺僧众寻查，仍有无知僧民复行侵葬，毁伤龙脉，以至泉水壅塞。为此冒恳天威，给示晓谕，凡有僧民在于象岭前后、左右盗葬者，着令别葬。并恳严禁附近居民，不得盗砍山林树木，打石烧灰，并挖煤炭等情。庶使祖庭香火悠久，泉流如故，则仁恩如曹源并永矣。等情到道，当批给示严禁。据此，合行给示严禁。为此示谕南华寺附近居民人等知悉，嗣后不得盗伐象岭前后、左右山林树木，及打石烧灰，挑挖煤炭等项，有伤胜地龙脉；并不许僧民盗葬附近，损坏风水。示后敢有故违，许各僧指名呈报，本道以凭严拿重究，决不轻贷。须至告示者。

右仰　知悉

康熙五年三月三十日给

告　示

铭记祖山后龙界至：东至象尾坑水为界，西至天王岭上拜石为界，南至祖师后龙山为界，北至大溪田边为界。

注

①此文撰者不详。

②广东分守岭南道布政使司参政张：即张文炳。参见《蠲免二项杂派碑记》注②。

③明崇祯甲申年（1644年），卓锡泉绝流半载，后蒙当道护法，严着侵葬，奸刁起穴，遂得泉流如故：事见李日宣《卓锡泉来复记》。

考

本记辑自清康熙《重修曹溪通志》卷四记，原碑不存。

住持僧可相、塔主僧显洁、十房僧性逵俱无传。

呈为违禁凿窑，破败万年香火事[①]

（康熙五年丙午，1666 年，佚）

南华寺住持僧如权、塔主僧明哲、十房僧悟胜众等，为违禁凿窑，破败万年香火事。

切照，祖师开山南华，卓锡引泉，山林呵护，千有余载。涓涓不竭，香火永赖。先年曾被近寺奸豪侵欺损害，屡叩显官宰辅榜示严禁，佛僧沾感。情因去年夏月内，陡被豪恶朱廷佐等，擅违宪禁，在于来龙过脉、象腿等处，凿石挖窑，烧灰伤脉，以致井泉枯涸，僧众傍惶。具呈本府，钦奉钧票，着令住持僧如权、塔主僧明哲、十房僧悟胜众等逐一挨查。起去盗葬三坵，烧灰尽行禁止，开窑即令填塞。幸于本年六月初三日井泉复流[②]，香火重兴。未经一月，又被群恶朱廷佐等仍前恃众强悍，违禁开挖烧灰。山长僧会中巡获向论，被朱廷佐等统令二十余凶手，持枪刀大棍擒僧赴殴，称言复以人命加害。有此刁横，法纪成灰，道场倾圮，不甘词赴钦命太爷台前，伏乞作主，勘究施行。

南华寺住持僧如权、塔主僧明哲、十房僧悟胜众等，为惨灭香火事。南华古刹自古迄今，山灵呵护，卓锡泉馨。去岁遭孽朱廷佐等凿窑，伤龙泉涸，千僧踯躅，叩禁泉流。未几一月，复遭统凶朱廷申、廷佐等抗禁烧窑，沃土成焦山，长僧会中逻获向论，挺枪赶杀，惨过强贼。可怜黄梅灯钵，一旦摸灭，曹溪缁派，千命谁皈。泣控洪慈，批府勘究，佛僧衔结上告。道爷[③]批语：佛境灵泉，有关一方风气，何物朱廷佐等辗转谋其烧断，屡禁不遵，反持枪戕僧，何其凶横至此，韶府即严拿为首者，重加究治。

⊙注

①此文撰者不详。

②起去盗葬三坵，烧灰尽行禁止，开窑即令填塞。幸于本年六月初三日井泉复流：事见《严禁侵葬，以培龙脉，以护山门事》（康熙五年丙午，1666 年）。

③道爷：此亦指张文炳。参见《蠲免二项杂派碑记》注②。

考

本记辑自清康熙《重修曹溪通志》卷四记，原碑不存。记中未有明确纪年。据所记事件原委，推定其应与《严禁侵葬，以培龙脉，以护山门事》（康熙五年丙午，1666 年）同一年发生。

丹霞施田碑记之二

（康熙七年戊申，1668 年，佚）

释今释

予初建丹霞，孝山使君即语予：“常住宜有田，则清众始安，道场始久。”时方急佛殿僧堂，未暇及也。岁丙午，使君以闻韶[1]彭氏田五百余石，命予相度，欲捐俸成之，以僻远多荒而止。丁未冬十二月，予归自仙城，职事僧欲置仁化一庄，计租一千二百石，价值八百六十金，有成议矣，予方忧之。戊申春，晤使君于韶阳，使君欣然为卒前志，且道诸同好。予赴约雄州，三阅月而田事竣。盖用物宏，为时速，未有若此者，固使君愿力护持之所成始成终也。自有丹霞以来，予充监院七载，使君为檀越亦七载。山中缔构，下及米盐琐屑，无不共区画，视予犹手足，视丹霞如其家。予欲远行，辄致语使君“为我权家数月”，使君笑而应之。凡予所惕然视止行迟者，使君出一策割然以解。即所劝导部内，清净软语，各有以发其欢心，未尝稍涉勉强，作以高临下之色。吾侪比丘于护法有所求，至再至三，自觉不韵，丹霞在使君心光覆持内，历年最多、施泽最久，其与予相终始亦不独此置田一事，岂徒为檀林标准。吾侪比丘得居此山、持此钵，安意禅悦，使清众与道场共为，可久续佛慧命，其可忘使君哉！

使君弱冠通籍，今二十余年，宜骄贵而不骄贵，其于三宝事为不为，非有切肤之伤也。其视予如手足，视丹霞如其家，闻之无厌，行之无倦，若此者，以重法故，非有所私于子也。吾侪比丘身入三宝之数，喜为骄贵，其视道场之成亏如传舍，视清众之饥饱如路人，食其食不事其事，闻之而厌，行之而倦，其又可忘使君哉！

考

本记辑自雍正本《丹霞山志》卷七《田赋》，原碑不存。

丹霞杂施田合记

（康熙八年己酉，1669 年，佚）

释今释

惠阳姚雪庵子萼请为丹霞置饭僧田，租千石。雪庵非素封也，期以十年了之。未三年，值其家多故不克继，无何，雪庵殁。计为置漂塘等处田租三百二十一石。盖雪庵初不食言，愿虽未谐而心则已至矣。佛言人命在一呼吸间，集福修慧常以死字系之目前，良有以也。又雪庵有嫂胡氏置田租十石。此外，如仁化罗成章施双合水等处田租一百石。简达选施鹿湖坑田租十一石。若芳坑洞田租三十石，为李鉴湖山主所施，以供六祖堂香灯。蒲竹山等处田租十石，则周龙、王士彦、李文等所施，以供龙王阁香灯。初令锦石岩僧接云守此，及予至而接云去，予仍付接云收租。越丁未冬，接云举以还丹霞，理故应尔。千年寺，一朝僧，予去丹霞，即一切皆后之住此者所掌也。曲江罗挺生等所施曲水岩田，本僧如定置，僧死田荒，为里中累，故以归之丹霞，谓之施者不没其初因也。南雄之保昌有夏惟生田租八石，载卖契内，不更立舍贴。黄顺都以罗绣九舍田推粮稍多补租四石，盖（黄）顺都为此田原业主，其意亦可嘉也。此易泯没，故表以出之。罗天祥、罗育美、李子顺田租各有舍帖，附见绣九碑中，复载于此，谓之杂施田合记。丹霞之田有专记，绣九其一也，其二为刘将军焕之，其三六太守孝山。予拟为雪庵专记，今乃与诸檀越合，皆事之不可料者。即绣九云施田四百石，既勒数于石，仅得三百三十七石耳。育美所附见者，初云三十石厂今止二十石。人之愿亦岂易满耶？呜呼！事不可料，愿不易满，人命呼吸不能预期于十年，即曲水锦石僧非常住，亦足以略见无常之法，为执恋者晨钟三叩矣。

考

本记辑自雍正本《丹霞山志》卷七《田赋》，原碑不存。记中未有明确的纪年，唯提及“越丁未冬，接云举以还丹霞，理故应尔”，又提及撰施田专记有“绣九”［参见《丹霞施田碑记之一》，康熙四年（1665 年）］及“陆孝山”［参见《丹霞施田碑记之二》，康熙七年（1668 年）］是以推定澹归和尚撰此碑应在“康熙七年（1668 年）”后，或为康熙八年（1669 年）。存考。

为恳恩怜僧，豁免烟灶僧夫事[1]

（康熙十三年甲寅，1674 年，佚）

具呈

南华寺僧官弘裕、住持僧能逊、十房僧行章等，为恳恩怜僧，豁免烟灶僧夫事。

蒙爷台设法烟灶，计家出夫，答应将军，谁不遵依。第忖南华古刹，乃六祖自唐开创以来，千有余载，历朝大差僧夫，皆蒙各宪恩批豁免，志书有载，迄今无异。幸逢天台莅政，合邑讴歌，万民仰颂。今蒙派僧应夫，敢不钦遵。第僧一寺空门，非同俗姓例比，为此哀恳天恩，大发慈航，怜恤僧等，金笔批免，尝给印照，佛僧顶祝，镌石勒志，公侯万代恩垂奕祀，上赴本县老爷台前，作主金批，即照施行。

曲江县正堂老爷何讳廷球批：该寺僧人耕食者准免，以供香火，故照。

康熙十三年二月日

⊙注

①此文撰者不详。

考

辑自清康熙《重修曹溪通志》卷四记，原碑不存。

曲江县知县何廷球，同治《韶州府志》卷五《职官表》记为："山东诸暨人，吏员，康熙十四年任。"然其批此照为"康熙十三年"，同治《韶州府志》相关记载有误。

僧官弘裕、住持僧能逊、十房僧行章俱无传。

呈为恳乞天恩准照豁免僧夫事①

（康熙十六年丁巳，1677 年，佚）

南华寺住持僧法乾、十房管事僧真谧等，呈为恳乞天恩准照豁免僧夫事。

天台德存，抚字（宇）泽，遍寰区，仁慈布惠，恩施护法。近奉府县爷台牌行濛浬司官，照烟派夫，以应公务。此实众擎易举，分德均恩，合郡讴歌，万民仰颂。惟南华古刹乃六祖菩萨道场，千年香火，历朝圣贤隆宠无异。奇逢王爷发心重建，佛祖重光。至于僧夫向沐上台恩恤，豁免批照存据。昨奉司官票差到寺，唤僧应夫，敢不遵依。但僧一寺空门，萍迹无定，非同俗姓妻孥例比，恐有违误，诚为不便。兹际天日照临，倒悬可解，恳乞洪恩，大发慈悲，格外施仁，怜恤僧等，金批豁免。佛僧均感，香火永赖，沾恩上赴，钦奉老爷台前准免施行。

韶州府正堂老爷李讳复修批：出家之僧，自不应照民当差。准免。

康熙十六年十二月廿四日

⊙注

①此文撰者不详。

考

辑自清康熙《重修曹溪通志》卷四记，原碑不存。

韶州府知府李复修，同治《韶州府志》卷五《职官表》缺载，可补史阙。

南华寺住持僧法乾、十房管事僧真谧俱无传。

保昌县准详藩宪比例另立畸零僧户碑文[①]

（康熙十七年戊午，1678年，佚）

南雄府保昌县为恳恩比例另立畸零以便输将永远香火事，奉广东等处承宣布政使司批本县申详。看得丹霞山，岭南名刹也。云封万壑，翠耸千峰，代有高僧接武，祝国庇民。原载本山及龙护园共香灯田二顷二十七亩五分九毫四丝八忽，科米七石三斗零三合零六抄，又查官租房地一亩二分九厘八毫零四忽，科官米七斗，隶于保昌西隅都五甲轮将，此盖释氏南亩，其与民籍有间，卑县[②]承乏冲繁，抚兹凋瘵，虽军令交瘁，羽檄纷驰，而古寺田粮无不宽一缓二，请为薄税轻徭者。欣蒙宪台于不二法门中广布慈云惠雨，卑县随令都书检编黄册，将前项山粮另列畸零僧户，仍带管于西隅都五甲户外，允与律例相符，递年按限办纳正供本折勒碑，尽蠲力役之征，要使香积有于空谷，无非樾荫山厨、丰裕幽栖，即是棠阴更期，贡赋先输，俾催科不呼野衲，而猿鹤无惊。卑县将垂石以禁，永翼真谛之风，亦以颂飏宪台遗泽也。缘由奉批，既称畸零，应在十甲之末，不便仍隶五甲矣。仰县推收明白，以垂永久，余如详勒碑缴，奉此按查。先奉本司批据丹霞山僧传明呈前事内称：切本山蒙文武宰官善信布施弘建，供佛安僧，祝国庇民。所有香灯田，蒙前任南雄府陆太爷暨诸护法施僧田一顷九十一亩五分二里六毫四丝八忽，坐落保昌县，科米六石一斗四升八合；又蒙舍下院龙护园香灯田三十五亩九分八厘三毫，科米一石一斗五升五合零六抄，蒙前任县主马[③]印契明白。原附西隅都五甲四班，里长裴福性户内，递年办纳正供外，杂差俱照例豁免等情。

奉批：僧米既完正供，则力役可宽，仰保昌县查照，另立畸零给示具报，奉此业经具文申详，去后奉批前因除行西隅都，都书张玉龙遵照宪批，将前项田粮另立畸零僧户于十甲之末，外合行给照起户，勒碑以垂永久，为此帖付僧传明收执。遵将丹霞山龙护园二处原载香灯田税亩，另于西隅都十甲之末起立畸零僧户，自行输纳正供银米，豁免杂派差徭，竖碑镌文，永垂不朽，使各里排咸知遵守，本僧获免额外之扰矣，须至帖者。

右帖付丹霞山僧传明收执。

康熙十七年四月二十二日给

⊙注

①此文撰者不详。

②卑县：应即余一铎。道光《直隶南雄州志》卷四《职官志》云：“余一铎，江西新建人，供事题补，康熙十七年任。卒于官。”

③前任县主马：即马文啸，山东阳和贡生，康熙八年（1669 年）升任南雄府通判。

考

本记辑自雍正本《丹霞山志》卷七《田赋》，原碑不存。

丹霞山僧传明无传。

畸零僧户参见《奉钦差巡抚广东都察院明文》注③。

为恳恩准照豁免僧夫事[1]

（康熙十九年庚申，1680 年，佚）

具呈

南华寺住持僧可宣、十房僧行哲等，为恳恩准照豁免僧夫事。

天台仁政，泽被万民，山门久沐恩光，祖庭屡荷护法。兹痛南华古刹，六祖菩萨道场，千有余载，历朝隆宠无异。昨蒙爷台金票到山，唤僧应夫，敢不遵依。第忖向蒙上台豁免载志，历历可凭。僧等一寺空门，非同俗姓妻孥例比，恐所有违，诚为不便，伏乞天台广施仁慈，格外施恩，怜恤僧等，金批豁免。僧夫镌志勒碑，功垂不朽。佛祖戴德，僧众衔恩，上赴老爷台前，伏乞作主，给照准免施行。

韶州府曲江县濛浬司老爷黄讳锡裳批：僧无家室，理不应夫，况已奉上蠲免，自当永为定例。准！

康熙十九年八月三十日具呈

注

①此文撰者不详。

考

辑自清康熙《重修曹溪通志》卷四记，原碑不存。

曲江县濛浬司巡检黄锡裳，光绪《曲江县志》卷一《表二·职官表》缺载，可补史阙。

奉钦差巡抚广东都察院明文[1]

（康熙十年辛亥，1671 年，存）

仁化县为恳恩特免僧差永存功德福田事。康熙十年七月，内奉钦差巡抚广东都察院刘[2]批：据丹霞山僧古泯呈前事称："丹霞道场恩蒙宪天嘉与护持，为福国庇民，永远香火，置有常住僧田计粮一十六石一斗五升零，县立畸零僧户[3]，自行办纳。诚恐十年大差里逓（递）[4]混派，禅僧清净自居，难充力役，空山饘粥仅继，无可支吾。欲卖田则非置田之心，欲揭债则无还债之术，既不可钞化以急公，势必至颠连而散众，法席必虚，道场必废，有负宪天嘉与护持至意。伏恳特赐钧批，照曹溪事例[5]，办纳正供外，一应杂派差徭，准于豁免。勒石山门，遵守不替，万代沾恩，福德无量"等情，赴院呈准，奉批："僧房不同民户，难充力役。正供既完，杂差可免。仰仁化县查免给照缴报。"奉此，为照该寺田粮虽附在扶溪都下，然系自立畸零僧户，原不在十甲之内。今奉前批，合就给照。为此照仰丹霞山僧古泯收执。即将常住僧田共粮一十六石一斗五升零，每年照额征则例，办纳正供，一应杂差徭役，遵奉宪批，概行豁免，永远遵守。如有无知里逓（递），指称现年名色，向该寺溷派者，许即据实呈县，以凭申宪究治。须至执照者。

右照给付丹霞山僧户古泯收执
康熙十年七月二十九日给

注

①此文撰者不详。

②钦差巡抚广东都察院刘：据道光《广东通志》卷四十三《职官表》，应即刘秉权，奉天人，贡士，康熙八年（1669 年）任广东巡抚。

③畸零僧户：源自明代赋役黄册制度。明洪武十四年（1381 年），明朝政府在户帖制度基础上建立了黄册制度，即为核实户口、征调赋役而制成户口版籍，称赋役黄册。黄册以户为单位攒造，大的类别分为"正管"户和"畸零"户（又称"带管"），家有赀产应役者为正管，鳏寡孤独不应役者为畸零（含僧人）。每正管一百一十户编为一图，附带管畸零户不等。

④里逓（递）：古代乡里的执役者。清黄六鸿《福惠全书·编审·总论》："乡绅供丁多至数十名，青衿亦有十数丁者，每有差徭，里递不敢派及。"

⑤照曹溪事例：参见《准免六祖香灯田粮米杂差事碑记》等碑记。

考

碑存于别传寺老山门内壁，高 1.70 米，宽 0.90 米，楷书阴刻。

丹霞山僧古泯无传。雍正本《丹霞山志》卷七《田赋》录此碑文，题作"免差碑文"。

兴福寺奉绢（蠲）免差务碑记

（康熙二十一年壬戌，1682 年，佚）

李师锡

双峰兴福寺，始广悟禅师开建洪幢，自入（太）平兴国迄兹，几近千年，迭更朝代，有（建）或圮，无废不兴。其间显晦聚散，（因缘）[1]时值。虽锡飞[2]随止，未闻（买）山[3]而隐然。既布祇（园）之金，犹持舍卫[4]之锌（钵），资此色身，永证性慧。支硎有言，佛法寿命，其惟常住，常住不存，我法安寄。丛林弗替，恃乎寺田，四众云集，六时[5]莲诵，分香积[6]之法供，无（非禅悦），随堂食于懒残，尽成胜因[7]。夫寺田一穗一粒，皆属檀那[8]护念所积，供养十方衲子[9]。钟（鸣）敷席，老幼同餐，群羽下翔，游鳞仰集，济物资冥，功德（难）量。况舂米运柴，勤行超悟，祖法具在。即使初学禅和，自力耘耔，完课急公，犹可免惰民游（食之）讥也。今查本寺僧悟灯户灯田，载粮八石有奇，施出众信；瘠多腴少，粮重租轻，若如民粮称纳正供[10]之外，有大差、有均差、有公务；即（罄）所收（犹）不能支，众僧何所资乎？向之现宰官身，而为护持者，历任以来，皆尽蠲免差务，屡给印照。（予与）多士，同在佛光中，矢愿为久远计。幸今邑（侯舒）公[11]夙根善谛，乐有同心，因勒诸石，以垂永久。（自）兹而后，鹫峰[12]无恙，陵谷不迁[13]，正供而外，追呼暨绝。晨钟暮鼓，四大[14]安禅。吃赵州之茶，何必（攒）眉莲社；熟曹溪之米，共饱六甲行厨。（灯）传普照，（福）田永布，则谓山门片石，皆恒河沙数。诸佛（所共）证明，帝释[15]天龙所共呵护可也。是为记。

⊙注

①因缘：佛教中因与缘的并称。谓一切有为法皆是因缘所生。唯有因，不能生果；唯有缘，亦不能生果。必须因缘和合，方能生果。

②锡飞：即飞锡。锡，足鸣声之义，古人译为钓，意取锡作声为乞食时防其牛犬。

③（买）山：《世说新语·排调》："支道林因人就深公买印山。深公答曰：'未闻巢，由买山而隐。'"巢，巢父；由，许由，都是古代的隐者。后称隐退为"买山"。

④舍卫：地名。全名室罗筏悉底，也称"舍婆提"。北印度侨萨罗国之都城，相传释迦牟尼曾居此地五年。

⑤六时：佛教分一昼夜为六时：晨

朝、日中、日没、初夜、中夜和后夜。《阿弥陀经》："昼夜六时、天雨曼陀罗华。"

⑥香积：即"香积厨"的简称。《维摩诘经下·香积品》："有国名众香，佛号香积……苑囿皆香，其食香气。"后称僧厨为香积厨。

⑦胜因：佛教语，善因与"恶业"对称。

⑧檀那：佛教语，梵语译音。一义布施。"檀者，施也"，《法界次第》："秦言布施，若内有信心，外有福田，有财物，三事和合，心生舍法，能破悭食，是为檀那。"一义施主，即檀越，梵文音译，意译施主，梵语陀那钵底。寺院僧人对施舍财物给僧团者的尊称。

⑨衲子：佛教僧徒的衣服常用许多碎布补缀而成，因即以为僧衣的代称，又因以为僧徒的自称或代称，如老衲、贫衲、衲子。

⑩正供：法定的赋税。

⑪（侯舒）舒公：指舒怀纪，辽东右卫人，康熙十七年（1678年）起任乳源知县。

⑫鹫峰：即耆阇崛山。参见《大汉韶州云门山大觉禅寺大慈云匡圣弘明大师碑铭并序》注㉔。

⑬陵谷不迁：指地势高低的变动。《诗·小雅·十月之交》："高岸为谷，深谷为陵。"其意为：高高的山崖变河谷，深深的河谷变高山。《汉书·楚元王传》附刘向上封事："海水沸出，陵谷另处。"后亦用来比喻世事的变化。此处谓陵谷不迁，是指"蠲免差务重粮"后，寺内的收入稳定。

⑭四大：指四大种，佛教用语。此谓构成物质的四大元素。佛教认为地大、水大、火大、风大为四大种，地大以坚为性，能载万物；水大以润湿为姓，能包容物；火大以暖为性，能成熟物；风大以动为性，能生长物。佛教认为人身也是由此而成，故以"四大"作为人身的代称。

⑮帝释：佛教称诸天之主为帝释。又称天神之首，是护法神。传说释迦牟尼降世时，帝释和梵天分侍左右。

考

本记辑自康熙二十六年（1687年）《乳源县志》卷八《艺文志》，原碑不存。

记中不落年月。记文中所及当时知县是舒怀纪，据康熙二十六年（1687年）《乳源县志》卷五《秩官志》，舒怀纪于康熙十七年（1678年）任，二十二年（1683年）卸任，而撰记者李师锡乃于康熙二十一年（1682年）任乳源县教谕。李师锡撰记是在任乳源县教谕后，且是知县舒怀纪卸任前。由此推定此记撰刻于康熙二十一年（1682年）。

撰者李师锡，康熙二十六年（1687年）《乳源县志》卷五《秩官志》云其为南海人，举人，由拣选知县改授，康熙二十一年（1682年）任乳源县教谕。

丹霞山免差碑记

（康熙二十二年癸亥，1683 年，佚）

佟逢年

庚申十月既望，予分符仁阳，度庾岭，逆旅主人迎告予曰：“仁化虽小，山水甲于百粤，丹霞山必耳其名矣。”予应之曰：“于舆图而得锦石，丹霞未之也。”既至而军兴旁午，簿书鞅掌，不暇登临。阅期年，家君从龙城来视予治事，得侍杖履，放舟锦水，缓步登山历级而上。一事少憩，顾盼久之。入山门登摩利、大悲、兜率、准提诸阁，对佛膜拜。复至紫玉台，俯瞰碧玉潭，澄光如练。转地藏殿，登海螺岩、舍利塔，坐龙王阁，荡胸决眦恍出尘外，回步而归，则禅灯荧荧，暮钟将动矣。夕宿客寮，与乐和尚[①]剪灯夜话，因问其岁计，和尚告予曰：“此先师兄澹归卓锡地也。诛茅经始，拮据艰难。今则竹木翳如。衣钵所储，置饭憎田若干，得安心办道。但岁供之外，继以杂差，租粒无几，难以充役。且工未落成，即飘然远举，委其责于山僧，绵力支吾，实惭负荷。”家君闻之，谓予曰：“大丈夫存心利济，奚必倾囊倒箧，一举手间可垂泽于后世者，当力为之。”予闻命唯唯，归乃集绅衿里正，申言丹霞免役之议，所以护法安僧上奉圣天子崇奉三宝之致意也。邑人佥以为然也。遂申请上台，着为定例，永免差徭，俾仁阳之民共植无疆之福云尔。议既定，援笔而记之。

康熙二十二年，岁在癸亥，桂月之吉，
文林郎署仁化县事三韩佟逢年撰
都寺比丘僧明藏立石

注

①乐和尚：即今辩，字乐说，番禺麦氏子。雍正本《丹霞山志》卷六《人物》云：“师家贫，事母孝，尝学于梁之佩。之佩者，即今之海法禅师也。导以内典梵行，忽有所省，求行脚僧引至匡庐参天老人（天然昰和尚），求为剃发。庚子，还雷峰受具。澹归禅师辟丹霞，迎天老人开创法席，师匡维甚力，鞠明究曛，协不沾席者数年，从此悟入。戊申解下，悟以大法，分座丹霞。”

考

本记辑自雍正本《丹霞山志》卷七《田赋》，原碑不存。

撰者佟逢年，镶红旗人，监生，康熙十九年（1680 年）任仁化县知县。

韶州府仁化县正堂孙，为申严捕鱼之禁，以广好生事①

（康熙三十二年癸酉，1693 年，佚）

照得天地之大德无过好生，人间之积恶莫如嗜杀。丹霞之下，众流所归，其住持僧收养水族作放生池，拯拔众生，皈依诸佛，诚善事也。恐有无知细民四其贪饕，以纲罟鱼鳖，藐无忌惮，合行禁止。为此示谕本山邻近及四方人等知悉："嗣后敢有从放生池内擅为捕者，许拿送县，以凭重责不贷。"特示。

康熙三十二年五月初六日示

⊙注

①此文撰者不详。

考

辑自雍正本《丹霞山志》卷七《田赋》，原碑不存。

时仁化县知县为孙阜，正红旗人，监生，康熙三十二年（1693 年）任。

丹霞山畸零户僧传明禀为恳恩批照以杜重累事[1]

（康熙三十四年乙亥，1695 年，佚）

切照：先师澹归和尚开造丹霞丛林，并在府城[2]置立龙护园下院，彼时蒙原任府主陆太爷[3]买有闻韶百顺等处田亩二顷零，粮七石有零，推入西隅都十甲收租养僧，历蒙府县太爷遵照藩宪批详，止纳正供，豁免杂差在案。相沿日久，遂有原都不肖里长，借端生事，先受百顺王克太词控退租，现受何万兴借荒捏害，已蒙老爷电察施恩在案，但念用土系烦琐之事，僧家以恬退为先，况蒙老爷善政为民，清丈田亩，合县欢颂，诚不欲使丹霞僧众独有向隅之泣也。静候老爷清丈造册完日，轮至十甲差期，更当仰吁慈悲，诚恐目下有原都无赖混行借端捏累，以致佃户抛荒缺租，山场深远，贻害匪轻。叩乞青天老爷台前，恩批该房给照收执，涙为恩使激切，上禀须至禀者。

批：嗣后如有无赖指称粮亩索骗者，许该住持不时禀究，此照。

康熙三十四年二月十九日禀

注

①此文撰者不详。

②府城：此指南雄城。

③原任府主陆太爷：指南雄府知府陆世楷。

考

辑自雍正本《丹霞山志》卷七《田赋》，原碑不存。

时南雄知府为罗衍嗣，金州卫人，进士，康熙三十一年（1692 年）任。清廉明恕，民德之。

具禀丹霞山僧传明禀为恳恩准照蠲免徭差大役事①

（康熙三十四年乙亥，1695 年，佚）

窃照：本山创自澹归和尚，僧众焚修，祝国翼运，接待十方云水有年，蒙前任府主陆太爷暨诸护法宰官，施有香灯饭僧田一顷九十一亩五分零，该科米六石一斗四升八合。又施下院龙护园香灯田三十五亩五分，该科米一石一斗五，升共载民米七石三斗零，附于西隅都十甲之末，自行输纳正供，一切差徭十年役既行豁免，给照勒石，以垂永久一向无异。昨于康熙三十三年又值均差之时，里书不谙其故，误将前粮复列法差册内，僧遂不已奔控，粮驿道张批送天台查详，兹蒙申覆奉批，既经前县详奉批复在案，仰仍照藩司批示行缴等因，第虑案存公署，倘有里差横索，山居深远，卒难奔朔，为此恳乞天台俯照，宪批循例蠲免金批准照，以杜繁扰，佛僧两赖沾恩，赴老爷台前批准施行。

批：准照。

道宪批示：遵行可也。

康熙三十四年八月初九日具

⊙注

①此文撰者不详。

考

辑自雍正本《丹霞山志》卷七《田赋》，原碑不存。

时南韶道为何汉英，镶白旗人，监生，康熙三十三年（1694年）任。

圆通庵常住碑

（康熙五十年辛卯，1711年，存）

白禧生

圆通庵塞垣奇巧，景色幽芳，而先贤复能以人力补天工，遂至实枚咏苞□遵辉。故佛□云集，兰若卓锡，而应捷影响，洵（?）仙境也。但地僻离尘，钱粮微末，而衲子饔餐不给，师徒寂寥，禅关为之不已韵□者，伤之。去年来有僧慈文徒孙宗海遍访其由，而吾乡善信莫不欣然乐助，或出其常住，或赞以会资，且或捐朱提，布金沙，合众衾，置金竹□田□□钱粮耳（?）□升四合七勺，在于七甲白寅亮户，以广禅住。今而后，恒产既立，□凶有赖，而供佛□僧□□不虞其闻寂。是此日之粮田，即世之福田也，故勒石以垂其芳云。

康熙五十年岁次辛卯冬月吉日国学士白禧生薰沐拜撰率（?）

侄白洪邃书

考

此碑存于乐昌坪石镇皈塘村上竹岗圆通庵门外石崖下，碑高1.10米，宽0.65米，楷书阴刻。

撰者、书者白氏叔侄无考。

（丹霞山）买置田土碑文[1]

（康熙、雍正年间，佚）

本寺四山区内，前至夏富，后至清湖塘，左至扬州砦大岩、天台等处，右至仁化江。

康熙三年闰六月二十七日，买置刘未能雾隐岩一所，并前后脚下山场竹木一带，坐落本山之左。

康熙四年正月二十七日，买置锦岩僧照高豆地一块，土名棕树桥水尾坝，坐落本山脚下，东至本山下小坑水，南至海螺墩茶山脚下，西至河边坝脑，载粮八升。

康熙四年八月初六日，僧传半将下段石瑶塘、新妇迳、长流水、歇马坳等处田租二十六石，连半寨山场静室，载粮六升，送与本山为业。

元诚道人刘炳于康熙六年六月十九日，将田租五百六十四石八斗五升，载粮四石五斗，送与本山为业。土名官陂水、蓝洞坵、石基头下、塔冲下等，及葍山是鹅形、罗塘、横泷、庙前下等，塘湾、畔田、垄下等，营庙前后门，又后门乌洞坑里、山坝、官陂水、大段、会水、鹅蛋下、水浸寨、黄泥巷、山塘、响堂、大坪、下沙坑、四坵、上沙坑、瘦殿、松下山、崩冈下、雷公坵、下营门、黄冈等处。

简达选居士于康熙六年七月二十日，将土名鹿湖坑田一坑、围山一带分水为界，租一十一石，载粮一斗一升，送与本山为业。

李鉴湖山主于康熙六年十月十三日，将芳坑洞田租三十石，载粮三斗，送与本山为业。

住锦岩僧接云于康熙六年十月十三日，将原施主周龙等所施龙王阁香灯田一十石，载粮一斗，土名莆竹山、通天岩、石子下、禾仓寨下等处，转推与本山管业。

康熙六年十月二十八日，买置陈其志田租二十九石，载粮米一斗三升八合，土名巴子寨、对门冲、嶱树下、芋田、渡落等处。又将石母地面、车头豆地田租五石六斗，载粮三升，送与本山为业。

康熙六年十一月二十六日，买置陈孚先田租四十六石，载粮四斗六升，土名石母、马家村、鹁鸪岭等处。

康熙七年二月二十七日，买置蔡进忠田租四百四十六石九斗五

升，载粮四石一斗九升七合五勺，土名即田门前大墈上、下冈、乌田坝、东冲、东陂、新迳、高坪、上材、潘陂口、渡落迟西岸、走马坪、迳口、葛布野、下塘、胡坑、莲花岭、水门陂、井冲、仟塘、会水合杏、会水下营坝、渡落、大源头、官陂、水竹头、肺粘丘、田心、龙古、下充、质田、掩边、芋田角、石狮井、牛路下、狮井、高坪等处。

康熙七年三月二十六日，买置蔡进忠田租二百一十六石七斗，载粮二石零七升，土名角石花盘背角、石窑子前、新迳、深水、龙船兜、土门前并屋场塘、园东陂、狮井、狮井小庄、大小版、月丘、狮井秧坎背、狮井桐油丘、过小垄，狮子营边、黄泥垣、洗马陂、石阶丘、新迳门前等处。

康熙七年八月二十八日，买置刘玄经叔侄田租二石正，载粮二升，土名巴子寨。

仁化刘资深居士昆仲于康熙八年四月初八日，将丰坑洞对河坝边，土名犁壁燕土地并山一带，送与本山为业，载粮一升八合，后改名佛日山，天（然）老和尚塔并塔院在焉。

康熙八年五月十一日，买置叶御式等丰坑洞山一座，土名河头寨，后改名别峰，坐落本山门前，乐说和尚衣钵塔在焉。

康熙八年八月初二日，买置罗腾蛟田租二十五石，载粮一斗五升，土名夫人庙背横垣，厚塘门前大路塘下等处。

康熙八年八月初六日，买置罗大鹀田租三十七石，载粮二斗九升二合，土名三叉岭大段上山塘背、下山塘背、漂背等处。

康熙八年八月初八日，买置罗延年田租八十八石五斗，载粮六斗四升，土名枫山佛子坳、荒田坳、蕉头下、竹子冲、竹仔排、大段、芦竹坝等处。

康熙八年八月初八日，买置罗育达田租一十六石，载粮一斗二升八合，土名竹子冲。

仁化罗成章居士乔梓于康熙八年八月十五日，将田租一百石，载粮七斗六升五合并景云庵一间、田寮三间、食茶二块、山场茶头竹木送与本山为业，土名双合水、獐狗坝、杨柳坝、兜门口、斧头下坝等处。

康熙八年八月二十四日，买置罗万经田租二十二石，载粮一斗七升六合，土名小湖水、竹子冲、社官良、弓弦头畔等处。

康熙八年八月二十六日，买置罗锖田租二十八石，载粮二斗二升四合，土名黄泥段。

康熙八年八月二十九日，买置罗万经田租一十六石，载粮一斗二升八合，土名小湖水、竹仔冲、糯湾等处。

康熙八年九月初三日，买置罗如雷田租三十八石五斗，载粮二斗一升四合，土名亭分围门口、石角混熟汤枧下、荒田坳、罗唤冲、铜

锣垣等处。

康熙八年九月初三日，买置罗万芳田租一十七石五斗，载粮一斗四升，土名瘦段、芒湾上下等处。

康熙八年九月初十日，买置罗为绅田租一十三石五斗，载粮六升五合，土名荒田坳。

康熙八年九月十二日，买置罗万钦田租六十四石，载粮五斗一升二合，土名大通、大湾、荒田坳等处。

康熙八年九月十三日，买置罗大德田租一十五石，载粮四升，土名香山、守牛坪等处。

康熙八年九月十三日，买置罗为章田租一十五石，载粮一十斗，土名梧桐湾、老禾岭等处。

康熙八年十月廿二日，买置李蓁用拙田租八石五斗，载粮八升五合，土名西荫寺上下等处。

康熙八年十二月二十五日，买置罗腾蛟田租八石五斗，载粮七升，土名亭分、榕树下、沙丘尾、长河垄等处。

康熙九年四月初十日，买置李维学田租三十石，载粮二斗六升，土名牛尾坑。其灌注山头照田管山分水为界。

康熙十二年八月初七日，买置陈弘业田租四十石，载粮四斗，在永兴都一甲张明户内，土名郎田铺背官路下等处。

康熙十二年八月二十二日，买置谭正奇田租五石五斗，载粮五升五合，在县街都七甲蒙周昌户内，土名即田庙背等处。

康熙十九年闰八月初五日，买置扶溪巡司李房屋上架一座，又于康熙二十八年正月二十七日并买谭德裕等屋地一区，坐落扶溪紫岭横材坝。

仁化吴达生居士等于康熙二十五年三月十五日，将牛尾坑田租三石，载粮三升，在县街都五甲黄接兴户内，送与本山为业。

康熙三十年六月初八日，买置谭元奇田租一十九石五斗，载粮一斗五升六合，在扶溪都一甲谭庆祖户内，土名亭分坝、沙湾丘、江夏营、项花树下等处。

康熙三十年六月初九日，买置李日章田租一十四石三斗七升五合，载粮一斗三升，土名娄坑水、和尚堤下、石仔昆南她板等处。

康熙三十年六月初九日，买置罗元甫田租一十七石五斗，载粮一斗四升五合，土名中心段上分等处。

康熙三十年六月十一日，买置谭必中田租七十三石五斗，载粮五斗八升八合，土名岑溪下坝、狗冲、神仙一油岭等处。

康熙三十年六月十四日，买置谭准龙田租六石一斗五升，载粮四升，土名江夏水头、营上等处。

康熙三十年六月十七日，买置罗梅柏田租一十七石，载粮一斗三升六合，土名鹅斗崐、中心崐、过枧水等处。

以上六契系总镇南韶都督府高、韶州府正堂陈、关部徐、仁化县正堂李、乐昌县正堂曹，仝捐俸买租作本山纳坡之需。

康熙三十三年二月初十日，洪岩僧豁大买置谭育卿田租二十五石二斗，载粮二斗五升二合，在永兴都二甲李万春户内，土名鹅比丘、黄糯丘、长丘、鹅倒丘、獭佬丘、二丘等处共计田十丘。

康熙三十三年二月十一日，洪岩僧豁大买置李柏亮田租二十三石八斗，载粮二斗三升八合，在永兴都五甲罗盛户内，土名夏富迳头，田名学堂丘、大地丘一丘、柴老丘一丘、阿丘田（大小三丘上下相连）、老婆丘田一丘、沙丘田一丘共计田八丘。

康熙三十三年九月初六日，买置谭如熠兄弟等房屋一所，坐落扶溪紫岭横村坝，作本山庄房。

仁化林日先居士乔梓于康熙三十七年三月二十四日，将胡坑阿屎垄、深丘上段下段、岭下四坊坝边等处田租一十四石，载粮一斗四升，外荒土三块，送与本山为业。

康熙三十九年九月十二日，买置刘受邦田租一十三石，载粮一斗零四合，土名下土砍、双合水等处。

康熙三十九年十一月初九日，买置谭观寿田租九石五斗，载粮九升五合，土名城湾等处。

康熙四十八年十一月二十六日，买置李成则等田租五十四石二斗，载粮三斗九升二合，土名中心堤、象形排、合迳、厚塘、小庙前、下营、琵琶形、九分坑、亨塘蛇、篱石、垄坝、西荫寺前等处。

康熙四十九年二月二十二日，买置李凤祥田租四石，载粮三升六合，土名曲丘、黄狗丘等处。

康熙六十年九月十九日，买置李懿辉等田租一十石，载粮一斗，其粮在县街都李子生户内，土名迳头、黄坭塘等处。

康熙六十年十月十七日，买置李书龙园地一亩五分，载粮一升五合，其粮在县街都刘兴生户内，土名迳头、山头背等处。

雍正九年十二月十一日，买置僧金衣田租五石，载粮五升，其粮在县街都李子生户内，土名迳头、大尺丘等处。

仁化畸零户，自康熙四年起至四十九年止，共置田四十三契，共原租二千一百九十六石三斗二升五合正。递年实收额租穀一千二百八十五石四斗七升，共载粮一十八石四斗五升九合五勺，今纳一十八石六斗七升八合一勺乙抄，每年多虚纳粮二斗一升八合六勺乙抄。

仁化花户自康熙四年起，至雍正九年止，共置田四契共原租四十四石正，共载粮二斗八升五合正。

坐仁化永康都三甲朱心养户内粮一斗二升。

坐仁化县街都李子生产内粮一斗正。

坐仁化县街都刘兴生产内粮一升五合。

坐仁化县街都李子生产内粮五升。

递年实收额租穀二十一石七斗。

保昌新地、漂塘二处，自康熙四年起至九年止，共置田一十五契，共原租五百五十八石五斗正，共该载粮五石一斗四升六合八勺五抄。

递年实收额租穀四百零八石二斗正。

今保昌实纳粮五石八斗五升七合零八抄，内多虚纳粮七斗一升零二勺三抄。此因罗为章檀越于康熙四年、八年共施田二契，共原租三百三十八石正，载粮三石三斗零七合正，后于康熙三十一年拨还一百八十三石与原卖主黄克太，该去粮一石七十九升零，本山尚存租一百五十五石正，该存粮一石五斗一升零，而当日田租去了，其粮去不清，今保昌虚当七斗一升零二勺三抄粮者，乃此田之粮也。

曲江共置田三契，虽载租四十余石，今每年仅实收租穀十石正，其余皆柴火山场，而本山樵柴十分不用其一，而九分乃方便四乡居人所需耳，系本山当粮六斗一升正。

曲江县寄庄田

曲江罗挺生、刘明华居士等，于康熙八年正月将曲水岩、马牯石下、坊坑洞尾、背带岩、黄坭冲、大陂头、亚婆岩、穿珠岩等处田照管山，载粮二斗七升（在曲江韶社都苦竹荣一甲罗刘傅户内）送与本山为业。

康熙九年三月初六日，买置华仰德田租二十六石，载粮一斗八升，内九升在曲江韶社都八甲华荣兴户内，又九升在上礼都一甲张士杰户内，土名黄沙坑、下畲门前、上下段、集花、老屋场、鸭蛋坑、大陂头等处。

新会何节生护法，于康熙十七年八月二十五日，将天台山脚土名下畲、双坪二处田租一十三石，载粮一斗六升（在曲江上礼都张应表产内）送与本山为业。

南雄府保昌县寄庄田

仁化罗为章文学于康熙四年十月十九日，将田租三百二十三石五斗，载粮三石一斗六升二合，土名社坛、铜锣丘、芋丘、高坋、塘丘、细安、佛寨头、赖氏陂、猪肚、天井垣、高玢丘、社丘、李树玢、高片、打禾坝、杨柳片、神边、高坋、夏屋背、白泥坑、庙背、李树三角丘、赖氏陂、社坛前、朱屋赖坑口、铜锣丘、李树坋、嵩头赖坑、

白竹岭、嵩头、又嵩头何树崐、张坑、太片、白竹岭、教子坑、白竹岭黑老坝、旱田、冲塘丘、寮门口、白竹岭、嵩头教子坑等处，送与本山为业。自嵩头以下共田租一百八十三石，于康熙三十一年，还与黄克太，尚存常住田租一百四十石零五斗。

仁化罗育美居士法名传定，于康熙四年十月十九日，将新地田租二十石，载粮一斗九升三合，土名新地石、熏石头、深丘、河边西岸村、长连上河坑检坑、石带坑、石堤脚等处送与本山为业。

仁化罗为章于康熙四年十月十九日，将保昌县新地围内房屋三间，送与本山作庄房。

仁化罗天祥居士，于康熙四年十一月初十日，将新地田租二十二石，载粮二斗三合，土名新地牛井丘、曲丘、杉树玢、新地围边晒禾坝、桥头河坑、禾场丘等处送与本山为业。

李子顺居士于康熙五年二月初八日，将新地田租四十石，载粮三斗九升，土名址石丘、大秧磴西坑、深丘、松坝、庙背、河边芋丘、石头坑、黄田本眼物、刘屋丘、赤烈江行丘、白坭坑、石坋、宙日、打禾垣、深丘、松坝、晒禾坝、兰石水等处并楼房三间，送与本山为业。内康熙三十一年还黄克太兰石水田租一石。

李子顺居士于康熙五年二月初八日，将保昌县新地围内房屋三间，送与本山为业。

仁化谭世熊居士于康熙五年，将新地田租一十二石，载粮六升，土名出水莲送与本山为业。

康熙六年三月初四日，买置夏惟生田租六十三石，载粮六斗，土名白坭坑低坋、赤石罔赖坑、石坊桥底、溅堆桥头、黄屋背梨树坊、高坋、枫树头（内有田租八石系惟生居士送与本山的）。

康熙六年七月二十五日，买置罗为章田租一百三十石，载粮一石三斗，土名窝里神前冲、背夫崀、水尾大小排、山子下秧碳垣、梧桐湾黄竹冲、无撩下屋场鱼塘、小分作田坑、杨柳下树打鼓坻、梧桐排坑口庙前、无砾头黄竹冲、塔古坳、钩义冲、黄竹冲、崖子石、屋场湾屋背排及下丘孔塘凹、山塘等处。

康熙六年十二月十五日，买置李子顺田租三石，载粮三升，土名夏屋塘背。

仁化罗为章文学于康熙八年八月初二日，将新地田租一十四石五斗，载粮一斗四升五合，土名新地杉树坋、牛角湾、月坪、坑口等处送与本山为业。

康熙八年八月初二日，买置罗腾蛟田租二十七石，载粮一斗四升，土名塘冲破撒堤等处。

康熙八年八月初八日，买置罗延年田租二十三石，载粮二斗三升，土名香山蕉头下、芦竹坝等处。

康熙八年八月十五日，买置罗育万田租二十石，载粮一斗三升，土名香山蕉头下、芋头冲。

康熙八年九月初三日，买置罗万芳田租二十二七石五斗，载粮二斗五升三合，土名香山瘦、段漂塘等处。

康熙八年十二月二十五日，买置罗腾蛟田租一十二石，载粮九升，土名里竹山。

保昌县黄顺都居士于康熙九年十月二十二日，将新地白坭坑田租四石，送与本山（补罗秀九居士昔年施田田少粮多之数，康熙三十一年还与黄克太）。

康熙九年二月二十二日，买置罗会贞屠场地一段，塘一口松山一所，坐落保昌县新地。

康熙十年九月二十七日，买置叶秀美、罗兆吉房屋二间，坐落保昌县新地围内。

以上粮米在保昌县西隅都十甲外畸零户僧传明户内。

下院

会龙庵在韶州府城相江门外，康熙七年正月，旧住僧悉恒哆送与本山为下院，后在庵前左盖造铺屋多间。

太平关众护法于康熙三十八年三月初二日，捐净财买置邓眷兹等田租一百石，递年实租五十石，载粮八斗，在韶社都二甲邓林璋、邓林琮、邓调鼎户内，土名龙光寺上山高阜酸枣树下、坝尾、宝字珑、老阳田、黄坭塘、大圳下、学上九子丘、大圳面、细埂子、火烧鬼窝等处施入会龙庵为业。

龙护园在南雄府城内居仁街朝阳坊，康熙六年八月，张宝谭、许孟超、刘秀卿居士等送与本山为下院，太守陆孝山大护法捐俸重修。

太守陆孝山护法于康熙十三年三月初八日，捐俸买置朱镇田租五十五石七斗五升，送与龙护院为业。

⊙注

①此文撰者不详。

考

辑自雍正本《丹霞山志》卷七《田赋》，原碑不存。

合寺为杨奇瑞兄弟占宝盖山上下二坑田山碑文

（雍正三年乙巳，1725 年，佚）

宗思圣

韶州府正堂、加二级纪录、四次宗，为准立碑以分地界，以杜后患事。

韶阳之有南华，乃唐朝之古刹也。自唐以来，田土山场界限甚分明，岂容侵占，侵占则断地脉。因相传日久，僧又弱门，首戒贪嗔，后遂不无蚕食其间矣。如胜国成化年间，豪右并吞，僧具疏赴阙，始行勘定复业。既而万历二十年，豪民江应东、杨宪等，假买僧田，尽占后山一带，谋图为安葬地。斯时僧憨山赴控，军门批，道府亲勘，断占所买田山，令僧赎回，以绝祸源。凡此二案具载《曹溪中兴录》中。嗣是以来，僧俗互安矣。不意于雍正三年，复有杨宗瑞兄弟等效尤计吞，住持僧福成、深湛、道峻、广讷、侣撨、心广、净玉，十房真翠等，而有占业斩脉一案具控。府始委官，继亲勘详问，审看得宝盖山上下坑及象尾坑杉树坑、鹧鸪坑等山场，皆属常住之业。开山以来，历世藉印契，班班可考。庭讯之下，侵占之徒始吐实情，其契乃伪契也，即时涂销。应当加以侵占之罪，姑念愚民无知，捐俸代清原价，以斩葛藤，并令僧俗公同定界，存案。兹业回寺，地界明，案卷存，僧众尤虑不能垂之久远，又有恳准立碑之请，庶几弊永绝，可以终古而勿替也。

并将亲勘定四至地界开列于后，计开：

东至宝盖岭顶为界，南至南华杨梅冲为界，西至象尾坑水为界，北至二坑田口祝堑至象尾坑口大石下，接鹧鸪田坳至后山冲坑水为界。

雍正三年十月十五日立

考

辑自清康熙《重修曹溪通志》卷四记，原碑不存。

撰者宗思圣，直隶大兴人，监生，雍正三年（1725 年）任韶州知府。

住持僧福成、深湛、道峻、广讷、侣撨、心广、净玉，十房真翠均无传。

为恳天存案以杜后患事碑文

（乾隆三年戊午，1738年，存）

戴程旬

（前文漫损）去，父老向余言曰：“锦岩开自唐末，未有田粮。越明成化年间，有僧净寿[1]等□□，蓄积募置及开垦田租五百余石。至天启四年，县主胡[2]施通天岩巴子寨田租七石。康熙三十一年，叶太始施塘背、庙前、芳头背、长坝等处田租八石三斗七合五勺。田粮计载县街都三甲刘兴生一石四斗七升九合五勺五抄，四甲邹福昌三石八斗四升七合二勺，二户共粮五石三斗二升六合七勺五抄正。其田东至□□□子夹官寨下，南至风坑峒及岩脚，西至石山，北至凉伞石及断岩。所有田塘、山场以及松杉、竹木尽属锦岩所管，他人并无一田一山混杂其中。”余喜而叹曰：“山如襟带，田无杂花，允若是，是亦足供佛饭僧而无余憾矣！”夫何本年仲吕月，主持僧贞一等，称有不法之徒私于明郡宪王公古碑[3]内新添施姓，复改“二十”字为“四十”字样，呈恳存案，通邑绅士耆老亦联名公呈无异。余既准其存案，命去新添施姓，“四”字改还“二”字，以绝妄想。而绅士耆老等又以古碑业被佥壬[4]凿坏，欲立新碑以实前事，俾小人辈不敢妄生觊觎，因而乞序于余。余从其请，为之纪其大略，镌之于石，以垂永久云尔。

乾隆三年戊午岁季夏吉旦
特授文林郎知仁化县事前工部营缮司
学习协办事务闽莆戴程旬[5]盥手谨题

具禀锦岩僧贞一、慈波，为恳天存案以杜后患事。

缘僧师祖净寿于成化年间募化十方众姓银两，买得土名棠梨坑、岩前对水、风坑峒等处田租，府宪碑文确据，从无施主冒认，历管数百余载无异。突于本年四月内，不知何方魍魉，在僧岩内作弊，将僧碑内棠梨坑田新添“陈姓施”，岩前对水田新添“吴姓施”，又将风坑崗新添“李姓施”字样。僧竟（觉）即经投通邑绅士里排人等验明，概云锦岩田租从无施主，此系新添字迹，大属非理。窃思小人潜藏冒施，此中奸深莫测，只得叩天亲验剪除，俯准存案，以杜后患。公侯万代。上禀县主太爷台前，作主施行。

乾隆三年四月二十一日，蒙县主戴批：新添施姓，似有觊觎之心。然即果有施舍，亦无祖上施出，孙子夺回之理，准存案以绝妄想。

具公呈生员谭文煦，乡老吴青史，保长刘观长，里排刘兴生、邹福昌，子民邹锡甫等，为据实陈情事。

窃锦岩开自唐朝，僧人自甘淡薄。迨至成化年间，钱粮颇堪供奉。自古及今，从无施主，仁邑童叟无不熟悉。突于本月内，适锦岩住持僧贞一，以不知何处小人，竟将岩内古碑新添“陈姓施”并“吴姓施”、“李姓施”字样，又以“碑内二十余亩”字，将“二”字改为“四”字来告，生等齐往岩内亲视，果系新添字迹，众皆骇然。不思锦岩乃通邑名山，岂甘魍魉作祟。为此据实陈情，伏乞仁廉电劈，俯准存案，以杜小人之狡计，以全仁邑之雅观。不惟僧佛沾恩，生等且顶祝靡涯矣。万赖，上禀大宗师太爷台前，作主施行。具公呈生员谭文绰（余略）。

乾隆三年四月二十一日蒙县主戴批：批明僧贞一呈内矣。

⊙注

①僧净寿：事见王宾《重修锦石岩记》。

②县主胡：即胡京球，参见《僧性顺立寺田碑》注①。

③明郡宪王公古碑：疑即王宾《重修锦石岩记》。

④佥壬：小人；奸人。佥，通“憸”。明宋濂《送部使者张君之官山西宪府序》：“人不务德则已，苟有德焉，又何佥壬之不革行哉！”

⑤戴程旬：福建莆田人，举人，乾隆元年（1736年）任仁化县知县。

考

碑存于锦石岩功德堂，右侧残，高1.68米，残宽0.80米，楷书阴刻。

太平庵复兴碑记[①]

（乾隆二十一年丙子，1756 年，存）

梁钦

韶州府曲江县正堂梁　为审明示禁以垂永久

窃照县属小坑上洞太平庵□所建□前明，十方檀越捐金鸠施田租一十八石二斗，历传无异。乾隆二十一年间，有杨宗琮、张辛龙、邓庚保等嫌互控，批准讯审。当即饬集，二比讯明，判谳存案。□有所追出顶手及搬抢谷石□文，分别给还各主收领，其余□□为刊刻该庵碑石之用，合就给发印稿，饬匠照断镌碑于太平庵内。凡庵□名瑶埂，里长讲排庵门前左右前后等处共载租谷十八石二斗，其粮米□□升，已经饬令册房另立价□□□□听僧自纳，嗣后不许各姓冒称施主，需索顶手批头并索备斋饭，无端攻逐。如有前弊，察出严提法究。俾佛灯长明，庵租永存，功垂不朽，是所望也。须碑。

乾隆二十一年十二月十六日

奉督镌石　张连　给立主持僧

⊙注

①此文撰者不详。

考

碑存于曲江区小坑镇曹角湾村后山太平庵遗址。麻石质，高约 1.20 米，宽 0.50 米，楷书阴刻。碑文记载这里曾发生的一桩邓氏与杨、张二姓争讼谁是施主的公案，最后由曲江县知县梁钦（泰和人，进士，乾隆二十一至二十三年，即 1756—1758 年任）立此碑结案。

奉旨严禁侵牟寺产碑记[1]

（乾隆三十一年丙戌，1766 年，存）

特授韶州府仁化县正堂[2]加三级纪录三次方　为敬抒管见等事。

案奉

韶州府正堂加四级纪录四次钱[3]，奉广东布政使司胡[4]，奉广东巡抚部院王[5]札付，乾隆三十一年四月初三日，准礼部咨议，得浙江学政钱[6]奏：“生监侵牟寺产，最为恶习，应请旨敕部通行示禁。无论有凭无凭、年远年近者，所有檀越一概革除。勒石寺门，永远遵守”等语。查士民捐助资产于寺庙，本属乐施，何得竟起檀越名色侵牟霸占，滋生讼端。地方官如遇此等讼案，即应随时断结，以息纷争。应如该学政所请，通行直省出示晓谕，将檀越名色一概革除，不许借有私据，争夺讦告。其士民施舍之田产，建修之寺庙，但许僧尼□□经管，亦不许擅自售卖。如有犯案到官者，该地方官随时酌办，按例惩处，仍行勒石示禁可也。乾隆三十一年二月初三日题，本月初六日奉旨“依议。钦此钦遵，相应抄录原题，知照各省督、抚一体转饬遵照”等因，到院行司札府仰县。奉此，除出示晓谕外，查仁邑之丹霞山，夙称名胜，寺内田产山场昔年士民亦间有捐助乐施，为本寺斋粮、香灯之费。该寺住持固不得擅自售卖。而此邑民风良顽不一，竟有籍端觊觎侵夺霸占等弊，业经逐一清厘，列册印给在案，合行勒石永禁。倘再有棍徒侵牟争占及逋租霸耕、盗卖盗买者，许该住持立即指名禀县，按例征究。须至碑者。

奉旨严禁侵牟寺产碑记

乾隆三十一年六月初三日给

住持法基、监寺法显、副寺雷音、圣光勒石

⊙注

①此文撰者不详。

②仁化县正堂加三级纪录三次方：即方国柱，江南桐城人，举人。乾隆二十九年（1764 年）任仁化县知县。

③韶州府正堂加四级纪录四次钱：即钱鸣泰，浙江归安（今吴兴）人，乾隆三十年（1765 年）任韶州府知府。

④广东布政使司胡：即胡文伯，山东海阳人，附生，乾隆二十八年（1763 年）任广东布政使。

⑤广东巡抚部院王：即王检，乾隆三十年（1765 年）任广东巡抚。

⑥浙江学政钱：即钱维城，江苏武进人，字幼安，一字宗磐，号纫庵，又号稼轩。进士，乾隆二十七年（1762 年）任浙江学政。

考

碑存于别传寺老山门壁，高 1.80 米，宽 1.20 米，楷书阴刻。

里东官道寺碑记

（乾隆四十年乙未，1775年，存）

□□余庆

乾隆四十年闰十月十五日立□□住持增□敬勒□□首事朱连昌王清兰吴辉万梁绍求谭洪光刘国华。

□官道寺，号广明，殿宇巍峨，俨然修行之处。□□罗烈，下殊说法之场。□往岁功德可记。而迩来废坏难堪，僧舍萧森，蜘蛛左院闻结网。僧厨寂寞，□□入灶□□巢。琉璃无灯火之光，长夜地黑。宝炉绝香烟之起，向昼天昏。呼住持而何求，□行者而谁应。贫僧斌机虽来广明，衲亦系释氏苗裔，寄居数年，皈依念切。僧囊匮乏，欲奉佛而无由。僧院虚空，欲立锥而无地。兹蒙檀越乐助资财，或施福田一片，诚心来佛鉴。或指钱□一团，善念达神聪。将见香灯永存，佛地千年□朽。姓氏长在，芳名万载常新。易曰：“为善降祥。”诗云：“自求多福。”具是之明兴。爰勒之石，以示来兹云。

南雄凌江信生周□敬撰并书

信女吴门刘氏、男豫秀捐租田二亩零二厘五毫，自耕租一石七斗五升，土名竹树排大小七丘。田主□大原支□额租一石□斗四升五合，□六斗二升五合，垅双合丘。刘子仁□□，钟道立五千，朱连昌三千，刘元辅一千六百，僧六一一千一，何戊盛一千，吴遇贵一千，吴亨钦一千，钟其胤八百，梁方训六百六十，钟利行花钱一员。

考

碑存南雄珠玑镇里东街官道寺（又称广明殿）内的墙上。青石质，长1.75米，宽0.58米，楷书阴刻。

据道光《直隶南雄州志》卷二十四《古迹略》：“广明寺在里东街”，可知官道寺实际就是广明寺，“广明殿”乃民间俗称。

云门寺免逋负碑记

（乾隆五十年乙巳，1785 年，佚）

桂耳顺

光泰寺为云门古迹，匡真祖师驻锡、道场也。原置寺田，岁可入谷数百余石，以供香灯斋粥，余则修葺寺宇。前有住持僧经理不善，逋负[①]累累，十数年来，子母相权，愈积愈累，几至诸僧枵腹，而寺宇倾圮，宝相剥落，不暇计及矣。昨岁冬，寺僧妙莲、透禅等以修葺为请。噫，索逋者踵至追呼，方将称贷无门，而更以振弊起衰之事，谋倾助于同人，谁其应之。计惟先清其逋，岁有余积，然后鸠工庀材，广呼将伯，此则事之可次第举者也。因语诸首事生员陈锡章、邱道忠、刘功炜、邱道性、欧龙光、邱麟、林栖凤、刘文豹、林际扬，职员李芝蕙，耆民刘济沣、邹廷俊、胡源泉、张名俊、钟神生等，取寺中逋簿核计之，各债数目，有多寡不等者。窃念民间借贷，尚多义让，而何靳于沿门托钵之缁衣乎？昔孟尝君从冯驩焚券之请，至今艳称之，况欲种福田以求善果？知好义者当不乏冯驩其人也。诸逋主咸是余言，尽发愿捐之心而无龃龉之隔。余顾而乐之，有足以稔其地之易治，其风之醇厚，所谓冯谖[②]其人者，当不得专美于前也。诸首事其亟取愿捐诸善士之名，勒之石，通计银谷，悉作捐数，大书而特书之，并饬寺僧位诸檀越而酬报之。语云："作善降祥。"又云："积善之家，必有余庆。"理固有必然者。况由是逋负尽清，岁有余积，光大寺宇之事，可次第举矣。

敕授文林郎知韶州府乳源县事加三级纪录五次江左桂耳顺撰

乾隆五十年岁次乙巳仲夏吉旦

⊙注

①逋负：逋，拖欠。拖欠赋税、债务。

②冯谖：战国时齐国孟尝君田文门下食客，曾替田文到封邑收取债息，把不能还息的债券烧掉，替田文收买民心。

考

本记辑自民国《云门山志》第九篇文献，原碑不存。

撰者桂耳顺，同治《韶州府志·职官表》缺载，可补史阙。

捐奉云门寺香油田碑记

（道光三年癸未，1823年，佚）

袁用恒

《浮屠功果疏》曰：“福缘曰善缘。”诚以福非缘不成，善非缘不见，缘之为义大矣哉。岁丁巳，恒父斗熙督修斯寺，公余之暇，登山观望，适卜兆域[①]于大坑背山。归而告诸祖曰：“山与云门禅院咫尺间耳。”祖恻然，动波罗愿，得非《大士救苦经》“与佛有缘”之谓乎。爰将田种一斗土名云门南山下二丘，又一处田种一斗，土名县前源头峒杉树脚一大丘，共载粮米三升，捐奉寺内，以作为长明公资。寺僧本不假募题，恒祖愿以区区进奉者，亦以明无因有因无缘有缘以证净缘耳，爰掇数言勒之贞珉，以垂久远。

沐恩弟子袁广寿率男卫千总斗熙国学生斗章
孙附贡生用晋用恒郡庠生用升国学生用中
曾孙文涛文炳文桂文境同敬
袁用恒撰　袁用中书
道光三年岁次癸未葭月吉旦立

注

①兆域：墓地四周的疆界，亦以称墓地。《周礼·春官·冢人》：“掌公墓之地，辨其兆域而为之图。”孙诒让《周礼正义》曰：“辨其兆域者，谓墓地之四畔有营域堳埒也。”

考

本记辑自民国《云门山志》第九篇文献，原碑不存。
撰书者袁用恒、袁用中生平不详。

光绪曲江县令立禁碑

（光绪十三年丁亥，1887 年，存）

调署曲江县事和平县正堂加三级录四次陈　为示禁事

案据　南华禅寺住持僧静心等与生员邱国光等，互相控争土名天王岭背坳树一案，叠经各前县传讯，各执一词，未定断。现经本县传集覆审，亲诣勘明。该处天王岭坳，自岭下大路直至紫笋庄一带，树林丛密。其龙王塘东边树木已被邱姓人等砍伐，四边树木尚多。察看该处山树实为南华禅寺后龙庇荫，亟宜禁止砍伐，以护寺业而杜争端。当经谕以该树山乃从前善士陈亚仙施以供佛，无论何人均不得觊觎图利。断令自天王岭大路东起，至紫笋庄止一带，界内之树嗣后邱姓与寺僧人等均不准妄行动砍。如有坏木枯枝，始许寺僧人作柴取用，别人亦不得混争。其末讯断以前已伐树株，姑免深究，仍令邱国光等出铜钱二千文为寺内香油费。两造遵断，各具摹结前来，除此控案注销外，合行出示泐石以垂永远。为此，示仰该寺僧及邱姓等耆与诸邑人等一体遵照。此示禁之后，倘有阳奉阴违，仍复盗砍该处山树，滋生事端，一经访闻或被告发，定行严拘到案，从重究惩。

本县言出法随，决不稍为宽贷。其各凛遵毋违。特示遵！

佛祖重地，禁令森严。如有毁坏此碑，定以军法从事不贷。

光绪十三年正月日示

告　示

发俾㵐溪紫笋庄龙王祠前晓谕

考

碑存于南华寺，青石质，高约 1.60 米，宽 0.50 米，楷书阴刻。

调署曲江县事和平县正堂陈，史志失载，存考。

四　人物碑传类

韦璩六祖碑

（唐先天二年癸丑，713 年，佚）

《六祖法宝坛经》付嘱品第十：“韶州奏闻，奉敕立碑，纪师道行。”唐最澄《曹溪大师别传》云：“有殿中侍御史韦据（璩）为大师（惠能）立碑。后北宗俗弟子武平一（名甄。景龙二年，兼修文馆直学士，迁考功员外郎。明皇初，贬苏州参军，徙金坛令），开元七年磨却韦据（璩）碑文，自著武平一文。”《历代法宝记》卷上云：“太常寺承（丞）韦据（璩）造碑文。至开元七年，被人磨改，别造碑。近代报修侍郎宋鼎撰碑文[①]。”清康熙《重修曹溪通志》卷三王臣外护第七云：“先天二年七月一日，师（惠能）归新州，八月三日师入灭于国恩寺，十一月十三日以全身入曹溪塔，时韶州刺史韦璩撰碑。”此即“韦璩六祖碑”，也是有关六祖惠能的第一通碑传。

⊙注

①侍郎宋鼎撰碑文：唐天宝七年（748 年），荷泽神会在河北邢台开元寺崇树惠能真堂为惠能立《唐曹溪能大师碑》，侍郎宋鼎撰文，史惟则八分书，载于赵明诚《金石录》。《唐曹溪能大师碑》文：“自教法东流三百年，前尽无事相法则。”后因晋石勒时，佛图澄弟子道安法师在襄阳，秦苻坚遥闻道安名，遂遣使伐襄阳取道安法师，秦帝重遇之。长安衣冠子弟诗赋讽诵皆依附学，不依道安法师，义不中难此是也。智辩聪俊，讲造说章门，作僧尼轨范，佛法宪章，受戒法则，条为三例：一曰行香定坐，二曰常六时礼忏，三曰每月布萨悔过。事相威仪法事咒愿赞叹等，出此道安法师。近代蜀僧嗣安法师，造斋文四卷，现今流行。《楞伽经》云：“乃至有所立，一切皆错乱。若见于自心，则是无为诤。”又云：“若依止少法，而有少法起。若依止于事，此法即便坏。”又云：“随言而取义，建立于佛法。以彼建立故，死堕地狱中。”又云：“理教中求我，是妄垢恶离。离圣教正理，欲灭或返增。是外道狂言，智者不应说。”《金刚经》云：“离一切诸相，即名诸佛。”又云：“若以色见我，以音声求我，是人行邪道，不能见如来。”《思益经》云：“比丘云何随佛教？云何随佛语？若称赞毁辱，其心不动，是随佛教。”又答云：“若不依文字语言，是名随佛语，比丘云何应受供养？”答言：“于法无所取者，云何消供养。不为世法之所牵者，谁人报佛恩？”答言：“依法修行者，诸小乘禅及诸三昧门，不是达摩祖师宗旨。列名如后，白骨观、数息观、九相观、五停观、日观、月观、楼台观、池观、佛观。”又《禅秘要经》云：“人患热病，相凉冷观。患冷病，作热相观。色相作毒蛇观、不净观，爱好饭食作蛇蛆观，爱好衣作热铁缠身观，诸余三昧观等。”《禅门经》

云："坐禅观中，见佛形像。三十二相，种种光明。飞行腾虚空，变现自在。为真耶为虚妄？"佛言："坐禅见空无有物，若见于佛三十二相，种种光明，飞腾虚空，变为自在，皆是自心颠倒，系着磨网。于空寂灭见如是事，即虚妄。"《楞伽经》云："如是种种相，堕于外道见。"《法句经》云："若学诸三昧，是动非坐禅。心随境界流，云何名为定。"《金刚经三昧经》云："我不入三昧。不住坐禅，是无生禅。"《思益经》云："不依止欲界，不住色无色。行如是禅定，是菩萨遍行。"《维摩经》云："维摩诘诃舍利弗林间晏坐，诃须菩提大迦叶不平等。"《转女身经》云："无垢光女诃天帝释，汝声闻乘人。畏生死乐涅槃，决定毗尼经。菩萨乘人，畏生持开通戒。声闻乘人，持尽遮戒尽护戒。"《药师经》云："佛诃阿难，汝声闻人。如盲如聋，不识无上空义。"《佛顶经》云："诃声闻人，得少为足此七。"《佛藏经》云："舍利弗，如来在世。三宝一昧，我灭度后，分为五部。舍利弗，恶魔于今，犹尚隐身。佐助调达，破我法僧。如来大智，现在世故。弊恶魔众，不能成其大恶。当来之世，恶魔变身。作沙门形，入于僧中。种种邪说，令多众生。入于邪见，为说邪法。尔时恶人，为魔所迷。各执所见，我是彼非。舍利弗，如来豫见未来世中如是破法事，故说是深经，悉断恶魔诸所执着。阿难，譬如恶贼于王、大臣不敢自见盗他物者，不自言贼。如是阿难，破戒比丘成就非沙门法。尚不自言我是恶人，况能向余人说自言罪。阿难，如是经者，破戒比丘随得闻时，自降伏则有惭愧，持戒比丘得自增长。"《大佛顶经》云："即时如来普告大众及阿难言，汝等有学缘觉声闻。今日回心趣大菩提无上妙觉，吾今已说真修行法。汝由未识，修奢摩他。毗钵舍那，微细魔事境现前，汝不能识。洗心非正，落于邪见。或汝蕴魔，或复天魔，或着鬼神，或遭魑魅。心中不明，认贼为子。又复于中，得少为足。如第四禅无闻比丘，妄言证圣。天报已毕，衰相现前。谤阿罗汉，身遭难后，有堕入阿鼻地狱。所以释迦如来传金襕袈裟，令摩诃迦叶在鸡足山，待弥勒世尊下生分付。今恶世时，学禅者众，我达摩祖师遂传袈裟表其法正，令后学者有其禀承也。"忍大师当在黄梅凭茂山日，广开法门，接引群品。当此之时，学道者千万余人，并是升堂入室。智诜、神秀、玄迹、义方、智德、惠藏、法如、老安、玄约、刘主簿等，并尽是当官领袖，盖国名僧。各各自言，为大龙像。为言得底，乃知非底也。忽有新州人，俗姓卢，名惠能，年二十二，拜忍大师。大师问："汝从何来？有何事意？"惠能答言："从岭南来，亦无事意，唯求作佛。"大师知是非常人也。大师缘左右人多，"汝能随众作务否？"惠能答："身命不惜。"但作务，遂随踏碓八个月。大师惠能根机成就，遂默唤付法及与所传信袈裟，即令出境。后惠能恐畏人识，常隐在山林。或在新州，或在韶州。十七年在俗，亦不说法。后至海南制止寺，遇印宗法师讲《涅槃经》，惠能亦在坐下。时印宗问众人："汝总见风吹幡，于上头幡动否？"众言见动。或言见风动，或言见幡动，不是幡动，是见动，如是问难不定。惠能于座下立答法师："自是众人妄相心，动与不动，非见幡动，法本无有动不动。"法师闻说，惊愕忙然，不知是何言。问："居士从何处来？"惠能答："本来不来，今亦不去。"法师下高座，迎惠能就房，仔细借问，一一具说东山佛法及有付嘱信袈裟。印宗法师见已，头面礼足叹言："何期座下有大菩萨？"语已又顶礼，请惠能为和上，印宗师自称弟子。即与惠能禅师剃头披衣已。自许弟子及讲下门徒叹言："善哉善哉，黄梅忍大师法比见

闻流岭南，谁知今在此间？众人识否？”咸言不识。印宗法师曰：“吾所说法犹如瓦砾。今有能禅师，传忍大师法，喻如真金，深不思议。”印宗法师领诸徒众，顶礼能禅师足。恐人疑，及请所传信袈裟，示众人，并自身受菩萨戒。印宗师共大众送能禅师归曹溪。接引群品，广开禅法，天下知闻曹溪法最不思议。后时大周立，则天即位，敬重佛法。至长寿元年，敕天下诸州，各置大云寺。二月二十日，敕使天冠郎中张昌期，往韶州曹溪，请能禅师，能禅师托病不去。则天后至万岁通天元年，使往再请能禅师，能禅师既不来。请上代达摩祖师传信袈裟，朕于内道场供养。能禅师依请即擎达摩祖师传信袈裟与敕使，回得信袈裟。则天见得传信袈裟来，甚喜悦，于内道场供养。万岁通天二年七月，则天敕天冠郎中张昌期，往资州得纯寺，请诜禅师。诜禅师授请赴京内道场供养。至久待年，使荆州玉泉寺请秀禅师，安州受山寺请玄迹禅师，随州大云寺请玄约禅师，洛州嵩山会善寺请老安禅师，则天内道场供养。则天本请大德，缘西国有三藏婆罗门，则天常偏敬重。剑南智诜禅师当有疾，思念归乡。为关山阻远，心有少忧。其邪通婆罗门云：“彼与此何殊？禅师何得思乡？”智诜答：“三藏何以知之”答云：“禅师但试举意看，无有不知者。”诜有云：“去也，看相身着俗人衣裳于西市曹门看望。”其三藏云：“大德，僧人何得着俗衣市中而看。”诜又云：“好看去也，相身往禅定寺佛图相轮上立。”三藏又云：“僧人何得登高而立？”诜云：“赭回好好，更看去也，即当处依法想念不生。”其三藏于三界内寻看，竟不可得。三藏婆罗门遂生敬仰，顶礼诜足，白和上言：“不知唐国有大佛法，今自责身心忏悔。”则天见三藏归依诜禅师，则天咨问诸大德：“和上等有欲否？”神秀、玄约、老安、玄迹等皆言“无欲”。则天问诜禅师：“和上有欲否？”诜禅师恐不放归，顺则天意，答：“有欲。”则天又问云：“何得有欲？”诜答曰：“生则有欲，不生则无欲。”则天言下悟。又见三藏归依诜和上，则天倍加敬重，诜禅师因便奏请归乡，敕赐新翻《华严经》一部、弥勒绣像及幡花等。及将达摩祖师信袈裟。则天云：“能禅师不来，此代袈裟亦奉上和上。”将归乡，永为供养。则天至景龙元年十一月，又使内侍将军薛简至曹溪能禅师所。宣口敕云：“将上代信袈裟奉上诜禅师，将受持供养。今别将摩纳袈裟一领，及绢五百匹充乳药供养。”

能禅师碑并序

（唐开元二十二年甲戌，734 年，佚）

王　维

无有可舍，是达有源；无空可住，是知空本。离寂非动，乘化用常，在百法而无得，周万物而不殆。鼓松海师，不知菩提之行；散花天女[1]，能变声闻之身。则知法本不生，因心起见；见无可取，法则常如。世之至人，有证于此，得无漏[2]不尽漏，度有为非无为[3]者，其惟我曹溪禅师乎。

禅师俗姓卢氏，某郡某县人也。名是虚假，不生族姓之家；法无中边，不居华夏之地。善习表于儿戏，利根[4]发于童心。不私其身，臭味于耕桑之侣；苟适其道，膻行于蛮貊之乡。年若干，事黄梅忍大师。愿竭其力，即安于井臼；素刳其心，获悟于稊稗。每大师登座，学众盈庭，中有三乘[5]之根，共听一音[6]之法。禅师默然受教，曾不起予，退省其私，迥超无我。其有犹怀渴鹿之想[7]，尚求飞鸟之迹。香饭未消，弊衣仍覆。皆曰升堂入室，测海窥天。谓得黄帝之珠[8]，堪受法王之印[9]。大师心知独得，谦而不鸣。天何言哉，圣与仁岂敢；子曰赐也，吾与汝弗如。临终，遂密授以祖师袈裟，而谓之曰："物忌独贤，人恶出己，吾且死矣，汝其行乎！"禅师遂怀宝迷邦，销声异域。众生为净土，杂居止于编人；世事是度门，混农商于劳侣。

如此积十六载，南海有印宗法师[10]，讲《涅槃经》，禅师听于座下。因问大义，质以真乘，既不能酬，翻从请益。乃叹曰："化身[11]菩萨，在此色身；肉眼凡夫，愿开慧眼。"遂领徒属，尽诣禅居。奉为挂衣，亲自削发。于是大兴法雨，普洒客尘，乃教人以忍，曰："忍者无生，方得无我。"始成于初发心，以为教首。至于定无所入，慧无所依[12]，大身过于十方，本觉超于三世。根尘不灭，非色灭空[13]；行愿无成，即凡成圣。举足下足，长在道场；是心是情，同归性海。商人告倦，自息化城；穷子无疑，直开宝藏。其有不植德本，难入顿门，妄系空花之狂，曾非慧日之咎。常叹曰：七宝布施[14]，等恒河沙；亿劫修行，尽大地墨。不如无为之运，无碍之慈，弘济四生，大庇三有。既而道德遍覆，名声普闻。泉馆卉服之人，去圣历劫；涂身穿耳之国，航海穷年，皆愿拭目于龙象之姿，忘身于鲸鲵之口。骈立于户外，趺坐于床前。林是旃檀，更无杂树；花惟薝蔔，不嗅余香。皆以实归，多离妄执。九重延想，万里驰诚，思布发以奉迎，愿叉手而作礼。则天太后、孝和皇帝，并敕书劝谕，征赴京城。禅师子牟之心，敢忘凤阙；远公之足，不过虎溪。固以此辞，竟不奉诏。遂送百衲袈裟，及钱帛等供养。天王厚礼，献玉衣于幻人；女后宿因，施金钱于化佛。尚德贵物，异代同符。

至某载月日中，忽谓门人曰：吾将行矣。俄而异香满室，白虹属地。饭食讫而敷坐，沐浴毕而更衣。弹指不留，水流灯焰；金身永谢，薪尽火灭。山崩川竭，鸟哭猿啼。诸人唱言，人无眼目；列郡恸哭，世且空虚。某月日迁神于曹溪，安座于某所。择吉祥之地，不待青鸟；变功德之林，皆成白鹤。呜呼大师，至性淳一，天资贞素，百福成相⑮，众妙会心。经行宴息，皆在正受；谈笑语言，曾无戏论。故能五天重迹，百越稽首。修蛇雄虺⑯，毒螫之气销；跳殳弯弓，猜悍之风变。畋渔悉罢，蛊酖知非。多绝膻腥，效桑门之食；悉弃罟网，袭稻田之衣，永惟浮图⑰之法，实助皇王之化。弟子曰神会⑱，遇师于晚景，闻道于中年。广量出于凡心，利智逾于宿学。虽末后供，乐最上乘⑲。先师所明，有类献珠之愿；世人未识，犹多抱玉之悲。谓余知道，以颂见托。偈曰：

五蕴本空，六尘非有。众生倒计，不知正受。莲花承足，杨枝生肘，苟离身心，孰为休咎？其一。

至人达观，与物齐功，无心舍有，何处依空。不着三界，徒劳八风，以兹利智，遂与宗通。其二。

愍彼偏方，不闻正法，俯同恶类，将兴善业。教忍断嗔，修慈舍猎，世界一花⑳，祖宗六叶㉑。其三。

大开宝藏，明示衣珠，本源常在，妄辙遂殊。过动不动，离俱不俱，吾道如是，道岂在吾。其四。

道遍四生，常依六趣，有漏圣智，无义章句。六十二种，一百八喻，悉无所得，应如是往。其五。

⊙注

①散花天女：《维摩诘经》云："时维摩诘室有一天女，见诸大人，闻所说法，便现其身，即以天华（花）散诸菩萨大弟子上。"

②无漏：佛教谓道心如完器，妙理犹净水。一切烦恼，破坏道心，迷失妙理。犹如漏器，不能停净水。讥其过失，即名之为"漏"。

③度有为非无为：《华严经》云："何等为有为法？所谓欲界、色界、无色界、众生界。何等为无为法？所谓虚空涅槃。数缘灭，非数缘灭，缘起法性住。"

④利根：《涅槃经》云："一切众生，

凡有三种，所谓利根、中根、钝根。”

⑤三乘：即“声闻乘”、“缘觉乘”、“菩萨乘”，声闻乘又名小乘，缘觉乘又名中乘，菩萨乘又名大乘。小乘是指其行人速则三生，迟则六十劫间，修空法，终于闻如来声教，悟四谛之理，断见思惑，可证阿罗汉果。中乘是指其行人速则四生，迟则百劫间，破无明，终悟十二因缘之理，可证辟支佛果。大乘是指其行人于无数劫间，修六度行，更于百劫间值三十二福因，可证无上佛果。

⑥一音：《维摩经》云：“一音者，佛之音声也。盖众生缘有浅深，根有利钝，故于一音之中同听异闻。若是人天根器，则闻佛说五戒十善之法；若是声闻根器，则闻佛说四谛之法；若是缘觉根器，则闻佛说十二因缘之法；若是菩萨根器，则闻佛说六度等法。各得解了。”经云：“佛以一音演说法，众生随类各得解。是也。”

⑦怀渴鹿之想：《楞伽经》云：“不知心量，愚痴凡夫，取内外性，依于一异俱不俱。有无非有无，常无常，自性习因，计著妄想。譬如群鹿，为渴所逼，见春时炎，而作水想，迷乱驰趋，不知非水。”

⑧黄帝之珠：《庄子》云：“黄帝游乎赤水之北，登乎昆仑之丘而南望，还归遗其元珠。使知索之而不得，使离朱索之而不得，使喫诟索之而不得也。乃使象罔，象罔得之。”黄帝曰：“异哉象罔，乃可以得之乎。”

⑨法王之印：《法华经》云：“我为法王，于法自在，安稳众生，故现于世。汝舍利弗，我此法印，为欲利益世间故说。”

⑩印宗法师：《景德传灯录》云：“广州法性寺印宗和尚，吴郡人也。姓印氏，从师出家，精涅槃大部。唐咸亨元年，抵京师，敕居大爱敬寺。固辞。往蕲州谒忍大师。后于法性寺讲《涅槃经》。遇六祖能大师，始悟玄理。以能为传法师。”

⑪化身：佛之“法身、报身、化身”三身之一。《坛经》云：“何名千百亿化身？若不思万法，性本如空。一念思量，名为变化。思量恶事，化为地狱，思量善事，化为天堂。”苏轼《读〈坛经〉》：“近读六祖《坛经》，指说法报化三身，使人心开目明。然尚少一喻。试以眼喻：眼见是法身，能见是报身，所见是化身。何谓眼见是法身？眼之见性，非有非无。无眼之人，不免见黑，眼枯睛亡，见性不灭。则是见性，不缘眼有无，无来无去，无起无灭，故云见是法身。何谓能见是报身？见性虽存，眼根不具，则不能见。若能养其根，不为物障，常使光明洞彻，见性乃全，故云能见是报身。何谓所见是化身？根性俱全，一弹指顷，所见千万，纵横变化，俱是妙用，故云所见是化身。此喻既立，三身愈明，如此是否？”

⑫慧无所依：《华严经》云：“一切佛法依慈悲，慈悲复依方便立。方便依智，智依慧无碍慧身无所依，成唯识论。”

⑬非色灭空：《维摩诘经》云：“色即是空，非色灭空，色性自空。”

⑭七宝布施：《金刚经》云：“须菩提，如恒河中，所有沙数，如是沙等恒河。于意云何？是诸恒河沙，宁为多不？须菩提言甚多。但诸恒河，尚多无数，何况其沙。须菩提。若有善男子善女人，以七宝满尔所恒河沙数三千大世界，以用布施，得福多不？须菩提言甚多。佛告须菩提，若善男子善女人，于此经中乃至受持四句偈等，为他人说，而此福德，胜前福德。”

⑮百福成相：《涅槃经》云：“菩萨摩诃萨修不杀戒，有五种心，谓下、中、上、上中、上上上。乃至正见，亦复如此。是五十心，名初发心，具足决定。

成五十心，是名满足。如是百心，名百福德。具足百福，成于一相。如是展转，具足成就，三十二相，名清净身。”

⑯修蛇雄虺：修蛇，《淮南子》云：“断修蛇于洞庭。“高诱注：修蛇，大蛇。吞象三年，而出其骨之类。雄虺，《楚辞》云：“雄虺九首，往来鯈忽，吞人以益其心些。”

⑰浮图：又作浮头、浮屠、佛图，旧译以为佛陀之转音。《广弘明集》卷二曰：“浮图，或言佛陀，声明转也，译云净觉。灭秽成觉，为圣悟也。”新译以为窣堵波（即塔）之转音。《大唐西域记》卷一曰：“窣堵波，即旧所谓浮图也。”

⑱神会（668—760年）：六祖惠能晚期弟子，荷泽宗的创立者，建立南宗的得力人物。也是六祖著名的法脉传人之一。湖北襄阳人，俗姓高。幼学五经、老庄、诸史，后投国昌寺颢元出家。讽诵群经，易如反掌。年十三参谒六祖惠能。惠能示寂后，参访四方，跋涉千里。开元八年（720年）奉敕配住南阳龙兴寺，大扬禅法，人称“南阳和尚”。六祖入灭后二十年间，曹溪之顿旨沈废，两京之间皆宗神秀，由普寂等续树法幢。师初至洛阳，欲振六祖之风，乃于开元二十年（732年）设“无遮大会”于河南滑台大云寺，与神秀系统的山东崇远禅师论战，指斥神秀一门“师承是傍，法门是渐”，欲确立南宗惠能一系之正统传承与宗旨。于天宝四年（745年）著《显宗记》，定南北顿渐两门，即以南能为顿宗，北秀为渐教，“南顿北渐”之名由是而起，竭力攻击神秀之渐门，于是南宗日盛而北宗大衰。天宝十二年（753年），师因御史卢奕诬奏，奉敕黜离洛阳荷泽寺，迁住弋阳（江西）、武当（湖北）等地。翌年转住襄阳，再转住荆州开元寺般若院。安史之乱起，两京板荡，时大府各置戒坛度僧，聚香水钱，以充军需。请师主坛度之事，所获财帛悉充军需。乱平后，肃宗诏入宫内供养，并建造禅宇于荷泽寺中，诏请住之，故世称荷泽大师。师在荷泽寺仍阐扬六祖之宗风。上元元年（760年）入寂，世寿九十三，另一说乾元元年（758年）示寂，世寿七十五。敕谥“真宗大师”。贞元十二年（796年）皇太子集诸禅师，楷定禅门之宗旨，遂以师为禅宗第七祖，敕碑置神龙寺。其法流称荷泽宗，门下英才甚多，有无名、法如等。（参见《六祖大师法宝坛经》、《圆觉经大疏钞》卷三下、《宋高僧传》卷八、《景德传灯录》卷五）

⑲世界一花：《华严经》云：“菩萨摩诃萨，以三千大千世界，为一莲花，现身遍此莲花之上，结跏趺坐。”

⑳祖宗六叶：指禅宗自初祖达摩，二传慧可，三传僧璨，四传道信，五传弘忍而六传至惠能。

考

本碑传辑自清赵殿成《王右丞集笺注》卷二十五，上海古籍出版社2007年版。同时以姜红主编《王摩诘全集笺注》卷二十五，书目文献出版社1999年版，与《全唐文》卷三二七所载版本互校。

《能禅师碑并序》，在《全唐文》、《唐文粹》中均题作“六祖能禅师碑铭”。道光《广东通志》卷二〇一《金石略》作《六祖能禅师碑铭并序》，碑文不落年月。据神会相关行状大致考订为开元二十二年（734年）。

撰者王维（701—761年），字摩诘，是盛唐时期著名的诗人之一。

他的诗文创作在很多方面都受到了佛教的影响。王维信佛，不同于一般文人信佛。他不仅在思想上，而且在行为实践上身体力行。《旧唐书》卷一九〇《王维传》记载王维“居常蔬食，不茹荤血”。

唐开元二十二年（734年），神会在滑台（今河南滑县）大云寺举办“无遮大会”，与神秀系统的北禅名师山东崇远禅师设擂论辩。在此期间，适逢时任殿中侍御史的著名文人王维路经南阳，神会弟子刘相倩在王维下榻的南阳临湍驿拜谒王维，并邀神会及同寺惠澄禅师论辩，语经数日。在唐刘澄集的《南阳和尚问答杂征义》中，较为详细地记录了王维与神会的问答过程：于时王侍御问和上（神会）言：“若为修道解脱?”答曰：“众生本自心净。若更欲起心有修，即是妄心，不可得解脱。”王侍御惊愕云：“大奇，曾闻大德皆未有作如此说。”乃为寇太守、张别驾、袁司马等曰：“此南阳郡有好大德，有佛法甚不可思议。”王维的习禅，是世俗文人的习禅，他虽长期受北禅影响，却并无门户、派系之见。因此，他并不固执己见，很快即能接受神会传授的惠能思想。因此，当神会请王维为六祖惠能撰写碑铭时，王维答应并为六祖惠能写了这篇碑传。

新发现的六祖能禅师碑残段

又，近年有新发现所谓《六祖能禅师碑》（参见邵凡《新发现的〈六祖能禅师碑〉考略》），此残碑校对于王维《能禅师碑并序》有不少衍文，真假难辨。唯邵文所考王维《六祖能禅师碑》之唐代刻碑，均见于前人金石文献，可信。再加上神会荷泽一系终唐一代主要活动于北方，故王维唐碑刊立于北方寺院一说相对可靠。也因如此，至宋哲宗朝南华寺可能都没有立王维的《六祖能禅师碑》，或是立于神会驻锡的荷泽寺。

曹溪第六祖赐谥大鉴禅师碑

（元和十年乙未，815 年，佚）

柳宗元

民国八年李根源重镌碑

扶风公廉问岭南三年[1]，以佛氏第六祖未有称号，疏闻于上，诏谥“大鉴禅师”，塔曰“灵照之塔”。元和十年十月十三日，下尚书祠部，符到都府[2]，公命部吏洎州司功椽，告于其祠。幢盖钟鼓，增山盈谷，万人咸会，若闻鬼神。其时学者，千有余人，莫不欣跃奋厉，如师复生。则又感悼涕慕，如师始亡。因言曰：“自有生物，则好斗夺相贼杀，丧其本实，悖乖淫流，莫克返于初。”孔子无大位，没以余言持世。更杨墨黄老益杂，其术分列。而吾浮屠说后出，推离还源。合所谓生而静者，梁氏好作有为，师达摩讥之[3]，空术益显，六传至大鉴。始以能劳苦服役，（一）听其言，言希以究，师用感动，遂受信具，遁隐南海上，人无闻知。又十六年，度其可行，乃居曹溪，为人师会学，去来尝数千人。其道以无为为有，以空洞为实，以广大不荡为归。其教人，始以性善，终以性善。不假耕锄，本其静矣。中宗闻名，使幸臣再征，不能致，取其言以为心术。其说具在，今布（之）天下，凡言禅皆本曹溪。大鉴去世百有六年[4]，凡治广部而以名闻者以十数，莫能揭其号。乃今始告天子，得大谥，丰佐吾道，其可无辞。公始立朝，以儒重，刺虔州，都护安南[5]。由海中大蛮夷连身毒[6]之西，浮舶听命，咸被公德。受旗纛[7]节戟，来莅南海。属国如林，不杀不怒，人畏无噩，允克光于有仁，昭列大鉴，莫如公宜。其徒之老，乃易石于宇，使来谒辞。其辞曰：

达磨乾乾[8]，传佛语心。六承其授，大鉴是临。劳勤专默，终揖于深。抱其信器，行海之阴。其道爰施，在溪之曹。

庞合猥附，不夷其高。传告咸陈，惟道之褒。生而性善，在物而具。荒流奔轶，乃万其趣。匪思愈乱，匪觉滋误。由师内鉴，咸获于素。不植于根，不耘乎苗。中一外融，有粹孔昭。在帝中宗，聘言于朝。阴翊王度，俾人逍遥。越百有六祀，号谥不纪。由扶风公，告今天子，尚书既复，大行乃诔。光于南土，其法再起，厥徒万亿。同悼齐喜，惟师教所被。洎扶风公所履，咸戴天子。天子休命，嘉公德美。溢于海夷，浮图是视。师以仁传，公以仁理，谒辞图坚，永胤不已。

⊙注

①扶风公廉问岭南三年：唐宪宗元和八年（813 年）十二月，以桂管观察使马总为岭南节度使。马总，扶风人，字会元，累官至户部尚书，性笃学。卒谥懿。

②都府：即节度使府。

③梁氏好作有为，师达摩讥之：南朝梁武帝时期达摩航海到广州。梁武帝信佛。达摩至南朝都城建业会梁武帝，面谈不契，遂一苇渡江，北上北魏都城洛阳。后卓锡嵩山少林寺，面壁九年，传衣钵于慧可。

④大鉴去世百有六年：六祖惠能于先天二年（713 年）坐化，其后一百〇六年，即元和十年（815 年），亦即柳宗元写此碑传之年。

⑤都护安南：元和五年（810 年）七月，马总自虔州刺史迁为安南都护。

⑥身毒：身毒是古代对今印度国名的音译。始见于《史记》，为中国对印度的最早译名。

⑦纛：翳也。古时舞者所持的道具。以牦牛尾为之，大如斗。

⑧乾乾：说文云：“乾，上出也。”乾乾，不息之貌。

考

本碑传辑自唐刘禹锡辑《柳河东集》卷六，上海人民出版社 1974 年版（据中华书局版重印）。碑文不落年月。柳宗元写此碑传之年，据文中“大鉴去世百有六年”考订为元和十年（815 年）。道光《广东通志》卷二〇三《金石略·曹溪第六祖赐谥大鉴禅师碑》案：“碑经明嘉靖间重刻，今亦佚矣。”据东坡跋（即《书柳子厚大鉴禅师碑后跋》），则唐石北宋已亡。而王象之“舆地碑目”仍云元和十年（815 年）立，盖据柳集所载，未见拓本也。今南华寺存民国八年（1919 年）滇军总司令、粤赣湘边防军督办李根源重镌碑。

撰者柳宗元（773—819 年），字子厚，唐代河东郡（今山西永济）人，著名文学家、思想家，唐宋八大家之一。柳宗元对佛教的态度十分宽和，甚至颇有感情。他遭贬永州（今湖南零陵）司马后，就寄居龙兴寺十年，这使他开始真正了解南禅思想，所以，他深有感触地说：“世之言者罕能通其说，于零陵，吾独有得焉。”“独有得”，即

是说他在南禅那里得到了领悟。于是，柳宗元应邀为六祖惠能作了《曹溪第六祖赐谥大鉴禅师碑》。苏轼对柳碑十分推崇。同治《韶州府志》云：“苏轼谪惠时游南华寺，长老重辩延馆加厚又请书柳碑，即此《曹溪第六祖赐谥大鉴禅师碑》。”并撰《书柳子厚大鉴禅师碑后跋》曰：“释迦以文教，其译于国中，必托于儒之能言者，然后传远。故大乘诸经至楞严，则委曲精尽，胜妙独出者，以房融笔授故也。柳子厚南迁，始究佛法，作曹溪、南岳诸碑，妙绝古今。”

大唐曹溪第六祖大鉴禅师第二碑并序

（元和十三年戊戌，818 年，佚）

刘禹锡

元和十一年某月日，诏书追褒曹溪第六祖能公，谥曰“大鉴”，实广州牧马总以疏闻，繇是可其奏，尚道以尊名，同归善善，不隔异教，一字之褒，华夷孔怀，得其所故也。马公敬其事，且谨始以垂后，遂咨于文雄，今柳州刺史河东柳君为前碑。后三年，有僧道琳率其徒由曹溪来，且曰愿立第二碑，学者志也。惟如来灭后，中五百岁，而摩腾、竺法兰以经来，华人始闻其言，犹夫重昏之见曶爽。后五百岁，而达摩以法来，华人始传其心，犹夫昧旦之睹白日。自达摩六传至大鉴，如贯意珠，有先后而无同异。世之言真宗者，所谓顿门。

初，达摩与佛衣俱来，得道传付，以为真印[1]。至大鉴置而不传，岂以是为筌蹄耶，刍狗耶，将人（人）之莫已若而不若置之耶，吾不得而知之也。按，大鉴生新州，三十出家，四十七年而殁。（既殁）百有六年而谥。始，自蕲之东山，从第五祖得授记以归，高宗使中贵人再征[2]，不奉诏，第以言为贡，上敬行之。铭曰：

> 至人之生，无有种类。同人者形，出人者智。蠢蠢南裔，降生杰异。父乾母坤，独肖元气。一言顿悟，不践初地。五师相承，授以宝器。宴坐曹溪，世号南宗。学徒爰来，如水之东。饮以妙药，瘥（差）其喑聋。诏不能致，许为法雄。去佛日远，群言积亿。著空执有，各走其域。我立真筌，揭起南国。无修而修，无得而得。能使学者，还其天识，如黑而迷，仰见斗极。得之自然，竟不可传。口传手付，则碍于有。留衣空堂，得者天授。

⊙注

①达摩与佛衣俱来，得道传付，以为真印：《旧唐书》神秀传云：“昔后魏末，有僧达摩者，本天竺王子，以护国出家，入南海得禅宗妙法，云自释迦相传，有衣钵为记，世相付授。达摩赍衣钵航海而来，至梁。”

②高宗使中贵人再征：柳宗元《曹溪第六祖赐谥大鉴禅师碑》、《景德传灯录》均作“中宗”。

考

本碑传辑自翟蜕园《刘禹锡集笺证》卷四，上海古籍出版社1989年版。全唐文卷六一〇题作“曹溪六祖大鉴禅师第二碑并序”，碑传不落年月。据文中“后三年，有僧道琳率其徒由曹溪来，且曰愿立第二碑”考订为“元和十三年（818年）”，此亦刘禹锡贬任连州第三年。

撰者刘禹锡（772—842年），字梦得，唐朝彭城（今江苏徐州）人，祖籍洛阳，唐朝文学家，哲学家，自称是汉中山靖王后裔，曾任监察御史，是王叔文政治改革集团的一员。唐代中晚期著名诗人，有“诗豪”之称。刘禹锡对南禅的创始人惠能格外景仰、崇敬。当元和十三年（818年）曹溪禅师道琳率徒专程来请刘禹锡为惠能撰第三碑时，他十分爽快地应允了。至北宋，可能当时所刻的刘禹锡所撰之碑亦毁，故有南华寺僧重辩请苏轼再次书丹的记载。据苏东坡《东坡志林·与辩师五札》所载，宋哲宗绍圣元年（1094年）苏东坡被贬惠州路过南华寺逗留期间，南华寺僧重辩曾请苏轼书丹王维《能禅师碑并序》、柳宗元的《曹溪第六祖赐谥大鉴禅师碑》、刘禹锡的《大唐曹溪第六祖大鉴禅师第二碑（并序）》。苏轼回复说：“所写柳碑，大是。山中阙典，不可不立石。已辍忙挥汗写出。仍作一小记（即《书柳子厚大鉴禅师碑后跋》）。成此一事，此生结缘于祖师不浅矣。”然而对于写王碑、刘碑，苏轼却不以为然，说：“所写王维、刘禹锡碑，未有思意下笔。又观此二碑，格力浅陋，非柳子厚可比也。”

大汉韶州云门山光泰禅院故匡真大师实性碑并序

（大宝元年戊午，958 年，存）

雷 岳

大汉韶州云门山光泰禅院故匡真大师实性碑

祥夫水月定形，觉浮生之可幻[1]；火莲[2]发艳，知觉性之宜修。故妙果圆明，寂尔而不生不灭；真如常住[3]，湛然而无去无来。祛其华，则是色皆空；存其实，则众魔咸折。亦由山藏白玉，泥涂不能淤其珍；沼出青莲，尘垢不能染其实者也。故匡真大师业传西裔，性达南宗，戒珠朗而慧日融光，觉海扬而慈霖普润。示非法无法之说，若电翻辉；应真空不空之谈，如钟遂扣。以心惟清净，道本慈悲，尝挑智慧之灯，洞照昏衢之路。将使化周有截，终期证后无为。故我释迦如来，厌绮罗丝竹之音，痛生老病死之苦，逾金城而学道，依檀寺而修真。六载成功，万法俱熟，为四十九年慈父，演八万四千法门，现百亿化身，遍娑娑世界。说多多绿起，开种种导门。誓化迷沦，令超正觉[4]。于时，求法宝者是诸沙数，得果道者于意云何。小则证须陀洹、斯陀含，大则超阿罗汉、辟支佛[5]。卷舒自在，莲花中藏十二音声；变现无穷，芥子内纳三千国土。尔后化缘。将卒，示灭双林[6]，即以法衣传于迦叶，叶传阿难，难传商和那修，修传优婆鞠多。如此展转相传，俾令常住世不灭矣。

洎至曹侯溪大圆满至真起觉大师，是为第三十三世祖。若只认达磨禅师传衣法，至于曹溪，则中华推为第六祖焉。故西来智药三藏驻锡曹溪，云："一百七十年后，当有无上法宝肉身菩萨于曹溪兴，化学道者如林。"故号"曹溪"为"宝林"。自祖师成正觉后，现一百六十九口生身菩萨，遍在诸方行化，尔后得道，莫知其数，皆曹溪之裔也。故匡真大师嗣于一叶焉。

师讳文偃，姓张氏，晋王同东曹参军翰十三代孙也。翰知世将泯，见机休缘，徙于江湖，故胤及我祖，生于苏州嘉兴县。师幼慕出尘，乃栖于嘉兴空王寺，志澄律师[7]下为童。凡诸经，无烦再阅。及长，落发具足于常州坛。后侍澄公讲，数年，领家数，分指归。乃辞澄，谒睦州道宗禅师，则黄檗之派[8]也。一室常闭，四壁惟空；或复接人，无容伫思。师卷舒得志，径往扣门，禅师问："谁？"师曰："文偃。"师关门，云："频频来，作什么？"师云："学人己事不明。"禅师曰："秦时辘轹钻。[9]"以手推出，闭门。师因是发明。又经数载，禅师以心机秘密，关钥弥坚，知师终为法海要津，定作禅天朗月，因语师云："吾非汝师，莫住。"师遂入闽。才登象骨，直奋鹏程，因造雪峰会，三礼欲施，雪峰乃云："何得到诘么？"师不移丝发，重印全机，虽等截流，还同戴角。由是学徒千余，凡圣莫审。师昏旭参问，寒燠屡迁。抠衣[10]惟切于虚心，得果冥输于实腹。

因有僧问雪峰，云："如何是触目不见道，运足焉知路？"雪峰云："苍天。"僧不明，问师，师曰："三斤麻，一匹布。"僧后问于峰，峰云："嘻，我常疑个布衲。"师于会里，密契元机，因是出会，遍谒诸山尊宿，颇有言句，世所闻知。

后雪峰迁化，学徒乃问峰："佛法付谁？"峰云："遇松偃处住。"学徒莫识其机。偃者，盖师名也。至今，雪峰遇诫，不立尊宿。

辛未，礼于曹溪，旋谒灵树故知圣大师[11]，以心机相露，胶漆契情。岁在丁丑，知圣大师一日召师及学徒曰："吾若灭后，必遇无上人，为吾荼毗。"至戊寅，高祖天皇大帝[12]巡狩韶州，幸于灵树。知圣迁化，果契前约。敕为塑之，获舍利，塑形于方丈。于时，召师入见，特恩赐紫[13]。次敕师于本州厅开堂。师于是踞知圣筵，说雪峰法，实谓禅河汹涌，佛日辉华。道俗数千，问道应响。郡守何公希范礼足，曰："弟子请益。"师曰："目前无异草。"有人问："如何是本来心？"师云："举起分明。"别有《言句录》行于世。尔后，大师心唯恬默，奏乞移庵，奉敕俞允。

癸未，领学者开云门山，五载功成，四周云合。殿宇之檐楹翼翥，房廊之高下鳞差。邃壑幽泉，挫暑月而寒生户牖；乔松修竹，冒香风而韵集宫商。近于三十来秋，不减半千之众。岁纳地方之供，日丰香积之厨。有殊舍卫之城，何异灵山之会。院主师传大德，表奏造院毕功。敕赐"光泰禅院"额及朱记。

至戊戌岁，高祖天皇大帝诏师入阙，问："如何是禅？"师云：

"圣人有问，臣僧有对。"帝曰："作么生对?"师云："请陛下鉴臣前语。"帝悦，云："知师孤戒，朕早钦敬。"宣下，授师左右街僧录。师默而不对。复宣下，左右曰："此师修行，已知蹊径，应不乐荣禄。"乃诏曰："放师归山，可乎?"师欣然山呼万岁。翌日，赐内帑、香药、施利、盐货等回山，并加号曰"匡真"。厥后，每年频降颁宣，繁不尽纪。

恭惟我当今大圣文武元德大明至道大广孝皇帝[14]，岁在单阏[15]，运圣谟而手平内难，奋神武而力建中兴，恩及八纮[16]，道宏三教，乃诏师入内，经月供养，赐六铢衣一袭，香药施利等而回。并御制塔额，预赐为"宝光之塔"、"瑞云之院"。

师自从示众，卓尔宗风，凡在应机，实当奇特。常一时见众集久，乃云："汝若不会，三十年莫道不见老僧。"时有三僧，一时出来礼足，师云："三人一状。"有问禅者，则云"正好辩"；有问道者，则云"透出一宗"；有问祖师意者，则云"日里看山"；有才跨门者，则以杖打之。有时示众云："直下无事，早是埋没也，迷缘不已，岂是徒然。"略举大纲，将禅往代。师以法无定相、学无准常，每修一忌斋，用酬二嗣讳。师一坐道场，三十余载。求法宝者，云来四表；得心印者，叶散诸山。则知觉路程开，双林果满，诸漏已尽，万法皆空。虽假卧谭，未少妨于参问；终云虚幻，乃示寂以韬光。侍者奉汤，师付碗子，曰："第一是吾著便，第二是汝著便，记取。"遣修表祝别皇王。乃自札遗诫曰："吾灭后，汝等弗可效俗，教著孝服、哭泣、丧车之礼，则违佛制，有紊禅宗也。"付法于白云山实性大师、志庠师、会下已匡徒众。己酉岁四月十日子时，师顺世。

呜呼！慈舟坏兮轮回失渡，法山摧兮飞走何依。缁伦感薤露[17]之悲，檀信动式微之咏。宋云遇处，但携只履以无还[18]；慈氏来时，应召三峰而再出。

月二十有五，诸山尊宿具威仪，道俗千数，送师于浮图，灵容如昔。依师训，塔于当山方丈内。法龄七纪二，僧腊六旬六。于日，行云敛态，陇树无春。觑岳孤猿，啼助哀伤之苦；穿林幽鸟，声添惜别之愁。吊客掩襟，伫立以泣。在会参学小师守坚，始终荷赞。洞契无为、门人净本大师常实等三十六人知事，皆明佛性，雅得师宗也。在京弟子、报恩寺内供奉悟明大师，都监院内诸寺院赐紫六珠常一悟觉大师，赐紫六珠常省超悟大师，赐紫常荐、常鉴（以下略）等七十余人，皆出自宫闱，素精道行，敕赐与师为弟子。法侄内僧录六通大师、教中大法师道聪，洞究本门，尤精外学也。岳镂冰艺，薄映雪功。自愧裴然，滥承厚辟，编成实性，纪彼贞珉。铭曰：

师归何处？超然寂然。爱河万顷，涉若晴川。恩超四果，难降众魔。迷则众劫，悟则刹那。是色非色，真空则空。如水涵象，如烛随风。虽云有佛，难穷于佛。如地有芽，逢春自出。菩提无种，觉花无子。妙果如成，有何生死。是法非法，恍惚难寻。无内无外，即心传心。劫名成灰兮，丘陵潜毁；大海为田兮，人伦斯改。纪师实性兮，刻于贞珉；龙华会开兮，师踪如在。

当院小师常遇，嗣法诤□大师赐紫常宝、常郃、常罕，都监禅大德赐紫常进、常播、常操、常遂、常厚、常诩、常回、常悦、常道、常表、常溥（以下略）

其本岁在重光太溯献正阳阳月二十有九在武德殿奉事敕宣赐内门使监集贤殿御书院给事郎守内侍省内常侍上柱国赐紫金鱼袋雷岳撰内五金使充北司都录事银青光禄大夫行内侍省常侍监集贤御书院上柱国赐紫金鱼袋薛崇誉书

汉大宝元年岁次戊午十二月一日丁丑建

赐紫金鱼袋李彦通弟子御院承旨承务郎赐紫金鱼袋甘延覕弟子邓怀□□任书弟子郑留篆字梁彦辉邓仁爱

⊙注

①祥夫水月定形，觉浮生之可幻：佛教认为一切法（事物）都无实体，所谓“解了诸法后如幻如焰，如水中月”。又认为世事无定，生命短促，“其生若浮，其死若休”。

②火莲：佛教认为火莲是弥陀的净土，把净土称为莲邦。以火里莲花譬喻为三界火宅中众生修净业者。

③真如常住：真如即真理的意思。真如常住，指常住之真理，指无我之真理。所谓缘“我空”而起智，依此智以显现真如之理。

④正觉：意指真正之觉悟。又作正解、等觉、等正觉、正等正觉、正等觉、正尽觉。谓证悟一切诸法之真正觉智，即如来之实智，故成佛又称“成正觉”。

⑤小则证须陀洹、斯陀含，大则超阿罗汉、辟支佛：须陀洹、斯陀含、阿那含和阿罗汉是小乘佛教的究竟果位，但是大乘佛教却不以为然，认为阿罗汉远未达到佛教的终极，视阿罗汉为“自了汉”。在大乘的修道位次上，最高果位是佛，其次是菩萨，然后才是罗汉。《杂阿含经》：佛住舍卫国祇树给孤独园。尔时。世尊告诸比丘。有四沙门果。何等为四。谓须陀洹果、斯陀含果、阿那含果、阿罗汉果。

⑥双林：释迦牟尼佛坐化之地，即拘尸那国阿里罗跋提河边娑罗双树间。

⑦律师：佛教称善解说和精通戒律的僧人为律师。

⑧黄檗之派：禅宗派别之一。宗名取于福建福清之黄檗山。唐贞元五年（789年），正乾禅师传六祖惠能之法，开创此山。断际禅师希运住此，大振宗法。希运寂后，临济义玄之门裔，大为繁兴。尔后，黄檗之道场与临济之宗风，一起盛衰，隆于宋，废于元，至明复兴。后与临济宗、曹洞宗传入日本，称为“日本禅宗三派”。

⑨秦时辘轹钻：比喻为古老生锈的锥。

⑩抠衣：古代见客人时，须提起衣襟，以示敬重。宋苏轼《南华寺》诗有“抠衣礼真相，感动泪雨霰”。

⑪灵树故知圣大师：灵树寺，同治《韶州府志》卷二十六《古迹略·寺观》：“城北九十里，在韶社都。”由弘法岭南的如敏禅师建于唐末僖宗年间（873—888年），名灵树禅院。五代后梁乾化元年（911年），文偃禅师礼参灵树，如敏集众相迎，并委文偃任首座。南汉刘龑乾亨二年（918年），如敏禅师圆寂，赐号“灵树禅师”。文偃禅师应邀开法韶州，踞灵树筵，说雪峰法，宗风大振。知圣大师，即如敏禅师，宋普济《五灯会元》卷十五传云：“韶州灵树如敏禅师，闽人也。广主刘氏奕世钦重，署知圣大师。”

⑫高祖天皇大帝：即南汉刘龑。

⑬赐紫：唐宋时三品以上官员公服为紫色。僧人受皇帝特加赐紫，以示尊崇。

⑭大圣文武元德大明至道大广孝皇帝：即南汉刘晟。

⑮单阏：十二支中卯的别称，用以纪年。此指癸卯年（943年）。十干中癸的别称是“昭阳”，即癸卯年亦称“单阏昭阳”。

⑯八纮：指大地的极限，犹言“八极”。

⑰薤露：指挽歌。

⑱携只履以无还：即只履西归。佛教传说：达摩死后，既葬熊耳山。后三载，魏宋云使西域回，遇师于葱岭，见手携只履，翩翩独逝。云问：“师何往?”师曰：“西天去。”云返，奏其事，帝令启圹，内仅存革履一只。

考

碑存于云门寺碑廊，碑高1.80米，宽0.91米，厚0.19米，青石质，晕首，下端中间有一榫。碑文为雷岳撰，薛崇书，梁彦晖、邓仁爱镌石，阴刻。全文约3 000字，字体以楷书为主，夹杂少量的行书和草书。现为广东省保护文物。

清梁廷楠撰《南汉书》卷十三《列传》第七：“雷岳，不知何地人。少绩学，能辞章，尤工骈偶文。乾和末，历官御书院给事，才名雅为中宗（刘晟）所知。朝廷有大著作，多出于其手。”

此碑于宋人赵明诚《金石录》、洪适《隶释隶续》等皆阙录。清吴兰修《南汉金石志》录其名为《匡真大师塔铭》，认为：“是铭文辞清丽，足与陈守中碑并称，惜诸书俱未著录。”撰者雷岳，《十国春秋》无传，结衔称“御书院给事郎”，亦《百官表》所未及也。可补史阙。

据吴兰修碑按：《塔铭》称：“洎至曹侯溪大圆满至真起觉大师，是为第三十三世祖。若只认达磨禅师传衣法，至于曹溪，则中华推为第六祖焉。”《塔铭》所述，为云门寺开山祖文偃禅师行踪，其法授自曹溪惠能，迹其授受世次，为三十三世，据宋普济《五灯会元》卷一：世尊在灵山会上，拈花示众。是时众皆默然，惟迦叶尊者破颜微笑。世尊曰：“吾有正法眼藏，涅槃妙心，实相无相，微妙法门，不

立文字，教外别传。”付嘱摩诃迦叶。另宋道原《景德传灯录》卷一又谓：“时世尊说此偈已，复告迦叶：‘吾将金缕僧家伽梨衣传付于汝，转授补处，至慈氏佛出世，勿令朽坏。’”此即禅宗修持法传授之始，灵山拈花，以心传心，其授受世次，多先述七祖，自此而延继。惠能一传法嗣，《景德传灯录》卷五举四十三人，有行迹者十九人。吴兰修谓临济等五宗者，即应惠能所称达摩之偈，见《坛经·付嘱品》第十：“然据先祖达摩大师，付嘱偈意，衣不合传，偈曰：‘吾本来兹土，传法救迷情。一花开五叶，结果自然成。’”然吴氏所示较为疏略，如“南岳”当指怀让，“青原”当指行思，“临济”当指义玄，均未能明示。且曹溪一脉，是为南宗之始，以与北宗神秀相分，至云门文偃，已为八世。云门一系之首，据《景德传灯录·缘密传》有“三句语”，即“函盖乾坤，截断众流，随波逐浪”。见宋普济《五灯会元》十五《德山缘密》：（文偃）师云：“我有三句语，示汝诸人，一句函盖乾坤，一句截断众流，一句随波逐浪。若辩得出，有参学分；若辩不出，长安路上辊辊地。”

有关云门寺、文偃行状及云门宗教义之三句，参见《云门寺山门记》注②、③。

大汉韶州云门山大觉禅寺大慈云匡圣弘明大师碑铭并序

（大宝七年甲子，964 年，存）

陈守中

原夫真空无相，劫火销而性相何来？妙法有缘，元气剖而因缘何起？造化莫能为开键，元黄不可为种根[1]。乩乎十号之尊[2]，出彼三祇之劫[3]。增莫知而减宁睹，讵究始终；望不见而名无言，孰明住往。不有中有，不空中空，匪动匪摇，常寂常乐。拘留孙[4]之过去，释种圆明；毗婆尸[5]之下生，元符合契。繇是修行道著，相好业成。爰受记于定光，乃度人于摩揭。自是一音[6]演说，二谛[7]宏宣，开八万法门，化三千世界。大乘六而小乘九[8]，慧业难基；欲界四而色界三[9]，昏波易染。所以兴行六度[10]，接引四生[11]。求真者竞洗六尘[12]，修果者咸超十地[13]。尽使昏衢之内，俱萌舍筏[14]之心，大荫人天，俾居净土。其后衣缠白口，屣脱金沙，示无住之身，现有终之理。于是迦叶结集，阿难证真，递付心珠，住持法藏。象教远流于千舆，觉花遍蒲于十方。马鸣兴护法之功，龙树显降魔之力。师师相受，法法相承，大化无穷，不可思议。而自我祖承运，明帝御乾，符圣梦以西来，图粹容而东化。金言玉偈，摩腾行首译之文；鹿菀鸡林，佛朔遂身游之化。迨于魏晋，迄至隋唐，达理者众多，得道者非少。其如历帝历代，有废有兴，未若当今圣明钦崇教相者也。

伏惟睿圣文武隆德高明宏道大光孝皇帝陛下，德参覆载，道合照临。叶九五之龙飞，应一千之凤历。承帝喾有尧之庆，鸿业勃兴；体下武继文之基，圣功崛起。每念八纮纷扰，九土艰虞。耀干戈弧矢以宣威，救生灵涂炭；用文物声明而阐教，致寰宇雍熙。栉沐忘劳，凿大禹之所未凿；造化不测，开巨灵之所未开。庆云呈而甘露垂，嘉谷生而芝草出。其于儒也，则石渠金马，刊定古今，八索九丘[15]，洞穷渊奥；其于道也，则探元抱朴，得太上之妙门，宝糠灵符，授虚皇[16]之秘诀。于机暇，既崇于儒道；注宸衷，复重于佛僧。是以奉三宝于虚空，福万民于寰宇。绀宫金刹，在处增修；白足黄头，联辰受供。而乃频彰瑞感，显应昌期；矧以韶石奥区，漕溪胜地。昔西来智药三藏，驻锡于曹溪，日："一百七十年后，当有无上法宝肉身菩萨于此锡兴，化学道者如林。”故号曹溪曰“宝林”也。二十八祖之心印[17]，达摩东传；三十三代之法衣[18]，祖师南授。自六祖大师登正果之后，所谓学者如林，天下高僧，无不臻凑者矣。大慈云匡圣宏明大师者，则别颍一枝也。

大师澄真不浑，定性自然。驰记莂[19]之高名，蹑迦维之密行。惠灯呈耀，智剑发硎。六根净而五眼清[20]，不染不著；四果证而三明朗[21]，自悟自修。启禅门而定水泓澄，搜律藏[22]而戒珠莹彻。水上之莲花千叶，清净芬芳；空中之桂魄一轮，孤高皎洁。机无细而不应，道有请而必行。固得百福庄严，万行圆蒲（按：应为“满”），尽诸有漏，达彼无为。

大师讳文偃，姓张氏，吴越苏州嘉兴人也。生而聪敏，幼足神风，不杂时流，自高释性。才逾丱岁[23]，便蒙（慕）出家。乃受业于嘉兴空王寺律师志澄下，为上足，披经怿偈，一览无遗，勤苦而成，依年具尸罗[24]于常州戒坛。初习小乘，次通中道。因闻睦州道踪禅师关钥高险，往而谒之。来去数月，忽一日，禅师发问曰：“频频来，作什么？”对曰：“学人已事不明。”禅师以手推出，云：“秦时镀轹钻。”师因是发明，微而有理。经数载，策杖入闽，造于雪峰会下。三礼之后，雪峰和尚颇形器重之色。是时，千人学业，四众咸归，肃穆之中，凡圣莫测。师朝昏参问，寒燠屡迁。昂鹤态于群流，闭禅扉于方寸。因有僧问雪峰曰：“如何是触目不见道，运足焉知路？”雪峰曰：“吽！”其僧不明，举问师此意如何，师曰：“两斤麻，一斤布。”僧又不明，复问何意，师曰：“更奉三尺竹。”僧后闻于雪峰，雪峰曰：“噫！我常疑个布衲。”其后颇有言句，繁而不书。乃于众中，密有传授。于是出会，游访诸山。后雪峰迁化，学徒问曰：“和尚佛法付谁？”峰曰：“遇松偃处住。”学徒莫测。偃者，师之法号也。遗诫至今，雪峰不立尊宿。

辛未，届于曹溪，旋谒灵树，故知圣大师如敏长老。以诚心相见，静本略同，俦侣接延，仅遇八载。丁丑，知圣忽一日召师及学徒，语曰：“吾若灭后，必遇无上人，为吾荼毗。”及戊寅岁，知圣大师顺寂，恰遇高祖天皇大帝驾幸韶阳，至于灵树。敕为焚热，果契前言也。师是时奉诏对扬，便令说法，授以章服。次年，又赐于本州为军民开堂。师据知圣筵，说雪峰法。牧守何希范礼足曰：“弟子请益。”师曰：“目前无异草。”是日，问禅者接踵，其对答备传于世。师尔后，倦于延接，志在幽清，乞移庵，帝命俞允。癸未，领众开云门山，构创梵宫，数载而毕。莫不因高就远，审地为基。层轩邃宇而涌成，花界金绳而化出。晓霞佂（低）覆，绛帷微椋于雕楹；夕露散垂，珠网轻笼于碧瓦。匼匝尽奇峰秀岭，逶迤皆泼黛堆蓝。泉幽而声激珠玑，松老而势拿空碧。由是庄严宝相，合杂香厨，抠衣者岁溢千人，拥锡者云罗四表。庵罗卫[25]之林畔，景象无殊；耆阇崛[26]之山中，规模匪异。院主师传表奏造院毕功，敕赐额曰“光泰禅院”。

至戊戌岁，高祖天皇大帝诏师入阙，朝对有容，因宣问曰：“作么生是本来心?”师曰：“举起分明。”帝知师洞韫元机，益加钦敬。其日，欲授师左右街大僧录，逊让再三而免。翌日，赐师号曰“匡真大师”。延驻浃旬，赐内帑、银绢、香药，遣回本院。厥后，常注宸衷，频加赐赉。寻伏遇中宗文武光圣明孝皇帝，缵承鸿业，广布皇风，廓静九围，常敬三宝。复降诏旨，命师入内殿供养，月余，乃赐六铢衣钱绢、香药等。却旋武水，并预赐塔院额曰“瑞云之院”、“宝光之塔”。

师禅河浩森，闻必惊人。有问禅者，则云“正好辨”；有问道者，则云“透出一字”；有问祖师意者，则云“日里看山”。凡所接对言机，大约如此。了义元远，法藏幽微，化席一兴，岁华三纪。

师于生灭处，在色空中，来若凤仪，作僧中之异瑞；去同蝉蜕，为天外之浮云。于屠维作噩之岁[27]四月十日，寝膳微爽，动止无妨，忽谓诸学徒曰：“来去是常，吾当行。”□□命侍者奉汤，师付汤碗于侍者曰：“第一是吾著便，第二是汝著便。”亟令修表，告别君王。乃自札道遗诫曰：“吾灭后，不得学俗家著孝衣哭泣，备丧车之礼，则违我□□（梵行）也。”付法于白云山宝性大师志庠。其日子时瞑目，怡颜叠足而化。呜呼！化缘有尽，示相无生，端然不坏之身，寂尔归真之性。慧诲虽乾于此界，法山复化于何方？峰云惨澹而低垂，众鸟悲鸣而不散。学徒感极，瞻雁塔以衔哀；门客恋深，拜禅龛而雪涕。以当月二十有五日，诸山尊宿、四界[28]道俗送师入塔，寿龄八十六，僧腊六十六。香飘数里，地振一隅。护法龙神，出虚空而闪烁；受戒阴骘，现仿佛之形容。其后，诸国侯王、普天僧众闻师圆寂，竞至斋羞（馐）。

尔后一十七年，我皇帝应天顺人，垂衣御极，顺三灵而启圣，绍四叶之耿光，大振尧风，中兴佛法。至大宝六年岁次癸亥八月，有雄武军节度推官阮绍庄，忽于梦中见大师在佛殿之上，天色明朗，以拂子招绍庄，报云：“吾在塔多时，汝可言于李特进，秀华宫使、特进李托也。托使奏闻，为吾开塔。”绍庄应对之次，惊觉历然。是时，李托奉敕在韶州，于诸山门寺院修建道场，因是得述斯梦。修斋事毕，回京奏闻。圣上谓近臣日：“此师道果圆满，坐化多年，今若托梦奏来，必有显现，宜降敕命，指挥韶州都监军府事梁延锷，同本府官吏

往云门山开塔。如无所坏，则奏闻，迎取入京。”梁延鄂于是准敕致斋，然后用功开凿。菩萨相依稀旋睹，莲花香馥郁先闻。须臾，宝塔豁开，法身如故，眼半合而珠光欲转，口微启而珂雪密排，髭发复生，手足犹软。放神光于方丈，晃耀移时；兴瑞雾于周回，氤氲永日。即道即俗，观者数千。

灵异既彰，寻乃具表奏闻。敕旨，宣令李托部署人、船，往云门修斋迎请。天吴[29]息浪，风伯轻尘，直济中流，俄达上国。敕旨，于崛崃步驻泊。翌日，左右两街、诣（诸）寺僧众、东西教坊、四部伶伦，迎引灵龛，入于大内。螺钹铿锵于玉阙，幡花罗列于天衢。圣上别注敬诚，赐升秘殿，大陈供养，叠启斋筵。排内帑之瑰珍，馔天厨之蕴澡。列砌之骊珠斛满，盈盘之虹玉花明。浮紫气于皇城，炫灵光于清禁。圣上亲临宝辇，重换法衣，谓侍臣曰：“朕闻金刚不坏之身，此之谓也。”于是许群寮士庶、四海番商入内廷，各得瞻礼。瑶林畔千灯接昼，宝山前百戏联宵。施利钱银，不可殚纪。以十月十六日，乃下制曰：“定水澄源，火莲发艳，夙悟无生之理，永留不朽之名。万象都捐，但秘西乾之印；一真不动，惟余（传）南祖之灯。韶州云门山证真禅寺匡真大师，早契宗乘，洞超真觉，虽双林示灭，十七年靡易金躯；只履遗踪，数万里应回葱岭。朕显膺历数，缵嗣丕图。洎三朝而并切皈依，乃一心而不忘回向。仰我师而独登果位，在冲人[30]而良所叹嘉。宜行封赏之文用示褒崇之典，可赠‘大慈云匡圣宏明大师’，‘证真禅林（寺）’宜升为‘大觉禅寺’。”重臣将命，治奠坤仪。太常行礼于天墀，纶诰宣恩于云陛，固可冥垂慈贶，密运神通，资圣寿于延长，保皇基于广大。

师在内一月余日，圣泽优隆，七宝装龛，六铢裁服。颁赐所厚，今古难伦。当月二十九日宣下李托部署却回山门。有参学小师、双峰山长老广悟大师、赐紫竟钦，温门山感悟大师契本，云门山上足小师应悟、大师常宝等，同部署真身到阙，亦在内廷受供，恩渥异常。其诸上足门人常厚等四十余人，各是章衣师号，散在诸方，或性达禅机，或名高长老。在京小师悟明大师，都监内诸寺赐紫常一等六十余人，或典谋法教，或领袖沙门。

臣才异披沙，学同铸水。虔膺风旨，纪实性[31]以难周；愧匪雄词，勒贞珉于不朽。乃为铭曰：

于穆大雄，教敷百亿。亭教二仪，提携八极。不灭不生，无声无色。卓尔神功，昭然慧力。其一。

化无不周，道无不备。法既流兮，教既布矣。爰示灭乐，归乎妙理。实性真宗，枝分风靡。其二。

祖祖传心，灯灯散烛。诠谛腾镳，圣贤交躅。种种津梁，门门杼轴。正觉广焉，寻之不足。其三。

厥有宝林，重芳一叶。布无上乘，登无上楫。法炬曈胧，尼珠炜烨。拯溺迷津，救焚尘劫。其四。

南北学徒，抠衣朝夕。无醉不醒，无昏不释。示其生焉，来彰慧绩。示其灭焉，归圆其寂。其五。

湛然不动，塔蕴宝光。玉毫弥赫，金相弥庄。时乎未矣，我则晦藏。时乎至矣，我则昭彰。其六。

爰于明朝，现兹法质。如拨障云，重舒朗日。瑞应皇基，福隆帝室。圣览祯祥，恩颁洋溢。其七。

三翼沿溯，千里请迎。迎来丹阙，设在三清。金银罗列，琼璧堆盈。俄生紫气，潜覆皇城。其八。

日陈供席，夜奏笙歌。施亿宝贝，舍万绮罗。神倾檐卜，天降曼陀。前佛后佛，显应斯多。其九。

明明圣君，仁仁慈主。圣比和风，仁同甘雨。祚与天长，教将地固。勒之贞珉，永芳千古。其十。

西御院使集贤殿学士御前承旨太中大夫行左谏议大夫知太仆寺事上柱国赐紫金鱼袋臣陈守中奉敕撰。

维大宝七年岁次甲子四月丁未朔

列圣宫使、甘泉宫使、秀华宫使、玩华宫使、

开府仪同三司、行内侍监、上柱国臣李托

玉清宫使、德陵使、龙德宫使、开府仪同三司、行内侍监、

上柱国、武昌县开国男、食邑三百户、臣龚澄枢承旨建

右仆、大乾亨寺内殿供奉、讲论兼表白、意法大师、

赐紫沙门、臣行修奉敕书

右龙虎军控鹤将军、陪戎副尉臣孔廷津、

臣陈延嗣、臣邓怀忠等镌字

⊙注

①种根：佛教语。阿赖耶之别说，意为藏。即藏一切事物种子，所藏种子要为外缘所打才能现起来。

②十号之尊：佛陀于世间成道，一切佛都具有十大名号，而呼之十号。其十号是：如来、应供、正遍知、明行足、善逝、世间解、无上士、调御丈夫、天人师、佛世尊。

③三祇之劫：即三大阿僧祇劫的略称，其意为菩萨修行（成佛）的时年。阿僧祇劫为无限长的意思，意即菩萨成佛是经过三个无限长时期的劫难。

④拘留孙：过去七佛中的第四佛，现在贤劫一千佛之最首者。

⑤毗婆尸：过去七佛中的第一佛。佛教认为，此佛能见一切，意即胜观，种种见，种种观，种种无数随意所说，尽入六十二见中。

⑥一音：佛教称佛说法的音为一音。后亦以“一音”称高僧大德宣讲佛法之音。

⑦二谛：指真谛与俗谛，并称真俗二谛。谛，谓真实不虚之理。真谛，梵语 paramaˆrthasatya，巴利语 paramattha－sacca，又作胜义谛、第一义谛，即出世间之真理。俗谛，梵语 sam！vr！ti－satya，巴利语 sammuti－sacca，又作世俗谛、世谛，即世间之真理。南海寄归内法传卷四谓，世俗之事乃覆蔽世间之真理者，故俗谛又译作覆俗谛、覆谛。

⑧大乘六而小乘九：谓能将无量众生从生死此岸运载至觉悟彼岸，故名“大乘”。指三乘菩提中的菩萨乘（或佛乘），即大乘佛教。大乘六，是指法相宗所依六部经典，即《大方广佛华严经》、《解深原密经》、《如来出现功德庄严经》、《阿毗达摩经》、《楞伽经》、《楞严经》。小乘佛教坚持“自我解脱”，主要流传于东南亚各国。小乘九，是指小乘佛教的九部经典，即《修罗多经》、《祇夜》、《和迦罗那》、《伽陀》、《优陀那》、《伊帝多目伽》、《阇陀伽》、《毗佛略》、《阿浮陀达摩》。

⑨欲界四而色界三：佛教把生死流转的人世间分为三界，即欲界、色界、无色界。欲界有四：贪欲、食欲、睡眠欲、淫欲。

⑩六度：度即六波罗蜜，意即到彼岸。六度是布施、持戒、忍辱、精进、静虑（禅定）、智慧（般若）。

⑪四生：佛教说世界众生的出生分为四大类，即胎生、卵生、湿生、化生。

⑫六尘：佛教名词，是色、声、香、味、触、法的合称。

⑬十地：又名大住。佛教称菩萨修行渐近于佛的十种境界，为欢喜地、离垢地、发光地、焰慧地、难胜地、现前地、远行地、不动地、善慧地、法云地。

⑭舍筏：指佛法如筏，既已度人到彼岸，法便无用，不可再执着。《金刚经正信希有分》：“知我说法，如筏喻者，法当应舍，何况非法。”

⑮八索九丘：古书名，已失。汉代孔安国《尚书序》（见《文选》卷四十五）：“八卦之说，谓之八索；索，求其义也。”九洲之志，谓之九丘；丘，聚也。明程登吉《幼学琼林》第四卷：“三坟五典，乃三皇五帝之书；八索九丘，是八泽九州之志。”

⑯虚皇：道教太虚之神。

⑰二十八祖之心印：指禅宗初祖达摩。

⑱三十三代之法衣：指禅宗六祖惠能。

⑲萠：记载，记述。佛教称作诗曰“偈”，作文曰“萠”。

⑳六根净而五眼清：佛教以人身的眼、鼻、耳、舌、身、意为六根，以肉眼、天眼、慧眼、法眼、佛眼为五眼。

㉑四果证而三明朗：佛教四果旧译为须陀洹果、斯陀含果、阿那含果、阿罗汉果，新译为预流果、一来果、不还果、阿罗汉果。三明指天眼明（能知自身他身来世生死相）、宿命明（能知自身他身宿世生死相）、漏尽明（知现在之苦相，断一切烦恼之智）。

㉒律藏：佛书有经、律、论。关于戒律的论著均属律藏。

㉓丱岁：丱音“贯”，指年幼。

㉔尸罗：梵语，义译为清凉，又译作戒。指精进持戒，防止身、口意之作恶，不致陷入痛苦烦恼的深渊。《大智度论》十三：“好行善道，不自放逸，是名尸罗。”

㉕庵罗卫：庵罗，梵语，果树名，又名庵婆罗、庵摩罗、庵摩勒、义释无

垢果。

㉖耆阇崛：即耆阇崛山，佛教中的灵鹫山梵文音译。

㉗屠维作噩之岁：古代以干支纪年，屠维亦作“徒维”，是十干中“己”的别称。作噩则是十二支中“酉”的别称。屠维作噩之岁就是“己酉”年，即南汉乾和七年（949年）。

㉘四界：佛教以出家、俗家、男、女为四界。

㉙天吴：古代传说的水神。《山海经·海外东经》：“朝阳之谷，神曰天吴，是为水伯。”

㉚冲人：古时帝王年幼在位者的谦称，犹言“小子”。

㉛实性：佛教中指永恒常在的实体，实性为真如。

考

碑存于云门寺碑廊，高2.60米，宽1.30米，厚0.22米，青石质，晕首。碑额浮雕双龙和方形印，篆额。碑文楷书。现为广东省保护文物。

撰者陈守中，据清梁廷楠《南汉书》卷十三：“陈守中，里居家世不可考。事后主，官西御院使、集贤院学士承旨，迁太中大夫，行左谏议大夫，知太仆寺，事上柱国，赐紫金鱼袋。守中博览群籍，富赡词翰，著作为当时词臣之冠。生平最精通内典。大宝七年，升云门山证真寺为大觉禅寺，命撰碑记，多至三千余言……撰成进上，后主大喜，即命以原文镌于石，厚于赏赉。不知其所终。”

清《钦定续通志》卷一百六十八《金石略·二》载：南汉大觉寺宏明碑（陈守中撰　僧行修书　正书大宝七年　乳源）。

《粤东金石略》：“碑内称汉明帝为‘我祖’，又称“睿圣文武隆德高明宏道大光孝皇帝”，此谥《十国春秋》无之。”陈守中、行修俱无传。又《十国春秋·文偃传》云：“谥大慈云匡圣宏明禅师”，“真”盖“圣”字之讹。

清吴兰修《南汉金石志》云：“右碑今在粤北乳源县之云门山。”文偃唱道：“云门与临济、沩仰、曹洞、法眼，并称五宗。”而此碑前人著录无及之者。偃初在云门之光泰禅院，刘龑赐号“匡真大师”；刘鋹大宝中，追谥“大慈云匡圣宏明大师”。《五灯会元》述师谥，称“大慈云匡圣宏明”。盖误合前后谥号为一。兰修按：《十国春秋·文偃传》同。又以“光泰”为“光奉”，亦传写之误也。“睿圣文武隆德高明宏道大光孝皇帝”，盖鋹所上尊号，当据以补《十国春秋》之阙。又按：雷岳《文偃塔铭》（大汉韶州云门山光泰禅院故匡真大师实性碑并序）云文偃“己酉年卒”，己酉，为乾和七年（949年），阅十七年，为大宝九年丙寅。而此碑立于大宝七年（964年）甲子，则后文偃死止十五年，与所称十七年不相应，《十国春秋》亦云卒后十七年示梦，盖误沿碑文也。

此碑字多别体，大约皆有所本，如“地”作“埊”，本籀文；

“治”作“亂”，本古文；“闭”作“閇”，“腊”作“臈”，本汉《张迁碑》；“競”作“竟”，本东魏《太公望碑》；“刹”作“剎”，本梁元帝《梁安寺剩下铭》。唐释元应《一切经音义》云：刹，字书无，即“剎”者略也。据此，知刹、剎皆剎省，徐铉《说文新附》有刹篆，缪也。北齐造丈八大像、《唐启法寺碑》皆从剎。“海”作“㳷”，本北齐《董洪达造像铭》；“纏”作“缠”，本隋《龙藏寺碑》；“儒”作“㐅”，本隋《默曹残碑》；“载”作“𡕀”，本唐武后更造字；“仾”作“仾”，本武后御制石刻；“熙”作“凞”，本唐张嘉贞《心恆山碑》；“渊”作“淵”，本唐李渊《造石像记》；“鹤”作“鶴”，本唐《楚金禅师碑》；“庄”作“疰”，本唐《张琮碑》；“瓦”作“凡”，本唐《梁守谦功德铭》；“拯”作“拯”，本唐《圣教序》；又“勃”，《汉书·司马相如传》作“策”，此作“勃”；“凿”，唐《化度寺碑》作“鑿”，此作“鑿”；“策”，唐《段褒公神道碑》作“筞”，此作“筞”；“襯”，唐石壁字、《铁弥勒颂》作“榇”，此作“榇”。踵谬沿讹，变本加厉，六书之旨荡然矣。至“曹溪”作“漕溪”，或当时通用如此，如北齐《镌修罗碑》，称“长安”作“苌安”耳。又按：嘉兴县，唐属苏州，梁改属杭州，晋天福五年三月，此据《吴越备史》，王溥《五代会要》作天福三年十月。吴越文穆王请于嘉兴县置秀州，此碑及雷岳《塔铭》（大汉韶州云门山光泰禅院故匡真大师实性碑并序）云“苏州嘉兴县”者，犹沿旧称也。

攻克又，阮元《广东通志·金石略》六云：“碑在乳源云门山。”以刊本校之，颇多异同。又“李托”，《十国春秋》作“託”，人名在当时必得其真，宜以碑为正。至“曹溪”作“漕溪”，或当时通用如此，如《北齐修镌罗碑》书“长安”作“苌安”耳。“地”作“埊”，《通志·六书略》以为籀文。“载”作“𡕀”，武后更造字。“凿”作“鑿”，“庄”作“疰”，向壁虚造字。惟“襯”作“榇”，尚合六书通借之义。“刹”作“剎”，本梁元帝《梁安寺剎下铭》，唐元应《一切经音义》云：“‘剎’字书无，即‘剎’字之省。”此“剎”亦“剎”省耳。可订《说文新附》“刹”篆之妄矣。

清叶昌炽《语石》卷二云：“四方珍奇之货，聚于辇毂。珠玑象贝，不胫而至，唯碑亦然。疆臣述职而来者，举子之与计吏偕者，选人之赴部者，骚人墨客、游食于兹者，莫不携其乡之名迹，以当羔雁。故有穷荒绝徼、著名难得之碑，厂四时或见之。余在羊城，欲求东莞资福院石塔及乳源云门寺南汉两碑，悬金以购，皆不可得。先后于厂四遇之。”此“厂四”者，即今北京大前门西南之琉璃厂。货如泉流，钟者故易得。所言“云门寺南汉两碑”者，即《大汉韶州云门山光泰禅院故匡真大师实性碑并序》及陈守中所撰是碑。

韶州光运寺重修证真照寂大师塔铭[1]

（康定元年庚辰，1040 年，佚）

余　靖

世称佛为浮图氏，盖即其塔而名之。释迦在世说法时云“有过去多宝佛塔从地踊出”，则知塔之名制尚矣，所以严事古佛之道也。佛去世后，舍利子塔遍于大千。祖师西来，全身之塔布在中土。且夫气在而形全，神散而体坏，有生之同患也。佛以自在冥其心，故湛而常寂；以定力持其身，故没而不朽。此其所以示至虚无著之性，成金刚坚固之体者欤？何其千百年间，造化寒暑不能夺而变之耶？光运寺[2]塔者，奉安照寂大师坐亡之全身也。大师郴人，朱姓，讳道广[3]。真性等空，大慈利物，愿力深广，存亡以之。含识蒙其润泽，故归仰亡替。唐天宝二年禅坐而终，门人瘗而异香满室，乃奉其全体覆以香泥，龛而藏之，建塔于寺。岁或大旱，民往诚请，则获嘉澍，如远謦之应声也。是寺以隋初建刹，故名“仁寿台”。及大师居之，世呼“广和尚院”。至广明中，刺史谢公[4]恶其斥贤者之号，遂以年名加之，曰“广明院”。刘氏专制南海，谥大师曰“辅圣”，又命其塔曰“宝元”，寺曰“光运”。每岁同六祖真容，并以龙舟迎至广内。又益其谥曰“证真照寂”焉。开宝中，王师既克广州，遂迁其卒于京师。不乐北迁者，相率为叛。寺塔罹郁攸之祸，而瘁容独存。厥后虽构缉（葺）遗宇，力不足而屋之。天禧初，寺僧尝欲募众兴复兹塔，始基之而不克缔构。二十余年风隳雨蠹，栋干斯坏。曲江素号山川奇秀，而复熏以南宗之风，由是占形胜、依邑落而树刹构舍为精庐者，差倍他境。缁衣之徒渡江而来，不之衡庐，则之曹溪。故其挈瓶锡，勤道路，探幽深者，亦差众诸部。郡人根性好善者，复以谈空乐施为胜。其缁徒之守戒行，兴佛事，了宗乘者，各以其气相亲。今天子以宝元受册之明年，郡郭耆寿等列名请晋康郡僧德诚、南康郡僧智润[5]共主营造之事。诚、润二开士游方十余岁，常以率导喜舍，所至开信。既允众诚，四方闻义乐出财货，唯恐在后。凡为塔三级：藻井黼帐，髹柱绘梁。层檐之上响以金铃，彩疏之外周以庑序。越一岁而工毕。其告成也，乞饲（词）书之。予观大师石刻《行状》云：“持盂所得，同之（载）一器；先饲贫病，然始自餐。均以精粗，等其丰鲜。”又曰：

"吾食于人，得不同病？于是感通致雨，以救岁旱。"集是二美，推之于仁义之途，则古之博施高行君子，何以尚之？岂独以佛事为侒乎！因序而铭之，不惮烦，以示于后人：

施无贵贱，饭先贫病。慈悲普济，十地齐圣。仰食于人，即同其忧。言行相副，千古扬休。性如虚空，无住无去。疖容俨然，金刚坚固。黼坐照日，宝铎鸣风。深诚感众，开士之功。

⊙注

①塔铭：犹世俗之墓志铭，清叶昌炽《语石》卷四："一曰塔铭。释氏之葬，起塔而系以铭，犹世法之有墓志也。然不尽埋于土中，或建碑，或树幢。其纳诸圹者，或用横石，修一之，广倍之，或方径不逾尺，其通称为功德塔。"

②光运寺：同治《韶州府志》卷二十六《古迹略·寺观》："仁寿光运寺在西河，相传为始兴内史王导故宅，俗又称五祖寺，然非黄梅五祖也。"隋时名仁寿台，有僧道广居之，因建广界（果）寺，南汉改为仁寿，宋宝元年间（1038—1039 年）重建。光绪《曲江县志》载："城西光运寺，始兴内史王导故宅，隋时名仁寿台。唐天宝二年，有僧道广居之，建广界寺。"参见潘必昌《重建万寿寺记》考。

③道广：宋孙时敏《光运寺证誓大师碑铭》载："道广早年振锡云游，止于韶州仁寿台。南汉时期，加谥证真寂照。宋元丰年间，赐谥为寂通证誓大师。"

④刺史谢公：同治《韶州府志》卷二十八《宦绩录》云"谢肇，字景初，上犹人，娴武技，与父率义兵征蛮功第一，除韶州刺史。"

⑤晋康郡僧德诚、南康郡僧智润：二人生平不详。

考

本塔铭辑自余靖《武溪集》卷九《寺记》，文中不落年月。据"宝元二年重建光运寺，越一岁告成，乞词书之"考知此文写于康定元年（1040 年），时余靖服丧乡居。

同治《韶州府志》卷三十八《列传·释》云："道广，郴人，姓朱氏。驻锡韶州仁寿台，即今光运寺。群丐所居，与台密迩。师日持盂化食，以所得同之一器为和罗饭，饲诸丐，而食其余。天宝元年，韶大旱。（师）径往浈武合流处，浮坐具沿流至官滩，溯回而上，谓人曰：'雨将至矣！'须臾，阴云满空，霖雨沛下。天宝二年坐逝。"元丰年间（1078—1085 年）赐谥"寂通证誓大师"。参见宋孙时敏《韶州光运寺寂通证誓大师碑》。

韶州南华寺慈济大师寿塔铭

(庆历元、二年，辛巳、壬午，1041、1042 年，佚)

余 靖

天下伽蓝，以夏腊继承自相统率者，盖万数焉。田（出）郡县之令，选于州乡以领其徒者，且千数。其名山福地，奉朝廷之命，择于丛林以阐其教者，无数十焉。菩提达摩心法东传，以衣为证，止于大鉴，故曹溪之比又加少焉。

今皇帝嗣统之初也，奉母仪内助之慈，尊释氏西来之教，诏于衡庐[①]择人绍隆祖席。佥曰：“当今雄辩通识，无逾云盖禅师者。”湖南按察使即以名闻，诏赐命服、师号以宠之，俾择名僧自佐。

禅师名宝缘，兴元人。游方至随州，参智门禅师祚[②]。投针契理，得意忘言，以心印心，不烦机接。遂为之嗣，即云门之嫡也。寻领众居唐兴、南台、云盖，皆南岳之名蓝也。黜空破有，不涉名相，临锋迅发，直示宗乘。诸方称伏，谓之“禅窟”。故诏旨求人，无敢先者。驻锡兹山，殆将逾纪。一音演说，四方流布。众中得法而去者，多为人师。其机缘语句，门人各著序录，此不复记。教门崇建，规制鼎新，可谓祖堂中兴矣。既而叹曰：“嘻！止矣。佛言‘世间’、‘出世间’[③]，法备矣。山河大地有时而尽，况于人乎？虽性空无着，体质当有所归。愚夫以死为讳，小乘以涅槃为乐，皆非中道。吾其自营寿藏，以安时处顺，可乎？”旁凿窿道，上为窣堵[④]，在寺之西南二里而遥。因僧惠实[⑤]砻石，乞铭以志之。其铭曰：

拘士烦思，以身为累。达人静观，如幻之寄。花叶盛。衰，根性不隳。见闻觉知，岂藏于斯！

⊙注

①衡庐：即南岳衡山及江西庐山。

②智门禅师祚：即智门光祚，宋代云门宗僧。浙江人，生卒年不详。曾参访益州（四川成都）青城山香林院澄远，得其心印，并嗣其法。初住随州双泉，复徙于智门寺，大振宗风，世称智门光祚禅师。其弟子有雪窦、重显等三十余人。著有《智门祚禅师语录》一卷行世。《天圣广灯录》卷二十二、《联灯会要》卷二十七、《五灯会元》卷二十五皆有其传。

③出世间：即超出五蕴世间之义。《无碍解道》云：“出世间者，以何义为出世间？度脱世间为出世间；超越世间

为出世间；超出世间为出世间；超脱世间为出世间；越度世间为出世间……越度、超越世间而住立为出世间。”出世间法共有九种，称为“九出世间法”，即四种圣道、四种圣果和涅槃。

④窣堵：即窣堵坡，是源于印度的塔的一种形式。

⑤僧惠实，生平里籍不详。

考

本塔铭辑自余靖《武溪集》卷九《寺记》，亦有题作“韶州南华寺慈济大师寿塔记并铭”。文中不落年月。参见余靖《韶州曹溪宝林山南华禅寺重修法堂记》所载，康定二年（即庆历元年，1041 年）十二月缘师本人出面向余靖求记，而本塔铭转由惠实砻石乞词，故此塔铭撰写年代或要稍迟一些，或在庆历元、二年（1041、1042 年）冬春之间，其时余靖仍服丧乡居。

宝缘，《五灯会元》卷十五有语录一则，参见余靖《韶州曹溪宝林山南华禅寺重修法堂记》注⑨。

韶州月华禅师寿塔记并铭

（庆历六年丙戌，1046 年，佚）

余　靖

月华山[①]西堂琳禅师，曲江都渚人，姓邓氏。少学儒，能谈王霸大略。已而学佛，以诵经披剃。乃游方，犹以诗名往来江、淮间。博览广记，推为文章僧，参洞山自宝禅师[②]。宝于江南为禅宗，丛林无出其右者。见师，以大心器之，遂以心印付焉。

息机南还，结庵于旧山之北，曰“白莲”[③]。学者闻其名，自远至者无算。州以众状请出世，师遁于大洞累月。众叩不已，黾勉从之。师既（膺）乡邦之望，远迩信向。廪有余粮，人有余力，栋宇时构，树艺日广。江山清旷，甲于州域。由是□绅缁素，途经江浒（者），无不舣舟造室耳。高论目（?）嘉致，人人自得而还。四方衲子奔走于路，达心要去为人师者数十人。晚年避喧，退居西堂。众思其道，郡以疏请复恢禅旨者三焉。

宝林山者，六祖古道场也。诏择名德，锡殊名，命服以居之。漕台以师为举，坚辞不行。乃即庵自甓寿藏曰：“吾当归骨于此。”既而曰：“生平交游之厚者，安道、子元而已。[④]”遂以书来云，愿以铭志诿吾执。仆以从官鞅掌，学殖荒落，尝评古人之言曰：“志意修则骄富贵，道义重则轻王公，谓道义内充，志意不屈于王公之尊，富贵之势不能动其心也。”此理诚高，犹是介者[⑤]之谈耳。学于大雄氏者，道以性通，志非外徇，止观无著，空有俱忘，生死不能汩其真，况富贵乎？鬼神不能窥其迹，况王公乎？

师之行，高乎哉！不可跂已，乃为铭曰：

湛然性相本无为，涉于形器有时隳。他年幻质此于归，尝言无佛，良遣有知！

⊙注

①月华山：同治《韶州府志》卷二十六《寺观》：“月华寺，在城南一百里，附近岑水场（即宋著名的岑水铜场），梁天竺僧智药创，唐招提朗法师演法之地（注：朗法师，曲江人，俗姓欧阳。为青原下二世，石头希迁禅师法嗣。时有同名朗者，故以潭州招提寺别之），宋绍圣初重建。曾供奉有智药禅师真身，毁于

火焚。即今乌石濛浬月华寺。”翁方纲注：“寺去曹溪三十里，在韶郡南百里，正岑水场之地。”宋哲宗绍圣元年（1094年）九月，贬谪惠州路过韶州的苏轼，离开南华寺，放舟三十里，来到了北江边的月华寺，有《月华寺》诗一首，并自注曰：“寺临岑水场，施者皆坑户也。百年间，盖三焚矣。”诗曰：“天公胡为不自怜，结土融石为铜山。万人采斫富媪泣，只有金帛资豪奸。脱身献佛意可料，一瓦坐待千金还。月华三火岂天意，至今茇舍依榛菅。僧言此地本龙象，兴废反掌曾何艰。高岩夜吐金碧气，晓得异石青斓斑。坑流窟发钱涌地，暮施百镒朝千锾。此山出宝以自贼，地脉已断天应悭。我愿铜山化南亩，烂漫黍麦苏茕鳏。道人修道要底物，破铛煮饭茅三间。”苏轼还为月华寺题写了寺名，后苏轼遇赦北返过月华寺又为之题梁曰：“上祝天子万年，永作神主，敛时五福，敷锡庶民，地狱天宫，同归净土，有性无性，齐成佛道。”宋罗大经《鹤林玉露》乙编卷三：“坡之北归，经过韶州月华寺，值其改建法堂，僧丐坡题梁。坡欣然援笔。”

②洞山自宝禅师：宋僧，为五祖（寺）师戒禅师法嗣。洞山自宝禅师有“宝寿生姜”（宝寿乃其别号）的典故。时洞山在五祖师戒禅师会下作监院，五祖戒有寒病，当用生姜红糖熬膏，以备常服，侍者往库房求此二物，监院曰：“常住公物，何可私用，拿钱来买。”戒禅师即令持钱去买，且深契其人。后洞山住持缺人，有求戒禅师举所知者，戒云：“买生姜汉可以。”《五灯会元》：“瑞州洞山自宝禅师，上堂：‘总恁么风恬浪静，那里得来？忽遇洪波浩渺，白浪滔天。当恁么时，觅个水手也难得。众中莫有把柂者么?’众无对。师曰：‘赚杀一船人。’僧问：‘如何是佛?’师曰：‘腰长脚短。’”

③曰“白莲”：余靖《武溪集》卷一有《题白莲庵》诗。

④生平交游之厚者，安道、子元而已：安道、子元即余靖、王陶。余靖《武溪集》中与月华山西堂琳禅师有关的诗文不少，计：卷一有《同李秘校谭员外宿月华上方》、《同李秘校谭员外月华长老谒慈济禅师会宿宝林道场》、《题白莲庵》、《游大峒山诗并序》、《和王子元过大庾岭》、《和王子元中秋会饮》；卷二《和王子元同归曲江有感》、《和王子元重阳日千善寺会饮》及卷九《韶州月华山花界寺传法住持记》。

⑤介者：独足之人，参见《庄子·庚桑楚》篇。

考

本记辑自余靖《武溪集》卷八《寺记》，记中不落年月。考其以书求志一语，与余靖《韶州开元寺新建浴室记》“以书来抵庐陵”一样，当亦写在庆历六年（1046年）六月，时余靖在吉州贬所。

韶州净源山定慧禅院思长老自造寿塔铭

（皇祐元年己丑，1049年，佚）

余　靖

夫鸿鹄翔于青云之上，鱼龙潜于深泉之下，安其性也。人之处林野，乐闲旷，栖神养和，保终性命，得其适也。古之达士者，皆自为秘器、寿室，以卜返其（真）之宅。《周官》有冢人墓，大夫掌其禁令与其位数。然世人尚以死为讳，独蒙庄氏昌言矫俗云。“富者，苦身疾作，多积财而不（得）尽用”；“贵者，夜以继日，思虑善否”。不若死者“无君于上，无臣于下，虽南面王之（?）乐，不能过也。”庄生之言，盖犹佛氏所云厌生死苦乐，涅槃乐者欤?

佛之去世，天下之国分其齿骨爪发舍利而藏之[1]，为塔于其上，奉之如其存。后之学佛而终者，皆塔而不坟，从象教也。

今净源长老名邵思，姓李氏，曲江都渚人，于曹溪南华寺出家受具。既而叹曰：“身居曹溪，漫不知其门域，当自愧其名。”遂起游方之念，天台、南岳无不之也。最后见洞山聪和尚[2]，得悟入之要以归焉。州以近郭名蓝[3]，宜择知宗乘者统领其众，遂召师居之。昼登师座，夕启虚室，以延学徒，各以其仪。

寺之西数百步，有岗蜿蜒盘屈，左右峰峦拥抱其前，平敞可爱。乃即岗之南麓为窻穴，陶甓以田系（累）其傍，上而侧设（隧）道以入，又于其上屋之，为塔之形。曰：“吾将归骨于此。”前构草堂数楹，署曰“宝福之庵”，日自策杖往来其间。又其西北原，树以松柏。仍得土之可垦者数十亩，垦之，取其苗子为香火之用。屡登吾门乞词，将伐石而镵之，以自志云。

尝与朋友私议：“今夫啖声利、争寻常者，桑榆末光，彫搬其气，然尚身恋珪组，手握牙筹，计生兴利，不知止息。苟能解擿外累，以死为归，而休其心者，亦足嘉矣。”孟坚[4]书裸葬，有为为之也。自汉以来，文士或自志以掩幽室。今思师不攻外典，且畏予之去而固求先铭其侧。某亡叔葬其西原，故尝登是岗。乃为铭曰：

生灭无本，是为佛性。心境皆遣，同归于静。不讳其死，是达真理。性同虚空，体魄归此。

⊙注

①佛之去世，天下之国分其齿骨爪发舍利而藏之：《长阿含经》卷四云：“佛陀涅槃后，火化他的遗体时从灰烬中得到了一块头顶骨、两块肩胛骨、四颗牙齿、一节中指指骨舍利和84 000颗珠状真身舍利子。当时有八个国王争分佛陀舍利，每人各得一份舍利，他们将佛的舍利带回自己的国家，且兴建宝塔，以让百姓瞻仰、礼拜。”另据《阿育王传》卷一载：“佛陀灭度百年后，阿育王搜集佛遗存的舍利，建造84 000宝塔供养之。”佛教徒对于佛之舍利，存有难逢难遇之想，故愿意恭敬供养。且往往信仰舍利所在，即如法身所在。

②洞山聪和尚：即晓聪，云门宗青原下九世，文殊真禅师法嗣，《五灯会元》卷十五载其禅录甚详。

③近郭名蓝：即谓靠近州府所在地的名寺。

④孟坚：班固字，《后汉书》有传。

考

本记辑自余靖《武溪集》卷七《寺记》，又或题作“韶州净源山定慧禅院思长老自造寿塔记并铭”。记中不落年月，本文未记写作年月。据文中记载，净源长老邵思担心余靖离乡外任，屡次登门求铭，当与翁源耽石院记写于同时，均在皇祐元年（1049年）八月。参见余靖《韶州翁源县净源山耽石院记》。

同治《韶州府志》卷二十六《寺观》：“定慧禅院，在翁源县净源山。净源长老邵思，尝游天台、衡岳诸山。后参见洞山和尚，得悟入之要。”

定慧禅院疑源于定慧大师，同治《韶州府志》卷三十八《列传·释》引“舆地纪胜”条云：“定慧大师，六祖弟子，唐时始开翁源灵池山，景龙初置寺额为‘翁山寺’，在县东北一百里。”碑云：“昔开山和尚灵震真身，伪汉（南汉）封普勋定慧大师。”

双峰广悟师塔铭

（元祐二年丁卯，1087 年，佚）

张天锡

诸祖解空，秋毫不立，真形应现，沙界[1]容身。或顿或渐[2]，皆为般若之门，若存若亡，不拘（真）宝（实）之相[3]。以死生为昼夜，以定觉为去来。颓然一身，如蝉脱蜕，委去衣履，何喜何悲。方其如如[4]以逝，与太空合。莫知兜率之在天[5]，而不生惟（欢）（宽）恕；莫（觉阿）鼻[6]之在地，而曾无怖畏心。去住十方，随缘任化，尚何留情于虚妄之想，以鼓万世之（心）。然静者群动之所观瞻，异者常流之所趋慕，亦理之必然也。双峰山兴福禅寺，有广悟禅师真心塔。即群动之所观瞻，常流之所趋慕者也。塔成去今一百八年，已而新之，迄无记述。今果诚师即西禅义怀之嗣裔也。举振祖道外九（尤）喜崇修，方构工重葺灵塔。驰价（介）[7]以禅师行状，请余记略。师讳竟钦，俗姓王氏，生于西蜀之益州。幼投峨嵋洞溪山黑水寺为释子。二十一岁具戒巡礼，晚见韶州云门匡真禅师，醉（卒）得三咪（昧）[8]。时刘氏[9]拓图岭，尤尚西教[10]，如建封（灵树）之知圣，云门之匡真，光运之征誓，灵鹫之景泰[11]，皆当时之所钦重，而师实居其一。刘常召师访其言句，喜辨机捷，复加玄辨妙用无量清净广悟慧真之号，赐以磨衲方袍及其他僧服，多（杂）以锦绮，供具六事悉用白金，至今存焉！师先于云门，化缘修戈（行），（栽）函秩完具。乃图栖禅之地，西指（诣）双峰，飞锡[12]而茅为庐，泉饮粒食，悉皆自营。徐箕庄田广置，松桧周（望）数十里，今为瑶刹，此师之实行所宜书者也。师开山四十九年，僧腊六十有二，世寿八十有二，太平兴国二年五月二十五日坐逝。门人遇口初等以全身塔葬，至大中祥符九年，逾三十九期，于是年七月二十三日，塔地分裂及数刀（刃），俯视之，则师存亡之身，容色如故。门人遂出真身，布以胶漆，砖以香土，唯曰（口）齿微露，尤预金刚不坏之身在存亡也。复广修塔殿以御风雨，而丹艧辉空而照耀，缁黄列升而缵仰，此师之灵异所宜书者也。必然应物示（变），则尤为著验，旱干水溢，则祈求恳祷，皆指日必应。以故乡人，若远若近，虽愚而无我智者，必生信心，悋为不施者，咸起慈愿。此师之慧力所宜书者也。师有所宜修者三，予有所宜书者

二，一不作妄言，曲为藻饰；二不把妄想，钦尚奇怪；姑记其实，以示永久。呜呼！（师之）行实如此，其高灵异如此，其著慧力如此，其厚其褒，名显号止（正）于南汉之刘。而太平之世，未有所增美。故其潜德幽光，晦于穷山陋谷，面（而）（未达）于天下。欲其敷列上陈，永锡徽号，以新师之来去兮。偈曰：了然无有，报尽随形；风闻大地，雷奔电走。师之去兮！亦来尝灭，体合太虚，影同秋月。若我观师，不观师相，师相颙颙[13]，是亦虚无；我观师心，冰清月沉，太平一曲，洋洋德音。

元祐二年，立石（永铭）

⊙注

①沙界：即沙数。宋苏轼《观潮》诗之一："回首不知沙界小，飘衣犹觉色尖高。"

②或顿或渐：此指顿悟和渐悟，是佛教名词。对"真理"的顿然觉悟，"见性成佛"，南宗惠能持此主张；渐悟是北宗神秀（惠能师兄）的主张，谓众有佛性，但因障碍多，必须逐渐修行方能领悟，因而有"南能北秀"之称。但后世唯南宗"顿悟说"盛行。

③（真）宝（实）之相：即真如。

④如如：佛教指真如常住，圆融而不凝滞的境界。《金刚经》："不取于相，如如不动。"

⑤兜率之在天：佛教用语，是欲界六天中的第四天。兜率，是妙足、知足的意思。泛指人死后所登的"天界"。

⑥（觉阿）鼻：即阿鼻地狱，梵文Avici（阿鼻），意译"无间"，为八大地狱中第八狱。古印度人认为，人在生前做了坏事，死后要堕入地狱。"无间"即痛苦无有间断之意。佛教也采用其说。

⑦驰价："价"与"介"通。古代传宾主之语的人称介。故称使者为"介"，也作"价"。驰，迅速传播之意。

⑧三咪（昧）：一作"三摩地"、"三摩提"，来源于梵语samadhi的音译，意译为"定"、"正受"或"等持"。意思是止息杂念，使心神平静，是佛教的重要修行方法。借指事物的要领，真谛，教内外对此词皆有不同的论述和解释。

⑨刘氏：指五代十国时的南汉小朝廷。

⑩西教：指古印度（包括尼泊尔）的佛教，当时其地称为西域，也称西天。

⑪灵鹫之景泰：灵鹫寺，参见《灵鹫山（寺）》考。景泰和尚，其人生平不详。

⑫飞锡：佛家名词，僧侣游方之称，锡为锡杖。传说唐代僧人隐峰游五台，掷锡杖飞空而去，此后称僧侣游方为"飞锡"。

⑬颙颙：敬貌、仰慕貌。《诗·大雅·卷阿》："颙颙卬卬，如圭如璋。"

考

本塔铭辑自康熙二十六年《乳源县志》卷八《艺文志》，撰书者张天锡，原注为"宋武江进士"，存考。

双峰山兴福寺在双峰山麓，今南水电厂右侧，已废。

双峰广悟（896—977年），同治《韶州府志》卷三十八《列传·

释》："讳竞钦，姓王氏，西蜀益州人。幼投峨眉洞溪山黑水寺为释子。二十一岁具戒巡礼，晚见云门得三昧。时刘氏奰僭号‘岭南’，犹尚西教，如灵树知圣、云门匡真皆当时钦重，而师居其一。伪汉刘晟尝召问，甚喜，赐以磨衲方袍。太平兴国二年预戒作塔，五月二十三日毕工，与诸缁流夜话，焚香合掌而逝。"

南汉乾和七年（949 年）农历四月初十日文偃逝世，大宝七年（964 年）"开塔"，广悟参加了有关仪式。

南华长老题名记

（元符三年庚辰，1100 年，佚）

苏　轼

学者以成佛，为难乎？累土画沙，童子戏也，皆足以成佛。以为易乎？受记得道，如菩萨大弟子，皆不任问疾。是义安在？方其迷乱颠倒，流浪苦海之中，一念正真，万法皆具；及其勤苦用功，为山九仞之后，毫厘差失，千仞不复。呜呼！道固如是也，岂独佛乎？子思子曰："夫妇之不肖，可以能行焉，及其至也，虽圣人亦有所不能焉。"孟子则以为，圣人之道，始于不为穿窬[①]。而穿窬之恶成于言。不言，人未有欲。为穿窬者，虽穿窬亦不欲也。自其不欲也，自其不欲为之。心而求之，则穿窬足以为圣人。可以言而不言，不可以言而言，虽贤人君子有不能免也。因其不能免之，则贤人君子有时而为盗。是二法者，相反而相为用，儒与释皆然。南华长老明公[②]，其始盖学于子思、孟子者，其后弃家为浮屠氏，不知者以为逃儒归佛，不知其犹儒也。南华自六祖大鉴示灭，其传法得眼者散之四方，故南华为律寺。至吾宋天禧三年，始有诏以智度禅师普遂[③]住持，至今明公盖十一世矣。明公告东坡居士曰："宰官行世间法，沙门行出世间法。世间即出世间，等无有二。今宰官传授，皆有题名壁记，而沙门独无。有，矧吾道场，实补佛祖处，其可不严其传，子为我记之。"居士曰："诺。"乃为论儒释不谋而同者，以为记。

⊙注

①穿窬：钻洞爬墙意，多指盗贼。

②长老明公：史、志无传。存考。

③普遂：参见余靖《韶州曹溪宝林山南华禅寺重修法堂记》。

考

本记辑自清康熙《重修曹溪通志》卷四记，记中不落年月。据考，此记应是苏轼元符三年（1100 年）遇赦北返再在南华寺逗留时所写。（参见何露《韶关旧事》卷三《苏轼在韶关》，广州出版社 2010 年版）

黄震《黄氏日钞》卷六二："东坡为儒者言，论天下事，明白如见；为佛者言，谈若空法，宛转无穷。惟以儒证佛，则不可晓，如《南华长老题名记》，援子思、孟子之类是也。"

书南华长老重辩逸事

（元符三年庚辰，1100 年，佚）

苏 轼

契嵩禅师①常嗔，人未尝见其笑；海月慧辩师②常喜，人未尝见其怒。余在钱塘亲见二人皆趺坐而化。嵩既茶毗③火不能坏，益薪炽火有终不坏者五。海月比葬而如生，且微笑，乃知二人以嗔喜作佛事也。世人视身如金玉，不旋踵为粪土，至人反是。余以是知一切法，以爱故坏，以舍故常在，岂不然哉！余迁岭南，始识南华重辩长老，语终日，知其有道也。予自南海还，则辩已寂久矣。过南华，吊其众，问塔墓所在。众曰："我师昔作寿塔南华之东数里，有不悦师者，葬之别墓，既七百余日矣。今长老明公独奋不顾，发而归之寿塔，改棺易衣，举体如生，衣皆鲜芳，众乃大愧服。"东坡居士曰："辩视身为何物，弃之尸陀林，以饲鸟乌，何有安以寿塔？为知明公知辩者，特欲以化服同异而已。"乃以茗果奠其塔，而书其事，以遗上足南华塔主可兴师。

注

①契嵩禅师：俗姓李，庆历至熙宁间居杭州灵隐寺，赐号明教大师，为文雄伟能自畅其说，曾翻刻六祖惠能《坛经》，称契嵩本。

②海月慧辩师：即海月禅师，《释氏稽古略》："海月，华亭人，杭州天竺寺僧。熙宁六年七月十七日，晨起盥洗谢众，趺坐而寂。苏轼时通判杭州，悼以三诗，叙而赞之。"

③茶毗：梵语，或作阇维、阇毗、阇鼻多等，译为焚烧，犹言火葬，僧死而焚其尸也。又作"茶毗"，因唐以前"茶"字的正体字为"茶"，唐六羽《茶经》将茶字减一画而写成"茶"，遂沿用至今。

考

本记辑自清康熙《重修曹溪通志》卷四记，记中不落年月。据考，其时当为元符三年（1100 年）十二月十九日也。《曹溪通志》云苏轼奠辩塔墓时，明公即辩师冢，以师四偈示轼，轼答其一曰："宿业相缠四十年，常行八棒十三禅。今著衲衣归玉局，可怜化作五通仙。"重辩生平事迹，参见苏轼《苏程庵铭并序》考。

韶州光运寺[1]寂通证誓大师碑

（淳熙三年丙申，1176年，佚）

孙时敏

乾道九年仲冬朔，光运住持僧正成谒孙子曰："儒佛之道相为表里，如来以心印相授，不立文字，非通儒识其关楗，学者莫知所从入。曹溪老卢亲传黄梅衣钵，必得柳宗元、刘禹锡润饰之[2]，然后其道益尊。今吾招提[3]，寂通证誓大师道场也。一方信向欲雨欲旸，应祈如响，碑刻蔑然无述。旧有行状，建炎兵火煨烬弗存。流俗相传，讹鄙失真。子摭实以记颠末，吾将镵石焉。"予复之曰："此吾素心也。"春二月望，先君捐馆卜三月五日窆期将及，雨淫不止，余窘甚，奉香哀祷于师。又明日，阴云剥散，霁色舒丽，遂克襄事。未知报师之所，秉笔纪实，其何敢辞。于戏[4]！师之生，岁在己巳，唐高宗总章二年也。师之寂，岁在癸巳，明皇天宝二年也。距今癸巳之岁遥遥四百三十载，其详不得而闻矣。考诸余襄公塔铭[5]及韶州图经[6]，仅得其略焉。谨按：师郴人，姓朱氏，法名道广[7]。幼而悟空，长而弃俗，礼衡州超和尚，祝发[8]于福田寺，受具于南岳。梵行孤洁，法相严冷。振锡[9]兴游，止于韶州仁寿台。群丐所居，与台密迩。师日持盂化食比屋，以所得蔬饭同之一器，为和罗饭[10]。先饲贫病群丐，饫之，自餐其余，行之悠久不倦。天宝元年，韶大旱，农亩龟托[11]，郡守冯君失其名，雩祀亡应，师慨然叹曰："吾食于人，旱魃肆虐，当与人同病。"径诣真（浈）武二水[12]合流处，浮坐具水上，合爪正坐，沿流下官滩，遡洄而归，谓人曰："雨且至。"老稚欢迎于台，见庭中井雾气上腾，黑龙跃起，密云布空，大雨沛然，千里沾润，变凶为丰。明年冬十月六日，趣门人具汤，澡盥罢，坐瞑而寂，异香盈室。门人筑浮图以安师像，寿七十五，腊[13]五十五。网罗旧闻可书之事，止于此尔，余以是知师心广大慈悲，此师所以证果成佛也。今寺建于隋初仁寿，台以年名也。及师居之，世呼为广和尚院。唐僖宗时，郡守谢君肇[14]恶其斥师名，改曰广明院，亦以年名也。伪刘专制，谥师曰辅圣，名其塔曰宝元，寺曰光运，具龙舟以迎师，与六祖同入宫，加谥证真寂照焉。皇朝元丰五年，赐谥寂通证誓大师。寺塔名仍其旧。建炎五年，郴寇窥境，欲劫师以归，前期，郡守管君因可[15]梦师假馆，既寤，奉

师坐亡之像于州治，寇至无所得，焚寺而去。绍兴八年，副总管韩侯京[16]起其废，规模比旧差隘，塔不复治。寺成，奉师真像以归。余既书师事，系之以偈，曰：

佛法从西来，暗与儒道合。吾儒恻隐端，即是佛慈悲。慈悲与恻隐，同实而异名。若有善男子，哀愍济众生。普视大千界[17]，愿同沾利乐。不起自私心，反手成佛道。稽首寂通师，性根大智慧。一念百千念，不离慈悲心。常持和罗饭，先饲贫病者。不自厚其身，无有不厌足。同忧岁大旱，浮水现法力。驱龙洒甘雨，无有不沾润。师心本湛然，未尝有作为。及其有作为，哀愍众生故。师寂四百岁，慈悲如在时。雨旸或愆期，应祷如枹鼓[18]。愿终惠此方，净洗千劫尘。岁岁是丰年，在在成乐土。咸知大慈悲，信响永不怠。

淳熙三年八月朔本寺住持传法[19]沙门　正成立石

免解进士章贡孙时敏撰并书

文林郎[20]知梅州程乡县事主管学事冈南张概题额

⊙注

①光运寺：参见余靖《韶州光运寺重修证真照寂大师塔铭》注②。

②必得柳宗元、刘禹锡润饰之：柳宗元曾作《曹溪第六祖赐谥大鉴禅师碑》，刘禹锡曾作《大唐曹溪第六祖大鉴禅师第二碑》。

③招提：意为四方、四方僧、四方僧房。又作寺院之别称。

④于戏：同呜呼。

⑤余襄公塔铭：指余靖所作《韶州光运寺重修证真照寂大师塔铭》。

⑤韶州图经：前后共有两部，一是唐中所编图经，二是宋绍熙年间（1190—1194年）韶州知州赵伯谦撰《韶州新图经》十二卷，皆佚。

⑦道广：参见余靖《韶州光运寺重修证真照寂大师塔铭》注③及考。

⑧祝发：祝，切断之意。故祝发与剃发、薙发同，即出家落发之谓。

⑨振锡：僧人持锡杖，行则振动有声，故谓僧人出行为振锡。

⑩和罗饭：和罗意为自恣、随意事。即满足、喜悦之义。谓比丘于七月十五日安居结束之日，自己陈举于安居期间所犯之罪过，以发露忏悔，得清净而生喜悦。安居结束之日，称为自恣日。于此日供养三宝之饭食，称为“和罗饭”，意译作自恣食。

⑪农亩龟托：“龟托”，应为“龟坼”，天久旱，地面坼裂如龟文。

⑫真（浈）武二水：真水，即浈江，同治《韶州府志·舆地略·川》：“浈水，旧志谓即郡城东河，源出大庾岭，经乌迳入保昌县，南流至郡城与武水合。”武水，即武江，同治《韶州府志·舆地略·川》：“武水即郡城西河，古名虎溪，又名泷水，唐改为武溪，在县西北，自湖广衡州府临武县西经郴州宜章县，流入乳源县西北，又东经乐昌县西，又东南流入县界，合东江（浈江）下注。”

⑬腊：指戒腊、法腊。为比丘受具足戒后之年数。比丘出家之年岁与世俗

不同，系以受戒以后之夏安居数为年次，故有戒腊、夏腊、法腊、年腊等称。

⑭谢君肇：谢肇，时任韶州刺史。参见余靖《韶州光运寺重修证真照寂大师塔铭》注④。

⑮郡守管君因可：同治《韶州府志·职官表》无载，或可补史之阙。

⑯副总管韩侯京：华州观察使广东马步军副总管兼知循州。同治《韶州府志》卷六《职官表·武职》：“韩京，绍兴四年任统制司。”

⑰大千界：为古代印度人之宇宙观。古代印度人以四大洲及日月诸天为一小世界，合一千小世界为小千世界；合一千小千世界为中千世界；合一千中千世界为大千世界。今之俗语乃袭用佛教“大千世界”一词，转用于形容人间之纷纭诸相。小千、中千、大千并提，则称三千大千世界。

⑱枹鼓：鼓槌和鼓。

⑲传法：广义上指传授佛法；狭义上特指传承法脉，或传付正法之仪式。禅宗特别重视传法，通常以传授袈裟作为正法传授之象征。古来所谓“传衣”，即以金襕大衣为法衣，系表示传法之信。至后世，禅宗师家对其嗣法弟子仅传一般之袈裟，而“传衣”一词亦转为“传法”、“嗣法”之意。

⑳文林郎：北宋前期文散官二十九阶之第二十八阶，从九品上。后为选人阶名。北宋徽宗崇宁二年（1103年）九月二十五日，由选人七阶之第二阶节度掌书记、观察支使、防御、团练判官（属两使职官）改名，从八品。

考

本记辑自同治《韶州府志》卷三十八《列传·释》，撰书者孙时敏，江西人，进士，余不详。题额张概，生平不详。

清《钦定续通志》卷一百六十八《金石略·二》：寂通证誓禅师碑（孙时敏撰并书　正书淳熙三年　韶州）。

古衲和尚舍利塔记

（至正十一年辛卯，1351 年，佚）

云从龙

舍利，一名坚固子，一名金刚子。按经所载，过去诸佛入般涅槃，阇维金身，所获舍利其数甚多，五色绚烂，至坚至刚。当时见者，天龙鬼神人及非人，莫不顶礼赞叹希有，随力分取，各于其国建大宝塔，如佛在世，恭敬供养。如此舍利是诸如来大坚固力[1]、大般若智、大光明藏[2]、大圆觉海之所从出，非小根器之所能有。乃知此事，亦是了达生死，具正知见之印证也。佛之教法自入中国，学者甚众，得者甚寡。舍利之见，世为希有。何以故，为其所学非正法，故不守戒律，不修禅定，讲说持论，见闻觉知，作有漏因。每以声闻外道，趋向为极则事，是故达摩一苇西来，悯念学者迷惑错乱，失其本心，尽反前辙，不立文字，直指人心，见性成佛。初传衣钵于二祖可，五传至能，衣止不传。所传者唯心尔，始岐而二，继离为五枝，分派别，弥满天下，而南华实宗主之。盖以祖师衣钵在，故历代主僧，例无其人。意观于海者，难为水也。六百余年后，有李氏子者，曲江人，生而淳，长而朴，不解世谛，不绍家业，尤不喜文字学，切慕草间桑下之乐，父母不能禁，许令出家。祝发于韶之华严院[3]，法嗣风幡之僧曰祖宗，出世住月华，住大鉴。每以平常心接人，人或易之。师曰："个事不在笔端上，不在口角头，顾心地何如尔。"后住南华，适丁亥运迁革[4]，僧徒逃难，西来衣钵为有力者负之而去。师惟只影，煮折脚铛，兀守祖师真身于穷山虎狼丛中，终不退转。事甫定，则物色衣钵，旋闻有献于上者，已仍奉旨给还，师顶授复归，西天衣钵永为镇重。方且匡徒领众，随宜说法，续曹溪一脉生意。偶剧盗洊至镇山之宝，常住金谷席卷一空。方且杀戮焚荡，凶焰日炽。众皆危惧，师与其徒奉祖师并衣钵出避入郛，相时为归。计至元二十八年（?）八月初三日祖师讳辰，忽示微疾。次日子时谓弟子曰："世缘已毕。"沐浴更衣，索笔书偈曰："六十五年，佛法罔然，浮云既散，月现碧天。"书毕，跏趺而逝。其于临死生之际，可谓了了者矣。越月荼毗，得舍利十余，色若紫玻璃，叩之声铿铿然，作金玉声。此非平昔践履，真实见趣透彻，得大坚固力，果能如是耶。弟子法泳等塔而藏之，属予为记。予曰："达摩之教，不立文字，何以记。"为请益坚，辞不获，因述其颠末云。师名法遵，号古衲。铭曰：

伊佛之法，自西徂东。其大无外，其传靡终。佛佛相承，心心至通。惟我遵公，得法于中。非言非默，若晦若蒙，灵光内照，心镜昭融。不衣不钵，远绍祖风。出有入无，流珠耀空。植塔曹溪，佳气郁葱。瘗庵骨于不朽，而其所以冥。会默契于过去，诸佛者又奚穷。

⊙注

①大坚固力：即坚固的力量，武则天《金刚经》开卷偈子："云何得长寿，金刚不坏身。复以何因缘，得大坚固力。云何以此经，究竟到彼岸，愿佛开微密，广为众生说。"

②大光明藏：凡三卷。全称传灯大光明藏。南宋宝昙辑。收于《万续藏》第一三七册。本书系自《景德传灯录》等书中，抄录传灯诸祖悟法之机缘并加评语。内容包括七佛、西竺二十八祖、震旦诸祖及马祖、黄檗等大师及其法嗣，计收录 190 人。宋度宗咸淳元年（1265 年）刊行。

③韶之华严院：旧址不详。

④丁亥运迁革：丁亥即元惠宗至正七年（1347 年）。

考

本记辑自清康熙《重修曹溪通志》卷五《塔记》，原注撰碑时间为"至正辛卯"。然记中"计至元二十八年八月初三日祖师讳辰，忽示微疾"有误。"至元"亦为元惠宗年号，只有六年。疑"至元"乃"至正"之误，然如"至元二十八年"为"至正二十八年"，则与原注撰碑时间相悖。存考。

云从龙，廉访使（元至正二十八年改按察司为肃政廉访司，在每道置廉访使二员，正三品），时应任职于两广道，然查道光《广东通志》缺载，或可补史阙。

憨山大师塔铭

（天启七年丁卯，1627 年，佚）

钱谦益

神宗显皇帝，握金辅以御世。推慈圣皇太后之志，崇奉三宝，以隆顾养。上春秋鼎盛，前星示耀，慈圣以为忧。建祈储道场于五台山，妙峰登公与憨山大师实主其事。光宗贞皇帝遂应期而生，于是二公名闻九重，如优昙钵花[①]应现天际。妙峰不出，王舍城，大作佛事。而大师有雷阳之行，其机缘所至，横见侧出，固非凡情之可得而测也。大师之迁化于曹溪也，大宗伯[②]宣化萧公亲见其异，为余道之。而顺德刘起相、陈迪祥以行状来谒余表塔。余曰：“有吾师宣化公在，他日请为第二碑。”又明年乙丑，曹溪、庐山二处建塔。其住持本昂、福善及法性弟子超逸等，走书来告，曰：“大师东游，得子而喜，曰‘刹千不忧倒却矣’。灯炧月落，晤言亹亹[③]，所以付嘱者甚至塔前之铭，非子谁宜为?”余何敢复辞。

憨山大师真身像

谨按：师讳德清，族蔡氏，全椒人也。父彦高，母洪氏，梦大士抱送而生。七岁叔父死，尸于床。问母从何处去，即抱死生去来之疑。九岁能读普门品。年十二辞亲入报恩寺，依西林和尚。内江赵文肃公[④]摩其顶曰：“儿他日人天师也。”十九祝发，受具戒于无极湛公。听讲华严玄谈，至十玄门海印森罗常住处，悟法界圆融无尽之旨。慕清凉之为人，字曰“澄印”。从云谷会公缚禅于天界寺，发愤参究。疽发于背，祷护伽蓝神，愿诵华严十部，乞假三月，以毕禅期。祷已熟寐，晨起而病良已。三月之内，恍在梦中。出行市，俨于禅坐，不见市有一人也。雪浪恩公长于师一岁，相依如无着天亲。嘉靖丙寅，寺毁于火，誓相与畜（蓄）德俟时，以期兴复。师既巍然出世，而雪浪卒为大论。师修治故塔，稍酬誓愿焉。师尝听讲于天界，厕溷清除，了无人迹，意主东净者非常人也。既之，一黄面病僧，目光激射，遂与定参访之约，质明则已行矣，即妙峰登

公也。师以江南习气软暖宜人，冬冰夏雪苦寒不可耐之地，以痛自磨历，遂飘然北迈。天大雪，乞食广陵市中。曰：“吾一钵足以轻万钟矣。”抵京师，妙峰衣褐来访，须发鬖毛婆如河朔佑客。师其眸子识之，相视一笑。参遍融贞公，融无语，惟张目直视。又参笑岩[5]，岩问何方来，曰：“南方来。”岩曰：“记得来时路否?”曰：“一过便休。”岩曰：“子却来处分明。”游盘山至千像峰石室，见不语僧，遂相与樵汲度夏。时万历元年癸酉也。明年，偕妙峰结冬蒲坂，阅《物不迁论》，至梵志出家，顿了旋岚偃岳之旨。作偈曰：“死生昼夜，水流花谢。今日方知，鼻孔向下。”峰一见，遽问师何所得。师曰：“夜来见河中两铁牛相斗，入水去，至今绝消息。”峰曰：“且喜有住山本钱矣!”遇牛山法光禅师，坐参请益。法光发音如天鼓，师深契之。送师游五台诗云：“雪中狮子骑来看，洞里潜龙放去休。”且曰：“知此意否?”要公不可捉死蛇耳。师居北台之龙门，老屋数椽，在万山冰雪中，春夏之交，流斯冲击，静中如万马驰骤之声，以问妙峰。峰举古人三十年闻水声不转意根，当证观音圆通语。师然之，日寻缘溪横彴，危坐其上。初则水声宛然，久之忽然忘身，众籁闻寂，水声不复聒耳矣。一日粥罢经行，忽立定光明如大圆镜，山河大地影现其中。既觉身心湛然，了不可得。说偈以颂之。游雁门，兵使胡君请赋诗，甫构思，诗句逼塞喉吻。从前记诵见闻一瞬现前，浑身是口，不能尽吐。师曰：“此法光所谓禅病也。惟熟睡可以消之。”拥衲跏趺，一坐五昼夜。胡君撼之不动，鸣击子数声乃出定，默坐却观，如出入息。住山行脚皆梦中事，其乐无以喻也。还山刺血书《华严经》，点笔念佛，不废应对。口诵手画，历然分明。邻僧异之，率徒众相嬲已，皆赞叹而去。尝梦与妙峰夹侍清凉大师，开示初入法界圆融观境，随所演说，其境即现。又梦登弥勒楼阁闻说法，曰：“分别是识，无分别是智。依识染，依智净。染有生死，净无诸佛。自此识智之分，了然心目也。”师既建祈储道场，遂远遁东海之牢山。慈圣命龙华寺僧遂庵行求，得之，遣使再征不能致，赐内帑三千金，复固辞。使者不敢复命。师曰：“古有矫诏赈饥之事，山东岁凶，以此广圣慈于饥民，不亦可乎。”使者持赈籍还报，慈圣感叹，率阖宫布金造寺，赐额曰“海印”。师诣京谢恩，为报恩寺请藏。上命师赍送，因以便归省父母，寺塔放光累日。迎经之日，光如浮桥北度，经在塔光中行也。师还，以报恩本末具奏，曰：“愿日减膳羞百金，十年工可举也。”慈圣许之，岁乙未而黄冠[6]之难作，师住山十三年，方便说法。东海弥离车地，咸向三宝。而黄冠以侵占道院，飞章诬奏，有旨逮赴诏狱。先是慈圣崇信佛乘，敕使四出，中人谗构，动以烦费为言，上弗问也。

而其语颇闻于外廷，所司遂以师为奇货，欲因以株连慈圣左右，并按前后檀施帑金以数十万计，拷掠备至。师一无所言，已乃从容仰对，曰：“公欲某诬服易耳。狱成，将置圣毋何地耶？公所按数十万，在县官锱铢耳。主上纯孝，度不以锱铢故伤圣母心。狱成之后，惧无以谢圣母，公穷竟此狱，将安归乎？”主者舌吐，不能收，乃具狱上。所列惟赈饥三千金，有内库籍可考。慈圣及上皆大喜。坐私造寺院，遣戍雷州，非上意也。达观可公急师之难，将走都门，遇于江上。师曰：“君命也，其可违乎？”为师作逐客说而别。师度庾岭，入曹溪，抵五羊，赭衣见粤帅，就编五[7]于雷州。岁大疫，死者相枕籍，率众掩埋，作广荐法会。大雨平地三尺，疠气立解。参政周君[8]率学子来扣击，举“通乎昼夜之道而知”发问。师曰：“此圣人指示人，要悟不属生死一着耳。”周君怃然击节。粤之孝廉冯昌历辈，闻风来归，师拟大慧冠巾说法，构禅室于壁垒间。说法华至宝塔示现，娑婆华藏涌现目前，开悟者甚众。居粤五年，乃克住锡曹溪，归侵田，斥僦舍屠门酒四，蔚为宝坊。缁白坌集，摄折互用，大鉴之道勃焉中兴。甲寅夏，师在湖东，慈圣实天诏至，恸哭拂剃返僧服。又三年，念达观法门死生之谊，赴葬于双径，为作荼毗佛事。箴吴越禅人之病作《担板歌》，吊莲池宏公于云栖，发挥其密行以示学者。自吴门返庐山，结庵五乳峰下，效远公六时刻漏，专修净业。居四年，复住曹溪。天启三年癸亥，宣化公赴召来访，剧谈信宿。公谓师色力不难百岁，更坐一十余夏如弹指耳。师笑曰：“老僧世缘将尽，幻身岂足把玩哉。”别五日，果示微疾。韶阳守张君[9]来问，师力辞医药，坐语如平时。既别，沐浴焚香，集众告别，危坐而逝，十月之十一日也。曹溪水忽涸，百鸟哀鸣，夜有光烛天。三日入龛，面颜发红，须发皆长，鼻端微汗，手足如绵。僧徒惊告，谓师复生。萧公语余，衰老赴阙，跋涉二万里，何所为哉，天殆使为师作末后证明耳。呜呼！知言哉。师长身魁硕，气宇堂堂，所至及物利生，机用善巧，如日暄雨润，加被而人不知。山东再饥，师尽发其囷，亲泛舟至辽东，籴豆以赈，旁山之民咸免捐瘠。税使与粤帅有隙，嗾市民以白艚作难，群噪围帅府。师缓颊谕税使解围，不动声色，会城以宁。珠船千艘，罢采不归，剽掠海上。而开矿之役，绎骚尤甚。采使谒曹溪，师以佛法摄受，徐为言开采利害，由是珠船罢采不入海，而矿额令有司岁解。制府戴公[10]诒书谢曰：“吾乃今知佛法慈悲之广大也。”师为余言，居北台，大雪高于屋数丈，昏夜可鉴毛发，坚坐待尽，身心莹然。迟明，塔院僧穴雪以入，相携行雪洞中里许乃出。当诏狱拷治时，忽入禅定，榜棰刺热若陷木石。逾年在雷阳，闻侍者趣呼，逮系毒楚卒发，几无完肤，此

楞伽笔记所由作也。师东游至嘉兴楞严寺，万众围绕，有隶人如狂易状，搏颡不已。曰：“我寺西仲秀才也，身死尚在中阴，闻肉身菩萨出世，附隶人身求解脱耳。”师为说三皈五戒，问解脱否，曰：“解脱。”竟懵然而觉。师之树大法幢，为人天眼目，岂偶然哉。师世寿七十八，僧腊五十九，前后得度弟子甚众。从师于狱职纳橐饘者，福善也；终始相依于粤者，善与通岸、超逸、通炯也。贵介子弟剜臂然灯，以求师道，现大士像于疮痂中而坐脱以去者，即墨黄纳善也。粤士皈依昔者，孝廉冯昌历、御史王安舜为上，刘起相、陈迪祥、欧文起，梁四相、龙璋皆昌历之徒也。师所著有《楞伽笔记》、《华严纲要》、《楞严悬镜》、《法华击节》、《楞严法华通议》、《起信唯识解》若干卷，《观老庄影响论》、《道德经解》、《大学中庸直指》、《春秋左氏心法》、《梦游集》又若干卷。嗟乎！师于世间文字，岂必不逮古人。有不逮焉，亦糟粕耳。师于出世间义谛，岂必不合古人。有不合焉，亦皮毛耳。惟师夙乘愿轮，以大悲智入烦恼海，以无畏力处生死流，随缘现身，应机接物，末后一着，全体呈露。后五百年使人知有一大事因缘，是岂可以语言情见，拟议其短长者哉。是故读师之书，不若听师之言；听师之言，又不若周旋瓶锡夷。考其平生，而有以知其愿力之所存也。谦益下劣钝根，荷师记莂，援据年谱行状以书兹石，其词宁繁而不杀者，欲以示末法之仪的，启众生之正信也。铭曰：

人生出没，互浊世间。生死之途，屹立重关。重关峻复，谁不退堕。师子奋迅，一掷而过。济河焚舟，县车束马。一钵飞渡，谁我御者。冰山蛰伏，雪窖沉埋，冰解冻释，水流花开。光明四照，上彻帝阍。荣名利养，匪我思存。震霆赫怒，我性不迁。桁杨木索，说法炽然。觉范朱崖，妙喜梅州。雷阳万里，谓我何求。军持应器，横戈杖锡。毁形坏衣，古有遗则。大鉴重辉，灵照不昧。屈眴之衣，如施画缋。师之示现，如云出谷。触石肤寸，雨必待族。云归雨藏，山川自如。孰执景光，以窥太虚。福德巍峨，文句璀璨。视此肉身，等一真幻。匡山不来，曹溪不去。塔光炳然，长照觉路。

⊙注

①优昙钵花：《法华经》：“佛告舍利弗：如是妙法，如优昙钵花，时一现耳。”《太平寰宇记》：“广州产优昙钵，似枇杷，无花而实。”苏东坡赠蒲涧长老诗：“优钵昙花岂有花，问师此曲唱谁家。”盖蒲涧寺在广州，故公用此。但只有优昙钵花，未闻有称优钵昙者。

②大宗伯：《周礼》谓春官之长为大宗伯，掌礼制，爵为卿。《周礼·春官·大宗伯》：“大宗伯之职，掌建邦之天神、人鬼、地祇之礼，以佐王建保邦国。以小宗伯为佐官。”北周依《周礼》置六

官，其春官府亦以大宗伯为长官，设卿一人，正七命；佐官为小宗伯，上大夫二人，正六命；春官府又有都上士，正三命。《唐六典》谓大宗伯相当于礼部尚书，小宗伯相当于太常少卿，春官府都上士相当于礼部员外郎。后以大宗伯为礼部尚书的别称，少宗伯为礼部侍郎的别称，少宗伯即小宗伯。明清亦称礼部尚书为大宗伯。明王铎《太子少保兵部尚书节寰袁公神道碑》："其明季春，大宗伯言'故尚书（袁可立）可立勤于砥身，不渝不愆，保又我王家，宜畀祭葬'。"

③亹亹：本义缓慢流动，无止无休的意思，用来形容孜孜不倦。

④内江赵文肃公：即赵贞吉（1508—1576年），号大洲。累官礼部尚书、文渊阁大学士。生前与杨升庵、任少海、熊南沙并称"蜀中四大家"，是明代著名的政治家、思想家、文学家，有《赵文肃公诗文集》行世。

⑤笑岩：即笑岩德宝（1512—1581年），原名月心，法名德宝，号笑岩。是明代禅宗之临济宗的高僧，为临济宗第二十八代祖，被称为明中叶高僧之一，清朝后尊称为笑祖或宝祖。笑岩德宝是北京人，俗姓吴，二十二岁在河南广慧院出家并剃度，拜大寂能禅师为师。于龙泉寺临济宗二十七代祖无闻聪禅师处得法。笑岩著作有《月心语录》（又称《笑岩集》，因分《南集》两卷和《北集》两卷，又称《南北集》）等。

⑥黄冠：古代指箬帽之类，蜡祭时戴之。《礼记·郊特牲》："黄衣黄冠而祭，息田夫也。野夫黄冠；黄冠，草服也。"孔颖达疏："黄冠是季秋之后草色之服。"后用以指代道士。

⑦编五：指民间。古代编制户口，五家为"伍"。明张溥《五人墓碑记》："而五人生于编伍之间，素不闻诗书之训。"

⑧参政周君：疑即周应治，字君衡，浙江鄞县人。万历庚辰（1580年）进士。万历二十三年（1595年）任广东参议。

⑨韶阳守张君：疑即张大辂，万历二十四年任韶州府通判。

⑩制府戴公：即广东巡抚戴璟，字孟光，号石屏，浙江奉化人。明嘉靖五年（1526）进士，曾任佥都御史、广东巡抚。曾主持修纂《广东通志初稿》（四十卷），此书为第一部《广东通志》。

考

本记辑自清康熙《重修曹溪通志》卷五，原注撰记时间为"天启七年丁卯"。

明末抗清将领、南明礼部尚书、兵部尚书陈子壮撰《憨山大师塔铭跋》于同碑，跋曰："予童年闻憨公谪雷阳，经会城而未之及谒。公乃于庐山与王惺东侍御齿及微名，谬云'岭海之奇'，予自是与其徒通岸辈游。公亦驻我曹溪，一桨之缘，蹉跎莫至，而公示寂。乃叹曰：'予过矣夫！予过矣夫！'后通岸与超逸、通炯演其教于诃林。予家食数过与周旋。若然者，虽未及谒公而缘固在也。参岳魏公出钱宗伯撰公塔铭相示云，可竖石曹溪以示信。而命镌工于诃林，时当结夏。菩提受风，响遍诸天。予与众居士欢喜题诗，遂泚笔石上，将承钱、魏二公之弘信，以了夙缘。亦曰：'憨公知予名也。'弟惺东心肯于何

所矣。陈子壮谨跋。”

撰者钱谦益（1582—1664 年），字受之，号牧斋，晚号蒙叟，东涧老人。学者称“虞山先生”，清初诗坛的盟主之一。常熟人。明史说他“至启、祯时，准北宋之矩矱”。明万历三十八年（1610 年）一甲三名进士，他是东林党的领袖之一，官至礼部侍郎，因与温体仁争权失败而被革职。在明末他作为东林党首领，已颇具影响。马士英、阮大铖在南京拥立福王，钱谦益依附之，为礼部尚书。后降清，仍为礼部侍郎。

叙南华禅寺七十九代住持虚中观意禅师行状记[①]

（约嘉靖十八年己亥，1539 年，存）

禅师法讳观意，其虚中，别号也。祖贯曲江贤相白芒，邓氏子也。生有智慧，俗七岁，自愿出家，入宝林，礼道学为师，授禅顿教。洪武二十五年，授钦之度。永乐间，曹溪大众推重，遂领檄京师领礼部，归寺主七十九代席。弘开法要，曾登堂抛香，晋说之机。门徒五六人，自孙而曾，何其盛也。整堂待尊皆唱道，诸□授戒□不下三百余人。永乐六年，□衣资募十方，复□□楼，高出□。潢师一日□，曰：“诸□□□□□南天。”正统四年十二月二十四日子时，沐浴端坐，告大众示口。僧□八十有六，□□启蓬吉和志口永康、永韶□□等□荼□之盛礼。至今大师去世，百有余载。荷师乖衍，度固尔僧之渎□慧命者也。而又远孙净琛，继承九十八代住持，抽资重建曹溪门，继善能也欤。师光前裕后，而末裔诸徒法子玄孙以状诸追其记。□琢脱学拙劣，岂敢言其文，强为大略记其岁月□年。

将仕佐郎韶州府僧纲司正都纲碧山　百拜

前住当山第七十九代主持虚中观意禅师　远孙住持净琛　立石

远孙　净□　净慧　如相

净纲　净茂　如秀

如冠　德进　方悦

⊙注

①此文撰者不详。

考

碑存于南华寺，青石质，高约 0.90 米，宽 0.70 米，行书阴刻。周饰卷草纹。原碑不落年月，据碑中“至今大师去世，百有余载”，即从“正统四年”后推百年，约撰于嘉靖十八年（1539 年）。

大休珠禅师塔铭

（顺治十三年丙申，1656 年，佚）

洪　琮

曹洞一宗，代有传人。至云门湛老和尚，一灯出焰，千壑流辉。三传而至象田，为法求人嗣其后，求畅云门之旨，阐象田之猷，悟法心源，向无佛处作佛者，惟师一人耳。师号大休，讳智珠，维扬华家庄周氏子也。父南津公，事母纪氏，以孝闻。念生死事大，矢志出家。母不许，延至二十二岁，方得披剃于越门和尚处。师昂藏磊落，心行纯一，越门器之。越遽迁化，往谒天童受具。一见密和尚，便问曰："弟子千里而来，请决生死。"童打云："有甚麽生死可出？"师由是愤愤然极力参究。忽闻人言无心方合道，师有省，便趋方丈，问曰："若人识得心，大地无寸土，某觅心了不可得，又识个甚麽心？"童云："即今在甚麽处？"师云："在这里。"童云："且去，别时来。"一时朝宗和尚[①]为西堂师，跨门便棒，师云："莫涂污人好，机缘相契。"时有半个圣人之称。解期，往参尔密和尚，依止三年。参咨不解，随参具德和尚，命烧火一期，问具和尚曰："赵州道无作麽生？"具云："嗥！嗥！嗥！"师疑遂决，复还尔密和尚处。结制刚到半期，一日过浴堂时，迥然疑定，忽尔翻转乾坤，人境两忘，心法俱泯。师于是透蕴无余，爰有兜率三问之颂，密深肯之。师复辞，遍扣名宿。至象田，即念和尚会下田，问赵州道有道无意作麽生？师云："和尚手中是把木扒，某手中是把铁塔。爰有道州狗子有无二颂。"念见颂，大喜，知师得第一义矣。未几，师又辞去，参石奇、笑云二和尚，皆机缘契合。云谓师选佛场中尔登高第也，称道勿绝。时即念和尚顺世，师不在傍，遗嘱以袈裟源流亲笔写付古灵侍者，以待师承。师至不以为然，随参石雨和尚。雨是象田师也，一见问师曰："那里人？"师云："扬州人。"雨曰："我不问尔扬州。"师曰："和尚背后是个甚麽？"雨拈袈裟角。师云："是衲衣。"雨曰："有甚交涉。"师曰："有甚交涉。"雨点头者三，命克维那。期毕，雨将即念所遗袈裟付师，令嗣即念。遂为偈曰："一领破袈裟，今又缺一角。尔师留与尔，我今为盖却。象耕鸟为耘，异类行不群。有时苗秀实，表信露衣纹。"嗣后师旋象田结制，期毕辞谢，六沉众中，苦行益励。复潜入天童，执爨，继而紫气外彰，四众欢随。师知因缘时至，弘法天华，遂上佛日谢法。一时乌镇乡绅请住密印。乃至定隐白莲，坐振道场者七。后因总戎张公国勋[2]者书迎三至，坚恳主法曹溪，爰锡南游。见曹溪自憨师与朝和尚之后，不复知有性宗。师婆心善诱，扶翼中颓，凡归从者不啻数千。以及宰官绅士缁流秉戒披剃，不胜书也。且师行量遇人，不屑屑于语言文字，虽高悟冥通而历涉百艰，一往精进，数十年如一日。其住白莲也，师亲榜楮负饭供众。其住曹溪也，万指绕匝，大众欢洽，祖道宗风于兹重振矣。时大清丙申[3]七月，染疾，置书与鹤林茂公等，云："吾化缘已毕，不久将顺世矣！八月十四日，唤侍者击钟，吾当告众。"时合山耆宿洎百房，闻钟咸集方丈。师曰："山僧自浙来兹，仗祖灵光，行道三历周星，化缘已毕，诘朝子时解脱幻境。有来必去，理所常然。尔等大众，静护山门，各究已躬大事，绍隆祖位，是山僧志愿也。"大众听闻，罗绕顶礼。迨至十五早，师唤侍者曰："时至矣，可鸣板。"侍方击板三通，大众执香盈前。师曰："吾今长往，众中还有知落处者麽?"久乃震威一喝，"只在这里"。趺而逝。师年四十有二，法腊二十有三，前后嗣法者五十余人，其示人机缘语录有《谭扫庵》，司业而为首序，天华百问盛行于世。阇维后顶骨齿鲜不坏，建塔于憨师昭穴。门人心照融公持师行状请记，乃为之铭曰：

奕奕曹溪，是大禅地。能祖憨公，龙麟凤翼。惟明大师，洞宗良裔。迁迹白莲，克承克继。英英其模，琅琅其理。岂曰掇华，乃抉蹶里。苦怀郁确，没身靡已。普贤殷行，善财妙参。大师体之，备用以三。果熟之香，悠扬一世。摩尼之珠，妙雨无事。津梁是接，岂曰生前。我今遐稽，爰有德言。厥名不朽，以箴后贤。

⊙注

①朝宗和尚：即朝宗忍禅师，清康熙《重修曹溪通志》卷二《继席宗匠》云其为临济三十一世，嗣天童（寺）悟。

②总戎张公国勋：原为浙江嘉兴副将，顺治十三年（1656年）调升镇守广东广州府水师总兵，康熙初年改东莞总兵。

③大清丙申：即顺治十三年（1656年）。

考

本记辑自清康熙《重修曹溪通志》卷五，记中不落年月。撰记时间据"时大清丙申七月……趺而逝"及洪琮任职韶州推官年限推为顺治十三年（1656年）。

撰者洪琮，同治《韶州府志》卷五《职官表》云其为江南歙县（今安徽歙县）人，进士，顺治十三年（1656年）任韶州府推官。

天然昰和尚塔志铭

（康熙二十六年丁卯，1687 年，佚）

汤来贺

禅师名函昰，字丽中，别字天然，华首独和尚法嗣也。初，六祖灭后，派衍五宗，其一曹洞，凡三十二传至博山无异，异传华首道独，独传师及函可，可以罗难，化导沈阳。师既得法，历住江右、粤东诸名山大刹，说法度生逾四十载。康熙乙丑八月廿七日示寂雷峰。明年四月，诸大弟子奉龛建塔于丹霞佛日山麓。又明年丁卯，法嗣今辩以书状来请铭。予与师，道虽不同，然曩宦粤时，已心仪师；后复游粤，访师于东莞芥庵，为予言儒佛异国之旨。比入匡庐，又访师于净成。予于师固渊明之与慧远①也，其敢辞铭？

师本姓曾，世为番禺望族，初名起莘，字宅师，生而胎胞紫衣堕地始出。六载出就外传，自觉身若陨虚，大哭而返，如是者再。十三思注周易，问太极相生于何物？塾师为依文解说，师曰："此名言耳。太极究为何物？且两仪未生，极从何住？两仪既判，极从何去？"塾师不能答。十七补诸生，辄以康济为己任。或教之持咒可长智能，自苦心念不静，遂起疑情。如是有年，向所扰者，顿如冰释。及阅《传灯录》，不会厥旨，并丧所得，乃大疑惧，遽求出世。父母曰："汝欲出世，当俟名成。"师体志懋勉，蔚为名儒。年二十六，举崇祯癸酉乡试，榜发日，方歌鹿鸣，坐念功名富贵与己无预。上甲戌春官，归途病剧，感异梦而愈，自是断欲绝荤，参究益力，衣不解带者弥月，大悟玄宗。丙子冬，谒独和尚于黄岩，往返叩击，针芥相投。独示以偈曰："风旛一颂解投机，千里同风事亦奇。三上黄岩问端的，实知野老不相欺。"己卯，公车复上，舟次南康。值独和尚移锡归宗，诣求祝发。先是，诏行保举，师以大臣交荐，当得美官，乃谓"选官不如选佛"，弃犹敝屣。壬午，省亲广州，宗伯陈公子壮率诸人士请开法诃林，师以文人慧业，深入真际，直见本源，断诸委曲，全提正令，大阐纲宗，行无等慈，目空千古，缁素礼足，凡数千人率皆有叩则鸣，无挹不注。

甲申后，避地雷峰，旋徙栖贤，更历华首、芥庵、海幢、丹霞诸刹。所立规矩，整肃森严，一切外缘，视若尘垢。当平藩镇粤，敦请再三，至不获已，以宾礼见，次日不辞而返。师虽处方外，仍以忠孝廉节垂示及门。以故学士大夫从之游者，每于生死去就，多受其益甚深谛信，抑且为法忘躯，兢相落发。绍隆圣种，弘赞宗猷，师师济济，一时独盛。缘当颖脱尘劳，正当龆年得志，父母妻妹子媳先后俱着条衣，实有以作观感也。晚年退居紫霄峰之净成，犹孜孜汲汲，为法求人，每一言及先宗，辄为陨涕。时佛法滥觞惟师门风孤峻，与诸方异。会有宰官欲以世法绳诸刹，乃返雷峰，既而示疾，欲魁去期。临行手偈示众，端坐而逝。距其生万历戊申十月十四日亥时，世寿七十有八，僧寿四十有七。所著有各刹语录，楞伽、楞严、金刚三疏，《禅醉焚笔》，《似诗》诸书。嗣法弟子：海幢阿字无，棲贤石鉴覞、霞澹归释、雷峰西堂仞千壁，皆先师入灭，余各分化一方，其高行鹤鸣衍摩则师之罗睺罗也。铭曰：

三教同源等无异，惟兹拘人乃二视。儒门澹泊世交丧，誓向空王竖赤帜。诸见既灭觉照空，得无所得住圆位。一毛头上现全身，大千抛掷同游戏。从上窠窟尽掀翻，瓦砾生光无剩义。目空今古道风孤，世出世间扶正气。入坐道场四十秋，龙象蹴踏谁能企。南天佛国赖重兴，洞上纲宗终不坠。我无生灭随因缘，道树忽枯涅架至。恒沙劫坏塔巍峨，如是如是亦如是。

⊙注

①渊明之与慧远：据《莲社高贤传》载："时远法师与诸贤结莲社，以书招渊明。渊明曰：'若许饮则往。'许之，遂造焉。忽攒眉而去。"不让饮酒就不去，可见陶渊明不像一般人那样对释慧远一帮人怀有敬意，连好感也谈不上。皱眉而去，可见陶渊明与慧远等见解不同，言语不投。元人李公焕注陶诗说陶渊明与慧远为方外交，不愿入白莲社："远公郑重招致，竟不可。"一次，陶渊明对慧远说："你山上有酒我就入社（当年他之所以愿到彭泽做县令，原因之一就是那地方有公田，可以种秫酿酒）。"慧远说："可以嘛。"等到陶渊明一肚子兴奋跑上山去时，不但无酒，甚至连酒味都闻不着，知道上了慧远的当，禁不住颦眉蹙额，拂袖而返。此即"远公杯"的典故。宋苏轼《追和沈辽赠南华诗》云："善哉彼上人，了知明镜台。欢然不我厌，肯致远公杯。莞尔无心云，胡为出岫来。一堂安寂灭，卒岁扃苍苔。"

考

本记辑自雍正本《丹霞山志》卷八，原碑不存，撰记时间系据记中"康熙乙丑八月廿七日示寂雷峰。明年四月，诸大弟子奉龛建塔于丹霞佛日山麓。又明年丁卯，法嗣今辩以书状来请铭"考订。康熙二十五年（1686 年），天然和尚的几位嗣法弟子今摩、今辩等撰立《本

天然昰和尚塔志铭

师天然昰和尚行状》碑于天然和尚塔墓，后碑断裂，再后不知所踪，惟余残拓，附左。

撰者汤来贺（1607—1688 年），原名汤来肇，字佐平，改字念平，号惕庵，别号主一山人，世皆称其为“南斗先生”，江西南丰人。官至兵部侍郎兼广东巡抚。明末清初散文家、诗人。明万历三十五年（1607 年）生于科甲世家。汤来贺幼承家学，淹贯古今，博文为豫章之冠。崇祯十三年（1640 年）中进士，后任扬州推官，主管本府司法事务，在政以廉洁著称，时逢灾年，汤来贺多方赈济救治灾民，并为无辜受牢狱之灾的死囚平反昭雪。其品行兼优，深受史可法器重，奏荐朝廷誉其为“立品以千秋自命，立志以圣贤为法，天下治行第一也”。

丹霞澹归释禅师塔铭

(康熙二十八年己巳，1689 年，佚)

徐乾学

澹归禅师者，前进士金道隐堡也。国亡出家为僧，师岭南天然和尚，受衣钵，创建丹霞别传寺。已度岭，来吴请藏经，寄锡当湖六氏园，病卒。弟子奉其灵骨归塔于丹霞。越数年，其同门辩禅师选师行状，命侍者古轮等远来乞铭于予。

丹霞澹归释禅师塔铭

予以癸卯年（注：康熙二年，1663 年）游岭南，遇师广州，朝夕谈论甚欢。比过吴门，又顾予于花溪草堂，方欲与诸同志为觅一蒲团地止师，以佚其老，师不辞而去，已而仙化于当湖。适滞都门，瓣香勺水莫酬宿志。兹辩公以状乞铭，其敢有辞？

按状：师讳今释，字澹归，杭州仁和人，姓金氏，原名堡，字道隐。举明崇祯庚辰进士，知山东临清州；未一年，以灾疫不催科罢。遇大兵，入杭奔闽，上疏陈恢复大计，语侵郑氏，特授礼科给事中，以服未阕不拜。奉诏联络鲁藩。郑氏阴令江东帅方国安计杀之，江东人亦群指为北来奸细，赖同年御史陈朱明力争之，得免还闽。郑氏益不能容，以终丧请许之，因避，去楚南辰沅间。戊子，江楚两粤兵起，复迎桂王驻肇庆府。公入见，补授兵科。论事益切直无所忌讳，举朝侧目。同时，袁彭年、刘湘客、丁时魁、蒙正发皆与公合，而大金吾李元胤方用事，尊信公等言得行，故遂有“五虎”之目。庚寅春，大兵进粤，驾移梧州；一时衔（恨）五人者仓卒舟次，合疏请诛坐以赃罪，遂收公等下梧狱，欲致之死，拷讯无所得，乃予廷杖，意在独毙公也。故公伤尤重，卒不死，谴戍清浪卫。道阻不得赴，留寓桂林茅坪庵。桂林破，遂薙（薙）染为僧。壬辰，下广州，参雷峰天然昰和尚，受具戒，执役碗头者一年。天和尚欲隐匡山，师奉命乞食江南，回充楼贤记室。已返雷峰供职如

澹归释禅师像

故。又居东莞戴庵前后十载。壬寅，开丹霞，充监院。于兵马林中，屡濒危殆，经营五载，别传寺告成，居然丛林。乃迎天和尚主席，日与师友啸傲山水间。一日，入室次，言下有省觉，从前所得，豁尔冰释。明年乃受记，蓟举西堂立僧，仍充化主。天和尚赴归宗请，甲寅春，命师主丹霞席，领众不轻肯一人。未几，复以请藏出岭，付院务于同门辩。历尽险阻，得达吴越，请藏事毕，拟还椟贤，而病遽作。平湖陆孝山使君留寓别业，遂不起。临终遍发岭内外书及诸遗念，嘱侍者荼毗投骨灰于江流。侍者求留偈，举笔书曰："入俗入僧，几番下火。如今两脚捎空，仍旧一场伛偻。莫把是非来辨我，刀刀只砍无花果。"挥讫投笔而逝。时庚申（注：康熙十九年，1680年）八月九日也。侍僧奉灵骨回匡山，丹霞道俗迎归，建塔于海螺岩，距入灭已九载矣。

师生于万历甲寅，世寿六十有七，僧腊二十有九。所著有《遍行堂前后集》行世，其未脱白时，有《岭海焚余集》。辩公状如此。

予闻学佛者，以能了生死为大事毕，即吾圣人谓"志士仁人无求生以害仁"。庄子述圣人之言曰："行事之情而忘其身，何暇至于悦生而恶死。"夫不求生，不知生死所悦恶，非真了者而能之乎？世传澹公居官抗颜敢言，人争欲杀之不为少变，吾未之深悉。独见其上定南、平南两王书而知其夷然生死之间也。定南破桂林，杀瞿留守式耜、张侍郎同敞，横尸衢市，师时虽出世，仍前朝旧人，慨然请为收葬。其书自叙履历与两公交情，略无隐讳，引唐高祖之于尧君素、周世宗之于刘仁瞻，杀其身而爱且敬其人；明太祖之于元御史大夫福寿，既葬而复祠之；元世祖之祭文天祥，伯颜恤汪直信之家，持之有据，而言之成理。又言："衰国之忠臣与开国之功臣皆受命于天，同分砥柱乾坤之任，天下无功臣则世道不平，天下无忠臣则人心不正，两公一死之重，岂轻于百战之勋哉！王既已杀之，则忠臣之忠见，功臣之功亦见矣，此又王见德之时也，请具衣冠为两公殓，瞿公幼子尤宜存恤，张公无嗣益可哀矜，并当择付亲知，归葬故里，否则，亦许山僧收领，随缘藁葬，岂可视忠义之士如盗贼寇仇，必灭其家，狼藉其肢体而后快于心耶？敬俟斧钺，惟王图之。"夫以亡国孤臣得免搜求为幸，乃干冒威严，不避鼎镬，视彼贪生怖死者何如耶！其《上平南书》则云："前所编次无功垂范一书，遵奉记室所授稿本，于明称伪，于明兵称贼，初谓奏报相沿，未曾改正。窃念明灭元而修元史，不以元为伪，不以元兵为贼。明末君臣播迁，亦自延其祖宗一线之脉，而清朝承明正统，驱李自成为明雪恨，于明本非寇仇，今书称李自成为伪为贼，称明亦为伪为贼，略无分别，恐于理体有乖，谨发回原书改正。

盖天下之分义，当与天下共惜之，天下之体统，当为天子共存之也。”词严义正，卒允其请。师所言可否之间，利害存焉，能无夺于利害，即无夺于生死。吾谓师夷然于生死者，非谬谀也，则以师学佛为能了生死，又何疑焉。

师文字大抵自庄子来。自言小时每作文，不为题所缚，故能发昔人未发之理，道昔人未道之言，其犀利处于禅家机锋，将近宜诸方，谓洪觉范文字禅，憨山《清梦游集》皆弗及也。诗篇口占恒十数首，好用古事，声采绚伟。乾学奉命还山纂修，终日屈首卷帙中，钻研故纸，于师分中事未能窥见万一。惟据予所知，证以辩公状，辄次序其说，而为之铭。其词曰：

有浙巨儒，文锋莫御。少掇科名，旋列朝著。乱日从亡，捐家不顾。遇事尽言，乃逢众怒。苍梧播迁，严遣远戍。天命既改，以缁易素。师事雷峰，摩顶受具。故吾何有，随众作务。坐卧靡宁；得大解悟。建立丹霞，法幢云赴。离曲录床，芒鞋东度。栖栖吴苑，以请藏故。事毕言旋，坚挽莫驻。六氏园林，坐脱何遽。支离遗骸，付之一炬。江流可投，牢堵可住。回首平生，如梦得寤。作斯铭章，增我慨慕。

考

本塔铭辑自雍正本《丹霞山志》卷八，原碑不存，铭中不落年月。撰铭时间“康熙二十八年己巳”系据铭中“越数年，其同门辩禅师选师行状，命侍者古轮等远来乞铭于予”等推算。

撰者徐乾学（1631—1694 年），清代大臣、学者、藏书家。字原一、幼慧，号健庵、玉峰先生，江苏昆山人，顾炎武外甥，与弟元文、秉义皆官贵文名，人称“昆山三徐”。康熙九年（1670 年）进士第三（探花），授编修，先后担任日讲起居注官、《明史》总裁官、侍讲学士、内阁学士，康熙二十六年（1687 年），升左都御史、刑部尚书。曾主持编修《明史》、《大清一统志》、《读礼通考》等书籍，著《憺园文集》三十六卷。家有藏书楼“传是楼”，是中国藏书史上著名的藏书楼。

曹溪六祖大鉴禅师行年考

（民国八年，1919年，存）

赵　藩

唐太宗贞观十二年戊戌二月初八，禅师生于岭南新州。三岁丧父，比长，樵采以养母。高宗龙朔元年辛酉年二十四，至湖北黄梅东禅寺，参五祖，以行者受衣钵。是年，辞归岭南，初住曹溪避祸，复出游，混迹猎人中者凡十五年。高宗仪凤元年丙子正月十五日，始至广州法性寺，薙发登坛讲经，次年复归曹溪。玄宗开元元年癸丑，归新州国恩寺，礼报恩塔，八月初三日涅槃，十一月十三日其徒肉身归曹溪入塔。综计世寿七十有六，僧腊五十有二。赵藩述。

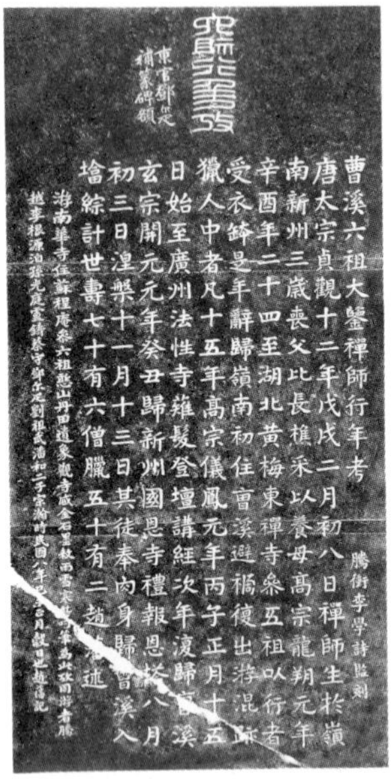

曹溪六祖大鉴禅师行年考

游南华寺，住苏程庵，参六祖、憨山、丹田遗象（像），观寺藏金石墨敕，雨雪寒□，□笔为此考。同游者腾越李根源泊孙光庭、卢铸、蔡守、邓尔雅、刘祖武、潘和，二子宗瀚。时民国八年己未正月谷旦也。赵藩记。

考

碑存于南华寺，青石质，高约1.20米，宽0.40米，楷书阴刻。篆额“六祖行年考”，旁行书“东官邓尔雅补篆碑额”。

撰者赵藩（1851—1927年），字樾村，一字介庵，别号蝯仙，晚年号石禅老人。白族，云南省剑川县向湖村（又名水寨）北寨人，云南省近代历史上著名的学者、诗人和书法家。曾任四川臬台，官至川南道按察使。参加过辛亥革命。1913年被选为众议员，1917年代表云贵总督唐继尧赴任广州护法军政府的交通部长，1920年辞职回滇，任云南省图书馆馆长。晚年致力于文化事业，总纂《云南丛书》等书籍直至逝世，享年76岁。

五　其他记述类

黄莲山宝林禅院钟款①

（大宝二年己未，959 年，佚）

粤维大宝二年太岁乙（己）未七月甲辰十九日壬戌，乐昌黄莲山宝林禅院住持长老明徽大师、赐紫沙门义初召众缘铸造铜钟一口，重四百斤。劝首弟子给事郎、守内侍省内府局、令都监乐昌防遏诸都并监乐昌县事、赐紫金鱼袋郑敬赟，以七月廿八日设斋庆赞，永充供养。

（背款）奉敕镌题黄莲山铜钟一口。

注

①此文撰者不详。

考

本钟款辑自道光《广东通志》卷二五〇《金石略·七》。

同治《韶州府志》卷四十《杂录》引旧志："乐昌黄莲山铜钟一口，不知何时移至府学明伦堂。"款略云："粤维大宝二年太岁乙未七月甲辰十九日，宝林禅院住持长老明徽大师赐紫沙门义初钟一口，重四百斤。劝缘监乐昌县事、赐紫金鱼袋郑敬赟，邓维循记云。"考"大宝"乃南汉年号，历今五朝，计七百余年。崇正甲戌，明伦堂将倾圮，余过而见之，集众移钟至露台。不数日，堂倾，得无恙。钟今在文昌宫。

《粤东金石略》："钟高二尺四寸，围四尺五寸，纽高五寸，围二尺。"又曰："凡铸金之文，阳识易成，阴款难镌……"此文乃是阴款，尤为难得。

黄莲山，或为"黄莲坑山"。同治《乐昌县志》卷三《山川》："黄莲坑山，在县西，距城十里。其山纵横十余里，古木阴翳，数以万计，山涧流泉贯注溪壑，黄莲峒等处粮田资其灌溉。四围重峒叠巘，峭壁巉崖，中低外耸。"

黄莲山宝林禅院此后沿革不详，后或改黄莲阁。民国二十年（1931 年）《乐昌县志》卷二十《寺观表》："黄莲阁，在长垑墟。"

南汉钟铭[1]

（开宝九年丙子，976 年，佚）

南华寺奉敕宣赐广州长寿寺钟一口。将镇祖山，功资国祚。以开宝四年丙子岁九月二十五日，得广州差人船同前副监寺契真大师、怀□都监契净大师、□□监院静源大师□□守护传法衣钵普□□□。

⊙注

①此文撰者不详。

考

道光《广东通志》卷二五〇《金石略·七》云：“钟在韶州南华寺。”

韶州月华山花界寺传法住持记

（景祐五年戊寅，1038 年，佚）

余　靖

人之大伦在乎三本：父者生之，君者治之，师者教之。父子天性，至亲而不易；君臣同体，至一而不可择。惟师则不然：去就之分，视德之轻重。故无位而尊，无赏而归者，道之所在云耳。子夏之居西河，康成之处北海[1]，传经著录，不异洙泗，岂有督之者哉？金仙之教被于中国，及心法西来，百年之间，传至大鉴，而法斯溥矣。

月华山者，招提惠朗禅师演法之地也。招提视大鉴，犹曾祖父也。大鉴门人高第者：庐陵思，衡岳让。让传大寂，居江西，世呼马祖是也；思传希迁，居南岳之石头。建中、正（贞）元间，方袍之学心者，江衡千里，道路如织，亦西河北海之风也。石头之入室者，有大小朗，招提为大朗。以其不出招提三十年，故号招提朗然，其门人刘轲[2]为之碑甚详云。

朗，曲江人，俗姓欧阳氏。年十三于州邓林寺出家，二十于岳寺受戒。既而曰："戒岂律我哉！"乃往龚公谒大寂，得佛无知见之说，遂归于岳。昼操井臼之役，夜与其徒发挤齿键。石头即世，终丧乃去。正（贞）元十一年，将游罗浮。途次曲江之都渚，乃曰："兹地清气盘郁，亦足以栖神矣。"遂驻锡居之。四方学者寻声而至，无虚日矣。招提既没，众散，而寺亦榛废。

其后百余岁，当刘氏称汉[3]于南海也，有实智[4]禅僧清裦者，自范金铜罗汉像十八躯，进献刘主中宗，因得延见。引问之际，器识高远。刘主乃于碧玉殿备浮图氏威仪，俾裦升正座说法，其主自处西向听之。仍俾奉罗汉像自铨胜地，以图熏修。乃即招提故基置寺，以国命赐名。龛其像，至今存焉。

实以癸亥年来，至壬申[5]为乱兵所害，其徒光政[6]继主其院三十年。真宗皇帝即位改元之岁，赐寺额曰"花界"。四年，光政因众命，以院让道，寻再为什方居。传八世，至今长老琳公[7]，景祐元年以州命而尸之。自正（贞）元十一年至是岁，凡二百四十三年。自招提至琳公，凡十二代。以其属自相传，不敢处师座者五，余则以国命、州命、众命，凡有所宗者七世焉。然而学徒或来或不来，所谓去就之分，

视德之轻重也。

琳生曲江都渚，邓姓。祥符初，寺为外火所延，一瓦无完。琳公时在徒弟中，与知事辈戮力营竖。既而叹曰：“识心达本，是谓沙门，何泥于有为耶?”乃优游江淮，遍参师席。初博通内外典，攻诗属文，所至推为文章僧。寻复悔曰：“多闻亦病耳!”遂讳作词章。洞山自宝禅师见之曰：“此大乘器也。”既印其心，又欲以院让之，再让皆不受。还曲江，于方山结庵而居，今所谓白莲庵也。漕使郑公⑧载疏名以请之，再辞不免，升座。而学人四至，完旧创新，无物不具。植茶树果，给众皆余。此又余力于有为也。因书其始末云。

⊙注

①子夏之居西河，康成之处北海：子夏，卜商之字，卫人，孔子弟子。事见《论语》。康成，郑玄字，东汉经学家，《后汉书》有传。

②刘轲：曲江人，中唐学者。《全唐文》录存其文 14 篇，《全唐诗》录存其诗一首，另存《牛羊日历》一卷。

③刘氏称汉：指刘岩（后更名龑）称帝，事在乾亨元年（917 年），初国号“大越”，次年改为“汉”，史称“南汉”。刘主中宗，初名洪熙，后更名晟。《南汉书》有记。

④实智（972 年）：《南汉书》有传，名清裔，不知其所自。南汉中宗召对，准其自选胜地奉像焚修，因请得月华山开建寺院。宋咸平元年（998 年），赐额为“花界”。

⑤癸亥年来，至壬申：癸亥，宋乾德元年（963 年）；壬申，开宝五年（972 年）。

⑥其徒光政，生平里籍不详。

⑦琳公：即惠琳，参见余靖《韶州开元寺新建浴室记》、《韶州月华禅师寿塔记并铭》。

⑧漕使郑公：道光《广东通志》载：“郑戴，明道二年任广东转运使。”

考

本记辑自余靖《武溪集》卷九《寺记》，四库本，原碑不存，镌刻形制不详。记中不落年月。据记中“自正（贞）元十一年至是岁，凡二百四十三年”，当是景祐五年（1038 年），时余靖已回曲江省亲。

同治《韶州府志》卷二十六《古迹略·寺观》载：“花界寺，在月华山，南汉时僧清裔建。”宋咸平元年（998 年）赐额“花界”，余靖有记。

惠朗，又作慧朗，青原下二世，石头迁禅师法嗣。曲江人，俗姓欧阳。时有同名朗者，故以招提（潭州寺名）朗别之，又称为大朗。《五灯会元》卷五有小传和语录一则。

韶州善化院记

（康定元年庚辰，1040 年，佚）

余　靖

仲尼居鲁，而儒学之风隆于洙泗；秦皇好兵，而将帅之材出于山西。六祖开化曹溪，而塔庙之兴布于曲江。盖圣贤特出，熏而炙之，故跂高慕远者，与习俱盛也。

韶州，生齿登黄籍也三万一千户，削发隶祠曹者三千七百名，建刹为精舍者四百余区。岂非祖风宏扇，人心偃顺，而钦崇者夥乎？

乡曰丰乐，里曰长容。北出州治三十里而遥，有院曰“善化”，唐朝旧额也。五代兵火之后，其名仅存。雍熙二年，始有草茅之室。檀越列名，请袁州僧皓隆主其熏修。讫至道中，隆师示寂，上足绍缘尸承厥位。缘师袁姓，亦分宜人。弱岁随隆来，及其卒而嗣焉。

初，院在山椒，垣壝隘陋。自景德初年，缘师乃经始，宽平而徙其基，揭旧名而署之。募资购材，斧斤不绝。至天禧之末而考室，凡十八年间，乃得环合立鸱而名殿，以安其像；度筵而筑堂，以崇其法；重楼而击钟，以庶乎息苦；连床而会食，以示其容众。至于庋阁之司，舂炊之所，折衷丰约，罔不具焉。清溪如带，缭绕前左；长梁下亘，虚亭上覆。徙倚轩槛，可以优游，真尘外之嘉致也。又尝于雍熙、至道间，悉委瓶盂羡余，市东皋之田，以具饘粥。

于戏！能创其基者，父之事也；能继其志者，子之力也。文王无忧于其国，以王季为之父也[①]。臧孙有后于其家，以哀伯为之子也[②]。浮屠氏托大义于父子，而本非骨肉之爱，乃能恢崇堂构，以昭前人之光；又能捐其蓄积，市易田产，以贻后世之利，此其可书以垂劝也。彼滔滔然趋走权贵之门，窥伺常住以图割削，用实私橐者，视师之绩得无愧乎？

以某尝帖职于修书之殿，伻词其实以示亡穷。既嘉之，因不复让。

康定元年九月　日记

⊙注

①文王无忧于其国，以王季为之父也：周文王，名昌。王季，名季历，文王之父。季历笃行于义，传位于文王，武王即位，追尊其为王季。事见《史

记·周本纪》。

②哀伯：即臧孙达，鲁大夫。谏桓公拒纳贿器，周内史赞其“谏之以德”，“有后于鲁”。卒谥哀伯。事见《春秋左氏传》卷五。

考

本记辑自余靖《武溪集》卷九《寺记》，四库本，原碑不存。镌刻形制不详。据记末所述，本记写于康定元年（1040 年）九月，时余靖服丧乡居。

记中所述“韶州，生齿登黄籍也三万一千户，削发隶祠曹者三千七百名，建刹为精舍者四百余区”，乃韶州禅宗发展史重要史料。

同治《韶州府志》卷二十六《古迹略·寺观》载：“善化院，在曲江县长桂都。唐天宝年间初创，明万历间修，改善化寺。清乾隆间凌江御史胡定（字登贤，广东保昌人，雍正十一年进士，改庶吉士，授检讨。乾隆五年，考选陕西道监察御史。以敢言知名。转兵科给事中，累官福建道御史）寓此，改善果寺。”

韶州白云山延寿禅院传法记

（庆历元年辛巳，1041 年，佚）

余　靖

昔者金人见梦，经像始东，而图绘结奉遗教者，遍于天下。既而汉之宗祀，废于当涂；魏之血食，绝于典午[①]，西方塔庙岿然无改，大雄之德何其盛哉！迄今千祀，寅恭益众。由是王图侯国，商关农井，苟有生聚，必为浮图。大抵南方富于山水，号为千岩竞秀，万壑争奇。所以浮图之居，必获奇胜之域也。

实性[②]大师始来居之，绝涧高风，恍出物外。阴谷夏云，阳崖冬葩，故非区区林麓之所比也。古者谓穹山浚泽，必能兴云致雨，以济万民之望，故以“白云”名之。

观夫高士远迹当世，非独玩云霞之容，同禽鱼之乐而已。盖将脱去声利，深入杳霭，目绝尘累耳。忘俗嚣，而后真性湛然。如太虚月，旁无壅障，乃克通照耳。所居高深，所乐旷远者，以此也。

禅那之学，其来尚矣。自南北分宗，思、让异派[③]，虽达空照理，共归玄解，而临机接应，各禀师模。言有体用，义有纵夺，互相祖习，曰为“门风”。然而无善可求，无恶可去，直指宗门，令其悟入。

云门之教，最为真淳，“实性”即云门之嫡也。“实性”者，刘主所赐号也。名志庠，封州人，姓陈氏。广主延入府中，亲问法要，有名“传灯录”。庠既即世，志文开堂嗣之。次曰契本禅师达正，次曰达真禅师云端，次曰妙光大师云福，皆承师嗣法，世赐师名。厥后有惠龙者，凤翔人，姓赵氏。今长老常简，永嘉人，姓徐氏，皆什方名德之选也。

自实性至今七世矣。栋宇加饰焉，田畴加辟焉，仓廪加入焉，器用加给焉，徒众加进焉，远近加信焉。

呜呼！今公侯将相之家，不过一传再传，或当世而绝者。岂非道家所忌，陈平所识，阴谋而害人者耶？至于浮屠氏托大义以承嗣，而能世广基构至于不朽，贤于阴谋者远矣。其可书也，遂志其世云。

注

①典午：典午即“司马”之意，此处指称晋朝。十二支中，午属马。晋姓

司马。故称晋朝为典午。《三国志·蜀志·谯周传》："周语次，因书版示立曰：'典午忽兮，月酉没兮。'典午者，谓司马也；月酉者，谓八月也。至八月而文王（司马昭）果崩。"晋帝姓司马氏，后因以"典午"指晋朝。

②实性、契本、性实：《五灯会元》失载，《南汉书》有传，皆云门祖师文偃法嗣。《五灯会元》卷六所载未详法嗣之实性大师，与此当非同一人。南汉后主尝召实性至阙，赐于韶州开山传法，遂与性实（名子祥）等同往白云建刹，人称白云禅师。实性后五世，《南汉书》作志文、契本、达真、妙光、惠能（龙），当以本记是正。

③思、让异派：思，青原行思；让，南岳怀让。二人均是六祖惠能法嗣，传略载于《五灯会元》卷五、卷三。

考

本记辑自余靖《武溪集》卷八《寺记》，四库本，原碑不存，镌刻形制不详。记中不落年月，据余靖年谱，可能亦是其乡居服丧所写，暂考为庆历元年（1041 年）冬，以俟续考。

同治《韶州府志》卷二十六《古迹略·寺观》："延寿寺在太平都。"光绪《曲江县志》卷七《舆地略·都里》："太平都在城西南六十五里，属村有冲下村、车田村、泷头村、社主村等，即今龙归镇一带。"

韶州乐昌县宝林禅院记

（康定二年辛巳，1041 年，佚）

余　靖

上士冥心而履道，其次崇善以济物。道充于内而迹彰于外，物应于迩而名闻于远，所以谘事而察其言，寻声而索其实。一家之誉必用之于乡，一乡之秀必升之于国。盖善恶起诸己，毁誉成诸众。择贤采异，用此术也。

今夫推自稠人之中，升于高座之上，巍然当室之白（北），以师道自处，使同袍济济，北面就列，拜起趋揖，如事君父。若非深识悬解，领悟性相，舂容一音，发朦去惑者，众多之心岂易伏哉？

越人右鬼，而刘氏尤佞于佛。故曲江名山秀水，膏田沃野，率归于浮屠氏。郡之属邑曰“乐昌”，去县郛四十里，有院曰“宝林”。地灵境胜，一邑之冠。远郊近落，率来瞻仰。故尝登延开士，主其熏修。

于戏！栖山林以遂其高，遁江海以安其闲，幽人奇士所以击节而争往也。又况有栋宇以资其偃息，有菑畬[1]以奉其饘粥，果能择得闻人以付之，俾其发扬佛事，开导氓俗，奉行诸善，共避众恶，此乃因高闲之适，成兼济之利者也。

今长老圆祐师，福州怀德人，姓陈氏。学顿放（教）于黄梅山显宗禅师，服勤二十年，昼问夕参，遂探幽揵。乃曰：“未脱自缚，安能度人？”即谋南归，以卜终焉之计。惟兹宝林之众累易师长，而莫能兴葺以延四方。于是计使邹公覃远听博采，得师于虔之慈云。遂迎以来，俾尸其众，时景祐三年也。

先是，院制度狭小，不克称于其名。殿陛庳下，堂奥浅仄，居才数亩，面临回照。影过亭午，则暑气郁勃，坐者挥汗，至于末光。师以日廪之余，悉付营造。易其堂殿，负阴向阳。增筑厥基，殆逾百堵。伐山陶土，剞劂圬（圬）墁之工，百役自具，不假外徇。居者执畚而同力，来者挂锡而如归。夏开南荣，冬塞墐户，无复往时之陋也。

乃知择得其人，为利自博。但无意侵渔，能守厥旧，已足佳矣。矧能指无修之要[2]，以悟自性；精有为之勤，以励后学。此而不记，将孰记哉？

康定二年九月日记

⊙注

①菑畲：耕耘。《易·无妄》：“不耕获，不菑畲，则利有攸往。”耕稼为民生之本，故以喻事物的根本。唐韩愈《符读书城南》诗：“文章岂不贵，经训乃菑畲。”宋杨万里《题张兴伯主簿经训堂》诗：“不论取官大门闾，始是经训为菑畲。”

②无修之要：摩腾、竺法兰译《四十二章经》，有“无念无住无修无证”之说。

考

本记辑自余靖《武溪集》卷七《寺记》，记撰于康定二年（即庆历元年，1041年）九月，时余靖已由潮州返回韶州。

光绪《韶州府志》卷二十六载：“宝林寺，在乐昌县辛田都，余靖有记。然其于始建时间，误记为嘉祐三年，当以本记为正。”

圆祐禅师、黄梅显宗及计使邹覃，生平里籍均不详。

所记“越人右鬼，而刘氏尤佞于佛。故曲江名山秀水，膏田沃野，率归于浮屠氏”，是南汉时期韶州禅宗发展史的重要史料。

韶州翁源县净源山耽石院记

(皇祐元年己丑，1049 年，佚)

余　靖

古之学佛者，内乐空寂以照自性，外作饶益以济群动，故行修于己而功施于物。虽岩居穴处，草衣木食，委去浮累，超然独往，而万家之城，十室之聚，率有信向，仰为开导。由是攀萝蹑矗，栈险梁深，异人所居，必立精舍。

耽石院者，翁川之列刹也。山川葱郁，杳绝纷嚣，泉石幽奇，足以耽玩。唐大中三年，有僧法光爰此剪茅，众为筑室。去华摭实，遂以“耽石”为名。刘氏瓜剖，乱离斯瘼，钟呗之声几乎息矣。开宝初，因其故号迁于上潭。香火仅在，风幡无托。不有废也，其何以兴？天圣中，今住持慧周同檀越巢迪等相与谋曰：“佛之示权也大矣，人之起信也久矣！察荣悴者知其果，视祸福者存乎应。崇善者有精进以笃其修，畏罪者有忏悔以寡其过；多藏者有布施以破其惑，念往者有追奉以广其孝。是知民之闾井，不可一日而违塔庙也。”既而同焉者募，异焉者劝，富焉者资，巧焉者力。其相土也，则叠岫宾挹，澄溪带附；其度材也，则百堵云构，四阿翚飞；其设像也，则金璧睟容，天龙善卫；其据境也，则珍木弥望，佳气袭人。真崇福之秘宇，绝尘之幽致也。苟非智者创谋，善人协规，孰能与于此哉？巨石如屏，泉淙于下，可以爽精灵，可以涤尘虑，命名之始，其在兹乎？就崖砻琢，传之不朽。

皇祐元年八月　日记

考

本记辑自余靖《武溪集》卷七《寺记》，原碑不存，记撰于皇祐元年（1049 年）八月，时余靖乡居韶州。

道光《广东通志》卷二百六《金石略·八》引《粤东金石略》曰：“余靖《韶州翁源县净源山耽石院记》‘皇祐元年八月日记，皇宋至和三年三月十□日，住持僧法、沙门省功建，颍川巢玉书，进士巢迪篆，郑祚刻’。”

乾隆《翁源县志》卷四：“净源山，在县北四十里。又名华盖山，以形如华盖故名。其东凹为九曲岭，岭路迂回。耽石院就在九曲岭绝顶，有巨石如屏，下有清泉涌出。”《翁源县志》卷七全文收载余靖此记，云：“宋至和三年（即嘉祐元年）三月十四日进士巢迪篆，颍川巢玉书。”

同治《韶州府志》卷二十六《古迹略·寺观》：“唐大中三年，僧法光于此耽玩，众为筑室，因以‘耽玩’为名。余靖尝读书于此，作记勒壁。后人建有余襄公祠。”据《翁源文物志》（稿本），耽石院遗址在翁源县新江镇双石村。

《宋高僧传》载：“浙江天台山佛窟岩遗则寂灭之后，遗址于会昌五年被毁。后开元寺僧正法光于咸通乙酉岁徙其碑。此法光或即前此翁源耽石院创始人。”

同游泐溪石室记

（皇祐二年庚寅，1050 年，佚）

余　靖

人之跂高慕远、乐在林壑者，厥游不得其胜，则无所记焉。地之蕴灵蓄秀、（镇）于方域者，所赏不遇其人，则无所发焉。游赏之会，其难乎哉！

予以分司归韶之明年，江夏黄君子京始宰乐昌。其明年，以书见遗曰："弊（敝）邑虽小，地多胜概，泐溪石室宜为称首。元和中，番禺从事李文孺尝志其游，惜其景出涵晖之右，而文不逮于《到难》，故使兹山不甚显闻于世。若迂高车以辱临之，愿去道茀蠟（躐）履以从。"又明年，乃往游焉。

其始去县郛西北，平行五里而近，西为大山，其厚无极；东亘高阜，积石所成。澄溪下流，人迹中断。揭溪即阜，属当大窾。外若敞扉，中如华屋。平有度筵之广，高逾结栋之隆。穹中四注，屏舒玉削。幽崖婉入，如曲房小槛之容；斜窦旁通，有连甍接庑之势。云蒸雾积，闭阴辟阳。冬漏暖脉，夏含凄气。天地炎凉所不能制，固仙游之所宅，岩栖之嘉致也。既而遍览幽趣，庶逢前轨。洗尘而视，则有六羽题名墨迹在焉。张炬而入，则有六祖偃息石床存焉。

呜呼！苟非子京奏刀恢恢之暇，以奇胜见招，何由崎岖百里，一届其域？及窥陈迹，则古之贤哲寝处为常，乃知世称今人不如古，宜哉！

子京时又招摄尉唐某、进士谭某同游。既书名于壁，复镵石以志之。

今天子亲享明堂之岁，三月二十五日记

考

本记辑自余靖《武溪集》卷五记。记中云余靖"归韶（庆历六年初秋）之明年"，黄子京始宰乐昌，明年（或庆历八年，1048 年）以书相邀，"又明年"（似是皇祐元年，1049 年）往游。但记末写明是"享明堂之岁"，当在皇祐二年（1050 年），时余靖仍乡居曲江。

清《钦定续通志》卷一百六十八《金石略·二》：《同游泐溪石室

记》（余靖撰，黄昌龄书　正书皇祐二年　乐昌）。

明嘉靖陈大纶
重立《卓锡泉铭》拓本

明嘉靖陈大纶
重立《卓锡泉铭》

道光《广东通志》卷二百六《金石略·八》亦收有此记，注云：“记在乐昌泐溪岩，曹溪僧智原刊字，存。”碑末署云：“今天子亲享明堂之岁，三月二十五日，光禄少卿、分司南京余靖记，文林郎、试秘书省校书郎、知县事黄昌龄子京书立并题额。邑佐潘彦龙同立石。曹溪僧智原刊字。”民国二十年（1931 年）《乐昌县志》卷二十二《金石·上》：“右碑高五尺，宽二尺六寸，碑首有篆文‘同游泐溪石室记’六字，字大三寸，作三行。碑文楷书，大一寸，今泐溪岩（西石岩）有重刻碑。”

同治《韶州府志》卷十二《舆地略·山》：“泐溪岩，一名仙人石室，俗称西山岩。在乐昌县西三里（今乐昌市北郊市委党校侧），高三十余丈。下有石室，高三丈，广五丈左右，各有斜窦可通。右入有石床，传说六祖往黄梅时曾憩于此岩，余靖有记云云。”

时邀游之乐昌知县黄子京，即黄昌龄，江夏人，生平不详。同游进士谭某、摄尉唐某，生平里籍不详。

卓锡泉铭并序[1]

（绍圣元年甲戌，1094 年，佚）

六祖住曹溪，卓锡泉涌，清凉滑甘，赡足大众，逮今数百年矣！或时小竭，则众汲于山下。今长老辩公住山四岁，泉日涌益，闻之嗟异。为作铭曰：

> 祖师无心，心外无学。有来叩者，云涌泉落。问何从来，从无所从。若有从处，来则有穷。祖住南华，集众泶水。水性融会，岂有无理。引锡指石，寒泉自冽。众渴得饮，如我说法。云何至今，有溢有枯。泉无溢枯，溢其人乎？辩来四年，泉水洋洋。烹煮灌溉，饮及牛羊。手不病汲，肩不病负。匏勺瓦盂，莫知其故。我不求水，水则许我。讯于我祖，有何不可。

⊙注

①此文撰者不详。

考

辑自清康熙《重修曹溪通志》卷四记，原碑不存。

苏轼《与南华辩老》（《苏文忠公全集》卷六一）："《卓溪泉铭》已写得，并碑样并附去。"时为绍圣三年六月（1096 年，见后《书柳子厚大鉴禅师碑后跋》）。

卓锡泉，《韶州府志》："在郡东南五十里南华山，六祖浣衣卓锡所出。"《曹溪通志》："卓锡泉，一名明通泉，凡泉脉枯，僧持祖衣往叩，即通流。"清俺达公尚之信记云："相传师浣所授衣，无美泉，振锡卓地，泉遂溢出。其水喷薄洋溢，甘冽异他处。有时竭，则随祷而应。"旧建碑亭，题"卓锡泉"，旁镌宋苏端明学士铭。

苏程庵铭并序[1]

（绍圣元年甲戌，1094 年，佚）

程公庵，南华长老辩公为吾表弟程德孺[2]作也。吾南迁过之，更其名曰“苏程”，且铭之曰：

辩作庵，宝林南。程取之，不为贪。苏后到，住者三。苏既住，程则去。一弹指，三世具。如我说，无是处。百千灯，同一光。一尘中，两道场。齐说法，不相妨。本无通，安有碍。程不去，苏亦在。各遍满，无杂坏。

注

①《苏程庵铭》为苏轼撰，序为余大成作。

②程德孺：即程之才，字正辅，时任广东提刑（宋时广东提刑衙门设在韶州）。

考

辑自清康熙《重修曹溪通志》卷四，原碑不存。

苏程庵，今南华寺方丈建筑处，有重修碑记。

辩公，即南华住持僧重辩（1030—1108 年），广东始兴人，早年依天依义怀禅师（云门宗第五世，雪窦重显法嗣）出家，后行脚云游至湖北当阳玉泉寺，参礼玉泉芳禅师门下得眼，成为临济宗第九代宗师之一。宋元祐五年（1090 年），应韶州官绅之请，移锡曹溪住持南华寺。重辩住持南华寺后，即兴祖庭复兴、重修之举，致祖庭“一轰毒鼓，自兹相继”，为复兴曹溪祖庭的一代高僧。苏轼谪惠时游南华寺，重辩延馆加厚，又请书柳碑。

锦石岩记略

（北宋徽宗年间，佚）

邓嘉猷

仁化南隅有崖（岩）在缥缈（间）。石纹四时改易，五色俱备；而形或如寒梅吐玉，千葩万蕊，故名“锦石岩”。岩前有江，皎洁如练，周回区曲，曰“锦江”。岩之状，蛤岈如口，深邃虚阔，五六十步，出于自然。一曰“千圣岩”，二曰“祖师岩”，三曰“隐虎岩”，四曰“龙王岩”。岩上有白龙池。开基唐末，百年乃有今云师平危叠险，营构堂室。砖砌岩地百丈，制石为栏数百尺，妆饰诸佛像。于松间卓一庵，曰“圆通庵”。

考

本记辑自雍正本《丹霞山志》卷七，原碑不存。

撰者邓嘉猷，同治《韶州府志》卷七《选举表》云：“曲江人，宋徽宗重和元年进士，历官不详。”

云师，生平里籍不详。

请超公住持南华寺疏

（淳熙九年壬寅，1182 年，存）

经略转运提刑提举常平茶盐市舶司

窃见韶州南华禅寺迺六祖大鉴禅师道场，见厥住持安众。今敦请广州报恩光孝禅寺[①]住持超公禅师[②]，住持南华禅寺，开堂演法，为国焚修，祝延圣寿者。

右伏以从前谛义，首判风幡。向后因缘为留衣钵，脚迹俨然似旧路头，自可通行。超公禅师法性当权南宗长价。望佛乡而相接，振祖令以何难。正须飞锡横空，肯以宿桑起恋。林泉胜处，皆曹溪常住生涯；钟鼓新时，看大鉴嗣孙手段。谨疏。

淳熙九年六月　日

注

①广州报恩光孝禅寺：寺址本是西汉南越王赵佗玄孙赵建德的府第。三国时，吴国骑都尉、易学家虞翻被流放南海，居此讲学，时人称为“虞苑”。因苑中多植苛子树，又称“苛林”。东晋隆安年间（397—401 年），翻译佛教重要论典《舍利弗阿毘昙》的罽宾国（今克什米尔）高僧昙摩耶舍在此创建佛殿，名王苑朝延寺，俗称“王园寺”。刘宋元嘉十二年（435 年），天竺三藏求那跋陀罗于此建立戒坛和毗卢殿，又称“制止寺”。梁天监元年（502 年），天竺神僧智药三藏飞锡广州，从释迦牟尼佛证道处带来一株菩提树苗，植于寺内。大通元年（527 年）九月，禅宗西天第二十八祖、中土初祖菩提达摩西来中土，曾驻锡寺内。陈武帝天嘉三年（562 年），中国佛教史三大译经家之一真谛三藏南下广州在寺内译经。唐贞观十九年（645 年）改寺名为“乾明法性寺”。仪凤元年（676 年），以行者身份接禅宗五祖弘忍心法的六祖惠能来到法性寺，因风幡妙论打动大众，受住持印宗法师之请，出示传承禅宗衣钵。于是，六祖大师在寺内菩提树下落发、受戒，并登坛说法，开演顿悟法门。唐神龙元年（705 年），中印度高僧般剌蜜帝在寺内译出《楞严经》。唐代译经家义净三藏和唐密大师金刚智、不空三藏，以及东渡日本的鉴真大师等都曾在此寺过往存化。宋初，朝廷诏改寺名为“乾明禅院”，复改为“崇宁万寿禅寺”、“天宁万寿禅寺”、“报恩广孝禅寺”。绍兴二十一年（1151 年），改称“报恩光孝禅寺”，易“苛林”为

“诃林”。明末四大高僧之一的憨山大师曾于寺内讲授《四十二章经》。明成化十八年（1482 年），朝廷敕赐“光孝禅寺”匾额。明崇祯十四年（1641 年），曹洞宗大德、海云寺派创立者天然函昰禅师受请住持本寺，他广集资金，重修殿宇，并以佛教的慈悲喜舍和儒家的忠孝廉节教诲门徒，宗风因此大振，法音远播。

②超公禅师：即超尘禅师。清康熙《重修曹溪通志》卷二《继席宗匠·第五》记为：“青原下曹洞宗，嗣博山。”

考

碑存于南华寺，大理石质，高 1.60 米，宽 0.60 米，行书阴刻。

大鉴祖师遗像碑题跋①

（淳熙十五年戊申，1188年，存）

跋云：“大鉴祖师拚迹四百余祀，其遗风德韵，凛凛如生。云扔相承，遍满天下，而曹溪藐焉。五岭之外，竟不识其慈容□表为何□哉。有龙生者，妙得僧繇之笔，□写□真。比丘了晖□□数十里负囊□□□□□□□□□□□□叩题□□□且刊诸丰石，以□其传。□□□□□睹□加□俨然□在□□□□□□□□本来□□□□□□□□灿发□□□□□而□□□□□□□淳熙□□□□元日敕住曹溪第十九世法孙比丘祖莹跋。”又：“南华僧了晖持”六字。又：“大鉴祖师遗像命赞，且欲镌石流传不朽云。淳熙戊申仲秋朔住阿育王山第十八世法孙德光稽首。非风幡动露全机，千古丛林起是非。咄，这新州卖薪汉，得便宜是落便宜。”

⊙注

①此文撰者不详。

考

碑高约1.30米，像系半身，披袈裟，戴风帽，垂老之状。疑明万历刻本《岭海名胜记》（郭棐撰）所载六祖像即是摩此像碑。后镌刻李根源书赵藩跋云：“六祖像石刻碑，仆草棘中，腾越李希白始搜得之。像为释了晖请龙生所绘，释德光作赞，释祖莹跋而镌石。时则宋淳熙戊申秋也。曹溪志失载，亟重树之。民国八年二月赵藩记。”然据民国三十二年（1943年）虚云《重兴曹溪六祖道场记》“又建延寿堂，安诸老人。平地基时发现宋淳熙年间所刻六祖真像及碑铭，移存祖殿照壁廊内”的记述，似赵藩“亟重树之”说法乃述而不作矣。

长生库① 碑记

（嘉定七年甲戌，1214 年，佚）

侯安石

轻财乐施，世所罕得。第百千人中无一人焉。施财不倦，世尤罕得。虽千万人中而无一人也。世之公卿大夫富家巨室，莫不有女少之时，养于深闺，厚其粉华，丰其膏沐，幽闺雅丽，艳冶贡高。及其长也，奉金帛钱奁具，装饰资送，以适他人。此犹人伦之大，不可忽也。间有士夫之家，不以人伦为念，方其幼而无适，诣以出不祥，奉佛教。暨其长，则举其所有之财，倾囷倒廪，以市度牒，圆其顶，方其袍，绝其人伦不恤也。处子文三九娘，幼无父母，与女兄三八娘、妹四十娘、弟文通檀乐共居，营造生理，相守五六十年，始终以不适人为愿，亦不以出家为是。岁时儹（攒）积，自常膳衣服之外，一无妄构（购），由此家道稍完。一日，姊妹相谓曰："我与若小孤，父母之德未报，今幸有余，欲以囊橐所有作良缘，聊伸追远之义，并以修我姊妹兄弟来生之福道，不亦美乎。"咸诚心乐从之。于是舍钱二百贯足，入南华长生库内。一百贯足，以追修姊三八娘七七水陆讫。尚有一百贯足，系三九娘七七水陆斋钱，存本运息，每岁七月二十四日为母成氏小伸追远斋供，俟三九娘终日，即支此项钱照八娘例修斋供。又舍钱一百二十贯足，三九娘、四十娘预修水陆之费。又舍钱一百贯文，运息存本，每岁九月十九日与姊三八娘讳日斋供之费。又舍钱一百贯文，存本运息，每岁四月初一日为三九娘生朝斋供，异日却作讳辰之费。又舍一百贯文，运息存本，每岁正月十七日为妹孺人四十娘追修之费。又舍钱六十贯足，（为）崇建追修之费。又舍钱二十贯足，创建生祠堂内龛台供器。又舍钱二十贯足，存本运息，为生祠并佛祖灯油之费。以上舍财，嘉定七年岁在申戌秋管应。尝砻石以纪其先后之数，予弟安信为之记，今碑犹存。既而其姊三八娘与弟文通又相继湌没，独三九娘在，痛念无以资其姊及弟冥途之福，乃发诚心再施黄金七两，命工熔镂金一枚入寺，永充佛祖供具。又舍钱四十五贯足，预为三九娘异时殁请释大祥三会水陆之费。又舍钱三十贯足，入寺添修寝室工食之费，以资妹冥途生界。计在前所施八项，当钱六百三十贯文足，在后所施金相等。三项见钱共计二百二十五贯文足，通（计）

前后一十一项，所施几千缗足。其轻财乐施如此，其诚施不倦又如此。可谓两尽其美，真千万人中而无一人也。设非与佛有因，与佛有缘，其可得耶？宜备状其懿美，勒诸坚珉[2]，以报我佛祖，以诏诸无穷，为后之善男信女准则。求文三九娘乃予之表姑也，一日贻书其前后所施，俾予重为之记。予不敢辞而书之。

⊙注

①长生库：指贮存长生钱之库藏，为寺院所经营之贷款机关，其收入为唐宋时代寺院经济主要来源之一。唐代称“无尽藏院”，宋代称“长生库”，又称“解库”、“解典库”。信众对寺院长生库的供养一般是将田地每年的租课舍入，或将现钱舍入，利用这些租课或现钱来贷放给民间，所得到的利息，按照捐施者的意愿安排用途，大部分的用途都作为施者为死去的亲人在忌辰时诵经和斋僧以及祭品支用，或者为施者生前祈福也很常见（也有相关的仪式举行）。

②坚珉：珉，石之美者。坚珉指石碑，又称“贞珉”。

考

本记辑自清康熙《重修曹溪通志》卷四，原碑不存。

文氏姐弟前后所施共计十一项。前次已施八项时，曾由侯安信撰文刻石，时为南宋宁宗嘉定七年（1214 年）；后来再施三项，则请安信兄安石再撰记刻石。因侯安石此记不著年月，唯考其时序，应与其弟安信所记不远，故定此记亦为嘉定七年（1214 年）。

此碑文不仅是佛教史方面的重要史料，同时也是妇女史方面的重要史料。一方面它提到南宋后期岭南地区士大夫家的妇女，以出嫁不祥为由而放弃婚姻（依据什么样的理由说她们出嫁会不祥，并不清楚，根据一些宋人笔记小说的说法，比较可能的是惑于算命、占卜之说），而且又善于经营，有经济能力，能够依自己的心意，将自己的资产施舍给佛教寺院（黄敏枝：《宋代家庭对于佛教寺院的供养——以石刻文字为主》，张国刚主编：《中国社会历史评论》北京：商务印书馆 2007 年版）。

撰者侯安石，生平里籍不详，南宋理宗宝庆元年（1225 年）进士。

何大琳记事刻石[1]

（至元二十九年壬辰，1292 年，存）

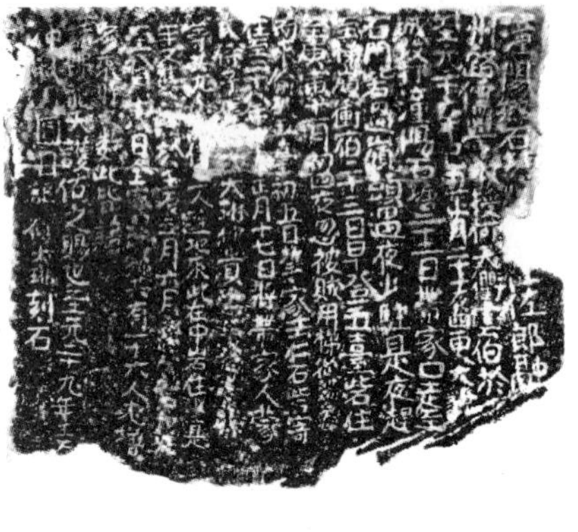

何大琳记事刻石

漳阳乡石□□□□佐郎印融州路儒学教授何天衢云伯，于至元二十六年己丑正月二十夜四更六□城攻打漳阳石塘，二十二日带家□走至石门砦，过岭头，遇夜少驻。是夜赶至梯岭冲宿。二十三日早登五台砦住。至庚寅十一月初四夜，忽被贼用梯从□□而来，偷破五台。初五日挈家去仁石砦寄住，至二十八年辛卯正月十七日，将带家人蒙氏侍子□□□大琳仲贵□□□□□等共九人□□一人避地来此，在中岩住□。是年又往□□，于壬辰五月、六月□□□□□，至八月十八日全家□□共有一十六人，尤增多来时之数。此皆藉诸佛龙天护佑之赐也。

至元二十九年壬辰仲秋月圆日记

何大琳刻石

⊙注

①此文撰者不祥。

考

碑存于锦石岩大雄宝殿，高 0.70 米，宽 0.70 米，文十六行，楷书阴刻。

御制《六祖坛经法宝》序

（成化二十一年乙巳，1485 年，存）

朱见深

朕闻佛西方圣人也，为善不倦，博济无穷。又曰：“佛弼也，其能弼世教而隆大行者也。”故周颂曰：“佛时仔肩为我显德，行是知佛为弼，训无余蕴矣。”时达磨远归东土，不立文字，直指人心，见性成佛。夫性天人一也，文字为心之画而性融焉。有善有恶，有邪有正，得其正，则性善而言顺；得其邪，则性恶而言乖。子思曰：“自诚明谓之性。”又曰：“诚者天之道。不诚，无物苟能。”于性上究其真宗，辨其善恶，则圣贤地位何患乎不至耶！故佛乐于为善，心无邪见，性体圆明，虚灵澹泊，于空而不著空，于相而离诸相，所以成佛果而弼隆。朕治道也，若谓崇供养，而求福田利已，朕所不取焉。越之南，有禅和者卢惠能，乃新州人也。师于黄梅，得衣钵之传，究性宗之学，隐于曹溪。没后，其徒会其言传为《坛经法宝》[①]。其言正，其性善，大概欲人循诸善道，离诸恶趣，与吾儒穷理尽性，自诚入圣之理而无殊矣。因万几之暇，制为序。

御制《六祖坛经法宝》序

命廷臣赵玉芝[②]重加编录，锓梓以传，为见性入善之指南云。故序。

成化二十一年十一月朔日

⊙注

①《坛经法宝》：一般称《六祖法宝坛经》。参见刘应期《重建报恩光孝寺记》注②。

②赵玉芝：为明宪宗宠信的传奉官之一，与权奸李孜省等数人“相倚为奸”，干预政事，为害时政。

碑存于南华寺，高 1.60 米，宽 1.00 米，额饰双龙戏珠，周饰龙纹。楷书阴刻。

撰者明宪宗朱见深，于天顺八年（1464 年）登基，1465 年改元“成化”。在位之初为于谦平冤昭雪，体谅民情，励精图治。琉球、哈密、暹罗、土鲁番、撒马儿罕等国纷纷入贡。但是宪宗在位时，好方术，终日沉溺于后宫，与大他 18 岁的万贵妃享乐，挥霍无度，加深了明朝政治的腐败。宠信宦官汪直、梁芳等人，使其监督军务，提督京营，并操纵官吏任免，以致奸佞当权、西厂横恣，民不聊生。成化十八年（1482 年），因群臣屡谏，始罢废西厂，罢逐汪直等小人，重用李贤，国库充裕。成化二十三年（1487 年），万贵妃去世，同年八月，宪宗因过于悲痛而驾崩，时年 41 岁。

苏程庵碑记铭并序

（崇祯八年乙亥，1635 年，佚）

余大成

程公庵，南华长老辩公为吾表弟程德孺作也。吾南迁过之，更其名曰“苏程”，且铭之曰：“辩作庵，宝林南。程取之，不为贪。苏后到，住者三。苏既住，程则去。一弹指，三世具。如我说，无是处。百千灯，同一光。一尘中，两道场。齐说法，不相妨。本无通，安有碍。程不去，苏亦在。各遍满，无杂坏。”

北宋端明学士苏公轼，绍圣元年甲戌八月过南华作书《苏程铭》。后余南迁度大庾，抵高凉之龙湫。越岁移僦南华僧寮，起西水。禅期时，老腊倪公以憨大师所定《曹溪志》，后之人多随意续人，不无杂沓，属余为更定。余谢不敏，然且阅之。见所志二贤阁云即程苏庵故址，因程明道苏东坡论道于此结庵，故以为名，嘉靖二十五年改建。余为掩卷，辗然曰：“异哉！”余记《文忠公集》有《苏程庵铭》，安得所谓程苏庵。又公自谓：“程公庵，南华长老辩公为吾表弟程德孺作。余南迁过之，更名苏程。”安所谓程明道[1]，此必改建二贤之前辈，别有一篇杜撰志曹溪者，不得不仍之耳。适从断碑中磨杪斑藓得其记，读之而果也。且云访二程东坡遗迹，而为之表章，则是三贤也，曷称二贤？又称卢氏之宗旨如醇酒，伊川[2]惧醉而不饮，为贤；明道因大醉而大醒，为上士。东坡竟醉矣，为下士。嘻！其甚矣。卢氏宗旨且未轻议，如文忠公亦何可深非。公之来此，在惠，惠人德之，至今勿谖。盖其时程正辅者，是公母舅程浚之子，以提刑至惠，公欲借手以阴惠之人，凡桥梁钱谷军兴之务，无不密为劈画，事在往复七十牍中。每署一好事，牍尾必诫以勿令人知。羁孤之放臣，多畏故也。视彼无畏于人，且无庸借手于人，而誓不肯作一好事。若惟恐令人有去后之思，而颂德焉者，诚未知孰贤？而一旦遭贬，侪于下士，嘻其甚矣。仲尼读百二十国宾书，而后执春秋之笔以贬人。今之贬人者，岂不自拟春秋？而惜其读春秋未读宋书，亦未读苏氏书也。若其卒读，岂不知洛党之首程，蜀党之首苏，而偏欲合此两党人，使群倪于经筵者，复觳抵于梵宇。有识见之，宁无掩口？又岂不知德孺之于正辅，弟也。其事公则犹是兄也，相好无相，尤久矣。辩公亦直移鹤峰之甘棠，而润以曹溪之一滴，又何忍夺之。正恐德孺拱手以让二程，二程亦必不受耳，故不若仍旧贯之为便。会方伯萧公茹园，过余西水，闻而快之，遽改二贤阁额，额之曰“苏程庵”而去，且属余书其后。时幼子五美携公《寓惠集》，举重辩师逸事一则，以进曰：“‘师作塔南华之东数里，恶师者葬之别墓，七百余日矣。后长老明公发而归之寿塔，举体如生。故知师亦有异焉者矣。’计师所作庵，距今五百年，所改而为阁，距今八十年。所今寺僧适更新之，而后阁复为庵，此与师所作塔，必需之七百日之后而始复，其故岂不亦各有因缘?”余曰：“然!”爰命美子，大索公为辩公所书《卓锡泉铭》，柳子厚大鉴碑及所作小记，而皆非其故矣，徒增一番凭吊。因念余故下士也，公既遭贬为下士，宜余五十五年。余强半与公同，不独醉卢氏酒同也。余母氏感香光之祥，光中现僧伽黎而乳，此与公之为五祖后身，其始生则同日者之言。谓余命宫守磨蝎，毕此一生。誉恒于斯，谤恒于斯，惟公亦然。此其立命则同，乃至奉告身安置岭南同。事在甲戌年同，六月出金陵同，十月到戍同，时惟幼子侍行同，而绝细事，如乙亥年之四月十一日，初食荔枝则又同。六月公书子厚碑阴刻石于南华，余亦于是月大索公南华诸石，而因以改正“苏程”则又同，并记之。

⊙注

①程明道：即程颢，字伯淳，人称明道先生，宋洛阳人。与程颐为同胞兄弟，世称“二程”。其家历代仕宦，曾祖父程希振任尚书虞部员外郎，祖父程遹赠开府仪同三司吏部尚书，父程珦官至太中大夫。自幼深受家学熏陶，在政治思想上尤受父程珦影响，以反对王安石新法著称。举进士后，历官京兆府鄠县主簿，江宁府上元县主簿，泽州晋城令。神宗初，任御史。因与王安石政见不合，不受重用，遂潜心于学术。《宋史》本传称：“慨然有求道之志。泛滥于诸家，出入于老、释者几十年，返求诸六经而后得之。”与弟程颐开创“洛学”，奠定了理学基础。在教育上，先后在嵩阳、扶沟等地设学庠，并潜心教育研究，论著颇巨，形成一套教育思想体系。

②伊川：即程颢弟程颐，世称“伊川先生”。

考

本记辑自清康熙《重修曹溪通志》卷五，原碑不存。

民国三十二年（1943年）虚云《重兴曹溪六祖道场记》云：“三十一年壬午，于左殿左边建念佛堂，以安修净土者。”掘地时得万历年余大成苏程庵碑，足资考据，竖立于念佛堂照墙内。虚云曰此碑为“万历年”，误。

撰者余大成，字集生，号石衲，江宁人。万历三十五年（1607年）进士，官兵部职方司主事。参与保卫北京的战斗，并自称与袁崇焕接触，以招回关宁军。崇祯帝曾亲书“清执”二字赐给他。崇祯四年（1631 年）担任山东巡抚期间，发生“吴桥兵变”。起初主张剿灭叛军的余大成在所部被孔有德数百人击溃后丧失了继续作战的勇气，主张招抚，并严禁与叛军作战，被嘲为“白莲督院”。然而招抚多次失败，导致朝廷兵马损失和大员被害，上震怒，将其贬谪。崇祯八年（1635 年），他在被贬前往广东电白途中，特别迂道至东莞，吊祭袁崇焕，慷慨呜咽，见者声泪俱下。他既是袁崇焕的继任者，又是袁崇焕的崇拜者。著有挺袁名著《剖肝录》。

总持阁碑记

（明，佚）

凌　云

吾邑自东门缘河堧迤逦而上，不五里许，为鳌鱼角。其地不山而高，而一览众山，悉若环卫然。据鳌角而栋之宇之曰“总持阁”。按阁之址，纵横仅可百武，架木而楼者二，前奉三元大帝，后则韦驮洎诸天菩萨环侍一大士也。由大门而客厅，两耳房翼之。其正厅祀梓潼帝君，是文章所司命者；左右僧房各三之，儿辈曩所偃息以习白业者也。进而回廊而篨而香积，皆明净有规制，此阁以内之大概也。由香积小折而北，纳水种莲，虽不甚阔，每于菡萏开时，馥气薰人，令人坐而忘暑。山门外，方池一口，广可放生。别有隙地可蔬以供粥，可竹，可木，以蔽风雨，此阁以外之大概也。嗟夫！阁与人相阅大约二十年。所尔溯所自始，彼上人者摩尼始之始，犹是居停主也；追其自终，又吾摩尼终之终，则吾爱吾庐矣。奚以致其然也？盖摩尼慧心劲骨于因缘，大事卓有担当。吾见其昂然七尺，已不任受劫，故虽戎马郊生，而素所游衍于此阁者，亦不为劫火所坏。阛观仁里第宅，匪不星联棋错，过眼不禁潸然。几何如牧外一区，岿然独存乎。楞严赞曰“妙湛总持不动尊”，又曰“于十方界坐道场”。今吾摩尼日与其徒及诸法子等，转大法轮，一为无量，无量为一，总在里许，岂漫无所持而云然欤？顷者，偕周长公茗集次，手指卧碑，属予为记。予念幼时好谈玄说幻，与吾摩尼结方外友，摩尼固兄事余，比予不天身撄国难，秃顶挂衲阑入僧队中，奄有今日，又将恃摩尼作大导师矣。职是不敢以大文辞聊述其颠末如此。仍命稚子京，滴露研朱而书诸石。

考

本记辑自同治《韶州府志县志》卷二十六《古迹略·寺观》，原碑不存，记中不落年月，存考。

撰者凌云，生平里籍不详。

在佛教语中，“总持”为梵语陀罗尼，译言总持。持善不失，持恶不使起之义，以念与定慧为体。菩萨所修之念定慧具此功德也。

别传寺记

（康熙元年壬寅，1662 年，佚）

赵霖吉

韶之北有丹霞山，其右折则锦石岩，见郡邑志。而丹霞之名不著，盖锦石临江游览易及，丹霞插汉攀跻无从也。向者虔抚孝源李公与其弟鉴湖君卜筑于此。山径巉绝，欲藉以作桃源深处。地既荒僻，簪缓之流未能谢名却实者，往往难于久居，辄复徙去。岂非兹山之灵，蕴奇蓄邃，固将有所待耶？后鉴湖至穗城，施其地于澹归禅师，师遂身任之。剪茅凿径，重开眉目，建立宝坊曰“别传寺”。缁徒云集，共效菩萨庄严之行。其泉潺湲，其峰巀嶪，竹树深秀，禽鸟嘤鸣，一时如乐得主人而相与偕作佛事焉！则数千百年久秘之仙源，为龙神所护持者，一旦付托得人，于以绍隆三宝，殆与曹溪、云门可鼎峙不朽已！余庚子岁来守是邦，越壬寅晤师，因得其入山颠末，并属余为领袖，以创兴斯举。继出营建图略示余，山阿林麓，曲涧平桥，修竹长松，水帘雪岫，具诸胜概。师每因地制宜，随其高下迂回，堂殿厨寮，无不曲折尽致。当风和景明，眺其上，远峰拱翠，近岭献奇，一江如带，列巘如屏，诚为山水奥区、法王胜地。鉴湖昆季开辟其先，澹归师友缔构其后，余与二三僚属勖勸其中，桃花开笑，石上高谭，向五百劫前培植善根，始得景从云合，作同愿同行之侣。不然李公产于邓，澹师生于吴，吾亦出于睢阳，何不谋而合会于岭表，相得益彰、相须有成一至于此？余每与师谈夙昔因，无不应验如符契，故乐序其事，谓是山之幸有师，而师之乐有是山也。因缘胜事，山川显晦，固以其时其人哉？特援笔而为之记。

考

本记辑自雍正本《丹霞山志》卷八《艺文》，原碑不存，记中不落年月。据记中“余庚子岁来守是邦，越壬寅晤师，因得其入山颠末，并属余为领袖，以创兴斯举”，考定其撰记年代为“康熙元年（1662 年）”。

撰者赵霖吉，河南人，进士，顺治十七年（1660 年）任韶州府知府。

卓锡泉碑记

（康熙七年戊申，1668 年，佚）

俺达公

曹溪寺后里许有井，香润流溢而美者，曰卓锡泉，相传师浣所授衣无美泉，振锡卓地，泉遂溢出，其水喷薄洋溢，甘洌异他处。有时竭则随祷而应。旧建碑亭，题“卓锡泉”，傍镌宋苏端明学士铭语，传之故老。明代崇祯年间，泉涸七阅月，吉水尚书李日宣者来山焚祝，泉洄故流①。今康熙四年，泉又竭，视井若焦燥，不复浥，刺之戛戛皆砂石声，盖两年间如一日矣。丁未杪春，予随父王瞻礼，登陟遍访诸名迹。寺僧导行指其处，兼述所以，中竖他碑。向之所谓卓锡泉碑者，湮没荆棘中，横断剥蚀，藓渍尘封，字不可辨，几不知有所谓卓锡泉也者。余叹谓僧曰：“我当为师卓一锡也。”僧不解余语之故，曰：“是宜还他卓锡泉。”为是捐赀，命僧重镌勒石，且默祷之。遂于是年四月念有八日碑成建置，五月朔四日犁（黎）明，溪云不生，明星在天，微闻井中漉漉有声，童子归报寺僧，水已寸许，烟霞郁蒸，从井上盘结，逾时方散。阖寺僧众，宣讽罗拜。顷之，盈溢满井，泓流不异他时。虽源流去来，冥然难稽。然际会适及，谓非一日因缘异数不可也。遂记之。因作偈曰：

> 泉之生，谁或激。泉之灭，原不息。不生不灭，真谛谁识。外枯中腴，灵机偶寂。我今从师，为师卓锡。

康熙七年岁次戊申仲夏吉旦

注

①吉水尚书李日宣者来山焚祝，泉洄故流：参见李日宣《卓锡泉来复记》。

考

本记辑自清康熙《重修曹溪通志》卷三，原碑不存。

俺达公，即平南王尚可喜之长子尚之信（1636—1680 年），加封镇南王，后袭封平南亲王。后因参与三藩之乱，被康熙帝赐死。

舍利藏中石记

(康熙十一年壬子，1672年，佚)

释今释

康熙丁未秋七月，舍利一千粒，至自庐山栖贤，盖辟地得之，为宋咸平庚子塔中之藏。我天然昰和尚命卜地于海螺峰之顶，古冈善男子方云停兄弟捐资建窣堵坡。盛之玉盒，载于玻璃盂，袭以赤石函。岁在壬子，日维壬申，月与时皆甲辰，天地协吉，缁白相庆，丹霞道场永明慧日，韶阳福地遍覆慈云，三灾绝诊，八法生光，现前内外护随喜见闻，皆与释迦如来同分多宝之座。

考

本记辑自雍正本《丹霞山志》卷八《艺文》。

丹霞舍利塔铭

（康熙十三年甲寅，1674 年，佚）

释函昰

心光彻内外，如珠入五色。珠与色无性，非离亦非即。非即超形骸，非离浃营卫。月在千波中，波波摇清霁。凡圣惟一心，湛昏成二谛。示生死涅槃，而实无坚脆。脆以别生死，坚光表性义。本从心生色，迷色乃有二。蚌含明月珠，体合百骸粹。领纳镜中像，想即妙观智。流注皆真常，分别非明记。如是五蕴身，与法身何异？只因一念迷，情生分净秽。净秽悟由心，当念绝邪正。佛以此智证，法化无同别。示现别中同，中同别自晰。光跃百千年，福被我遗教。神光触金轮，仰瞻如梦觉。栖贤发瑰异，感激当其运。移光照岭南，兹曜无远近。佛子学聚沙，燔土紫金斓。崔巍海螺巅，晶晶逼霄汉。举目道与会，布发形俱泮。见闻起遐情，究此未来际。念念尽圆明，身与心毋戾。

考

本铭辑自雍正本《丹霞山志》卷八《艺文》，铭中不落年月。据澹归《丹霞山舍利塔碑记》所记年代考订撰铭时间为康熙十三年(1674 年)。

撰者天然昰和尚，明末清初广东佛门中的领袖人物。名函昰，字丽中，别字天然。俗姓曾，名起莘，字宅师，又号瞎堂。番禺人，世为邑中望族。三十三岁以孝廉出家，嗣法长庆空隐道独。道独得法博山无异元来，故天然和尚乃曹洞宗第三十四代传人。在明末清初社会剧烈变动的时代，天然和尚开法诃林，大振宗风；创立海云、海幢、丹霞别传诸名刹，禅教并重，使法席一派繁荣；整肃纲纪，森严规矩，使丛林为道德所属；古道婆心，随缘接引，文人学士、缙绅遗老云集礼归，得于乱世有所遮蔽。无论是在个人修为还是在弘扬佛法的贡献上，天然和尚都称得上是“佛门一时之龙象，法门一方之砥柱”。参见汤来贺《天然昰和尚塔志铭》。

丹霞山舍利塔碑记

（康熙十三年甲寅，1674 年，佚）

释今释

惟一坚密身，一切尘中，现地、水、火、风、生、老、病、死九不净观，皆舍利种也。自如来以八斛四斗见异而塔庙几遍宇内，盖以众生狭劣，非有神变不信不尊，故大法东被，用是伏外道、动世主、雪往业、发夙慧、则如来以金刚不坏之同智，示此金刚不坏之殊形：即以此金刚不坏之殊形，开众生金刚不坏之同智。予未觉像正之有差别也。阿育王八万四千塔，震旦得十三，随（隋）文帝八十一州塔，粤东得二，以粤东视震旦，以震旦视南国，浮提皆存乎见少，况以韶阳之仁化视粤东乎？予开丹霞五年，岁在丙午，冬，奉天然昰和尚住院，丁未夏，舍利出于庐山之楼贤。时长老石鉴朋公，以千粒献古冈善男子方云停，请为建塔，遂卜吉于海螺峰上。江山环拥，秀绝一区，制仿育王，编以赤石下辟为基者，纵广五丈、高一尺，次上为台，纵广三丈五尺，高一尺五寸。复次为台，石阑周之，纵广二丈四尺，高三尺。乃置塔座，纵广一丈三尺，高四尺。塔四面，面各一丈，高一丈三尺，面正镌释迦牟尼如来，左文殊师，右普贤，后为观世音三大士像。其上铁露盘七重，高一丈三尺，冠以鎏金宝珠，高三尺七寸，铁绳絙之叶。谋于丁未之秋，葬舍利于壬子之春，塔成于甲寅之冬，阅时则八年。计费八百有奇，亦韶阳创获之观也。予闻之，舍利所在不徒启信生悟，将以福国佑民。岭表道场曹溪、云门领袖天下，其余梵刹实繁，岂无建立。自明以来，佛法不竞，丛席多废，群一阐提不知舍利为何物，往往置窣堵坡培护地势，亦用形家言耳。凌江北境或耕田而得创，中有如麻如菽，五色璀璨，野人吃之不入，弃去。是夜大雷电以风，厥明并土而失，如有物掬之者，岂非古塔夷为平田，人既贸贸，遂使天龙鬼神因之独檀，此三年以近事也。予故

丹霞山舍利塔

详其始末，勒之贞珉，俾有目之流知所恭敬，围绕以诸华香而惜其处，则丹霞奉如来金刚不坏之殊形，开众生金刚不坏之同智，尘尘坚密一从此人。福国佑民，始为丛胜。即云停财法二施，与本有三身等于如来金刚不坏，其敢矜有为功德以夸来者。是塔也，劝发之初，惟海幢阿字无长老，通导于内外护之间者，为海幢解虎锡都寺。经始于乐说辩首座，讫工则勤修引直岁转轮，督铸则石吼震监院。诸效力奔走于是役者不概及。

考

本记辑自雍正本《丹霞山志》卷八《艺文》，记中不落年月。据记中“塔成于甲寅之冬”考订其撰记时间为康熙十三年(1674 年)。

丹霞志成题石

（康熙三十七年戊寅，1698 年，存）

刘授易

康熙三十有七年岁次戊寅嘉平之月[①]，仁化令新田陈君世英石峰先生将撰《丹霞山志》，适新安吴寿潜彤本、长沙陶煊奉长、湘潭刘授易五原偕游此山，乃兴厥事。移襆山中，遍历诸胜峰石泉洞，命童子载笔墨以从，搜幽讨遐，绘图以纪，或诗或文，具在本志中或专集内，凡先后游人所著作，择优佳者采辑入志，匝月始竣。

是役也，石峰主之，三子任之，而校阅治具则山僧今角公[②]也。书纪成，角公属题，应以志山水之遭云。

刘授易书石

⊙注

①嘉平之月：腊月。

②今角公：今，字角子，天然昰和尚嗣法弟子，澹归和尚师弟。广东新会人，俗姓黄。

考

碑存于别传寺老山门石壁，高 0.70 米，宽 1.50 米，楷书阴刻，前后有印。

撰者刘授易，字五原，号损斋，湘潭人，清康熙时附贡生。康熙中献南巡诗册，诏选扈从入京。有《损斋诗集》十二卷，清乾隆时，因其书“内有西山游记，语涉谬妄及引用屈大均诗”，而被列为禁毁书。康熙三十七年（1698 年），仁化县知县陈世英开始修纂《丹霞山志》，聘请文士吴寿潜、陶煊、刘授易等编撰，次年冬，广东学政臧兴相、学者潘耒都为此志写序。康熙三十九年（1700 年），广东布政使鲁超亦为之撰序，首版《丹霞山志》当于是年出书。

大悲阁记

（康熙中，佚）

释今释

吾山建置有合而言者，义归于总，总有别，别有同。有异一事而众为成，为异中同；以一人成一事，为别中异。大悲之阁，成于督学使者侯公筠庵，此始为别者也。人悲菩萨千手千眼观世音之变也。丹霞之大悲阁，奉观世音而不具变，曰千手千眼出于大悲，大悲出于观世音，举观世音而大悲具举，大悲千手千眼具矣。公莅官造士，与人及物，仁心为质；经纬之以文，而一本于道德。其于予往来论佛乘取其理之可信耳矣。其理既信，无不见理，理既已见，不可更见千手千眼中不见观世音，观世音眼中不见大悲，大悲阁中不见千手千眼，则二殊胜四，不思议十四施无畏三十二，应有此事无作此事者，未有此事，已有此事不得已而言具皆添足也。索正眼于千手千眼内，索千手眼于一手眼内，索正眼于一手眼，千手眼外有正非眼，有索非正。文殊曰："我真文殊，无二文殊。"然我今者非无文殊，于其中间实无是非二相。吾以为公信理回向，是阁成于公，像成于若海，江公别中异，异中同，不各为记，其所以记，明夫不具变则异中异也。

考

本记辑自雍正本《丹霞山志》卷八《艺文》，记中不落年月，然大悲阁的建筑时间，当与准提阁、华藏庄严阁、地藏阁等相去不远，暂定为康熙中。

大悲：救人苦难之心，谓之悲；佛菩萨悲心广大，故称大悲，常与大慈连用。《大智度论》卷二七："大慈大悲者，四无量心中已分别，今当更略说：大慈与一切众生乐，大悲拔一切众生苦。"《大般涅槃经》卷十一："三世诸世尊，大悲为根本……若无大悲者，是则不名佛。"

丹霞山兜率阁记

（康熙中，佚）

释今释

慈氏如来当次补释迦佛处，尔时祇桓遗法弟子，皆于龙华树下得道，诸天于龙华会上护法，亦不异祇桓。如人王传位太子，则百官万民无不传者。释尊教人发愿上生，第四天即未立致植此胜因，亦于下生获果，皆旧人非新人也。丹霞初欲建兜率阁，山阴吴公梅梁、何公鸣玉闻之，忻然请为主者。梅梁别主慈氏，鸣玉别主诸天，而共主是阁。阁成，今释比丘谂于众曰："佛真法身，犹若虚空，应物现形，如水中月。"慈氏如来不动道场，而于吾浙有大因缘，其现身义乌，则传大士，其现身奉化，则布袋和尚，皆浙产也。戴逵①以精思妙手作慈氏像，威灵最着，其子颙为江夷造观世音，积岁不就，仿佛若有人语。夷于慈氏有缘，颙从其指，易之应手而成，此山阴产也。苏子瞻梦游西湖，见有榜曰："弥勒下生，朗月处天，而在西湖者，见西湖之月。月不偏于西湖，西湖有全月。"今两公山阴之产，所劝导者皆同地，而予亦杭人，西湖之异于锦石溪审矣。锦溪之月与西湖之月不异，西湖之月与鉴湖之月不异，一切月，天上之月不异，惟予诸公植胜因于慈氏如来，如来知之，而未尝同未尝异也。所谓诸天与遗法弟子皆三会中伴侣而未尝别，未尝共，未尝旧，未尝新也。有欲见四天上及见龙华树下者乎？无过于此。

⊙注

①戴逵：戴逵（326—396年），东晋著名美术家、音乐家，字安道，谯郡铚县（今安徽省濉溪县）人，居会稽剡县（今浙江嵊州）。戴逵终生不仕，初就学于名儒范宣，博学多才，善鼓琴，工人物、山水，坚拒太宰武陵王召其鼓琴之命，王徽之曾雪夜访之，至门未入。孝武帝时累征不就。著《戴逵集》9卷，已散佚。戴逵以擅长雕刻及铸造佛像而闻名，创造了夹纻漆像的做法，把漆工艺的技术运用到雕塑方面，是今天仍流行的脱胎漆器技艺的发明者。他在南京瓦棺寺作的五躯佛像，和顾恺之的维摩诘像及狮子国（锡兰岛）的玉像，共称为"瓦棺寺三绝"。

考

本记辑自雍正本《丹霞山志》卷八《艺文》，记中不落年月，然兜率阁的建筑时间，当与准提阁、华藏庄严阁、地藏阁等相去不远，暂定为康熙中。

兜率，即兜率天，梵名 Tusita，又译作睹史多天、兜驶多天等，意译为妙足天、知足天、喜足天、喜乐天，是欲界的第四天。释尊成佛之前，在兜率天，从天降生到人间而成佛。未来成佛的弥勒，也住在兜率天，将来也从兜率天下降成佛。

六祖泉碑记

（嘉庆十年乙丑，1805 年，存）

廖　寅

六祖泉碑记（局部）

庾岭关，于唐□□□□自□□，自□□□□□□……□□也，右为挂角寺[①]，左下百步有亭，翼然倚石壁，辟间出泉，涓滴如注，味之□□，□之有声，易所□山泽通气，山上有泽者乎？或曰泉由六祖，今亭中之塑像，其微也。余□然泉以上，人传信有之也，然□无泉焉。□今曰之亭可不作而像于何有，今之依泉为亭，而肖像其中者，泉以人传耶？抑人以泉传耶？且泉以济用为功，顾兹寒泉当往来井，井之地，即不籍六祖以神其说，亦当思所以渫之甃之，勿使为行□者。况既为亭以肖六祖，而于泉则所其射鲋敉壅泥而不食，尤非甘露法雨，普济众生之义，盍修井焉，使寒泉井洌永为□□善果不犹□于仅肖六祖像乎？于是砌石为井，引泉于辟□蓄其中，而后为石栏以杆，其外庶□收勿幕而并受其福□□□也，董□□□尹刘君厚□而捐金以成之者，余也工成，刘君以记，请因六祖泉说，以贻之时。

嘉庆十年乙丑仲夏，分巡[②]赣南□者邻水廖寅谨识，并和文献公祠辟原韵二律：螺施曲迳跻高巅，树阴千章四月天。宿鸟惊飞人影外，晴云浮到马头前。兵屯汉将怀余烈，路关唐贤记往年。迟我来游梅已熟，枝无南非绿成烟。键匙持岩九仞巅，层峦延袤界蛮天。维皇建极归□服，有客来宾度岭前（时送暹罗贡使至此□）。高旷停骖风在树，清和霁雨日如年。山中更喜逢僧话，茶熟遥看起翠烟。附录厚□和韵一首：南□□□□□□，□□高不记年。仿佛曲江风度□，□□□□□□□。

⊙注

①挂角寺：参见李夔龙《梅岭挂角寺赠租碑记》考。

②分巡：官衔。康熙十年（1671 年），置分巡赣南道。

考

碑原立于梅关古道的六祖泉旁，又迁藏于南雄市博物馆。现重立于六祖泉旁。碑麻石质，高1.40米，宽0.44米，楷体阴刻，直书。

撰者廖寅（1751—1824年），字亮工，号复堂，四川邻水县人，乾隆己亥（1779年）乡试举人，捐选河南叶县知县。因擒获白莲教首刘之协升镇江知府，赏戴花翎，旋护常镇通海道，兼管扬州税关，转江西吉南赣宁道，未久复升两淮盐运使。以朱熹为宗，有诗文集存世。

六祖腰石铭

（崇祯十二年己卯，1639 年，存）

陈丰项

六祖坠腰石

师腰石弃在黄梅。嘉靖间乡人有官于楚者，舁以归。至今谒师者，未尝不谒石。睹斯石，有道心焉。陈子曰：“求道者如入宝山，得则金玉，不得瓦砾。”师唯不向黄梅求道也。师向黄梅求道，竟得兹石，不亦宜乎。夫以石如衣焉，则可衣非道也。石安取以石即道焉，则可祖道非师道也。石安取尝潜心顿门，妄云有得。盖自学樵饭母，闻应沃心，师之为师，固已作祖有余。而逢客多事，师复过听，促装别母。千里问津，所求何物，时已见笑于忍祖矣。槽厂着去，原非为恶人害汝也。固谓蠢兹猫獠，枉具利根，舍尔真佛，贪我贝旬布，必将磨落之不堪而后厌。当此之时，祖悟而师未悟，是以捐躯为法，竭蹶徒工，忘己非轻，假物作重，碓头腰间。犹然求福田，不求出离之大众也。迨夫米熟慧生者，我本来如见父母，书廊半偈，愧悔已形。杖碓三更，笼牢亦尽。当此之时，祖悟而师亦悟。区区衣钵，且未足愚。自渡者之心，而况乎此石。是故登舟把舻，明悔前迷，掷钵磐上，已将弃去不取矣。祖有道，师亦有道。金刚如故应住无，加汗血八月，仅博袈裟一讲，所得孰与市上多耶？是固秀若众等所倦听者，而均不师若也，何哉？于是诸上人请，曰：“道不从，石亦不从。祖石以道传，亦以文显，愿居士留意焉。”遂铭之曰：

师腰斯石，一举一俯。举则拔山，俯则饮羽。只求米熟，不求劳苦。自师视之，以当一石。自我视之，亦当一石。若有钝贱，妄生荆棘。谓法须石，谓镜须拭。稽请大师，如黄梅日。顽质顽石，护以胶漆。劳彼迷根，永不得逸。

碑存于南华寺，铭阴刻于六祖坠腰石背面。

六祖坠腰石，青石质，石高一尺（0.33米），宽二十一分（0.07米），正面中分一行刻“师坠腰石，卢居士志”八字，右刻“龙朔元年镌”，左刻“桂林龚邦柱书”。

《曹溪通志》卷一《古迹》附云：“师往黄梅礼五祖，应对契旨，恐人害之，着槽厂去。后五祖至碓房，见师腰石舂米，语曰：‘求道之人，当如是乎!’”龙朔元年（661年），师受衣钵南归，石留黄梅，上刻云云。至明嘉靖间，有韶州人仕于黄梅者，遂持归曹溪，今存焉。阮元《广东通志》卷二〇一引翁方纲《粤东金石录》云：“按六祖传云，造黄梅寻忍大师，适咸亨二年也。”龙朔在咸亨之前，相去十年，石上之字当属后人所刻，故年月不符耳。且既称‘师坠腰石’，而又云‘卢居士志’，文法不相联属，字画亦不佳，未可因‘龙朔’字而目为古刻也。”又刘禹锡《大鉴禅师第二碑》云“三十出家”，六祖生于贞观十三年（639年），至咸亨二年（671年）三十四岁，与刘碑合，但不知“龙朔元年”字何以不符至此。且黄梅禅寺仍有一坠腰石，《渔洋皇华纪闻》亦载之，则此石殆亦未可信也。

撰者陈丰顼，同治《韶州府志》卷四《职官表》“文职条”下记为：“晋江人，进士，崇祯十二年任曲江知县。”

后　记

在南中国佛教，尤其是禅宗弘法和传播的重要策源地和据点的韶关从事文物考古及地方史研究工作的二十余年来，我们在检索地方史文献及田野考古调查中时常会看到、收集到寺院碑记录文、碑拓和散落在荒野蔓草中的原碑。这些寺院碑记承载的丰富的相关史料，曾为我们研究考证韶关地方史中的诸多问题提供了极大的帮助和启发，于是在研究过程中逐渐产生了将所见碑记集辑出来进行课题研究的想法，而这想法又得到了韶关市社科规划领导小组和韶关市韶文化研究院的重视和支持，被立项为2012年韶关市社科重点资助课题，本书就是该课题的主要成果之一，由莫昌龙和何露合作完成。

我们对韶关历代寺院碑记的整理研究工作，划分为三个阶段。第一阶段为征集阶段，以搜集历史文献和田野考古调查相结合的手段获取相关碑记录文和实物（碑拓）资料；第二阶段为征考阶段，主要采用宋代以来金石学上与经史考证、舆地方志学相结合的校勘、鉴别、考订等专门的方法对碑记资料进行归类整理、句读、校勘、考注，对碑记内容相关问题以“征考”的形式进行讨论，而达到“证史传之阙谬，考经籍之得失”的目的；第三个阶段为综合研究阶段，利用相关碑记资料探讨佛教文化尤其是韶关地区佛教文化发展过程的相关问题。由于我们的工作只限于对碑记题材内容的整理利用，故而刻意忽略了对碑记的书法鉴评和碑刻形制的详细考述等。

由于篇幅所限，韶关历代寺院碑记还有一个完整的类型，即疏引劝启类没能纳入本书。此类疏引劝为募化薄前的说明文字，类似于倡议书。启即启帖，类似于邀请书或公告，都带有公文性质。这些题材都是简明扼要的小短文，不少是由当地官员或耆老名士撰写，叙事性强，富有文采，如廖燕就曾写过《祝圣庵募缘疏》、《会龙庵募建接众寮房疏》、《资福寺募修佛殿疏代》、《募建芙蓉下院疏》、《募建蓉麓庵疏》等。

韶关历代寺院碑记数量庞大，类型丰富，而研究者个人之力有限，在较短的时间里所能搜辑到的碑记也有限，未免有遗珠之憾，唯期待

在今后的工作和研究中继续补充，也期待同好和方家不吝帮助。

在搜辑文献资料和田野调查中，我们得到了相关单位特别是韶关学院图书馆和韶关所属各县市区博物馆的大力支持和协助，书中所附有关锦石岩和别传寺碑记的拓本图片多引自丹霞山管委会与中山大学图书馆合编的《丹霞山古摩崖碑刻集》（西泠印社），在此并致谢忱。

是为记。

作　者

2014 年 11 月 12 日